SOCIÉTÉ

DES

ANCIENS TEXTES FRANÇAIS

———

LE COURONNEMENT DE LOUIS

———

Le Puy, imprimerie de Marchessou fils, boulevard Saint-Laurent, 23.

LE

COURONNEMENT DE LOUIS

CHANSON DE GESTE

PUBLIÉE D'APRÈS TOUS LES MANUSCRITS CONNUS

PAR

E. LANGLOIS

PARIS
LIBRAIRIE DE FIRMIN DIDOT ET Cie
56, RUE JACOB, 56

M DCCC LXXXVIII

Publication proposée à la Société le 24 février 1886.

Approuvée par le Conseil le 24 mars 1886 sur le rapport d'une commission composée de MM. Longnon, Meyer et G. Paris.

Commissaire responsable :
M. G. Paris.

A

LA MÉMOIRE

DE MON FRÈRE

HENRI LANGLOIS

AVOCAT A LA COUR D'APPEL DE PARIS

☦

PARIS

28 NOVEMBRE 1888

INTRODUCTION

P. Paris appela le premier l'attention des érudits sur le *Coronement Looïs,* d'abord, en 1840, en l'analysant dans les *Manuscrits françois de la Bibliothèque du roi* [1], ensuite en lui consacrant une excellente notice dans l'*Histoire littéraire de la France* [2]. Peu après, Jonckbloet, dans son ouvrage intitulé *Guillaume d'Orange* [3], publia le texte du poème [4], puis une étude sur ses sources historiques [5], enfin une traduction en français moderne [6]. Littré, en rendant compte des deux premiers volumes de cet ouvrage dans le *Journal des savants* (janvier

---

1. Vol. III, pages 123-130 (Paris, 1836-1848, 7 vol. in-8°).
2. Vol. XXII, pages 481-488.
3. *Guillaume d'Orange, chansons de geste des* xie *et* xiie *siècles,* p. p. M. W. J. A. Jonckbloet. (La Haye, 1854-1867, 3 vol. in-8°).
4. Vol. I, pages 1-71.
5. Vol. II, pages 80-116.
6. Vol. III, pages 91-133.

1857), analysa de nouveau le *Coronement Looïs* [1].

Dans la seconde édition de ses *Recherches sur l'histoire et la littérature de l'Espagne* [2], Dozy avait essayé d'établir l'origine normande d'un certain nombre de chansons de geste et en particulier du *Coronement Looïs*, mais M. G. Paris, dans l'*Histoire poétique de Charlemagne* [3], et M. L. Gautier, dans les *Épopées françaises* [4], ont réfuté ses arguments; aussi l'auteur a-t-il abandonné sa théorie dans la troisième édition de son livre [5]. M. Lücking aussi, en s'appuyant sur l'étude des assonances du *Coronement Looïs*, a attribué ce poème à un trouvère normand, mais cette étude, ne reposant pas sur un texte critique, est sans valeur [6]. Très important, au contraire, est l'article dans lequel M. G. Paris [7] prouve que le *Coronement Looïs* contient, non pas quatre, mais au moins cinq branches, et que Guillaume de Montreuil-sur-Mer est un des héros du poème.

J'ai déjà cité les *Épopées françaises* de M. L. Gautier ; le IVᵉ volume, entièrement consacré à la geste de Guillaume, contient l'étude la plus complète [8]

---

1. Littré a reproduit cet article dans son *Histoire de la langue française*, I, 160-185 (Paris, 1869).
2. Vol. II, pages 276 et ss. (Leyde, 1860, 2 vol. in-8°).
3. Page 82, note 4 (Paris, 1865, in-8°).
4. 2ᵉ édit., tome IV, pages 95 et ss.
5. Leyde, 1881, 2 vol. in-8°.
6. *Die aeltesten franzoesischen Mundarten*, pages 223-226 (Berlin, 1877).
7. *Romania*, I, 177-180.
8. *Passim* et surtout pages 334-369.

qui ait été faite jusqu'ici sur le *Coronement Looïs* [1].

Si, malgré tous ces travaux, j'ai repris le même sujet, c'est avec l'intention de coordonner les matériaux épars plutôt que d'en apporter de nouveaux. Ce qui m'a surtout décidé, c'est cette considération qu'à un poème de la valeur du *Coronement Looïs* une édition critique, sur laquelle on pût s'appuyer pour des études ultérieures, était nécessaire. Le texte donné par Jonckbloet a sans doute rendu d'importants services à la science, mais il n'a pas été publié d'après les principes rigoureux que les progrès de la philologie imposent aujourd'hui à tout éditeur de nos anciens textes. Jonckbloet s'est contenté de copier un manuscrit [2], qui, à la vérité, est très bon, en remplissant les lacunes ou en corrigeant les fautes évidentes à l'aide d'un autre manuscrit de la même famille. Il s'est ainsi privé des ressources que lui offraient les autres manuscrits. Le texte de Jonckbloet n'a donc rien de fixe ; les travaux qui le prendraient pour point de départ, au lieu d'être échafaudés sur une base solide, ne reposeraient que sur un sable mouvant. Si ce fait avait besoin d'être dé-

---

1. Je dois citer encore le livre de L. Clarus, *Herzog Wilhelm von Aquitanien* (Münster, 1865, in-8°), où les études de P. Paris, Jonckbloet et Dozy sur le *Coronement Looïs* sont résumées en quelques pages (207-216), et la *Chrestomathie de l'ancien français* de M. Constans (Paris, 1884, in-8°), dans laquelle l'auteur a inséré, d'après le ms. B. N. fr. 774, 146 vers du *Coronement Looïs* (pages 37 et ss.).

2. Le ms. B. N. fr. 774 ou le ms. B. N. fr. 1449, qui n'en diffère pas.

montré, je pourrais en fournir des preuves tirées des ouvrages cités ci-dessus.

En 1883, M. G. Paris m'avait chargé, pour ses conférences à l'École des Hautes Études, d'un travail sur le début du *Coronement Looïs* ; c'est cette étude, faite sous la direction du professeur et revue par lui, que j'ai étendue au poème tout entier pour en faire l'objet de la présente publication ; qu'il me soit donc permis de témoigner ici ma profonde reconnaissance à mon illustre et cher maître.

I. — L'ÉLÉMENT HISTORIQUE DANS LE CORONEMENT LOOÏS

Jonckbloet avait divisé [1] le *Coronement Looïs* en quatre parties ; depuis, M. G. Paris a montré [2] que les quarante derniers vers du poème sont l'abrégé d'une deuxième chanson aujourd'hui perdue.

La première branche (vers 1 à 271) est le récit du couronnement de Louis le Débonnaire au palais d'Aix-la-Chapelle.

Dans la seconde (vv. 272 à 1429) Guillaume au Court Nez va en Italie guerroyer contre les Sarrasins.

1. *Guillaume d'Orange*, II, 81.
2. *Romania*, I, 177.

La troisième (vv. 1430 à 2224) raconte les luttes de Guillaume contre les ennemis de l'empereur Louis.

La quatrième (vv. 2225 à 2652) est le récit d'une expédition de Guillaume en Italie, où il secourt le pape contre les Allemands.

La cinquième (vv. 2653 à la fin) est analogue à la troisième.

Je montrerai plus loin que dans la composition du *Coronement Looïs* sont entrés plusieurs autres poèmes, mais tellement abrégés, altérés, fondus avec d'autres, qu'il est impossible de les étudier à part; c'est pourquoi j'adopterai la division de M. G. Paris.

1. — *Première branche.*

La première branche du *Coronement Looïs* (vers 1-271) n'est pas une simple fiction de poète; elle repose sur un fonds historique. Fauriel[1] et P. Paris[2] avaient déjà reconnu ce fait, Jonckbloet[3] le mit hors de doute; depuis, personne ne l'a contesté.

Cette partie, prise isolément, est le reste d'un poème qui avait pour sujet le couronnement de Louis, fils de Charlemagne. En voici l'analyse :

Le vieil empereur sent qu'il va mourir et songe à se décharger du poids de la couronne en la plaçant

---

1. *Hist. de la poésie provençale*, III, 88-89 (Paris, 3 vol. in-8°).
2. *Les Manuscrits françois de la Bib. du Roi*, III, 123 ; *Histoire littéraire*, XXII, 481-488.
3. *Guillaume d'Orange*, II, 80-94.

sur la tête de son fils. Il réunit donc sa cour dans la chapelle d'Aix : comtes, abbés, évêques, archevêques, tous les grands y accourent, même « l'apostoiles de Rome .» Là Charles énumère à son fils les charges qu'impose le trône et termine en disant :

> « S'ensi vuels faire, ge te doins la corone,
> O se ce non, ne la baillier tu onques. »

Mais Louis, ébahi de ce qu'il vient d'entendre, n'ose prendre la couronne. L'empereur, irrité, veut le faire tonsurer :

> « Tirra les cordes et sera marregliers,
> S'avra provende qu'il ne puist mendiier. »

En ce moment, un traître, Arneïs d'Orléans, demande à Charlemagne la lieutenance du royaume, pour trois ans seulement, après lesquels, si Louis a changé,

> S'il vuelt proz estre ne ja buens eritiers,

il lui rendra le pouvoir « de gré et volentiers ». L'empereur y consent et les amis d'Arneïs s'en réjouissent : bientôt Charles mourra, son fils unique sera relégué dans un couvent et le traître sera couronné.

Mais Guillaume, fils d'Aimeri de Narbonne, qui, chose assez bizarre, était allé chasser pendant que les autres barons s'occupaient des affaires les plus graves de l'État [1], rentre tout-à-coup au palais impérial, est

---

[1]. Au début du *Charroi de Nîmes*, Guillaume est de même à la chasse pendant que les barons sont assemblés autour de l'empereur et à son retour apprend de son neveu ce qui se passe au palais.

mis au courant de ce qui se passe par son neveu Bertrand, pénètre dans la chapelle, rompt la presse des barons, s'avance vers Arneïs et le tue d'un coup de poing, puis il prend la couronne sur l'autel et la pose sur le front de l'héritier légitime, en lui jurant de toujours la défendre [1]. Le vieil empereur en verse des larmes de joie :

> « Sire Guillelmes, granz merciz en aiez.
> Vostre lignages a le mien esalcié. »

Il fait à son fils les plus belles exhortations.

Chacun s'étant retiré, Guillaume prend congé de Charles et de Louis et va faire « un pèlerinage » à Rome.

---

[1]. Cette scène en rappelle une autre dont Guillaume duc de Normandie fut le héros et que Richer raconte ainsi : « Ludovicus rex, cum in conclavi sese cum Ottone rege ac principibus recepisset, consilio incertum an fortuitu, solus Wilelmus dux admissus non est. Diucius ergo afforis exspectans, cum non vocaretur, rem animo irato ferebat. Tandem in iram versus, utpote manu et audatia nimius, foribus clausis vim intulit ac retrorsum vibrabundus adegit, ingressusque lectum conspicatur gestatorium, in quo etiam a parte cervicalis Otto editiore, rex vero in parte extrema humilior residebat, in quorum prospectu Hugo et Arnulfus duabus residentes sellis consilii ordinem exspectabant. Wilelmus regis injuriam non passus : « An, inquit, his interesse non debui ? Desertorisne dedecore aliquando sordui ? » Fervidusque propinquans : « Surge, inquit, paululum, rex ! » Quo mox surgente, ipse resedit. Dixitque indecens esse regem inferiorem, alium vero quemlibet superiorem videri ; quapropter oportere Ottonem inde amoliri regique cedere. Otto, pudore affectus, surgit ac regi cedit. Rex itaque superior, at Wilelmus inferior consederunt. » (*Richeri hist.*, II, 30, éd. Pertz, *Mon. Germ. hist.* in-f°; *Script.*, III, 593, 594).

Fauriel le premier a reconnu dans ce récit la tradition d'un évènement réel : « Les historiens contemporains, » dit-il, « qui ont décrit la mort de Charlemagne et l'avènement de Louis le Débonnaire ont laissé, comme à dessein, une sorte de voile mystérieux sur certaines particularités de cet évènement. Ils donnent à entendre qu'aussitôt Charlemagne mort, quelques-uns des principaux officiers de son palais ourdirent une conspiration dont l'objet était d'exclure Louis le Débonnaire du trône. Les conspirateurs échouèrent, sans que l'histoire nous dise pourquoi, par quelles causes, ni par l'aide ou l'intervention de qui. Ce ne fut certainement pas par celle de Guillaume le Pieux. Ce duc avait eu, il est vrai, des relations très intimes avec Louis le Débonnaire, lorsque celui-ci n'était encore que roi d'Aquitaine; mais il se retira du monde et des affaires plusieurs années avant celle où Louis succéda à Charlemagne; et s'il n'était déjà mort à cette époque, du moins est-il certain qu'il ne sortit pas du monastère fondé par lui dans un désert des Cévennes. Il ne put donc assister au couronnement de Louis le Débonnaire, ni l'aider à triompher des ennemis qui lui disputèrent la couronne.

« Les allusions faites à ce service dans le passage du roman de Guillaume au Court Nez sont donc fausses. Mais, cela convenu, restent les allusions à la conspiration ourdie contre Louis le Débonnaire[1]. »

---

[1]. *Hist. de la poés. prov.*, III, 88. Ce n'est pas dans une étude sur le *Coronement Looïs* que Fauriel a écrit ces lignes, mais à propos des allusions faites à notre poème dans la chanson d'*Aliscans*.

Jonckbloet, après avoir cité ces lignes, reprend la question pour l'étudier à fond et mettre en relief ces allusions dont parle Fauriel.

Mais avant de chercher quelle part il faut faire à l'histoire, quelle part à la légende, dans cette première partie de notre chanson, je ferai remarquer, *a priori*, que la poésie a réuni deux faits qui n'ont pu être réunis dans la réalité : le couronnement de Louis et la conjuration qui devait empêcher son élévation au trône. Si quelqu'un a réellement essayé de s'opposer à l'avènement de Louis le Débonnaire, ses résistances n'ont pu se manifester du vivant de Charlemagne. Celui-ci était déjà âgé lorsqu'il couronna son fils, mais les années en affaiblissant ses forces ne lui avaient pas enlevé son prestige, et il n'était personne qui ne se courbât encore sous sa puissante main.

En admettant donc qu'une conspiration ait été tramée contre Louis, les conjurés devaient avoir pour but d'empêcher, non son couronnement, mais son avènement, et c'est à la mort du père seulement qu'il faut chercher les traces de leurs menées.

C'est pourquoi je distinguerai dans mes recherches ces deux points, que la légende a confondus, mais qui doivent être séparés dans l'histoire : le *Couronnement* et la *Conspiration*.

C'est en 813, quelques semaines avant la mort de l'empereur, qu'eut lieu cette imposante cérémonie du couronnement.

De bonne heure Charlemagne avait assigné un royaume à chacun de ses trois fils. Un testament, approuvé par les grands en 806, au plaid de Thionville, et signé par le pape Léon, réglait définitivement le partage. Après la mort de l'empereur, son fils aîné, Charles, devait avoir le pays des Francs, c'est-à-dire la Neustrie, l'Austrasie et la Germanie; Pépin le pays des Lombards, c'est-à-dire l'Italie, la Rhétie et la Bavière; enfin Louis aurait la Gaule romaine, c'est-à-dire l'Aquitaine, la Septimanie, la Provence et la Bourgogne.

« Mais, » dit M. Himly, « la mort simultanée de Pépin et de Charles en 810 et en 811 avait tout remis en question. De toute la descendance de Charlemagne il ne restait plus que son troisième et dernier fils légitime Louis, des bâtards encore en bas âge et un fils illégitime de Pépin appelé Bernard [1]. »

C'est pour régler de nouveau sa succession que Charlemagne tint, en 813, dans sa chapelle d'Aix, le grand conseil dont notre poème représente la tradition souvent très fidèle. Les historiens contemporains font mention de cette assemblée; Thégan et le poète Ermoldus Nigellus se plaisent à en donner des détails qu'on retrouve sans grandes modifications dans la chanson de geste.

Je vais reproduire les passages d'Einhard, de Thégan, de la chronique de Moissac et d'Ermoldus Nigellus qui se réfèrent à cet évènement.

Einhard s'exprime ainsi : « Extremo vitae tempore, cum jam et morbo et senectute premeretur, vocatum ad se Hludowicum filium, Aquitaniae regem,

---

1. *Wala et Louis le Débonnaire*, p. 31 (Thèse pour le doctorat, Paris, 1849, in-8°).

qui solus filiorum Hildegardae supererat, congregatis sollempniter de toto regno Francorum primoribus, cunctorum consilio, consortem sibi totius regni et imperialis nominis heredem constituit, impositoque capiti ejus diademate, imperatorem et augustum jussit appellari. Susceptum est hoc ejus consilium ab omnibus qui aderant magno cum favore, nam divinitus ei propter regni utilitatem videbatur inspiratum; auxitque magestatem ejus hoc factum et exteris nationibus non minimum terroris incussit [1]. »

La Chronique de Moissac s'étend davantage sur cette cérémonie : « Et in ipso anno, mense septembri, jam dictus Karolus fecit conventum magnum populi apud Aquis palatium de omni regno vel imperio suo. Et convenerunt episcopi, abbates, comites et senatus Francorum ad imperatorem in Aquis; et ibidem constituit capitula numero XLVI de causis quae erant necessariae ecclesiae Dei et christiano populo. Post haec habuit consilium cum praefatis episcopis et abbatibus et comitibus et majoribus natu Francorum, ut constituerent filium suum, Ludovicum regem, ymperatorem, qui omnes pariter consenserunt, dicentes hoc dignum esse; omnique populo placuit, et cum consensu et acclamatione omnium populorum Ludovicum filium suum constituit imperatorem secum, ac per coronam auream tradidit ei imperium, populis acclamantibus et dicentibus : « Vivat imperator Lu-

---

[1]. *Vita Caroli Magni*, cap. XXX (Pertz, *Mon. Germ. hist.* in-f°; *Script.* II, 459).

dovicus ! » Et facta est laetitia magna in populo in illa die [1]. »

Mais c'est dans Thégan que nous trouvons les détails les plus explicites : « Supradictus vero imperator, cum jam intellexit adpropinquare sibi diem obitus sui, senuerat enim valde, vocavit filium suum Hludowicum ad se, cum omni exercitu, episcopis, abbatibus, ducibus, comitibus, locopositis; habuit generale colloquium cum eis Aquisgrani palatio, pacifice et honeste ammonens ut fidem erga filium suum ostenderent, interrogans omnes a maximo usque ad minimum si eis placuisset ut nomen suum, id est imperatoris, filio suo Hludowico tradidisset. Illi omnes exultando responderunt Dei ammonitionem esse illius regi. Quod factum, in proxima die dominica ornavit se cultu regio et coronam capiti suo imposuit; incedebat clare decoratus et ornatus, sicut ei decuerat. Perrexit ad ecclesiam, quam ipse a fundamento construxerat, pervenit ante altare quod erat in eminentiori loco constructum caeteris altaribus et consecratum in honorem Domini nostri Jesu Christi, super quod coronam auream, aliam quam ille gestabat in capite suo, jussit imponi. Postquam diu oraverunt ipse et filius ejus, locutus est ad filium suum coram omni multitudine pontificum et optimatum suorum, ammonens eum inprimis omnipotentem Deum diligere ac timere, ejus praecepta servare in omnibus, aecclesias Dei gubernare et deffendere a pravis hominibus; sororibus suis et fratribus, qui erant natu junio-

---

[1]. *Chronicon Moissiacense*, an. 813 (Pertz, *Ibid.*, II, 259).

res, et nepotibus et omnibus propinquis suis indefficientem misericordiam semper ostendere praecepit; deinde sacerdotes honorare ut patres, populum diligere ut filios, superbos et nequissimos homines in viam salutis coactos dirigere; coenobiorum consolator fuisset et pauperum pater; fideles ministros et Deum timentes constitueret, qui munera injusta odio haberent; nullum ab honore suo sine causa discretionis ejecisset, et semetipsum omni tempore coram Deo et omni populo irreprehensibilem demonstrare. Postquam haec verba et alia multa coram multitudine filio suo ostenderet, interrogavit eum si obediens voluisset esse praeceptis suis. At ille respondit libenter obedire et, cum Dei adjutorio, omnia praecepta quae mandaverat ei pater custodire. Tunc jussit eum pater ut propriis manibus elevasset coronam quae erat super altare et capiti suo imponeret, ob recordationem omnium praeceptorum quae mandaverat ei pater. At ille jussionem patris implevit. Quod factum, audientes missarum sollemnia ibant ad palatium. Sustinuit enim filius patrem eundo et redeundo, quamdiu cum eo erat filius. Non post multos dies magnificis donis et innumeris honoravit eum pater suus et dimisit eum ire Aquitaniam [1]. »

Malgré la longueur de ces citations, je vais encore donner les vers d'Ermoldus Nigellus qui se rapportent au couronnement de Louis; il est intéressant de comparer la poésie savante avec la poésie vulgaire sur un même sujet :

1. *Vita Hludowici imperatoris*, cap. vi (Pertz, *Ibid.*, II, 591, 592).

Jamque, favente Deo, Francos pax undique habebat,
    Straverat adversos Marsque Deusque viros.
Namque senex Carolus Caesar venerabilis orbi
    Concilium revocat ad sua tecta novum.
Aurato residens solio sic coepit ab alto,
    Electi circum quem resident comites :
« Audite, o proceres, nostro nutrimine freti,
    Agnita narro quidem veraque credo satis :
Dum mihi namque foret juvenali in corpore virtus,
    Viribus atque armis ludere cura fuit ;
Non torpore meo turpique pavore, fatebor,
    Francorum fines gens inimica tulit.
Jam quoque sanguis hebet, torpescit dira senectus,
    Florida canities lactea colla premit ;
Dextera bellatrix, quondam famosa per orbem,
    Sanguine frigente, jam tremebunda cadit.
Proles nata mihi superis abscessit ab oris,
    Ordine functa suo, heu ! tumulata jacet,
Sed quoque quae potior Dominoque placentior olim
    Visa fuit, semper est mihi cessa modo,
Nec vos deseruit Christus quin germine nostro
    Servaret, Franci, nunc sobolem placitam.
Illa meis semper delectans inclita jussis
    Paruit atque meum edidit imperium,
Semper amore Dei ecclesiarum jura novavit,
    Credita regna sibi contulit in melius.
Vidistis quae (dona) olim Maurorum funere misit :
    Regem, arma et vinctos, magna trophaea simul.
Vos mihi consilium fido de pectore, Franci,
    Dicite, nos prompte mox peragamus idem. »
Tunc Heinardus erat, Caroli dilectus amore,
    Ingenioque sagax et bonitate vigens ;
Hic cadit ante pedes, vestigia basiat alma ;
    Doctus consiliis incipit ista prior :
« O Caesar, famose polo terraque marique,
    Caesareum qui das nomen habere tuis,

Addere consiliis nil nostrum est posse, nec ulli
　　Mortali potius Christus habere dedit :
Quae tibi corde Deus miseratus contulit, hortor,
　　Quantocius parens omnia perficias.
Filius, alme, tibi praedulcis moribus exstat,
　　Pro meritis qui quit regna tenere tua :
Hunc petimus cuncti, majorque minorque popellus,
　　Hunc petit aecclesia, Christus et ipse favet ;
Hic valet imperii post tristia funera vestri
　　Jura tenere armis ingenioque, fide. »
Annuit at Caesar laetus Christumque precatur,
　　Mittit et ad sobolem mox celerando suam.
Tempore namque illo Hludowic bonus Aquitanorum,
　　Ut supra cecini, regna tenebat ovans.
Quid moror ? Extemplo patris pervenit ad aulam.
　　Gaudet Aquis clerus, plebs proceresque, pater.
Incipit haec iterum Carolus, per singula verba,
　　Dilectae proli narrat et exposuit :
« Nate, Deo care et patri populoque subacto,
　　Quem mihi solamen cessit habere Deus,
Cernis at ipse meam, senio properante, senectam
　　Deficere et tempus mortis inesse mihi.
Prima mei cura regni moderamina constant
　　Quae immerito mihimet contulit ipse Deus,
Non favor aut levitas humanae mentis adurguet
　　Quae tibi, crede, loquor, sed pietatis amor.
Francia me genuit, Christus concessit honorem,
　　Regna paterna mihi Christus habere dedit.
Haec eadem tenui, nec non potiora recepi,
　　Christicoloque fuit pastor et arma gregi.
Caesareum primus Francorum nomen adeptus,
　　Francis Romuleum nomen habere dedi. »
Haec ait et capiti gemmis auroque coronam
　　Imposuit, pignus imperii, sobolis :
« Accipe, nate, meam, Christo tribuente, coronam
　　Imperiique decus suscipe, nate, simul.

Qui tibi concessit culmen miseratus honoris
 Conferat ipse tibi posse placere sibi. »
Tunc pater et soboles, praestandi munere laeti,
 Prandia magna colunt cum pietate Dei.
O festiva dies, multos memoranda per annos !
 Augustos geminos, Francia terra, tenes.
Francia, plaude libens, plaudat simul aurea Roma :
 Imperium spectant cetera regna tuum.
Tum Carolus sapiens multis suadebat alumnum
 Diligat ut Christum ecclesiamque colat.
Amplexans nimium libavit et oscula pulcra;
 Dat licitum ad propria, verba suprema sonat [1].

Les ressemblances qui existent entre ces différents textes et le poème français sont trop nombreuses et trop évidentes pour qu'il soit utile d'insister sur cette comparaison.

Il est donc certain que le début du poème français a un fonds historique; on peut même ajouter qu'il remonte à une époque où la tradition n'avait encore que très peu altéré l'histoire, c'est-à-dire à une époque presque contemporaine des évènements qu'il raconte.

Je ne crois pas, comme M. L. Gautier, que le début du *Coronement Looïs* ait été calqué sur les récits d'Einhard ou de Thégan [2]. Il est même fort probable, pour ne pas dire certain, que le trouvère

---

1. *Ermoldi Nigelli* lib. II, vv. 1-84 (Pertz, *Ibid.*, II, 478-480.)
2. « Le début du *Couronnement Looys*, qui contient le récit des derniers conseils et des adieux de Charles à son fils, paraît en partie calqué sur deux textes d'Éginhard (*Vita Karoli Magni*, cap. xxx, Pertz, II, 459) et de Thégan (*Vita Hludowici*, cap. vi, Pertz, II, 591). » (*Les Épopées françaises*, 2ᵉ éd., IV, 337-8).

n'a jamais connu ces chroniques. Les auteurs de nos chansons de geste, en général, n'étaient pas des clercs et ne pouvaient lire les textes latins. On pourrait répondre à la rigueur qu'ils se les faisaient traduire. C'est possible, mais le cas devait être bien rare, surtout à l'époque où je crois que notre poème fut composé.

Je n'oserais pas dire qu'il est, en tenant compte, bien entendu, des transformations qu'il aurait subies depuis, de la même date que les chroniques citées plus haut, mais je le crois de peu postérieur. « Ce début a certainement un grand air d'ancienneté, » dit P. Paris, « et la première inspiration doit en appartenir à l'époque Carlovingienne [1]. » Et pourtant lorsqu'il écrivait ces lignes P. Paris ne s'appuyait pas sur les ressemblances frappantes qui viennent d'être signalées entre l'histoire et la poésie. Jonckbloet dit de son côté, après avoir cité les vers d'Ermoldus Nigellus : « Notre chanson de geste nous a sans aucun doute transmis les dernières vibrations de cette hymne populaire [2]. »

En résumé, malgré les nombreux rapports qui existent entre notre poème et les textes dont je l'ai rapproché, on peut affirmer qu'il ne dérive pas de ces textes. D'une même source sont sorties d'un côté l'histoire des clercs, de l'autre celle du peuple, la chronique et la légende ; elles se sont écartées de jour en jour l'une de l'autre, pas assez cependant pour

---

[1]. *Histoire littéraire*, XXII, 481.
[2]. *Guil. d'Or.*, II, 93.

qu'on ne puisse retrouver leur parenté et par là remonter à leur origine commune.

« Si l'auteur de la chanson s'est inspiré de l'histoire, » observe M. L. Gautier, « il n'a pas toutefois respecté, comme l'a fait Thégan, la physionomie historique de Louis; il n'a pas craint de le représenter sous les traits les plus méprisables [1]. »

Cette différence entre l'histoire et la légende est toute naturelle. J'en cite un exemple. Quand après de sages conseils donnés à son fils, le vieil empereur dit à celui-ci :

« S'ensi vuels faire, ge te doins la corone,
O se ce non, ne la baillier tu onques. »

Louis, dit le trouvère, est tout ébahi :

Ot le li enfes, ne mist avant le pié.

Il n'en est pas de même chez le chroniqueur : « Postquam haec verba et alia multa coram multitudine filio suo ostenderet, interrogavit eum si obediens voluisset esse praeceptis suis. At ille respondit libenter obedire et, cum Dei adjutorio, omnia praecepta quae mandaverat ei pater custodire... At ille jussionem patris implevit [2]. »

Thégan raconte les faits comme ils se sont passés, c'est tout naturel; mais la légende, pour comprendre le rôle d'Arneïs d'Orléans et celui de Guillaume Fièrebrace, avait besoin de rapetisser la figure du roi;

---

1. *Les-Ép. fr.* IV, 338.
2. Thégan, *loc. cit.*

c'est ainsi qu'elle fit de Louis un enfant de quinze ans, tandis qu'en réalité il en avait trente-cinq lorsqu'il reçut la couronne impériale.

Cette dégradation de la personne du prince pourrait avoir aussi une autre cause. Le peuple avait bien acclamé avec enthousiasme l'avènement de Louis, il applaudit bien encore à ses premiers actes [1], mais il ne dut pas garder longtemps cette admiration pour un homme qui n'était capable de porter qu'une tonsure au lieu d'une couronne [2]. Quelle humiliation, en effet, pour ce peuple fier et guerrier de voir son empereur se dégrader lui-même dans l'assemblée générale d'Attigny! Quel mépris il dut concevoir pour l'homme imbécile dont toute la vie ne fut qu'une série d'opprobres, que son étonnante faiblesse lui fit accepter de ses évêques et de son fils!

Ainsi s'explique le rôle méprisable que joue Louis le Débonnaire dans notre chanson.

Nous retrouvons encore la différence des deux tendances, historique et légendaire, dans les dernières exhortations de Charles à son fils. Dans Thégan, dans Ermoldus, perce surtout la préoccupation des

1.   Qualia per mundum confregit gesta celidri,
    Christicolis cessit munera quanta quidem,
    Haec canit orbis ovans late vulgoque resultant;
    Plus populo resonant quam canat arte melos.
        (ERM. NIG., II, 191-4. — Pertz, *Ibid.*, II, 482).

2. Circa divinum cultum et sanctae ecclesiae exaltationem incitabatur animus, ita ut non modo regem sed ipsius opera potius eum vociferarentur sacerdotem (*Vita Hlud.*, cap. XIX. — Pertz, II, *Ibid.*, 616). — Cf. le portrait de Louis le Débonnaire par M. Himly (*Wala et L. le D.* pages 34-37).

intérêts de l'Église et du clergé, et toutes les recommandations du vieillard pourraient presque se résumer dans ces deux vers :

> Tum Carolus sapiens multis suadebat alumnum
> Diligat ut Christum ecclesiamque colat [1].

Chez le trouvère les conseils de Charlemagne sont bien plus humains, ils sont surtout plus généraux ; l'empereur pense à tout son peuple et notamment aux faibles, aux pauvres, aux orphelins et aux veuves, dont le nom revient jusqu'à quatre fois dans ses paroles : Que Louis évite le péché, la luxure, la trahison, les jugements injustes, qu'il serve Dieu, qu'il défende les veuves et les orphelins, qu'il honore les pauvres, qu'il humilie les orgueilleux, qu'il punisse les rebelles, et enfin qu'il ne s'entoure que de bons conseillers.

Arrivons enfin à la trahison d'Arneïs d'Orléans. J'ai déjà cité quelques lignes dans lesquelles Fauriel semble croire à une conspiration ourdie contre l'avènement de Louis le Débonnaire. Jonckbloet, cherchant ce que cette croyance a de fondé, invoque d'abord des passages d'Einhard, de Thégan, des Annales faussement attribuées à Einhard, enfin de l'annaliste Saxon. J'ai cité plus haut [2] les paroles du premier de ces chroniqueurs, j'y ai ajouté un extrait de la Chronique de Moissac ; voici maintenant comment s'exprime Thégan : « Post obitum gloriosissimi supradicti

---

1. Cf. page xvi.
2. Pages x et ss.

imperatoris Karoli, perrexit filius ejus Hludowicus de partibus Aquitaniae, venit Aquisgrani palatium et suscepit omnia regna quae tradidit Deus patri suo *sine ulla contradictione* [1]. »

Einhard et l'annaliste Saxon disent de même : « Hludowicus... tricesimo postquam id acciderat die, Aquasgrani venit *summoque omnium Francorum consensu ac favore* patri successit [2]. »

Je cite encore Nithard : « Heres autem tantae sublimitatis, Lodhuwicus, filiorum ejus justo matrimonio susceptorum novissimus, ceteris decedentibus, successit; qui, ut pro certo patrem obisse comperit, Aquis ab Aquitania protinus venit, quo undique ad se venientem populum *absque quolibet impedimento* suae ditioni addixit [3].

Enfin la Chronique d'Adon : « Ludovicus... ingressum imperii *secunda et placida quiete* habuit, porro finis ejus multis incommoditatibus et adversitatibus fatigatur [4]. »

J'ai fait remarquer précédemment qu'il faut établir une distinction entre l'avènement de Louis et son couronnement. Or c'est précisément en parlant de ce dernier fait qu'Einhard dit : « Susceptum est hoc ejus consilium ab omnibus qui aderant *magno cum favore.* » Il ne répond donc pas à la question de Jonckbloet : « Louis le Débonnaire a-t-il rencon-

---

1. *Vita Hlud.* cap. 8 (Pertz, *Ibid.*, II, 592).
2. *Einh. Ann.* an. 814 (Pertz, *Ibid.*, I, 201); *Ann. Sax.* (*Ibid.*, VI, 570).
3. *Nit. Hist.* I, 2 (Pertz, *Ibid.*, II, 651.
4. *Adonis Chron.* (Pertz, *Ibid.*, II, 320).

tré de l'opposition à son avènement ? » Cette observation s'applique également à la Chronique de Moissac.

Restent les autres textes : ils sont formels et s'accordent à dire que le nouvel empereur fut acclamé à son avènement.

Mais il n'en est pas de même du passage suivant de l'Astronome Limousin : « Per idem autem tempus, mortuo jam pridem Pippino, Italiae rege, nuperrime autem Karolo, itidem fratre, res humanas relinquente, spes universitatis potiundae in eum adsurgebat. Misso enim pro quibusdam necessariis patrem consulendis Gerrico, capis praelato, cum in palatio moraretur, praestolans perlatorum responsum, monitus est tam a Francis quamque a Germanis ut ad patrem rex veniret eique propter adsisteret ; videri sibi dicentes quod pater cum jam in senilem vergeret aetatem et acerbe ferret liberorum infortunatam defectionem, citam illius haec portenderent corpoream solutionem. Quod Gerricus cum regi, rex vero consiliariis retulisset, quibusdam vel pene omnibus visum est salubre suggestum ; sed rex altiori consilio, ne forte per hoc patrem suspectum redderet, agere distulit. Haec tamen divinitas, pro cujus timore et amore facere noluit, ut sibi moris est amatores sui sublimius quam cogitari potest nobilitare, prudentius ordinavit. Pacem porro petentibus his quos bello fatigare solitus erat rex, articulo duorum annorum praestituto, libenter indulsit. Interea imperator Karolus, considerans suum in senectute adclinem devexum et verens ne forte subtractus rebus humanis confusum relinqueret regnum, quod erat Deo donante nobiliter ordinatum, scilicet ne aut externis quateretur procellis, aut intestinis vexaretur scissionibus, misit filiumque ab Aquitania evocavit; quem venientem clementer suscepit, tota aestate secum tenuit, de his quibus eum indigere putavit instruxit. Qualiter videlicet sibi vivendum, regnandum, regnum ordinandum et ordinatum tenendum foret monuit, et tandem imperiali eum diademate coronavit, et summam rerum penes eum futuram esse, Christo favente, innotuit, et, hoc peracto negotio, reditum ad propria concessit. Qui, mense Novembri a patre digrediens, Aquitaniam repetiit... Defuncto autem patre piae recordationis, missus est Rampo ad eum [1] ab eis qui sepulturam ejus curarunt, liberis scilicet et proceribus palatinis, ut et mortem ejus mature cognosceret adventumque suum nullo modo comperhendinaret. Qui cum Aurelianam devenisset ad urbem, Theodulfus, ejusdem urbis episcopus, vir undecumque doctissimus, causam ejus adventus persensit, et velocissime misso perlatore imperatori innotescere studuit, hoc tantummodo ei suggerendum jubens, utrum praestolaretur venientem in urbem an in itinere aliquo sibi occurreret venturo ad urbem. Quam protinus causam ille commentatus agnovit et ipsum venire ad se jussit. Inde alium atque alium hujusce rei tristes suscipiens nuntios, post quintum diem ab eodem loco pedem movit et cum quanto passa est angustia temporis populo iter arripuit. *Timebatur enim quam maxime Wala,* summi apud Karolum imperatorem habitus

---

[1]. Ludovicum.

loci, *ne forte aliquid sinistri contra imperatorem moliretur*. Qui tamen citissime ad eum venit et humillima subjectione se ejus nutui secundum consuetudinem Francorum commendans subdidit. Post cujus ad imperatorem adventum aemulati eum omnes Francorum proceres certatim gregatimque ei obviam ire certabant; tandemque ad Aristallium prospero pervenit itinere et, die tricesimo postquam ab Aquitania promovit, palatio Aquisgrani pedem feliciter intulit... Venit ergo imperator Aquispalatium et à propinquis atque multis Francorum militibus cum multo est favore receptus imperatorque secundo declaratus [1]. »

« En combinant, » dit Jonckbloet, après avoir rappelé ce passage, « en combinant le message pressé de l'évêque Théodulfe, les craintes du jeune roi et l'exil inopiné des anciens favoris [2], on arrive facilement à admettre une conjuration déjouée, probablement par l'adhésion bruyante de tout le peuple dont tous les auteurs font foi. L'histoire n'en parle pas, mais elle paraît incontestable [3]. »

Enfin Jonckbloet rapporte encore un passage de la *Vita Walae* et deux strophes d'un poème de Théodulfe, dans lesquels il voit des allusions aux projets de résistance [4].

---

1. *Vita Hludovici Pii*, cap. xx-xxii (Pertz, *Ibid.*, II, 617-8).
2. De Wala et des siens, qui peu après l'avènement de Louis furent l'objet d'une disgrâce éclatante.
3. *Guil. d'Or.*, II, 87.
4. Voici ces deux textes : « Pascasius. Defuncto Antonio, paulo post substituitur [Wala] pater eximius ejus in loco; ob cujus nimirum electionem a fratribus egomet directus, mox obtinui

Mais, plusieurs années déjà avant l'érudit hollandais, M. Himly n'avait pas hésité à reconnaître dans le passage cité plus haut de l'Astronome Limousin les traces certaines d'une conspiration, qui aurait eu

apud Augustum quod olim plures optabant... Mox occupavit eum nostra electio. De cujus nimirum vitae abstinentia et rigore castigationis tunc mihi a quibusdam optimatum, ut persensi, Augusto jubente, suasum est quod non eum ferre possemus neque vitae vestigia imitari. Ad quod ego quasi arridens : « An nescis, heus tu, nos qui sumus? Numquid caudam pro capite, ut quidam adsolent, monstruose volumus eligere ?... Numquid, quia commeare nequimus, eum praeferre oportet qui post tergum eat, et non potius eum qui praecedat? » Tum ille paulisper subridens Augusto haec, ut credo, retulit, quibus ita dictis, cuncta quae volui, et ut volui, penitus impetravi; atque cogente illo, nostris, licet invitus, paruit votis, qui dudum subterfugerat quantisper praelatus.

ADEODATUS. Timeo ne forte qui talem eum oblatrant sentiant de quo proposueras aenigmate loqui clarius praedicari.

PASCASIUS. Non invisa dicimus, neque incognita. Idcirco, etsi adumbratur titulus, lineamenta tamen gestorum produnt, uti pictorum mos est qui bene pingere norunt, qui saepe ita vultus exprimunt ut sine litteris et voce loquantur. Sed talibus, quia necdum apposui labra, et condita sub silentio servo, erit, ut credo, illa dies mihi cum liceat ejus aperte dicere facta, et quae potiora sunt de illo manifestius explicare. Interdum vero, sicut mones, ne quid nimis fiat, cautius loqui juvat » (Pertz., *Ibid.*, II, 537 .

Voici maintenant les vers de Théodulfe :

>Muniunt urbem hanc proceres fideles,
>qui pio Christo sua dedicarunt
>hostis adversi tolerando bella
>   corpora casta.
>Hi duces sancti reducesque sunto,
>ut tui, Caesar, foveantque temet,
>horum et obtentu superes duelles
>   poscimus omnes.

(*Theod. carmina*, XXXVII, 10-11. — Pertz, *Mon. Germ.*, in-4, *Poetae lat. aevi Carolini* I, 529).

pour but de priver Louis de la couronne impériale :
« On enseigne partout, » dit M. Himly, « que Louis succéda sans opposition à son père; je n'en suis pas moins persuadé qu'il eut à vaincre, sinon des résistances ouvertes, au moins des répugnances profondes, et que le plus ardent de ses adversaires ne fut personne d'autre que le chef même du conseil impérial, le favori de l'empereur, Wala en un mot [1].

« ..... J'admets, par conséquent, comme un fait au moins probable, que Wala s'opposa à l'association du seul fils légitime de Charlemagne, et qu'il essaya de lui substituer un autre héritier, plus capable que lui de porter le poids des affaires [2]. »

Moi aussi, je suis convaincu qu'il y eut à la cour, dans les dernières années de Charlemagne, des intrigues qui avaient pour but de s'opposer à l'avènement de Louis. Mais je ne crois pas que ces résistances se soient manifestées ouvertement. Si Wala s'était prononcé contre l'association de Louis à l'empire, il aurait perdu la confiance et l'amitié de Charles; or il est resté au premier rang des honneurs jusqu'à la mort de l'empereur. D'un autre côté, c'est bien lui qui vint le premier des seigneurs réunis à Aix saluer Louis lors de son avènement.

Mais l'existence seule du complot, qui semble n'avoir été un mystère pour personne, suffisait pour donner naissance à la légende que nous retrouvons dans notre chanson.

1. *Wala et L. le D.*, p. 32.
2. *Ibid.*, p. 50.

Il reste à expliquer les rôles de Guillaume et d'Arneïs dans le poème.

Le peuple était incapable de comprendre les grandes vues politiques qui avaient poussé Wala à la résistance contre Louis le Débonnaire. Pour la foule, Louis, étant le seul fils légitime de l'empereur, était aussi son unique héritier, et quiconque mettrait des entraves à sa succession au pouvoir commettrait un crime. Or pouvait-on attribuer ce rôle odieux à Wala? Wala, le cousin germain de Charlemagne, avait été son bras droit; disgracié par Louis, il s'était retiré dans un monastère, où par ses vertus il édifiait les moines, qui l'élurent abbé. Il ne sortit du cloître qu'après le plaid d'Attigny, lorsque l'empereur eut déclaré à l'Église, en présence du peuple, qu'il se soumettait à une pénitence publique, pour l'avoir fait exiler injustement. Il redevint donc encore une fois l'homme le plus puissant de l'empire. Bientôt en désaccord avec l'empereur, il fut toujours secondé par le haut clergé, parce que dans toutes ses entreprises il avait en vue surtout le bien de l'État et celui de l'Église. Après avoir rempli de très importantes missions, il mourut au cours d'une ambassade, dont il s'était chargé dans le dessein de réconcilier l'empereur avec son fils Lothaire.

Cet homme ne pouvait être pris pour un traître; le peuple ne pouvait lui prêter le rôle qu'il a donné à Arneïs d'Orléans dans la chanson.

Parmi les chefs de l'aristocratie militaire qui firent tant d'opposition au faible empereur et suivirent le parti de Wala l'histoire nous a conservé le nom d'un

Matfred, *comte d'Orléans,* qui fut toujours associé à la fortune de Wala, arrivant au pouvoir avec lui quand son parti était vainqueur, partageant ses disgrâces quand il était vaincu. Il est fort probable que ce comte d'Orléans avait trempé dans les conjurations de Wala contre l'avènement de Louis; du moins sa conduite ultérieure donne beaucoup de vraisemblance à cette supposition.

Mais les raisons qui ne permettaient pas d'attribuer à Wala le rôle d'un traître n'existaient plus pour le comte d'Orléans. Matfred n'était pas de la famille impériale, il n'a jamais eu la gloire de Wala, et surtout il était loin de mener la vie religieuse de ce dernier. Bien plus, il fut, ainsi que Hugues, comte de Tours, dans un plaid tenu à Aix en 828, à l'instigation de l'impératrice Judith, accusé de trahison, reconnu coupable et publiquement dégradé. Ces deux comtes, envoyés avec une grande armée au secours de Bernard, comte de Barcelone, contre les Goths, avaient, par haine de ce Bernard, laissé l'ennemi piller à loisir les environs de Barcelone et se retirer tranquillement avec son butin.

C'est peut-être pour ces différentes raisons que le rôle de traître fut attribué dans notre légende au comte d'Orléans.

De même que le rôle de Matfred dans l'histoire a pu donner naissance au personnage d'Arneïs dans la légende, de même celui de Bernard, dont je viens de citer le nom, expliquerait peut-être l'introduction de Guillaume dans notre chanson. Bernard, en effet, est précisément le fils de ce Guillaume qui devint si célèbre dans les chansons de geste. Bernard, filleul de l'empereur Louis, fut son plus puissant défenseur contre le parti aristocratique, et c'est lui qui, d'accord avec l'impératrice Judith, fit condamner pour trahison, comme je l'ai dit plus haut, ses deux plus mortels ennemis, les comtes de Tours et d'Orléans.

En combinant ces faits et en les résumant, on trouve dans l'histoire, aussi bien que dans la poésie, un comte de Toulouse qui se fait le défenseur de la famille impériale et qui cause la perte d'un comte d'Orléans, ennemi de l'empereur et coupable de trahison.

Ce rapprochement me paraît expliquer assez bien le rôle que la légende attribue au comte de Toulouse et à celui d'Orléans dans la cérémonie du couronnement. Mais, s'il en est ainsi, pourquoi ces deux personnages n'ont-ils pas gardé leurs propres noms?

La substitution de Guillaume à Bernard est toute naturelle. Guillaume avait été nommé, en 790, duc de Septimanie et comte de Toulouse, avec charge de faire rentrer les Vascons sous l'obéissance des Francs; il s'acquitta glorieusement de sa tâche. En 793, il se jeta au devant des Sarrasins d'Espagne qui envahissaient la France, fut vaincu par eux sur les rives de l'Orbieu, à Villedaigne, mais après une telle résistance que les Sarrasins, malgré leur victoire, furent obligés de repasser les Pyrénées. En 801, (ou 803) c'est encore Guillaume qui eut la plus large part à la prise de Barcelone par les armées du roi d'Aquitaine.

Le bruit de ces exploits ne remplit pas seulement les contrées qu'ils avaient pour théâtre, mais le pays tout entier des Francs; nous en avons la preuve dans les deux poèmes qui nous sont parvenus sur les deux faits d'armes signalés plus haut, la bataille de l'Orbieu et la prise de Barcelone.

Or ce roi d'Aquitaine, au service de qui Guillaume consacrait sa vie, était précisément le fils de Charlemagne, Louis, qu'on avait porté en berceau dans son royaume et qui avait à peu près douze ans lorsque Guillaume fut nommé comte de Toulouse.

Ainsi, quand s'ouvrit le ixe siècle, Louis régnait sous la sauvegarde énergique de Guillaume, et pendant près de quinze ans le comte de Toulouse fut pour ce jeune roi et pour ses états un protecteur de tous les instants.

Dans le récit du couronnement de Louis la légende fait du futur empereur un enfant ; cet enfant trouve contre ses ennemis un généreux défenseur : naturellement ce défenseur doit être celui que Louis eut pendant toute son enfance, c'est-à-dire Guillaume.

Guillaume devenant ainsi le protecteur exclusif et nécessaire de Louis, nous le verrons plus loin se substituer dans la tradition à d'autres personnages historiques, qui s'étaient faits les défenseurs de la royauté contre la féodalité ; substitution qui, outre la célébrité de Guillaume de Toulouse, s'explique encore par la similitude des noms de ces personnages, dont plusieurs s'appelaient Guillaume.

Ainsi, en admettant que dans la première partie du *Coronement Looïs* le personnage de Guillaume n'ait pas été créé de toutes pièces, on s'explique aisément comment ce même personnage a pu prendre la place de Bernard son fils, comme lui comte de Toulouse.

Quant au nom d'Arneïs [1], il a eu nécessairement sa raison d'être, mais cette raison je ne la connais pas. Je n'ai trouvé dans l'histoire aucun personnage de ce

[1]. Au lieu d'Arneïs, Hernaut se trouve dans les deux meilleures familles de manuscrits; le manuscrit D seul, qui offre une rédaction postérieure, donne Hernaïs. Mais le changement d'Arneïs en Hernaut était si facile qu'il a pu s'introduire dans deux manuscrits indépendants l'un de l'autre.

Les poèmes divers qui font allusion au nôtre donnent le nom d'Ernaïs ou d'Arneïs, avec ou sans *H* initiale :

> Por l'amor Deu, ja vos corona il
> A vive force, voiant voz enemis,
> Quant il voloient coroner Hernaïs.
> (*Moniage Guillaume*, Ms. Bibl. nat., fr. 774, f° 217)

Ici la forme en *is* est assurée par l'assonance.

Au vers 171 du *Charroi de Nimes* l'exemple est moins sûr. Jonckbloet a imprimé : *Li quens Hernaut*, M. Paul Meyer : *Quens Hernaïs*. Les manuscrits sont en effet divisés; mais leur classification donne raison à M. Meyer.

Tous les textes en prose donnent de même Arneïs ou Ernaïs. Je les cite plus loin. En s'y reportant, on constatera que ce n'est pas par leur nombre qu'ils doivent peser dans la balance, car la plupart dérivent d'un même remaniement, qui lui-même descendait d'une rédaction différente de la nôtre.

D'ailleurs il est constant qu'à une certaine époque il y eut confusion dans la littérature entre les deux noms :

> En Orlenois s'en vait a Hernaïs,
> Tout li conta de Gerbert le marcis :
> « Las, » dist Hernaus, « or va de mal en pis. »
> (*Anseïs fils de Gerbert*; Bib. nat. fr. 4988, f° 1891).

Dans ce dernier passage la bonne leçon est certainement celle en *is*, qui dans le premier vers est assurée par la rime, et qui, dans le troisième, peut facilement remplacer l'autre, si l'on supprime l'interjection *Las*, pour rétablir la mesure.

Arneïs est un personnage bien connu dans notre plus ancienne poésie. On le trouve notamment dans le cycle des Lorrains.

Enfin la substitution du nom très répandu d'Hernaut à celui

nom qui ait mérité le rôle joué dans le poème par le comte d'Orléans. Que faut-il en conclure ? Que les documents de l'époque sont insuffisants pour éclairer l'histoire, et rien de plus.

Je ne chercherai pas à expliquer les autres différences qui existent entre le poème et l'histoire ; elles résultent de l'altération fatale des faits par la tradition orale ou par le caprice des trouvères.

2. — *Seconde branche.*

La seconde branche du *Coronement Looïs* est la plus étendue ; elle ne comprend pas moins de 1100 vers (vv. 272-1429). Si on en fait une analyse exacte, de laquelle on écarte toutes les incidences, tous les détails qui ne peuvent être que le fait du poète, lors même que le fonds aurait une origine historique, on trouve ceci :

Guillaume est à Rome ; il y est venu, non dans l'intention de guerroyer, mais simplement en pèlerinage. Deux messagers arrivent et annoncent au pape que les Sarrasins, conduits par l'émir Galafre, ont

---

d'Arneïs, devenu très rare déjà au moyen âge, était toute naturelle, et de plus singulièrement favorisée par ce fait que Hernaut, frère de Guillaume au Court Nez, devient dans la légende épique duc d'Orléans.

Pour toutes ces raisons j'ai adopté le nom d'Arneïs, composé des deux radicaux *arn* et *gis* de l'ancien haut allemand. Foerstemann *(Altd. Namenbuch,* sous le radical *ar)* cite les formes *Arngis* et *Arnis.* Les formes Ernaïs, Harneïs, Hernaïs, données par les manuscrits, sont fautives.

pris la ville de Chapre [1], avec le roi Guaifier, sa famille, et un grand nombre de soldats. Guillaume, averti par le pape, fait armer ses chevaliers. Mais avant la rencontre des deux armées ennemies, un accord a lieu entre les chrétiens et les infidèles. Au lieu d'une mêlée générale, on remettra le sort des deux parties entre les mains de deux guerriers, qui, dans un combat particulier, décideront à qui devra appartenir le pays. Les Sarrasins ont pour champion un géant orgueilleux nommé Corsolt; celui du pape est Guillaume Fièrebrace. A l'heure convenue, des otages ayant été remis de part et d'autre, le combat a lieu en présence des deux armées. Après une lutte acharnée, pleine de péripéties, Guillaume, qui a reçu au nez une légère blessure, parvient à terrasser son adversaire et lui coupe la tête. Ce résultat épouvante les infidèles, qui prennent la fuite; il ranime, au contraire, l'espoir et le courage des chrétiens, qui les poursuivent et en font un grand carnage. L'émir Galafre est pris et se fait baptiser. Guaifier, délivré, ainsi que sa famille et ses sujets, offre à son libérateur sa fille et la moitié de ses états; Guillaume accepte, et les noces vont avoir lieu, lorsque le héros franc est rappelé subitement au secours de l'empereur Louis. Il abandonne sa fiancée et court où son devoir l'appelle.

1. Les manuscrits diffèrent sur ce nom; la famille *A* donne *Chartres*, *B*, *Chapres*, *C*, *Carpe*; il s'agit évidemment de Capoue, en français du moyen âge *Chape*. J'ai adopté la forme *Chapre*, parce que les variantes de tous les mss. ont un *r*.

Tels sont les faits principaux de cet épisode, les seuls auxquels on puisse espérer assigner une origine historique. Tout le reste ne doit être considéré que comme des amplifications légendaires.

Le terrain ainsi déblayé, les recherches deviennent plus faciles.

Les trois noms principaux qui figurent dans la seconde partie du *Coronement Looïs* sont ceux de Guillaume, de Corsolt et de Guaifier. Trouve-t-on dans l'histoire un évènement qui se rapporte à des personnages de ce nom et qui ait pu inspirer notre poème?

Les Sarrasins n'ont guère commencé leurs ravages dans la péninsule avant la seconde moitié du ixe siècle. Ils y pénétrèrent pour la première fois en 838, lorsque le duc de Naples, André, en guerre contre Sicard, prince de Salerne, appela à son secours les Arabes de Sicile. Or, Guillaume de Gellone, le héros du cycle épique qui porte son nom, est mort dans les premières années du siècle. Si donc les faits que raconte le poème ont réellement eu lieu, ce n'est pas à Guillaume de Gellone, mais à un ou à plusieurs autres personnages qu'il faut les attribuer, que ces personnages s'appellent ou non Guillaume, sauf à chercher ensuite comment les faits ont été rattachés à la légende poétique de saint Guillaume.

Le nom de Corsolt ne nous apprend rien de plus. Ou bien Corsolt est le même personnage que ce Corson à qui Charlemagne substitua Guillaume dans le comté de Toulouse[1], en 793, et

---

1. Voyez page LI.

alors son rôle, comme celui de Guillaume, et pour la même raison chronologique, ne peut être que légendaire ; ou bien il représente tout autre personnage historique ou imaginaire, duquel on ne sait rien.

Si, au contraire, on étudie de près le troisième personnage, celui qui porte le nom de Guaifier et le titre de roi, on arrive à un résultat tout différent.

Ce nom de Guaifier est peu commun dans l'histoire ; on ne connaît guère que le duc d'Aquitaine, plus souvent appelé Waïfre, qui suscita tant de difficultés à Pépin le Bref et dont le roi n'eut raison qu'en le faisant assassiner, en 768, et Guaifier, prince de Salerne, qui consuma la plus grande partie de sa vie en guerres contre ses voisins et contre les Musulmans [1]. Il est clair que le premier n'est pas le héros de notre chanson. Dans l'histoire du second on trouve un épisode qui pourrait bien avoir été la première inspiration du poème. C'est le siège de Salerne par les Sarrasins, de 871 à 873. La Chronique anonyme de Salerne le raconte en détail [2].

Trente mille Arabes, sous la conduite du roi Abd-Allah, ayant débarqué en Calabre, vinrent dresser leurs tentes autour de Salerne, dévastant tous les environs, pillant Bénévent, Naples, Capoue. Le prince de Salerne, Guaifier, prévenu à temps de l'arrivée prochaine des infidèles, s'était préparé à la résistance. Aidé par les Capouans et les Toscans, il avait réparé les murs de sa ville et les avait flanqués

---

1. Je laisse naturellement de côté Benoît Guaifier, poète théologien, moine du Mont Cassin au XIe siècle.

2. Pertz, *Mon. Germ. hist.*, *Script.* III, 528-533.

de tours hautes et solides. De part et d'autre on n'avait rien négligé, les infidèles, pour se rendre maîtres de la place, les chrétiens, pour la défendre; aussi le siège fut-il long et pénible. Chaque jour, c'était des assauts de l'ennemi ou des sorties impétueuses des assiégés. Plus Guaifier mettait d'opiniâtreté dans la défense, plus les Sarrasins mettaient de vigueur dans l'attaque; et ceux-ci recevaient quotidiennement des renforts, tandis que les forces des Salernitains allaient s'affaiblissant de jour en jour. La famine exerçait sur les assiégés d'affreux ravages, les plus vils animaux, les chiens, les rats, étaient leur seule nourriture. Cependant chacun faisait son devoir; la femme du prince Guaifier montait elle-même sur les murs pour encourager les défenseurs et leur porter des vivres. Malgré tous ces efforts les assiégés allaient être obligés de se rendre lorsqu'enfin Louis, fils de Lothaire, roi d'Italie et empereur, imploré par l'évêque Landolf, comte de Capoue, qui était venu le trouver à Pavie, se décida à porter secours à ces malheureux. Au commencement de l'année 873, il descendit dans le midi de l'Italie avec une armée. Quand l'empereur fut arrivé sur le théâtre de la guerre, son neveu Gontier, à peine âgé de quinze ans, lui demanda l'autorisation de marcher à l'ennemi. Après un long refus, Louis finit par céder. Gontier, ralliant alors à sa troupe la milice de Capoue, profita d'un épais brouillard pour fondre à l'improviste sur l'ennemi, qui fut mis en pleine déroute, laissant neuf mille hommes sur le terrain. Malheureusement Gontier périt dans la mêlée, et l'empereur ne put que pleurer sur son corps, lorsqu'il vint visiter le champ de bataille.

« Les Arabes, effrayés par les succès de l'armée française, levèrent le siège de Salerne, après avoir garotté leur général Abd-el-Maleck et l'avoir entraîné de force sur un vaisseau prêt à mettre à la voile [1]. »

Quelque temps après, l'empereur reprit la route de ses états ; il mourut l'année suivante à Brescia (875).

« La même année, le wali Sicilien Abou-Maleck, envoya une nouvelle flotte qui débarqua quelques troupes aux environs de Naples. Cette expédition réussit à surprendre le prince de Salerne, qu'elle battit complètement et dont elle aurait occupé la capitale, sans l'arrivée d'une armée grecque, qui l'obligea à se rembarquer précipitamment [2]. »

Guaifier mourut en 879, après avoir embrassé la vie monastique en expiation de ses fautes.

La durée du siège que je viens de raconter, l'énergie avec laquelle résistèrent les Salernitains, les longues souffrances qu'ils endurèrent, les atrocités et les déprédations commises par les ennemis dans les environs de la ville, les combats multiples qui se livraient tous les jours sous ses murs, l'importance elle-même de cette place, qui était devenue une des villes les plus prospères et les plus renommées de l'Italie méridionale, ont dû donner à cet évènement un grand retentissement dans le monde chrétien et

___
[1]. Famin. *Hist. des Inv. des Sar. en It. du* VIIe *au* IXe *siècle*, p. 333 (Didot, 1843).
[2]. *Ibid.*, p. 342.

en particulier dans l'Italie et la Gaule. Mais la renommée grandit en voyageant. Le récit, grossi par l'imagination populaire, offrait en arrivant chez les Francs un beau sujet de chanson, dans ce pays et à cette époque où les trouvères étaient si nombreux, où le peuple écoutait avec enthousiasme les chants de guerre.

Ce sujet a-t-il été mis en œuvre? Le nom de Guaifier, roi en Italie, figure dans plusieurs chansons de geste [1], et ce Guaifier, je l'ai déjà fait remarquer [2], ne peut être que le prince de Salerne. Or dans la vie de ce prince un seul fait a pu acquérir à son nom cette célébrité, c'est celui que je viens de raconter, le siège de Salerne en 873. C'est de beaucoup la plus belle page de son histoire, car la plupart de ses autres guerres ont été des querelles injustes contre ses voisins; les relations qu'il eut avec les Sarrasins après la délivrance de sa ville ne sont rien moins que glorieuses pour lui, puisque, après avoir été battu par les infidèles, il fit avec eux un traité d'alliance offensive et défensive, qu'il fut menacé des foudres du Saint-Siège, et qu'enfin, ayant été frappé d'une maladie, il crut à une vengeance du ciel et se fit moine en expiation de ses crimes. Il est donc certain que la renommée qui le fit vivre dans nos chansons comme un défenseur de la foi et un adversaire des Sarrasins est née du long siège qu'il soutint si glorieusement.

1. Généralement sous le nom de *Guaifier d'Espolice* (pays de Spolète). Ce nom d'*Espolice* ne figure pas dans la 2ᵉ branche du *Coronement*, mais seulement au vers 2234, dans un passage ajouté par le romancier pour souder la 4ᵉ branche aux précédentes.

2. Page xxxv.

Je vais plus loin et je dis que c'est dans le poème aujourd'hui représenté par la seconde partie du *Coronement Looïs* que ce fait historique a reçu son développement littéraire. Il y a, en effet, entre le poème et la Chronique de Salerne des ressemblances tellement frappantes qu'on ne peut les attribuer au simple hasard.

Dans le *Coronement Looïs* nous voyons un Guaifier, roi de Capoue, fait prisonnier avec sa famille et ses sujets par les Sarrasins et délivré par les Francs; dans la chronique nous trouvons un Guaifier, souverain de Salerne, réduit à la dernière extrémité, presque fait prisonnier avec sa famille et ses sujets par les Sarrasins et délivré par les Francs. Dans les deux récits les infidèles, après leur défaite, quittent l'Italie. Ce sont là les faits principaux, ceux qui forment le fonds du récit, et ils sont identiques de part et d'autre [1]. C'est seulement en entrant dans les détails qu'on trouve des différences. Voyons si ces différences sont aussi réelles qu'elles paraissent l'être de prime abord, si elles ne dépendent pas de la différence essentielle des deux genres de récit, de la chronique et de la poésie. Le chroniqueur cherche à raconter les évènements tels qu'ils se sont passés dans la réalité, et ces évènements, une fois écrits, restent immuables sur le parchemin. Le trouvère, au contraire, prend un fait que souvent il ne connaît que très imparfaitement, qu'il déforme

---

1. La confusion de Salerne et de Capoue est naturelle; les deux villes étant relativement voisines et les habitants ayant pris une part égale à la lutte contre les Sarrasins.

sciemment pour le rendre plus agréable à ses auditeurs, et qui aura encore la plupart du temps à subir les remaniements des générations suivantes.

Dans l'histoire le théâtre de la guerre est sous les murs de Salerne, dans la chanson il est près de Rome. Mais, d'abord, on sait que les trouvères ne se piquaient pas d'une grande exactitude géographique dans leurs récits. Pour eux le siège du pape était un centre où venaient se grouper tous les évènements qui se passaient au-delà de *Montjeu*. Le fait avait lieu en Italie, donc ce pouvait être près de Rome. Bien plus, en étudiant de près la seconde partie du *Coronement Looïs,* on reconnaît qu'à l'origine de la légende la scène n'était pas aussi près de Rome que dans la rédaction actuelle. En effet, Guillaume est arrivé à Rome en simple pélerin, sans aucune pensée de combat, sans parler une seule fois des Sarrasins, sans songer à eux. Le pape lui-même n'en paraît pas davantage préoccupé, et rien ne ferait penser à l'ennemi, si, au moment où l'on s'y attend le moins, deux messagers n'arrivaient, annonçant que les infidèles viennent de prendre Capoue [1].

Les infidèles sont à Capoue, les chrétiens à Rome. Avant que les deux armées se rencontrent, on s'attend naturellement à les voir franchir l'espace qui les sépare. Eh bien, il n'en sera pas ainsi. Comme dans un rêve, où l'espace et le temps n'existent pas, où l'on commence dans un lieu une action que l'on continue dans un autre, sans s'apercevoir du change-

1. Vers 325-332.

ment de scène, le poème ne tient aucun compte des cinquante lieues qui séparent les deux villes. Le jour même où l'on apprend que les païens sont dans Capoue, le pape va trouver l'émir pour lui proposer la paix, rentre dans Rome, rend compte de son message à Guillaume, qui sort à son tour, tue le géant Corsolt, met les païens en fuite, et délivre les prisonniers chrétiens. Bref, dans la première partie du récit, Capoue et Rome sont assez distantes pour que dans celle-ci on ignore ce qui se passe autour de l'autre ; dans la seconde partie, au contraire, les deux villes sont à peu près confondues. Comment expliquer cette inconséquence? Tout simplement par l'ignorance d'un remanieur, qui, en introduisant le pape dans le poème, a transporté devant Rome le lieu du combat, lequel originairement avait lieu sous les murs de Capoue.

Il y a d'autres divergences entre les deux récits. Dans la chronique, les Sarrasins sont vaincus en bataille rangée; d'après la chanson, c'est dans un combat singulier. Mais c'est là une différence de détail, sans importance, qu'on pourrait même, à la rigueur, expliquer encore par l'histoire. En effet, le récit du siège est précisément agrémenté de plusieurs de ces combats particuliers; le chroniqueur se plaît même à en raconter deux avec assez de détails [1].

---

1. « Cumque in hac obsidionem prope terminarentur annus, et nullus suffragium Salernitani obtinerent, et saepissime cum Agarenis certamen inirent, factum est ut unum eminentissimum Agarenum, tres testiculis gerens, voci ingenti clamaret ac promeret : O ercescende filius Petre, veni, et iniamus singularem certamen ; et tunc conicere poteris Agarenorum virtutes ! Set dum

Dans le premier nous n'avons pas le nom du champion Sarrasin, mais nous savons que c'était, comme Corsolt, un géant présomptueux et insolent, que comme lui il fut terrassé et mis à mort par le chrétien.

diu exultaret eademque verba repeteret, Petrus ille, fisus in Redemtoris clementiam, audaci animo Agareno exiit obviam, suos interminans hiis ut nullum auxilium illis cederent. Agarenus ille pone civitatis cum ingenti audacia moeniam venit, loricaque indutus et capite calea septus et sex lanceis propria manu gestans, super eum irruit. Petrus ille jam dictus impetum illius omnimodis cavit; set dum iterum Agarenus cum expedito equo super illum veniret et lancea cum omni nisu, ut eum protinus in terram straret, iniceret, christianus quamvis cum metu agiliter feritam illius evasit, et continuo Deum invocavit, et suos martires, ante quorum ecclesiam certamen iniebat, silicet Cosmam et Damianum, asta quae manu gestabat illi protinus misit, eumque inter duas percussit scapulas, et statim vitalis calor aufugit, amplexoque equi collum, ad suos refugit, et sine mora extinxit. Christiani una omnes Deum videlicet collaudabant, necnon et vires recipiebant. » (*Chron. Salern.* cap. cxiii, éd. Pertz, *Mon. Germ. hist.* in-f°; *Script.* III, 530).

Voici maintenant le récit du second combat : « Helim filii erant quatuor, qui saepissime vehementer Salernitanos atterebant, eo quod prae ceteris Agarenis eminentiores erant; et praepotens statura illorum erat una, et similes equos habebant, et inter omnes illis anticipabant. Unus illorum, audacior ceteris, Salernitanis cotidie acclamabat : « Unus ex vobis veniat, singulare certamen mecum iniat, et tunc experiri valebitis qualis est Helim filius. » Tunc unus ex Salernitanis, Landemari nomine, ocius urbem egressus est et omnimodis ad bellum se praeparavit. Set dum Elim filius super eum cum magna virtute veniret, et forti yctu percussit, set, Domino non sinente, nequaquam illum namque sauciavit, Revolvente itaque ocius equum, qualiter eum prosterneret, ille christianus non segniter gessit, set continuo omni nisu lancea illi protinus misit et eum secus ilium percussit. Ille vero jam nequaquam cum illo certamen iniit, set ad suos reversus est et non diu supervixit. » (*Ibid.*, cap. cxiv, Pertz, *ibid.* III, 530).

Le champion des chrétiens dans la chronique s'appelle Pierre, dans la légende, Guillaume ; j'expliquerai plus loin la présence de Guillaume dans le poème.

Mais au lieu de pousser si loin l'explication des détails, il est bien plus naturel d'admettre que la lutte entre Corsolt et Guillaume n'est qu'un épisode joint au fait historique de la délivrance de Guaifier par les Francs.

Il faut attribuer à l'altération fatale de l'histoire par la légende les autres différences existant entre les deux récits et en particulier ce fait que la chanson présente Guaifier comme étant déjà prisonnier des ennemis, tandis qu'en réalité il faillit seulement le devenir [1].

J'ai dit déjà que Guillaume, comte de Toulouse, n'avait pu aller combattre les Sarrasins en Italie, et dans le récit du siège de Salerne l'histoire ne fait mention d'aucun Guillaume. Les deux champions chrétiens, vainqueurs des deux combats singuliers ra-

---

1. Dans le récit du siège de Salerne nous voyons la femme de Guaifier prendre une part glorieuse aux travaux de la défense, monter sur les remparts, porter les vivres aux soldats et leur donner l'exemple du courage : « Set dum fames valida praedictam urbem consumeret, conjux Guaiferii principis per semet ipsam per muros civitatis gradiebat, alimentaque deferebat nimirum et confortabat. » *(Ibid.* cap. cxv; Pertz, *ibid.* III, 53 1.)

Les trois vers qui suivent sont peut-être un dernier souvenir de cet évènement :

> Pris est par force li riches reis Guaifiers,
> Il et sa fille et sa franche moillier,
> Et trente mille de chaitis prisoniers.
>
> (Vers 350-352.)

contés par le chroniqueur, sont appelés l'un Pierre, l'autre Landémar. Celui qui bat définitivement les Sarrasins et délivre Salerne est Gontier, neveu de l'empereur Louis. Non seulement le nom de Guillaume ne figure pas dans le récit du siège de Salerne, mais on ne connaît aucun personnage de ce nom qui soit allé en Italie combattre les Musulmans. Guillaume Bras-de-Fer, fils de Tancrède de Hauteville, n'eut jamais affaire à eux. De sorte qu'en donnant à notre chanson une base historique autre que celle que je propose, on n'y expliquerait pas davantage la présence de Guillaume. Aussi suis-je convaincu qu'à l'origine ce nom n'y figurait pas et qu'il n'y a été introduit que postérieurement, soit lors de ce travail d'unification plus ou moins inconscient qui classa nos poèmes épiques en trois gestes, celles du roi, de Garin de Monglane et de Doon de Mayence, soit dans tout autre circonstance.

Pour P. Paris, qui le premier s'est occupé sérieusement de cette question et a montré le chemin à ceux qui devaient le suivre, le héros de notre chanson n'était autre que Guillaume de Hauteville : « Le chef des Normands, » dit-il, « qui conquirent la Pouille sur les Sarrasins au XIe siècle, Guillaume de Hauterive *(sic)*, portait le surnom de Bras de Fer, évidemment le même que celui de Fièrebrace. De cette coïncidence déjà remarquée ailleurs, on peut conclure que la partie de la branche du Couronnement de Looys relative aux guerres d'Italie a été inspirée par les bruits répandus en France au temps de la conquête du chevalier normand. Pour distribuer entre plusieurs personnes les exploits souvent réunis dans les chansons de geste sur une seule tête, il faut tenir compte des surnoms différents du même personnage. Guillaume d'Orange, Guillaume Fièrebrace, Guillaume au Court nez, représenteront un Aquitain vainqueur des Maures; un Normand vainqueur des Sarrasins d'Italie; enfin un baron féodal défenseur des droits du roi de France. Il n'est pas impossible d'expliquer la confusion de ces trois légendes. Tandis que les jongleurs chantaient les anciens exploits du comte Guillaume contre les Maures d'Espagne, d'autres racontaient les récentes victoires de Guillaume Bras de Fer sur les Sarrasins de Sicile, la délivrance de Salerne, les dons énormes d'argent et de terre accordés aux aventuriers normands; ainsi les gestes de Guillaume d'Orange et du Normand Guillaume Bras de Fer marchèrent de front jusqu'à ce que l'ignorance de la génération suivante finit par les confondre [1]. »

Jonckbloet ne partage pas l'opinion de P. Paris. Il lui fait d'abord cette objection : « Si nous tenons compte des surnoms, il sera difficile de conclure des événements de la chanson que Guillaume d'Orange prend ici la place de Guillaume de Hauteville. La déduction serait parfaitement logique si le héros prenait ici le nom de Fièrebrace; mais nous voyons au contraire qu'il le perd, pour en prendre un autre qui a prévalu. Guillaume portait déjà dans des chansons antérieures le surnom de Fièrebrace, qu'il tient pro-

[1]. *Histoire littéraire*, XXII, 487.

bablement, comme nous l'avons vu, du comte de Poitiers du même nom [1]. »

Cette objection n'est pas solide. Non seulement Guillaume ne perd pas ici le surnom de Fièrebrace, qu'il continue à porter simultanément avec celui de Court Nez, mais rien ne prouve qu'il ne le prenne pas ici pour la première fois. Il est appelé Fièrebrace, il est vrai, dans des chansons qui passent pour être antérieures à notre rédaction du *Coronement Looïs*, mais il faudrait, pour tirer de là un argument contre P. Paris, prouver deux choses, d'abord que ces chants sont antérieurs à la première rédaction du *Coronement Looïs* où ce nom ait figuré, en second lieu que ce surnom de Fièrebrace se trouvait déjà dans les premières rédactions de ces chants et n'y a pas été ajouté à une date postérieure.

La seconde objection de Jonckbloet ne me semble pas meilleure que la première. Après avoir fait une histoire succincte des expéditions de Guillaume de Hauteville en Italie, le savant Hollandais conclut : « Si Guillaume de Hauteville n'a pas défendu le Pape, n'a pas combattu les Sarrasins, il va sans dire que pour cette raison encore nous hésiterons à vouloir retrouver dans cette partie de notre poème un écho de la tradition de ses hauts faits [2]. »

On peut répondre à Jonckbloet que si Guillaume Bras-de-Fer n'a pas combattu les Sarrasins, que s'il n'a pas défendu le pape, d'autres Normands,

1. *Guil. d'Or.*, II, 106.
2. *Ibid.*, p. 110.

qui l'avaient précédé en Italie, ont fait l'un et l'autre, et que la gloire de Guillaume a fort bien pu absorber celle de ses compatriotes qui l'ont précédé, accompagné ou suivi dans la Péninsule. Ses exploits ont fait grand bruit [1], et on a pu lui attribuer volontairement ou involontairement des faits qu'il n'a jamais accomplis.

Mais la troisième et dernière objection est plus grave : « Il faut observer, » dit Jonckbloet, « que ce n'est pas seulement ici qu'on rencontre le récit de la délivrance de Rome de la domination sarrasine par suite d'un combat singulier d'un champion Carlovingien. Les mêmes faits se retrouvent dans une branche de la chanson d'Ogier d'Ardenne de Raimbert de Paris. Là non seulement le nom du Sarrasin Corsolt ou Corsubles revient, mais ce qui est beaucoup plus curieux, c'est qu'on a rattaché à la gloire

---

1. Guillaume d'Apulée dit de lui (*Gesta Roberti Wiscardi*, I, v. 530-532, éd. Pertz, *Mon. Germ. hist.* in-f°; *Script.* IX, 252) :

>   Is, quia fortis erat, est ferrea dictus habere
>   Brachia, nam validas vires animumque gerebat.

Et plus loin *(Ibid.,* II, v. 23-26 ; Pertz, *ibid.*IX, 254) :

>   .... vir ferrea dictus habere
>   Brachia Guilermus, cui, vivere si licuisset,
>   Nemo poeta suas posset depromere laudes ;
>   Tanta fuit probitas animi, tam vivida virtus.

Geoffroy Malaterra n'en fait pas un moindre éloge dans son *Historia Sicula*. Il parle d'un combat singulier dans lequel Guillaume, « *qui Ferreabrachia nuncupatur,* » tue le commandant de Syracuse, « *unde et maxima laudis admiratione deinceps apud Graecos et apud Siculos fuit.* » Il l'appelle « *laude militiae ferox, armis strenuus... quasi leo furibundus.* » *Hist. Sic.* (Lib. I, cap. VII; Muratori, *Rer. Ital. Script.* V, 55.)

d'Ogier le souvenir de la trahison d'Alori, complètement perdue dans les chansons de Guillaume d'Aquitaine. Il pourrait bien y avoir quelque connexité entre les deux branches de ces poèmes, mais l'espace nous manque pour insister sur ce point.

« En tout cas, dans le poème d'Ogier il n'y a pas de confusion de noms possible, donc pas de raison pour attribuer cette geste au fils de Tancrède de Hauteville [1]. »

Cet argument, en montrant avec quelle facilité les trouvères savaient changer les noms de leurs personnages, prouve que le combat contre Corsolt a pu être attribué à Guillaume de Narbonne aussi directement qu'à Ogier, sans l'intermédiaire de Guillaume Bras-de-Fer.

De plus, la principale raison qui semble avoir porté P. Paris à voir dans notre héros le fils de Tancrède de Hauteville, c'est son nom de Guillaume et surtout son surnom de Bras-de-Fer, « évidemment le même que celui de Fièrebrace ». Mais précisément ces deux surnoms sont bien distincts, le premier vient de *Brachium de ferro*, le second de *Fera brachia*; il n'y a donc pas moyen de les confondre. Si le Guillaume épique a emprunté son surnom de Fièrebrace à un personnage historique, c'est, selon toute vraisemblance, à Guillaume Fièrebrace, comte de Poitiers et d'Aquitaine (963-993). Ce n'est pas dans cette partie de notre poème que la confusion des deux personnages a pu avoir lieu.

1. *Guil. d'Or.*, II, 110-111.

Pour moi, je crois l'origine de notre chanson antérieure aux conquêtes des Normands dans l'Italie méridionale, tout en trouvant exagérée l'antiquité que Jonckbloet est prêt à lui accorder, quand il dit qu' « elle date peut-être du temps des campagnes en Italie de Pépin ou de Charlemagne, qui tous deux marchèrent à la défense du pape [1]. » Il me paraît évident que cette branche du *Coronement Looïs* remonte aux souvenirs du siège de Salerne en 872-873 [2].

Guillaume de Bezalu, surnommé *Trunnus*, cité par Jonckbloet [3] à cause du surnom de Guillaume *au Court Nez*, n'a rien de commun avec le poème.

J'ajouterai qu'il a dû exister une rédaction ne mentionnant pas l'accident qui a écourté le nez de Guillaume. Mais je suis loin de dire que cette rédaction

---

1. *Guil. d'Or.*, p. 111.

2. Aux arguments que j'ai développés en faveur de cette thèse, j'en joins ici un autre; à savoir que je me suis presque rencontré sur ce terrain avec Jonckbloet, dont je n'avais pas encore remarqué les lignes suivantes, lorsque je m'arrêtai à l'opinion que je viens d'exprimer : « Dans le dernier quart du IXe siècle, les Sarrasins mirent plusieurs fois l'Italie à sac, et pénétrèrent même jusque dans les environs de Rome. Louis, roi d'Italie, leur fit une guerre acharnée, et c'est de ce temps que figure Gaifier duc de Salerne, qui prit tant de part aux troubles qui désolèrent l'Italie, et qui mourut vers 879. Ce Gaifier revient dans notre chanson et dans celle d'Aspremont, quoiqu'il y joue un rôle tout autre que dans l'histoire. Nul doute que les souvenirs de ces guerres se sont mariés à ceux du commencement du siècle suivant pour former cette branche de notre chanson. » (*Ibid.*, p. 111.)

Mais je ne concilie pas très bien cette dernière phrase avec celle où Jonckbloet dit que notre chanson « date peut-être du temps des campagnes en Italie de Pépin ou de Charlemagne. »

3. *Ibid.*, p. 115.

fût plus ancienne que la nôtre. Je donnerai plus loin deux remaniements en prose qui ne parlent pas de cette blessure. Voici un passage d'une chronique française du xive ou du xve siècle qui rattache cet accident à une autre période de la vie de Guillaume : « Guillaume d'Orenge avoit eu le bout du nés couppés a la troisieme bataille ou il fut devant Nerbonne. Si l'applerent plusieurs Guillaume au Court Nés [1]. »

De qui donc Guillaume a-t-il pris la place dans notre poème?

Dans la 3e partie du *Coronement Looïs*, au vers 1619, le nom de *Guarin de Rome*, donné par les familles de manuscrits *B* et *C*, est remplacé dans la famille *A* par *Gontier de Rome*. Dans les manuscrits, les noms propres sont souvent abrégés et un copiste, dont l'esprit était rempli des noms de Guarin de Montglane et de Guarin le Loherain, résolvait tout naturellement l'abréviation *G. de Rome* en Guarin de Rome. Pour lire Gontier de Rome, il fallait ou que ce nom fût écrit en toutes lettres, ou que le copiste connût un personnage héroïque du même nom. Or, ce personnage est évidemment ce neveu de l'empereur Louis, Gontier, qui délivra Guaifier assiégé par les infidèles, et trouva la mort, à l'âge de quinze ans, dans les bras de la victoire. C'est le même évènement historique qui fit entrer l'oncle et le neveu dans la poésie. Lorsque plus tard les remanieurs identifièrent avec Louis, fils de Charlemagne, tous les rois ou empereurs du même nom, lorsqu'ils firent de Guil-

---

1. Bib. nat., manus. fr. 5oo3, f. 127 v°.

laume le défenseur nécessaire de Louis le Débonnaire, Gontier subit une transformation parallèle à celle de son souverain Louis II, et quand celui-ci céda la place à Louis, fils de Charles, lui-même fut absorbé par Guillaume.

L'identification de Corsolt est encore plus difficile que celles de Guaifier et de Guillaume. Il ne faut peut-être voir dans ce personnage qu'un de ces géants qu'on rencontre dans la poésie primitive de tous les peuples, créés par l'imagination pour mettre en relief le guerrier qui les terrasse [1].

En combinant les faits historiques que j'ai cités et les suppositions que j'ai émises plus haut, on pourrait se représenter ainsi le développement de la seconde branche du *Coronement Looïs*. A l'origine, un poème racontait la délivrance de Guaifier, que les Sarrasins tenaient assiégé dans Salerne, par Gontier, à la tête

---

[1]. Cependant on trouve dans la *Vita Hludowici pii imperatoris* un personnage qui pourrait bien être devenu le type de Corsolt. En 787 ou 788, *Corson*, comte de Toulouse, s'étant laissé prendre par les Gascons, fut destitué et remplacé dans sa charge par Guillaume. *Ea tempestate Chorso, dux Tholosanus, dolo cujusdam Wasconis, Adelerici nomine, circumventus est et sacramentorum vinculis obstrictus sicque demum ab eo absolutus... Chorsone porro a ducatu Tholosano submoto, ob cujus incuriam tantum dedecus regi et Francis acciderat, Willelmus pro eo subrogatus est* (Pertz, *Mon. Germ. hist.* in-f°; *Script.* II, 609). Que devint-il après sa disgrâce? Il n'est plus mentionné nulle part et nous n'avons aucun renseignement sur son compte; mais il est permis de conjecturer que, dès cette époque, Guillaume dut le compter au nombre de ses ennemis, dans les rangs des Gascons ou des Sarrasins. Un combat entre les deux adversaires a pu former la légende dont le dernier écho se retrouve dans le *Coronement Looïs*. Toutefois c'est là une pure hypothèse.

des troupes de l'empereur Louis II. L'introduction du pape dans la légende transporta la scène devant Rome. L'unification de Louis II avec Louis le Débonnaire substitua Guillaume à Gontier. La bataille gagnée par Gontier sur les Sarrasins fut remplacée par le combat singulier entre Guillaume et Corsolt, champion épique qui, sous le nom de Corsubles, Corsables, Corsabrin etc., se retrouve dans de nombreuses chansons de geste.

3. — *Troisième branche.*

La troisième branche du *Coronement Looïs* a pour objet les luttes de Guillaume au Court Nez, défendant Louis contre les vassaux rebelles qui, après la mort de Charlemagne, veulent asseoir sur le trône Acelin, fils de Richard de Normandie (vers 1430 à 2224).

Louis, obligé de fuir, s'est réfugié dans l'abbaye de Saint-Martin de Tours, mais déjà le duc de Normandie s'est emparé de la ville, déjà les évêques et les abbés,

> Qui por aveir ont le mal plait basti [1],

vont livrer le prince, lorsque Guillaume, averti à temps, revient d'Italie, arrive à Tours, tue Acelin, rend le trône au souverain légitime, soumet tous les rebelles dans une guerre qui ne dure pas moins de

---

1. Vers 1695.

trois ans, puis enfin prend Richard, qui avait voulu l'assassiner dans un guet-apens, et le conduit dans la prison du roi.

A la mort du roi Raoul, Hugues le Grand, duc de France, qui aurait pu facilement s'emparer de la couronne, préféra la donner au fils de Charles le Simple, Louis. Cet enfant, à peine âgé de 16 ans, était alors à la cour d'Angleterre, où sa mère, Ogive, sœur du roi Athelstan, l'avait emmené après la défaite de son époux. C'est là que Hugues le Grand, Guillaume Longue-Épée, duc de Normandie, Herbert, comte de Vermandois, et quelques autres seigneurs moins connus, envoyèrent chercher le jeune prince pour le ramener à Laon et l'y couronner.

A peine Louis IV fut-il sacré qu'il voulut relever le pouvoir royal de son abaissement et secouer le joug de ses protecteurs. Ce n'est pas ce qu'avaient espéré ceux-ci. De là ces luttes continuelles entre les derniers rois carolingiens et les grands vassaux du Nord.

Il semble qu'en cette occasion les seigneurs du Midi prirent parti pour le roi légitime. Sismondi revient plusieurs fois sur cette conjecture : « Les seigneurs de l'Aquitaine, » dit-il, « avaient montré en général de l'attachement à la famille de Charlemagne, moins encore par un sentiment de loyauté que par opposition aux comtes de Paris, et aux rois qu'ils avaient donnés à la France. Il est probable qu'ils fournirent quelques troupes à Louis d'Outre-mer pour ses expéditions ; mais à cet égard nous devons nous borner à des conjectures ; car le petit nombre d'historiens contemporains que nous pouvons consulter, fait à peine mention de tout le midi des Gaules [1]. »

En 941, Louis, se trouvant à Vienne, entra en négociation avec plusieurs des princes de l'Aquitaine, qui ne voyaient pas sans regret le comte Hugues, auparavant leur égal, agir en maître dans la monarchie : « Guillaume Tête d'Étoupes, comte de Poitiers et duc d'Aquitaine, se montra le plus zélé pour l'autorité royale (942), parmi ces seigneurs du midi de la Loire dont Louis d'Outre-mer était venu implorer le secours; avec l'aide de ses voisins, il forma pour lui une armée [2]. » Et plus loin encore : « Au printemps de 945, il (Louis d'Outremer) visita l'Aquitaine, et il y eut des conférences avec les principaux seigneurs du pays, surtout avec Raimond Pons, peut-être le comte de Toulouse, peut-être son cousin le comte de Rouergue, de même nom que lui; tous deux étaient très puissants dans la Gaule méridionale; tous deux avaient fait pompe de leur attachement à un monarque qui n'avait presque rien à démêler avec eux. Il est probable qu'en cette occasion Louis en obtint quelques secours [3]. »

Ainsi Sismondi nous montre, d'un côté, le jeune Louis en lutte contre ses vassaux du Nord, parmi lesquels Guillaume, duc de Normandie; d'un autre côté, des seigneurs du Midi, et notamment un Guillaume, duc d'Aquitaine, venant au secours du roi.

---

1. *Hist. des Français,* II, 244 (Bruxelles, 8°).
2. *Ibid.,* II, 251.
3. *Ibid.,* II, 256.

Notre poème aussi nous montre un Guillaume d'Aquitaine défendant Louis contre les usurpations du duc de Normandie. Il est vrai que le trouvère appelle ce duc de Normandie Richard et non Guillaume, mais cette objection est sans valeur, car Richard le Vieux ou le Roux est le nom épique des ducs de Normandie au moyen âge.

Cependant le principal ennemi du roi n'avait pas été le duc de Normandie, mais Hugues de France. Pourquoi donc, si notre chanson se réfère à ces luttes, n'a-t-elle pas donné à ce dernier le rôle qu'elle assigne au Normand ? Hugues triompha de la race carolingienne et sa victoire valut la couronne de France à son fils. C'était un de ses descendants qui occupait le trône lorsque les souvenirs de cette triste époque vinrent se condenser dans notre chanson. Dès lors la poésie ne pouvait lui faire jouer un rôle criminel.

A cette explication toutefois je préfère la suivante. Nos poèmes épiques, à l'origine, étaient pour la plupart locaux, chantés seulement dans une région où le héros était populaire, et ils ne s'occupaient que des exploits de ce héros. Or il est possible que le Guillaume primitif de notre chanson n'ait eu affaire, dans la grande lutte que j'ai racontée plus haut, qu'aux Normands en particulier. (Ce qui expliquerait peut-être en même temps le lieu choisi pour le théâtre des évènements, Tours, qui se trouve entre l'Aquitaine et la Normandie, sur la route de Poitiers à Rouen.)

Voici d'autres évènements qui se sont passés pendant que Richard le Roux était duc de Normandie, qui ont dû exciter chez les Français une grande haine contre les Normands, et qui, à mon avis, ont eu une profonde influence sur notre légende.

Lorsque Guillaume Longue-Épée fut assassiné (943), il avait depuis quelque temps fait la paix avec le roi de France, néanmoins celui-ci, feignant de prendre sous sa protection le jeune Richard, fils de Guillaume, fit venir cet enfant à Laon, sous prétexte de l'élever dans les mœurs de la cour, et l'y retint prisonnier. Les Normands, profondément attachés à leur prince, prirent aussitôt la résolution de se venger. Lorsque Richard se fut sauvé de Laon, grâce au dévouement du fidèle Osmond, qui l'y avait accompagné, les Normands attirèrent à Rouen, sous un prétexte pacifique, le roi Louis, et, dès qu'il y fut arrivé, ils le firent prisonnier, après avoir massacré une grande partie de sa suite. Quelque temps après ils le rendirent à Hugues le Grand.

Cette trahison dut inspirer aux partisans de la famille carolingienne la haine que nous retrouvons dans notre poème contre les Normands. Il semble même que la légende ait gardé un double souvenir de ces faits dans la captivité de Richard et dans le guet-apens du duc de Normandie, qui se précipite sur Guillaume, lorsque celui-ci, confiant dans la paix qu'il a faite avec lui, vient sans escorte à Rouen.

L'opinion de M. G. Paris, qui voyait plus volontiers dans cette partie du *Coronement Looïs* le souvenir des luttes que soutint Guillaume de Montreuil-sur-Mer, au nom des derniers carolingiens, contre Richard de Normandie, repose sur une méprise. Guillaume de

Montreuil figure certainement dans la cinquième partie du poème ; il y est formellement nommé :

> Vait s'en li reis a Paris la cité,
> Li cuens Guillelmes a Mosteruel sor mer [1].

De ce Guillaume, M. Dozy fait un vassal du duc Richard de Normandie, en s'autorisant des deux vers qui suivent :

> Ge te desfi, Richarz, tei et ta terre,
> En ton service ne vueil ore plus estre [2].

M. G. Paris a fait remarquer qu'à la fin du xe siècle le Pontieu relevait déjà, comme il l'a toujours fait depuis, de la couronne de France. Cependant comme les ducs de Normandie, aussi bien que les ducs de France et les comtes de Flandres, prétendaient à la suzeraineté du Pontieu, « l'exclamation de Guillaume citée par M. Dozy s'explique merveilleusement dans la bouche du comte de Montreuil-sur-Mer, qui était bien réellement le contemporain de Richard « le Vieux » de Normandie. Guillaume de Montreuil, le héros de l'épisode n° 5 du poème, est donc également celui de l'épisode n° 3. Si ces conjectures sont fondées, on voit que la poésie a conservé la trace des relations de Guillaume de Montreuil-sur-Mer avec la royauté carolingienne, sur lesquelles l'histoire est muette ; qu'elle nous le montre aussi, sûrement d'après une tradition antique, en guerre

---

1. Vers 2648-9.
2. Vers 1605-6.

acharnée avec les Normands ses voisins, et particuculièrement avec Richard Ier [1]. »

Ces déductions sont fort justes, seulement elles partent d'un principe qui ne l'est pas autant. M. Gaston Paris n'a pas contrôlé la citation de M. Dozy, pas plus que M. Léon Gautier, qui a reproduit l'argument [2]. Ce n'est pas Guillaume qui jette à Richard l'orgueilleux défi, mais un simple portier :

> Quant li portiers entendi la novele
> Del pro Guillelme cui proece revele,
> Vers le palais a tornee sa teste,
> Et prist un guant, sel mist en son poing destre,
> Puis s'escria a sa vois halte et bele :
> « Ge te desfi, Richarz, tei et ta terre;
> En ton service ne vueil ore plus estre.
> Quant traïson vuels faire ne porquerre
> Il est bien dreiz et raison que i perdes. » [3]

En voyant dans cet épisode un Guillaume d'Aquitaine, j'ai encore pour moi cet argument, que le poème place dans l'Ouest les différents théâtres de ces luttes. De Tours Guillaume va à Poitiers (les ducs d'Aquitaine étaient comtes de Poitiers), sur la Gironde, à Saint-Gilles, en Bretagne. Ce sont là des allusions à des poèmes aujourd'hui perdus, qui célébraient, selon toute vraisemblance, les exploits des ducs d'Aquitaine.

En résumé, mon opinion est que la troisième partie du *Coronement Looïs*, dans sa rédaction actuelle,

---

1. *Romania*, I, 184-185.
2. *Epopées fr.*; 2e éd. IV, 100.
3. Vers 1600-1608.

doit nous rappeler, non un fait particulier et isolé, mais des évènements continus et constants, tels que les soulèvements des vassaux sous les derniers carolingiens et même sous Hugues Capet; que certains faits plus saillants, comme la captivité de Richard et la trahison des Normands, ont dû cependant avoir une plus grande part dans la légende; qu'enfin, parmi les défenseurs du roi, on peut bien admettre Guillaume de Montreuil, mais qu'il faut surtout compter des ducs d'Aquitaine, Guillaume Tête-d'Étoupes et notamment Guillaume Fièrebrace, celui qui ne voulut pas reconnaître Hugues-Capet à son avènement, et qui a probablement donné, en cette occasion, son surnom au Guillaume épique.

4. — *Quatrième branche.*

La quatrième partie du *Coronement Looïs* est le récit d'une nouvelle expédition de Guillaume en Italie (vers 2225 à 2652). Les Allemands, sous la conduite de Gui, assiègent Rome; le pape implore le secours des Francs; Guillaume passe les Alpes, arrive sous les murs de la ville sainte, tue Gui dans un combat singulier, et les Allemands prennent la fuite.

Nulle part Jonckbloet n'a mis autant de subtilité que dans ses recherches sur l'origine historique de cet épisode. Je vais indiquer le résultat de ses investigations.

A la mort de Charles le Gros, en 888, Bérenger, duc de Frioul, et Gui, duc de Spolète, veulent se partager l'empire : Bérenger aura l'Italie, et Gui, la France. Mais Gui, mal accueilli en deçà des Alpes, se rabat sur l'Italie, dont il dispute la couronne à Bérenger. Celui-ci, battu deux fois, à Plaisance et à Brescia, demande du secours à l'Allemagne. L'empereur Arnolphe lui envoie des troupes sous la conduite de son fils bâtard Centebald. Pendant vingt et un jours les deux armées ennemies restent en présence, et quotidiennement un Allemand vient provoquer les soldats de Gui. Le défi est enfin relevé par Hubald de Spolète, qui terrasse son adversaire, le tue et jette son cadavre dans la rivière. Les Allemands se retirent, mais ils reviennent bientôt et s'emparent de Rome. Vers la même époque, Gui se noie dans le Taro [1].

Quatre ans plus tard, Louis, fils de Boson, roi de Provence, entre en Italie à la tête d'une armée; il est accueilli par les ennemis de Bérenger, qui lui décernent la couronne de Lombardie. Il s'avance jusqu'à Rome et le pape lui remet le sceptre impérial (901).

De ces faits, Jonckbloet conclut : « Il est plus que probable que ces deux événements aient été confondus dans notre chanson, mais non sans une grande confusion de dates et de faits, qui ont été intervertis d'une manière surprenante. Le roi Arnolphe avait soutenu Charles-le-Simple, Gui avait prétendu au royaume de celui-ci, il devait être odieux aux Français qui tenaient pour la légitimité. Voilà déjà

---

[1]. La vérité est que Gui est mort d'une hémorrhagie, sur les bords du Taro, en 894.

une raison pour que l'imagination populaire intervertît les rôles et plaçât Gui à la tête des Allemands faisant une invasion en Italie, surtout depuis que ce parti guerroya contre un roi Louis, qui fut pris probablement pour son homonyme français, dont la poésie chantait déjà les louanges. » [1]

Ces substitutions de noms et de faits sont déjà bien invraisemblables pour être vraies. Mais pourquoi Jonckbloet dit-il que Gui était odieux aux Français, qui ont dû le placer à la tête des Allemands, lorsqu'il vient de rappeler, quelques lignes plus haut, un poète latin contemporain, qui insiste sur les épithètes de *Gallicus heros*, *Rhodanicus ductor*, *dux Gallicus*, appliquées au même Gui [2]?

« Gui devenu le représentant des Allemands, » c'est toujours Jonckbloet qui parle, « fut enfin chargé du rôle du plus présomptueux d'entre eux, ce qui fut peut-être rendu plus plausible par cette circonstance que lui aussi avait trouvé une mort violente dans un fleuve. Il n'est pas bien clair pourquoi on ait substitué au nom de son vainqueur celui de Guillaume, mais il est possible que dès leur formation les traditions ne furent pas d'accord sur ce point : Guillaume et Hubald étaient à la tête d'un nombre égal de soldats et ils sont cités d'une haleine par le poète qui dit expressément qu'ils agissaient *consimili fervore*. » [3] Il s'agit d'un Guillaume simple lieutenant, mentionné seulement dans le passage suivant :

1. *Guil. d'Or*. II, 103-4.
2. *Ibid*. p. 103.
3. *Ibid*. p. 104.

> Collectos etiam ducit Wilelmus amicos
> Tercentum, lorica habiles galeaque minaces,
> Nec jaculo segnes. Todidem propellit Ubaldus
> Consimili fervore... [1]

Mais le Guillaume dont ces vers seuls nous ont gardé le nom joue-t-il un rôle capable d'inspirer un trouvère ou de créer une légende? Il est à la tête de trois cents hommes, mais son nom est tellement commun qu'on trouverait peu d'armées qui n'aient au moins un Guillaume parmi leurs lieutenants.

« Or, en chantant les louanges d'un Guillaume se trouvant sous les ordres d'un *dux Gallicus* ou même *Rhodanicus*, l'imagination populaire a dû facilement voir dans ce Guillaume un *miles Rhodanicus*, un chevalier, un chef des bords du Rhône; et en le mettant en rapport avec un roi Louis, on en vint nécessairement à le confondre avec le héros dont la renommée était dans toutes les bouches. » [2]

Guillaume était sous la conduite d'un *dux Gallicus*, mais de ce *dux Gallicus* Jonckbloet vient de faire un *dux Germanicus*, qu'il a placé à la tête des Allemands.

L'érudit hollandais lui-même n'est pas très satisfait de son argumentation et il avoue que ces conjectures « ne dispersent pas complètement les nuages qui obscurcissent cette partie de notre geste. »

En résumé, ce qui semble avoir égaré Jonckbloet dans ses recherches, c'est :

---

1. *De laudibus Berengarii Augusti*; Muratori, *Rerum Ital. Script.* II, 1,391.
2. *Guil. d'Or.* II, 104.

1° *Le combat entre Guillaume et Gui, qu'il a cru retrouver dans celui où Hubald de Spolète tue un Allemand de l'armée de Centebald.* Mais le combat singulier était une chose tellement fréquente au moyen âge qu'elle en était devenue banale dans la réalité comme dans la poésie.

2° *Le nom de Gui qu'il croit être Gui de Spolète.* Mais Gui est un nom germanique, qui a pu être porté par un chef, inconnu aujourd'hui, de ces armées allemandes qu'on voit pendant tout le moyen âge guerroyer contre la papauté. Du reste, il peut fort bien, et c'est mon opinion, représenter un duc de Spolète, sans que pour l'identifier on soit obligé d'accepter les faits que Jonckbloet assigne comme base à notre légende.

3° *Les trois vers suivants, où Jonckbloet voit une allusion à la mort du duc de Spolète :*

> Près fu del Teivre, si l'a dedenz lancié.
> Al font l'en meine li fers dont fu chargiez,
> Que puis par ome ne fu il hors sachiez[1].

Pour raconter ce fait, la poésie n'avait pas besoin de s'appuyer sur un exemple de l'histoire; elle en dit autant dans le *Moniage Guillaume*.

4° *Enfin le nom de Wilelmus, mentionné par le poète latin.* J'ai dit plus haut le peu d'importance que j'attache à ce personnage.

Une grande difficulté, à laquelle s'est heurté Jonckbloet, est l'altération de la légende primitive

---

1. Vers 2606-2608.

par les rédactions successives du poème. En comparant la quatrième partie du *Coronement Looïs* aux allusions qui y sont faites dans le début du *Charroi de Nimes*, on acquiert à peu près la certitude qu'elle est formée par la réunion de deux épisodes originairement distincts. Dans le premier, l'ennemi des Francs était Gui, dans le second, Otton. C'est de ce principe qu'il faut partir, semble-t-il, pour chercher à rattacher la légende à l'histoire.

On lit dans le *Charroi de Nimes* :

> « Rois, quar te membre de l'alemant Guion;
> « Quant tu aloies a saint Pere au baron
> « Chalanja toi, François et Borgueignon,
> « Et la corone et la cit de Loon.
> « Jostai a lui, quel virent maint baron :
> « Par mi le cors li mis le confenon ;
> « Gitai le el Toivre, sel mengierent poisson.
> « De cele chose me tenisse a bricon,
> « Quant ge en ving a mon hoste Guion
> « Qui m'envoia par mer en .j. dromon [1]. »

Il est certain que le trouvère du *Charroi de Nimes* avait sous les yeux une rédaction du *Coronement Looïs* différente de la nôtre. Dans celle-ci, Louis et Guillaume passent en Italie à la tête d'une armée pour y combattre Gui; dans l'autre il semble que Louis, allant pacifiquement en pélerinage à Rome, fût attaqué par Gui et que Guillaume, ayant tué l'insul-

---

1. Vers 205-214; P. Meyer, *Rec. d'Anc. Textes*, II, 246. — A noter encore que le scribe du ms. A^1, au lieu de *Morz est Guaifiers*, avait d'abord écrit *Morz est rois Otes*. (Vers 2234, variantes.)

teur, fût obligé de fuir parce qu'il n'avait pas de soldats avec lui :

> « Quant ge en ving a mon hoste Guion,
> Qui m'envoia par mer en .j. dromon. »

Ces deux derniers vers n'ont laissé aucun souvenir dans notre rédaction.

Deux autres vers de ce passage trop court sont à noter spécialement, parce qu'ils semblent faire allusion aux prétentions de Gui de Spolète à la couronne de France :

> « Chalanja toi François et Borgueignon,
> Et la corone et la cit de Loon. »

A la suite de ce poème en venait un autre, qui avait pour objet l'expédition en Italie, contre l'empereur Otton :

> « Rois, quar te membre de la grant ost Oton ;
> « O toi estoient François et Borgoignon,
> « Et Loherenc et Flamenc et Frison,
> « Par sus Monjeu, en après Monbardon,
> « Desi qu'a Rome, qu'en dit en pré Noiron ;
> « Mes cors meïmes tendi ton paveillon,
> « Puis te servi de riche venoison.
> « Quant ce fu chose que tu eüs mengié,
> « Ge ving encontre por querre le congié :
> « Tul me donas de gré et volentiers,
> « Et tu cuidas que m'alasse couchier
> « Dedenz mon tref por mon cors aesier :
> « Ge fis monter .iim. chevaliers ;
> « Derriers ton tref te ving eschaugaitier,
> « En .j. bruillet de pins et de loriers,
> « Ilueques fis les barons enbuschier.
> « De ceus de Rome ne te daignas gaitier :

e

« Monté estoient plus de .xv. millier ;
« Devant ton tref s'en vinrent por lancier,
« Tes laz derompre et ton tref trebuchier,
« Tes napes traire, espandre ton mengier ;
« Ton seneschal vi prendre et ton portier ;
« D'un tref en autre t'en fuioies a pié,
« En la grant presse com chetif liemier.
« A haute voiz forment escriiez :
« Bertran, G., ça venez, si m'aidiez ! »
« Lors oi de vos, dans rois, molt grant pitié.
« La joustai ge a .vii^m. enforciés,
« Et si conquis a vous de chevaliers
« Plus de .ccc., as auferranz destriers.
« Delez .i. marbre vi lor seignor bessié.
« Bien le connui au bon heaume vergié,
« A l'escharbocle qui luisoit el nasel (*sic*) :
« Tel li donai de mon tranchant espié
« Que l'abati sor le col del destrier ;
« Merci cria, por ce en oi pitié :
« Ber, ne m'oci, se tu G. ies ! »
« Menai le vos, onc n'i ot delaié ;
« Encore en as de Rome mestre fié [1]. »

Ces deux poèmes ont été fondus ensemble, et dans la rédaction actuelle on pourrait faire à chacun d'eux sa part. Au premier appartient le duel entre Guillaume et Gui, au second la surprise du camp des Francs par les Romains.

Cette comparaison entre le quatrième épisode du *Coronement Looïs* et les allusions du *Charroi de Nimes* est très curieuse : elle nous montre comment deux légendes distinctes peuvent se fondre en une seule, et nous avertit qu'il faut être très prudent

---

1. *Ibid.* v. 215-253.

lorsqu'on veut identifier ces souvenirs confus de l'histoire.

Il est évident que le second élément de la quatrième partie du *Coronement Looïs* se rapporte à quelque secours reçu de la France par la papauté contre les Allemands, sans doute sous le long règne d'Otton I*er* le Grand (936-973). — Otton II et Otton III vécurent constamment en bons termes avec le Saint-Siège. — Quant à la lutte de Guillaume contre Gui, il est probable qu'elle se rattache aux vaines tentatives de Gui, duc de Spolète, pour monter sur le trône de France. Mais c'est une simple hypothèse, et l'étude des chroniques n'offre aucun renseignement plus précis à ce propos.

J'essaierai plus loin d'expliquer la présence de Guillaume dans cette partie du poème.

5. — *Cinquième branche.*

La cinquième partie du *Coronement Looïs* est très courte, elle compte à peine quarante vers (vers 2643-2688) :

Guillaume, de retour chez lui, à Montreuil-sur-Mer, croit s'y reposer de ses travaux, mais un messager vient lui annoncer que les barons ont renversé du trône le jeune roi Louis. Le comte aussitôt rassemble ses hommes et vient à Paris, où il commence « la grant guerre a mener »; mais voyant qu'en ce pays il y a trop d'ennemis,

> Il prent l'enfant que il ot a guarder,
> Si l'en porta a Loon la cité [1].

Une fois le roi en sureté, Guillaume revient contre les rebelles et les fait rentrer dans le devoir. Puis il donne sa sœur en mariage à Louis. Tant de services furent payés d'ingratitude :

> En grant barnage fu Looïs entrez.
> Quant il fu riches Guillelme n'en sot gré.

Dans ce morceau les faits ne sont pas racontés, mais simplement indiqués; c'est « un résumé excessivement sommaire d'un long poème et peut-être même de tout un groupe de poèmes plus anciens [2]. » Mais ce résumé est du plus grand intérêt. Un vers d'une ancienne rédaction, échappé aux remaniements postérieurs, nous fait connaître un des guerriers qui ont composé le grand personnage légendaire de Guillaume d'Orange :

> (Vait s'en li reis a Paris la cité,)
> Li cuens Guillelmes a Mosteruel sor mer [3].

M. Dozy le premier a remarqué ce vers et s'en est servi pour appuyer sa théorie sur l'origine normande de l'épopée française. Son argumentation était fondée sur la confusion de Guillaume de Montreuil-sur-Mer avec Guillaume de Montreuil l'Argillé, et sur l'attribution à Guillaume de Montreuil de la prise de Barbastro sur les Maures, en 1064.

---

1. Vers 2676-7.
2. G. Paris, *Romania, loc. cit.*
3. Vers 2648-9.

M. Hirsch a prétendu depuis que ce fait d'armes revient à Robert Crespin [1]. Les arguments donnés par ces deux savants [2] en faveur de l'une et l'autre thèses ne sont pas décisifs. La question, du reste, n'intéresse plus le *Coronement Looïs*, depuis que M. Léon Gautier a fait observer que le Guillaume de M. Dozy était G. de Montreuil-sur-Mer [3]. M. Dozy lui-même, dans la troisième édition de son livre, a renoncé à sa théorie sur l'origine de notre épopée.

M. Gaston Paris a repris ce vers, et dans une étude spéciale en a montré « la haute valeur historique et la signification primitive ». Dans le héros de notre poème, il a reconnu Guillaume de Montreuil-sur-Mer, successeur et probablement fils de Rotgar. Guillaume apparaît dans l'histoire vers 960, mais on sait très peu de choses sur son compte : « Ce qui paraît certain, c'est qu'il fut l'allié du roi Lothaire, qu'il fit avec lui la guerre à l'empereur Otton, et qu'aidé par le roi, il agrandit considérablement ses états aux dépens de ses voisins. L'histoire du règne de Lothaire est la période la plus obscure de l'obscur Xe siècle; il ne faut donc pas s'étonner d'y voir Guillaume à peine mentionné. Il ne faut pas surtout dire qu'un personnage aussi peu connu n'a pu vivre dans la poésie populaire. Les poèmes qui ont célébré Guil-

---

1. *Amatus de Monte Cassino, Forschungen zur deutschen Geschichte.* Goettinge, 1868. pp. 232-234.

2. Voyez la 3ᵉ édit. des *Recherches sur l'Hist. et la Lit. de l'Espagne*, II, 353.

3. *Epop. franç.*, 2ᵉ édit. IV, 95 et ss.

laume étaient des poèmes purement locaux ; ils sont nés dans une région où la poésie épique a vécu à cette époque d'une vie particulièrement intense ; le petit pays du Vimeu, qui faisait partie des possessions de Guillaume, a produit, entretenu et finalement introduit dans la grande tradition nationale une épopée toute locale, celle de Gormond et Isembart. Nous avons, d'ailleurs, la preuve que le nom de Guillaume de Montreuil-sur-Mer était resté célèbre dans le nord de la France longtemps après sa mort. Lambert d'Ardres, au commencement du xiiie siècle, fait remonter à Guillaume les comtes de Pontieu, de Boulogne et de Saint-Pol, et combat les Boulonais, qui prétendaient que les comtes de Guines en descendaient également. Lambert, pour soutenir la tradition de famille qui donnait pour ancêtres aux comtes de Guines le Normand Sifrid, expose ce qu'il regarde comme la vérité sur le compte de Guillaume. Il a beau dire qu'il tire ses renseignements *de veterum annalibus, non de opinione vulgari*, il avoue lui-même qu'il écrit *auditis etiam et intellectis plurimorum narrationibus antiquorum et fabulis...... sicut a grandaevis patribus quandoque audivimus*. Le point de vue purement polémique et généalogique de Lambert l'empêche de nous donner des détails plus précis sur Guillaume ; le peu qu'il en dit suffit à nous montrer en lui un héros de la poésie populaire : *Fuit quidam de nobilissimo Francorum oriundus genere in Pontivo praepotens comes nomine Willelmus, qui cum virtute corporis non minus quam nobilitatis genere famosissimus existeret et longe lateque ad-*

modum polleret et fama personaret, etc [1]. Ce Guillaume, d'après Lambert, conquit plusieurs comtés qu'il laissa à ses fils ; la tradition racontait sans doute qu'il les avait gagnés au service du roi légitime [2]. »

Si Guillaume de Montreuil-sur-Mer est incontestablement le héros primitif du poème que résume la cinquième partie du *Coronement Looïs*, il n'est pas aussi sûr qu'il ait à revendiquer une part quelconque dans la troisième branche. J'ai montré plus haut par quelle méprise on l'avait introduit dans cette partie de notre poème.

6. — *Assemblage des branches du Coronement Looïs.*

Cette fusion de différents poèmes en un seul est un des plus curieux chapitres de notre histoire littéraire. Elle nous montre comment des chansons, dès

---

[1]. Voici le passage entier de Lambert d'Ardres : « Fuit quidam de nobilissimo Francorum oriundus genere in Pontivo praepotens comes, nomine Willermus, qui, cum virtute corporis non minus quam nobilitatis gloria famosissimus existeret et longe lateque admodum polleret et fama personaret, cumque sibi sua non sufficerent sed in adjacentia multa vi et fortitudine manus extenderet, Boloniensium vastitatem suis subjugavit et continuavit interstitiis. Qui etiam, cum ex veterum relatione cognovisset quod antiquus praedecessor suus comes Walbertus olim tantae virtutis extitisset quod usque ad mare occidentale sive juste sive injuste suae dominationis extendisset et exercuisset potentiam, hoc idem concepit; et quoad ipse potuit, suae satisfecit et obtemperavit voluntati... Haec igitur de veterum annalibus non de opinione vulgari contra Bolonienses dicta sufficiant (*Rec. des Hist.* XI, 296). »

[2]. *Romania*, I, 183.

qu'elles avaient quelque point commun, pouvaient être réunies par le temps. Non seulement le *Coronement Looïs* se compose de cinq poèmes, mais deux ou trois de ces cinq poèmes sont eux-mêmes formés de plusieurs autres. Dans le quatrième, j'ai distingué la lutte de Guillaume contre Gui de son expédition contre Otton ; dans le cinquième, M. G. Paris verrait volontiers un résumé de plusieurs chansons ; dans le troisième enfin, il est probable que, outre les tentatives d'usurpation du *Normand orgueilleux*, la guerre en Poitou, la bataille du gué de Pierrelate, la prise de Saint-Gile, peut-être le guet-apens de Richard de Normandie, formaient à l'origine autant de poèmes distincts. Ceux-ci avaient un même objet, la rébellion des vassaux contre le roi ; c'est ce qui les a réunis entre eux d'abord, et ensuite à la première et à la cinquième partie du *Coronement Looïs* actuel. Et cette dernière union serait devenue bien plus intime si, au lieu de l'ordre illogique qui a présidé à leur assemblage, ces poèmes s'étaient séparés plus naturellement en deux groupes; d'une part, les expéditions en Italie, de l'autre les luttes féodales. C'est ce qui est arrivé dans la rédaction du ms. fr. 1448 de la Bibliothèque nationale, d'où les expéditions d'Italie ont été exclues. L'usurpation de Richard et les luttes de Guillaume de Montreuil n'y sont données que comme un épisode de la trahison d'Arneïs. De même dans la rédaction suivie par les remaniements en prose, les diverses luttes féodales, ayant été rapprochées dans un seul groupe, à l'exclusion des guerres d'Italie, ont fini par s'amalgamer à ce point qu'Arneïs est devenu le fils de Richard.

Un autre côté intéressant du *Coronement Looïs*, c'est la fusion de plusieurs rois en un seul : Louis le Débonnaire, Louis d'Outremer, son fils Lothaire et, à mon avis, Louis II empereur, peut-être d'autres encore, ne font qu'un seul roi, Louis, fils de Charles.

Tandis que le nom de Guillaume ou le caractère général du poème paraît avoir été le trait d'union entre la première, la troisième et la cinquième parties, il semble que ce soit le nom de Louis qui ait réuni la seconde et la quatrième aux trois autres : Louis II empereur pour la seconde, Louis IV d'Outremer, peut-être son fils Lothaire, devenu Louis dans la légende, pour la quatrième.

Enfin la formation du Guillaume cyclique est ici prise sur le fait. Il est probable que Guillaume Tête-d'Étoupes ou Guillaume Fièrebrace, ou plutôt tous deux, figuraient dans la troisième partie de la chanson, et il est hors de doute que Guillaume de Montreuil-sur-Mer était le héros de la cinquième. Ces différents personnages, grâce à la similitude des noms, ont été identifiés avec le vaincu populaire d'Aliscans; celui-ci, une fois devenu le type du défenseur de l'empereur Louis, a pris peu à peu la place de tous ceux qui jouaient le même rôle, dans la première, dans la deuxième et dans la quatrième parties du *Coronement Looïs*[1].

---

[1]. Dans la première partie, Guillaume défend Louis le Débonnaire; dans la seconde, Louis II, fils de Lothaire; dans la troisième, des rois qui devaient prendre, quels qu'ils aient été, le

La fusion de deux personnages, l'un du Nord, l'autre du Midi, Guillaume de Montreuil-sur-Mer et Guillaume de Narbonne, qui vécurent à deux siècles d'intervalle, présentait aux jongleurs une double difficulté. L'une était la différence des dates : le héros du Midi était un guerrier de Charlemagne ; celui du Nord était contemporain de Louis. En réalité, il vivait, sous Lothaire, mais comme je l'ai rappelé précédemment, la poésie ne connaît que Pépin, Charles et Louis. Pour faire disparaître cette contradiction, on transporta sous Louis tous les faits du Guillaume du Midi, ainsi que tous les personnages de sa suite. C'est l'œuvre des jongleurs. Ce n'est que dans la traduction norvégienne du Moniage Guillaume qu'on voit celui-ci mourir sous Charlemagne. La rédaction française la plus ancienne, celle de l'Arsenal, met la scène sous Louis.

La seconde difficulté était la différence des lieux ; pour l'aplanir l'invention se donna libre carrière. Le *Charroi de Nimes* fut le pont qu'on jeta sur les deux rives du cycle. Guillaume demande en fief, comme récompense des services qu'il a rendus, les terres occupées par les Sarrasins ; il les obtient, forme un noyau de guerriers, et du Nord descend dans le Midi.

C'est ainsi qu'on rattacha l'un à l'autre les deux Guillaume, mais cette fusion de deux personnages en un seul est souvent très visible. Il arrive parfois que

nom de Louis dans la classification des remanieurs. Ceux-ci n'admettaient dans les chansons que trois empereurs : Pépin, Charles et Louis ; les événements qu'ils ne pouvaient placer sous le règne des deux premiers, ils les attribuaient au troisième.

Guillaume est appelé dans les recueils cycliques compilés au XIIIe siècle *fils d'Aimeri de Narbonne* et *marquis de France*. Dans le *Charroi de Nîmes* Guillaume, en quittant la France, se retourne vers elle en disant : « Doux vent de mon pays, je te presse sur mon cœur comme la belle France, » et

> L'eve li cole fil a fil sor le vis [1].

II. — TÉMOIGNAGES POUR LE CORONEMENT LOOÏS

1. — *Témoignages tirés des poèmes.*

J'ai dit que le *Coronement Looïs* est une compilation de nombreux poèmes originairement distincts. Ceux qu'on peut encore y reconnaître sont :

1° Le couronnement de Louis le Débonnaire à Aix-la-Chapelle ;

2° Les secours prêtés au pape par les Francs contre les Sarrasins du roi Galafre ;

3° La lutte de Guillaume contre l'usurpateur normand ;

4° Les guerres en Poitou ;

5° La répression de Dagobert de Cartage, battu au gué de Pierrelate ;

---

1. Cette explication de la fusion de Guillaume de Narbonne et de Guillaume de Montreuil-sur-Mer est extraite du cours professé par M. Gaston Paris à l'École des Hautes Études, an. 1880-81. — Cf. aussi *Romania* I, 189.

6° La soumission de Julien après la prise de Saint-Gile ;

7° Peut-être la trahison de Richard le Roux et sa captivité ;

8° Le combat de Guillaume contre Gui ;

9° Son expédition contre Otton ;

10° Les luttes de Guillaume de Montreuil contre les vassaux du roi Lothaire.

Mais l'unité primordiale de toutes ces chansons n'est pas également sûre. Pour les n°^{s} 1, 2, 3, 10, elle est bien caractérisée. Ce n'est qu'à l'aide des allusions du *Charroi de Nîmes* que j'ai pu distinguer l'un de l'autre les n°^{s} 8 et 9, et que nous constatons, d'une manière indubitable, l'unité primitive du n° 5. Quant au n°^{s} 4, 6 et 7, formaient-ils réellement trois poèmes ? Je considère la chose comme possible, mais non comme certaine.

L'étude des allusions faites au *Coronement Looïs* par divers poèmes, et celle des remaniements en prose, nous donnent de précieux renseignements à cet égard.

Le début grandiose du *Charroi de Nîmes* est tout particulièrement intéressant ; il résume notre poème, mais d'après une rédaction différente de la nôtre. Dans l'énumération des services qu'il a rendus au roi, Guillaume rappelle :

1° Son « grant estor champel » contre « Corsolt l'amiré » ;

2° La bataille qu'il a livrée à Dagobert au gué de Pierrelate ;

3° La trahison d'Arneïs ;

4° Les tentatives d'usurpation du « Normant orgueillos » ;

5° Le retour de Guillaume du Mont Saint-Michel, le guet-apens de Richard et sa captivité ;

6° La lutte de Guillaume contre Gui ;

7° Son expédition contre Otton.

Le *Charroi de Nimes* omet donc les épisodes 4, 6, 10, du *Coronement Looïs*. Il constate l'existence originairement indépendante d'un poème qui avait pour sujet la défaite de Dagobert au gué de Pierrelate ; il place au premier et au dernier rangs les expéditions en Italie, de sorte que les luttes de la royauté contre la féodalité sont réunies. Cette disposition n'appartient pas à l'auteur du *Charroi de Nimes*, car elle se retrouve dans les remaniements en prose du *Coronement*. Elle existait donc dans une rédaction différente de la nôtre. Quelle est la plus ancienne de ces deux rédactions ? Il est difficile de décider.

M. G. Paris pense que l'allusion faite par le *Charroi de Nimes* à la rébellion du duc de Normandie repose sur une rédaction plus ancienne que la nôtre, parce que dans le *Charroi de Nimes* le Normand se contente de défier Louis, ce qui doit être plus conforme à l'histoire, et partant plus ancien que la tentative d'usurpation dont parle notre poème.

Mais l'auteur du *Charroi de Nimes*, qui ne consacre que huit vers à en résumer un millier du *Coronement Looïs*, a bien pu avoir en vue la tentative d'usurpation du Normand en disant :

« Qui desfier te vint ci en ta cort. »

et surtout :

« N'as droit en France, » ce dist-il, oiant toz.

Le *Charroi de Nimes* place la cour du roi à Paris[1] et c'est là que vient le Normand[2], ce qui peut être une preuve de *modernité*. Les remaniements en prose, que j'étudierai plus loin, font également venir à Paris Richard et son fils. Ces remaniements ont avec la rédaction connue de l'auteur du *Charroi de Nimes* d'autres points de rapprochement : d'abord le nom d'Arneïs, au lieu d'Hernaut — Arneïs dans les textes en prose est, non le duc d'Orléans, mais le fils du duc de Normandie, confusion qui prouve que les personnages jouaient le même rôle—; ensuite la disposition de différents épisodes du poème : les remaniements, comme le *Charroi de Nimes*, donnent le premier rang à la lutte de Guillaume contre Corsolt, puis font suivre sans interruption les différentes parties ayant trait aux luttes du roi contre ses vassaux.

Le théâtre des évènements, le nom d'Arneïs, l'ordre des diverses parties, étant communs aux remaniements et au *Charroi de Nimes*, nous permettent de croire que ceux-ci dérivent d'une même source, et, comme les remanieurs font du Normand un usurpateur, de conclure que la rédaction dont s'est servi le *Charroi de Nimes* prêtait aussi au fils du duc de Normandie l'intention de s'emparer du trône, enfin que la raison pour laquelle M. G. Paris voit dans

1. V. 201.
2. V. 285.

les allusions du *Charroi de Nimes* le reste d'une rédaction antérieure à la nôtre est insuffisante.

Les épisodes 6 et 7 du *Charroi de Nimes* offrent seuls des éléments — que j'ai indiqués plus haut, en distinguant la lutte de Guillaume contre Gui de son expédition contre Otton [1] — antérieurs à ceux de la rédaction actuelle du *Coronement Looïs* ; mais ils ne prouvent pas que la disposition des différentes parties du poème dont s'est servi l'auteur du *Charroi de Nimes* soit antérieure à celle du *Coronement Looïs* actuel. On conçoit facilement une rédaction O donnant naissance à la fois à une rédaction A, qui, en maintenant l'ordre des différentes parties, fait subir à ces parties des rajeunissements, et à une autre rédaction B, qui conserve un caractère d'ancienneté à certaines parties, tout en intervertissant l'ordre de l'ensemble.

Cette diversité de combinaisons auxquelles ont été soumises les branches du poème actuel permet de constater un fait intéressant : c'est que ces différents poèmes, au lieu d'avoir été fondus en un seul par le travail réfléchi d'un remanieur, se sont groupés peu à peu, tout en restant distincts, pour former une sorte de petit cycle, comme nous voyons aujourd'hui les nombreuses chansons de la geste de Narbonne réunies dans des manuscrits qu'on a justement appelés cycliques. Ainsi on s'explique comment ils ont pu, sans se détacher du même groupe, y occuper différentes places. Peu à peu, les traits qui les distinguaient en-

---

[1]. Page LXIV.

core les uns des autres, tels que rubriques, invocations, se sont effacés, des vers de liaison ont été intercalés, et la fusion s'est opérée : on a eu notre rédaction, celle du manuscrit 1448 de la Bib. Nat., celle qu'ont suivie l'auteur du *Charroi de Nîmes* et les remanieurs en prose.

Aujourd'hui nous pouvons encore constater ce travail de fusion là où le défaut de temps l'a laissé inachevé. Certains poèmes du cycle de Narbonne, qui dans des manuscrits sont séparés par une rubrique, se suivent immédiatement dans d'autres. Dans sept des huit manuscrits dont je me suis servi pour établir mon texte, le *Coronement Looïs* est séparé du *Charroi de Nîmes* par une rubrique, mais déjà le premier annonce le second dans ses derniers vers. Dans le manuscrit 1448, la fusion des deux poèmes est tellement complète qu'on ne peut les séparer l'un de l'autre.

C'est d'un travail semblable que sont sorties les différentes rédactions que nous connaissons directement ou indirectement du *Coronement Looïs*.

Le *Charroi de Nîmes* n'est pas le seul poème qui contienne des allusions au nôtre; dans *Aliscans*, Guillaume dit à Louis :

« Loei, sire, chi a male saudee.
Quant a Paris fu la cours assemblee,
Ke Charlemaine ot vie trespassee,
U il (*lisez* Vil te) tenoient tot chil de la contree.
De toi fust France toute desiretee.
Ja la corone ne fust a toi donee,
Quant je soffri por vos si grant mellee,

> Ke, maugré aus, fu en ton cief posee
> La grans corone, ki d'or est esmeree.
> Tant me douterent n'osa estre vee[e] ;
> Mavaise amor m'en avés or mostree [1]. »

M. G. Paris fait remarquer que dans ce passage le siège de la cour n'est plus Aix, mais Paris, ce qui indique une rédaction moins ancienne.

A cette preuve de rajeunissement s'en joint une autre. Ici la cour se réunit quand Charlemagne est mort, ce qui est moins conforme à l'histoire que notre version et par conséquent moins ancien. On pourrait objecter que ces vers font allusion, non à l'assemblée d'Aix-la-Chapelle, mais à la cour réunie à Paris, en présence de laquelle le fils de Richard, selon la version des remaniements en prose et du *Charroi de Nimes*, osa contester à Louis ses droits au trône; mais ce serait une autre preuve de rajeunissement.

Plus loin, la chanson d'*Aliscans* fait allusion à la dernière partie du *Coronement Looïs*. Elle rappelle les luttes de Guillaume contre les vassaux révoltés, le mariage de Blanchefleur avec Louis, et passe au *Charroi de Nimes* :

> « Loeis sire, » dist Guillames li ber,
> « Quant on te vaut dou tot desireter,
> Et fors de France et chacier et jeter,
> Je te reting et te fis corouner.
> Tant me douterent ne l'oserent veer.
> Et a mon pere te fis ma suer douner.

---

[1]. Éd. Guessard et Montaiglon, p. 84.

> Plus hautement ne la poi marier,
> Ne jou ne sai en nul sens esgarder
> Ou tu [peüsses mellor feme trover]. » [1]

Enfin, elle parle de la blessure qui a valu à Guillaume son surnom de au Court-Nez, mais elle confond le géant Corsolt, tué par Guillaume sous les murs de Rome, avec le géant Isoré, tué par le même sous Paris :

> Dame Guibors l'esgarde apertement,
> Voit sor le nés la boce aparissant
> Ke li ot fait Isorés de Monbrant,
> Trés devant Rome, en la bataille grant;
> Li quens l'ocist si kel virent .VII.^{c} [2]

J'ai eu déjà occasion, à propos du nom d'Arneïs, de signaler les vers suivants du *Moniage Guillaume* :

> « Por l'amor Deu, ja vos corona il
> A vive force, voiant voz anemis,
> Quant il voloient coroner Hernaïs.
> Li gentix hom sor vo chief la rasist,
> N'i ot si cointe qui l'en contredeïst.
> A son pooir t'a volentiers servi,
> Si t'a aidié t'anor a maintenir;
> Se il ne fust, ja ne fussiez serviz [3]. »

Un passage d'*Anseïs fils de Gerbert* est curieux, il attribue le rôle de Guillaume à Hardré :

> Che dist Gautiers : « Entendés, sire roys;
> Hardrés li vieus, ki mest encontre Artois,

---

1. Éd. Guessard et Montaiglon, p. 94.
2. *Ibid.*, p. 123.
3. *Mon. Guillaume;* ms. B. N. fr. 774, f° 217.

T'eut en baillie .xiii. ans et .iiii. mois ;
Couronna vous tout malgré les François,
N'i ot si cointe ki fust outre son pois,
Que trayson pense (*lisez* peüst) en lui veoir [1]. »

Le *Siège de Narbonne*, qui est censé précéder immédiatement, au point de vue chronologique, le *Coronement Looïs*, annonce ainsi ce dernier poème :

De par Challon leur fu .i. mès tramis,
Que li rois est si forment afoiblis
Qu'il est boisiez de trestouz ses subgis,
Et que, pour Dieu qui en la crois fu mis,
Li soit G. a ce besoi[n]g amis.
Li quens en jure Jesu de paradis
N'avra repos, ne par nuit ne par dis,
Dusques a tant au roi iert revertis.
Lors fait trousser et mules et roncis.
Isnelement s'est a la voie mis
    Droit vers Ais la Chapelle [2].

Dans le roman de *Lohier et Mallart*, autant qu'on peut le connaître à travers la traduction allemande *Loher und Maller* [3], on trouve un « résumé très bref de l'histoire de la tentative faite par Arneïs d'Orléans pour s'emparer de la couronne de France, au détriment de Louis, fils de Charles ; l'auteur place cette tentative après la mort de Charles, comme la chronique française du ms. 5003, B. N., et sans doute Albéric de Trois Fontaines (*H. poét.*, p. 403),

---

1. *Ans. fils de Gerbert*; ms. B. N. fr. 4988, f. 236 v°.
2. *Siège de Narbonne*; ms. B. N. fr. 24369.
3. G. Paris, *Histoire littéraire*, XXVIII, 239 et suiv.

mais contrairement au *Coronement Loeys* [1]. »

Outre ces allusions et ces témoignages, d'autres poèmes semblent offrir une imitation du nôtre. La chanson d'*Ogier de Danemarche*, de Raimbert de Paris, raconte « la délivrance de Rome de la domination sarrasine par suite d'un combat singulier d'un champion carlovingien..... Là, non seulement le nom du Sarrasin Corsolt ou Corsubles revient, mais ce qui est beaucoup plus curieux, c'est qu'on a rattaché à la gloire d'Ogier le souvenir de la trahison d'Alori, complètement perdue dans les chansons de Guillaume d'Aquitaine. Il pourrait bien y avoir quelque obscure connexité entre les deux branches de ces poèmes [2]. »

Enfin le roman de *Huon de Bordeaux* débute, comme le *Coronement Looïs*, par le récit de la dernière assemblée que tint l'empereur pour le choix de son successeur. Mais ici le fils de Charles est Charlot.

1. G. Paris, *Romania*, II, 111.
2. Jonckbloet, *G. d'Or.* II, 110. — Cf. *Ogier de Danemarche*, publié par Barrois, Paris, Techener, 1842; *Les Enfances Ogier*, d'Adenès le Roi, publié par Scheler, Bruxelles, 1874.
Le *Siège de Barbastre* résume aussi, en 14 vers, le couronnement de Louis à Aix par Guillaume, mais ne parle pas d'Hernaut. Louis n'osant prendre la couronne, à cause des recommandations de son père, Guillaume la lui pose sur la tête (Ms. B. N. fr. 1448, f° 135 r°).
M. L. Gautier s'est trompé en signalant comme empruntée au *Coronement Looïs* une laisse intercalée dans le *Roman de la Violette*. C'est une laisse d'*Aliscans* : « Grant fu la noise en la salle a Loon » (*Aliscans*, éd. Guessard et Montaiglon, p. 93, v. 3036-3059. — *Rom. de la Violette*, éd. Fr. Michel, p. 73).

2. — *Témoignages tirés des textes en prose.*

Des textes en prose qui font allusion au *Coronement Looïs*, le plus ancien est un passage d'Albéric de Trois-Fontaines : « Abhinc super Aquitaniam certius et manifestius regnavit Ludowicus. Quod comes Aurelianensis Arnaïs voluit regnare et esse tutor Ludowici, sed Guillelmus Aurasicensis fortiter restitit. Qui Arnaïs fuit pater Samsonet de una sorore Karoli[1] ».

Dans le remaniement du ms. B. N. fr. 1497, l'aîné des fils d'Aimeri de Narbonne, « Hernais », obtient le duché d'Orléans, dont le seigneur « avoit par le sien frere Guillaume esté occis, et en espousa la duchesse, car de par elle estoit la terre venue, laquelle le comte, qui mort estoit, ne pouoit par son meffait avoir confisquee ne pardue. »

Le mariage d'Hernaut de Girone avec la veuve d'Arneïs d'Orléans se trouve encore dans une chronique française en prose, dont les deux seuls manuscrits que je connaisse sont du xive ou du xve siècle[2] : « L'empereur donna a Hernault, le frere Guillaume, la duché d'Orliens et la duchesse, qui estoit vefve.[3] »

Ce détail est déjà dans le *Siège de Narbonne* :

    Bernart l'aisné s'en revait en Brubant,

---

1. Pertz, *Mon. Germ. hist., Script.*, XXIII, 720.
2. L'un est à Paris, B. N. fr. 5003; l'autre à Rome, Vat. Reg. n° 749.
3. Ms. B. N. fr. 5003, fol. 125 v°.

Ernaut le Roux a Gyronde errant.
Icis tint puis Orliens en son commant[1].

La confusion qui existe entre les deux noms d'Arneïs et d'Hernaut a pu être facilitée par cette légende.

La chronique du manuscrit B. N. fr. 5oo3, que je viens de citer, touche en plusieurs endroits à notre chanson. Une première fois elle ne fait qu'une mention de la légende du couronnement de Louis. Voici le passage; on verra la parenté qui unit ce texte à celui d'Albéric :

L'empereur Charlemaine, quant il aloit hors et menoit son ost et sa chevalerie, laissoit le gouvernement de sa terre a Charlot son filz, mais onque Charlot ne fut amé des François. Charlot avoit ung mestre qui ot nom Aymer, comte du Mans, qui(l) le gouvernoit. Cel Aymer luy fist fere moult de maulvaises entreprinses. Il desherita un duc d'Orliens apelé Arneïs, et estoit seigneur de Melun, et avoit espousee une des filles de l'empereur, seur de Charlot, apelee Belicent. Et avoit adonc a Melun ung chastelain apelé Ancellin, qui avoit .xiiii. filz, qui tint Melun .x. ans contre Charlot. Arneïs ot ung filz de Belicent sa femme, qui depuis occist Aymer devant Charlot, pour la trahison qu'il avoit mise sus a son pere. Ce filz avoit nom Sansonnet, et dist l'istoire qui parle de luy en rommant que cestui Sansonnet tint depuis le royaume de Hongrie de par Lohier, ung des filz Karlemaine, qui se fist empereur. Et si raconte l'histoire ou roumant de la vie de Guillaume d'Orenge que cestui Arneïs, après la mort de l'empereur Charlemaine, se volt faire roy de France et debouter Loys, le filz de l'empereur, dont Arneïs fut occis de l'entreprise Guillaume d'Orenge, et donna l'empereur Loys Arnault, le fils Aimery

---

1. Ms. B. N. fr. 24369, f° 75 r°.

de Narbonne, frere de Guillaume d'Orange, le duché d'Orliens et la duchesse. [1]

Plus loin la chronique revient à notre chanson. Elle résume d'abord l'expédition de Guillaume en Italie contre Corsolt :

> Les Sarrazins a grant puissance allerent lors devant Rome; toute la terre gasterent. Le pape envoya par toutes terres pour avoir secours. Sy y ala Guillaume, le bon combatant, et la fist de moult belles proesses. La avoit ung moult fort et puissant jaiant appelé Corbaut, lequel Guillaume occist devant Rome, en ung champ de bataille qui fut d'eus .II., dont Guillaume acquist grant los et grant pris du pape et de tous les Rommains. [2]

Il n'est pas question dans ce récit de la blessure que Guillaume reçut dans le combat et qui lui valut son surnom de au Court-Nez. C'est qu'en effet plus loin notre auteur nous apprend que

> Guillaume avoit eu le bout du nés couppés a la .IIIe. bataille ou il fut devant Nerbonne. Si l'applerent plusieurs Guillaume au court nés. [3]

Guillaume était encore à Rome quand il apprit la mort de Charlemagne et les obstacles qu'on opposait à l'avènement de son fils :

> Sy cuida bien le bon empereur Loys tenir son pays paisible, mais ne pot estre sacré au royaume de France sy tost après la mort de son pere, tant trouva de contrariettés en son royaume de France, car plusieurs trictres voldrent fere

---

1. Ms. B. N. fr. 5003, f° 101 v°.
2. *Ibid.*, fol. 125 r°.
3. *Ibid.*, fol. 127 r°.

roi d'un aultre apelé Herneïs. En ce temps que ce trouble en estoit en France, Guillaume, le filz Aimery de Nerbonne, se partit de Rome et vint en France.

L'empereur Loys ot ung frere nommé Doeme, qui estoit moult preudoms, et avoit tout son cueur a Dieu, et le fist l'empereur evesque de Mès. Ces evesque et Guillaume, le filz Aymery, assemblerent moult de leurs amis et vindrent a Paris a ung jour ou il avoit grant assemblee de princes; et y en avoit qu'ilz voulloient debouter l'empereur Loys de la couronne de France, sy y ot moult grant debat, car aucunes croniques racontent que Guillaume occist Arneïs, que on voulloit fere roy, et moult de ces complices, et fut esmeu tout le peuple de Paris pour aidier Guillaume, et vint l'empereur Loys a Paris, et de la par l'esvesque son frere et le conte Guillaume fut mené coronner et sacrer a Rains, a grant sollempnité et joye. Après le sacre de l'empereur Loys, Guillaume fut fait connestable de l'empire et desfendeur de la terre chrestienne. L'empereur donna a Hernault, le frere Guillaume, la duché d'Orliens et la duchesse, qui estoit [vefve]. [1] »

J'ai déjà cité quelques vers de la chanson d'*Aliscans,* d'après lesquels, comme dans la version en prose, c'est à Paris, et après la mort de Charlemagne, que la cour s'assemble. Nous allons encore voir successivement deux remaniements en prose où il en est de même. Ces deux derniers textes, ainsi que la chronique du ms. 5oo3, placent la lutte de Guillaume contre Corsolt avant le couronnement et n'y font aucune mention de la blessure de Guillaume. D'autres détails encore, communs aux trois récits, prouvent que ceux-ci sont de la même famille. Mais

---

1. *Ibid.*, fol. 125 v°.

les deux rédactions qu'il nous reste à voir sont plus étendues que la précédente, et nous montrent mieux comment le remanieur a combiné ensemble, non seulement la première et la troisième partie de notre chanson, ainsi que l'a déjà remarqué M. Léon Gautier, mais encore la cinquième, car c'est dans celle-ci que se trouve la mention du mariage de Blanchefleur, sœur de Guillaume, avec Louis, mariage raconté par les remaniements.

Constatons encore que ces mêmes remaniements, pas plus que les autres textes que nous avons déjà vus, en prose ou en vers, sauf le début du *Charroi de Nîmes*, ne font aucune allusion aux expéditions de Guillaume en Italie contre les Allemands.

Tous ces faits s'expliquent parfaitement si on admet ce que j'ai établi plus haut, et que je crois incontestable, à savoir qu'il a existé des rédactions de notre poème où l'ordre des parties était interverti. Le combat de Guillaume tenait le premier rang, puis venaient toutes les luttes de la royauté contre la féodalité, et enfin les expéditions des Francs en Italie contre Gui et Otton. Cette circonstance explique :

1º L'ordre suivi dans le début du *Charroi de Nîmes* ;

2º La version du ms. 1448, qui n'a eu qu'à supprimer la première et la dernière partie du poème, suppression qui aurait été moins simple si ces parties avaient été enchevêtrées dans les autres ;

3º Pourquoi, dans tous les textes en prose que nous avons, la lutte contre Corsolt tient le premier rang ;

4º Comment ces mêmes textes ont combiné ensemble la première, la troisième et la cinquième partie de notre version ;

5º Comment ils ont pu supprimer les guerres contre les Allemands.

III. — REMANIEMENTS EN PROSE DU CORONEMENT LOOÏS

Les deux remaniements français en prose que je vais analyser sont contenus dans deux manuscrits du xve siècle, conservés l'un à la bibliothèque de l'Arsenal (nº 3351, anc. B. L. F. 226) et l'autre à la bibliothèque nationale (f. fr. 1497). M. Léon Gautier en a déjà donné une analyse rapide, accompagnée d'extraits [1].

Le ms. de l'Arsenal, après avoir longuement raconté les aventures de la reine Sibille, nous dit que cette malheureuse princesse, étant rentrée en France avec son enfant Louis et son protecteur Varrocher, fut rencontrée par le comte Aimeri de Narbonne, qui rendit hommage au jeune fils de la reine :

Fol. 375 vº. Puis commanda ainsy le faire a ses enfans, qui mie ne lui voulurent desobeïr, ains s'acointerent de l'enfant Loys, et depuis en furent si privez que leur seur lui donnerent en mariage après la mort de Charlemaine, et le

[1]. *Ép. fr.*, 2e éd., t. IV., p. 343-347.

remist Guillaume en son royaume, dont il fut debouté par les trahitres de France, lesquelz lui imposoient que lui ne son(t) frere Lohier n'avoient aucun droit a posseder la seigneurie de l'empire et maintenoient qu'ilz n'estoient mie legitimes enfans de Charlemaine, mais bastart, pour tant que la dame avoit geu de Louys durant le temps qu'elle avoit esté bannye, comme oy avez ça avant, et convint que Guillaume au court nez, qui pour cellui temps estoit alé servir le saint pere en Rommenie, et combattre ung payen que nul prince de chrestienté n'osa combatre, retournast hastivement en France, pour le debat des princes du royaume et de l'empire, qui envieusement, a tort et sans cause, avoient dechacié Louys et mis hors de Paris après la mort de son pere, et vouloient couronner Harnays, le filz Richart de Normandie.

Guillaume au court nez, qui la nouvelle en ouy, lui estant a Romme, par les messages que l'enfant Louys avoit envoiez pour avoir aide du saint pere, fut trop dolant quant il sceust la mort de l'empereur Charlemaine et moult blasma l'outrage qu'on faisoit a l'enfant, que en Paris ne s'osoit veoir, mais s'estoit en Meleun sur Saine retrait, a tout ceulx de qui il se pouoit aidier, et la atendoit nouvelles et response du pere saint, lequel ne lui pouoit aidier, sy non mettre la chose en sa main et proceder en excommeniement sur ceulx qui ce tort lui faisoient et qui le droit de l'enfant vouloient empeschier. Sy se tira le conte Guillaume vers le pere saint lors et lui dist :

« Vous savez, sire apostolle, que je sui en icestui païs venu, a vostre mandement, pour combatre Corbaut, le Sarrasin felon, lequel j'ay occis puis n'a gaires, et pour ce ay vostre païs delivré de ceulx qui en son ayde estoient passez mer en sa compagnie; sy ne reste plus si non moy donner congié, car j'ay autre part a besongnier.

— Quelle besongne vous est necessaire, beaux fieulz? » ce respont le pere saint, « je say que vous estes par deça venu a mon mandement, et avez la chose executee que je desiroie estre mise a execucion. Sy vous convient reposer et refaire, puis vous en irez a vostre bon plaisir et emporterez de mon tresor tant comme emporter en pourez, et cependant vous querray compagnie qui s'en yra en France comme vous.

— De ce vous rend je graces, sire, » ce respondi Guillaume, « je sui pour vous aidier cy venu voiremeut, et voulentiers l'ay fait, car il en estoit necessité; sy sui tenu par obligacion d'ainsy faire ailleurs, veu l'aage que Dieu m'a donné, que je considere, et vous mesmes le pouez considerer, car, quant je seray ataint de viellesse, lors ne pouray je faire ce que je puis et pouroie de present. Sy ne me doy doncques reposer ne dormir en oisiveté, comme le me aprent le sage en ung sien dittié, fait en deux vers rimez, la ou il dit :

> Par souvenir, par soing, par diligence,
> Est le jeune homme tost monté en chevance.

— Il m'est souvenu, sire, » fait il, « d'un cas mervilleux et extresme, lequel est, comme l'en m'a recité, survenu en France, dont je sui dolant, car on dit, et bien l'avez sceu, comme raison est, et que mieux et plus brief y pouez remedier que homme vivant, que Charlemaine, qui tant fut noble, riche, conquerant, puissant et doubté, est alé de cestui siecle en l'autre, a delaissié ses enfans Louys et Lohier, legitimes et vrais successeurs de son empire, de son royaulme et de sa seignourie, et Louys, en especial, premier et ainsné, lequel, sauf tous drois, a esté refusé, debouté de la couronne et fugitif; pour quoy, comme j'ay entendu, vous a envoyé ses messages pour requerir vostre aide, puisque point n'a de puissance ou de main forte. Je sui demouré en ce soing jour et nuit, escoutant se vous envoieriés par dela ou non, dont je me sui povrement apperceus. Pour quoy j'ay consideré qu'il est mon vray seigneur, qu'il est vray et naturel filz de Charlemaine, comme par sa mere Sebille de Grece vous a autrefois esté verifié, et vous mesmes passastes les mons, alastes en France et pacifiastes la dame avecq l'empereur, lequel advoua et congnut Louys son filz et vray heritier. Or est ainsy que, mort le pere, ne puet l'enfant heriter, par l'ostacle que les princes de France y mettent, lesquelz sont tous contre l'enfant qu'ilz desapointront de son bien, et lui toldront son honneur, se vostre grace et Dieu premier n'y pourvoient, laquelle il requiert humblement. Mais je voy que nulle provision n'y est par vous donnee, et pour ce me convient diligenter et chevauchier a Paris le plus hastivement que faire le pouray, pour mon seigneur droitturier secourir et aydier a son droit soustenir contre les trahitours qui ainsy s'efforcent de le desheriter. »

Et quant l'apostole entendi Guillaume au court nez, qui ainsi parla, il fut moult joieux, et bien dist a soi mesmes que, puisque mort estoit Charlemaine, Guillaume devoit estre nommé et tenu pour crestienne espee, pour pillier catholique, soustenant la loi Jesus Crist, et pour gardien, bras et conservateur de l'eglise. Sy lui respondi moult doucement :

« Je envoyerai par dela, sire Guillaume, » fait il, « et y transmettray ung legal acompagnié notablement, lequel portera ung excommeniement sur ceulx qui ainsy vuellent Louys, le filz Charlemaine, deffaire et debouter de son heredité ; et se a ce ne vuellent obeir, lors y pourveray je par telle voye que en France ne sera [service] chanté ne eglise desservie, et vivront comme bestes ou gens non creables ne dignes de nulle bonne recommandacion. »

Mais ad ce ne se voulut Guillaume accorder, ains respondi au pere saint :

« Bien vous ay entendu, sire, » fait il, « mais trop seroit la besongne longue et doubteuse de atendre tant que vos legaux feussent la endroit arrivez. Ce sont gens qui ne requierent mie paine ne traveil, ains apettent tous leurs aises, courte messe, long disner, couchier de haulte heure et lever tart, petites journees et grant despens ; et nous autres requerons tout le contraire, par especial tandis que jeunesse nous demeine. Sy n'en pouons pis valoir, car comme racompte ung sage en deux mos de rime :

> Prouffitable est le travail en jeunesse,
> Que eschever fait souffraite en vielesse.

Je m'en partiray devant, sire, » fait il, « pour ce qu'en peu de temps seray la venu, et porteray par dela vostre commission, en atendant vos legaux, sy la mettray moy mesmes a execucion telle qu'il ne sera jamais que memoire n'en soit perpetuellement faitte. Et se vous demandiés quelle commission je requier avoir de vous, s'est que, pour les services que j'ay fais a vous et a crestienneté, vous me oyés en confession, ja soit ce que ja me confessissiés quant je voulus combatre Corbault, et me donnez absolucion plainiere de mes pechiés. Sy m'en retourneray. »

Et quant le pere saint l'eust ouy, et qu'il lui eust ses pechiés pardonnez, lors s'en party Guillaume, et en peu de temps vint a Paris, ou sy bien arriva a point que deux ou .iii. jours après se tint le parlement pour constituer le filz du duc de Normendie roy de France, auquel consitoire arriva Guillaume de telle heure qu'il rompi la presse, ou tant avoit de peuple que c'estoit grant confusion. Et lui, armé soubz son mantel, pour toutes seuretez, sans soy estre descouvert a parent, a amy, a ung ne a autre, tira une lettre que le saint pere lui avoit a son partement bailliee, scellee d'un grant seel de plomb, qu'il monstra si haut que la plus grant partie la pouoit bien veoir; et, en disant : « Le pape vous salue tous, beaulx signeurs », mist la main a l'espee, haulça son mantel, sy que on vist le haulbert menu maillié, luisant et cler, s'adreça vers le filz du duc Richart et lui donna du taillant, dont il avoit Corbault occis devant Romme, sy qu'il le pourfendi en deux pars, et cria « Nerbonne! » si haultement que tout fut le demourant esbahy, et se absenterent les pluiseurs et plus grans, en eulx eslongnant et mussant derriere le menu commun. Et quant Guillaume eust ainsy exploitié, et il vist que nul ne se mettoit a deffense, ains s'en aloit chascun qui se sentoit coulpable du meffait, il se monta amont, l'espee nue, rouge et sanglante en son poing, se mist au siege royal, non mie en soy seant, mais debout, comme ung

sieger ou greffier qui veult une sentence prononcer, et la
se monstra plainement, en disant qu'il venoit de Romme de
par le pere saint, qui luy avoit sa burle bailliee pour tous
ceux, prestres, nobles, clers et lais, excommenier qui contre
leur prince et droitturier signeur avoient mespris et offensé
en malfait, en maldit, en pensee inique, et autrement contre droit et raison.

Finablement s'en partirent du palais secretement plus de
.xii. que ducs, que contes et de grans seigneurs sans nombre;
mesmement Richart de Normendie se evadua, quant il vist
que contre Guillaume nul ne s'esmouvoit, et en peu d'eure
s'esleva ung bruit grant et merveilleux par my Parys du
commun et menu peuple, qui bien savoit l'assamblee et la
besongne que l'en traittoit, mais a eulx n'estoit nul consentement demandé, ainçois avoient les portes du palais esté
gardees et si bien fermees que nul n'y entroit se il ne sembloit gentil homme, ou de noble lieu issu, et quant chascun
homme de mestier, bourgois ou autre, apperceurent la maniere de ceulx qui ainsy pensifs et mornes s'en issoient du
palais, l'un par ung lieu, l'autre par ung autre, et ilz furent
informez de l'aventure, lors s'armerent ilz de rue en rue, de
main en main, et tellement s'en emply le palais que moult en
fut Guillaume comptent. Il enquist ou estoit Loys, qui leur
roy devoit estre, et on lui dit qu'il estoit a Meleun pour la
seurté de son corps, et que ja avoient ses ennemis saisies,
prises, garnies les villes, citez, places et les chateaux de
France, sy qu'il ne se savoit plus ou retraire; sy l'envoya
querir, fin de compte, et le couronna roy, malgré tous ceulx
qui son bien et honneur avoient voulu empeschier; et a
icelle heure, pour retourner au propos premier, lui donna
Guillaume sa seur Blancheflour a mariage.

Ce récit fait une simple mention de la lutte de
Guillaume contre Corsolt, il n'en parle qu'incidemment et comme pour expliquer la présence de Guillaume à Rome. Mais s'il l'avait racontée, son récit

aurait été semblable à celui que je vais en donner d'après le ms. de la B. N. Les deux textes sont, en effet, de la même famille, comme je l'ai déjà fait remarquer. Voici ce récit: Un roi Sarrasin, nommé Corbault, a mis le siège devant Rome. Il a tellement malmené le pape que celui-ci est obligé d'entrer en composition. Le Sarrasin accorde au pape un armistice,

pendant lequel il se devoit pourveoir d'un champion en crestienté et le livrer et presenter pour combatre le roy Corbault, par condiction telle, que se le champion chrestien qui au paien combatroit le pouoit subjuguer ou convaincre, Corbault lui devoit rendre ses places qu'il avoit sur luy prises et conquestees, et restorer les damaiges lesquieulx lui avroient esté fais. Et se au contraire le chrestien estoit desconfit et convainqu, il convient le pere saint et les chasteaux ou ilz sont retrais delivrer et rendre, par convenance et prommesse sur ce faicte, et par hostaiges bailliees, tant d'une comme d'aultre partie [1].

Le pape envoie des légats de tous côtés ; deux d'entre eux viennent trouver Aimery de Narbonne, qui passe pour le plus grand prince de la chrétienté, car la force de Charlemagne décline déjà. Aimery ne peut absolument pas aller à Rome, obligé qu'il est de défendre sa propre ville contre les Sarrasins, mais son fils Guillaume offre de partir à sa place, et sa proposition est accueillie avec joie par les ambassadeurs. Aussi, malgré les prières de sa mère, qui, pour le détourner de son voyage, lui parle de la belle Orable, Guillaume, après avoir chargé son serviteur Isaac

---

1. Ms. B. N. 1497, f° 150 v°.

d'annoncer son absence à sa dame, se met en route avec les prélats.

(Fol. 152 v°.) *Comment Guillaume, le filz Aymery, combat et conquist le jaiant Corbault devant Romme, la grant cité, par sa vaillance.*

Ce dit l'istoire que quant le legat, le cardinal, Guillaume et leur compaignie furent de la cité de Nerbonne departis, et ils furent mis a chemin, ils chevaulchierent tant, sans faire de leurs journees menction, que ils aprouchierent Romme, que les Sarraissins maistrisoient par la conqueste que ils avoient faicte ; et quant Guillaume eust veeu les tours, les chasteaux et les grans eddiffices sumptueux et anciens, il demanda esquieulx s'estoient les chrestiens retrais et comment ils pourroient dedans entrer. Si lui respondi le legat : « A ce n'avra nulle faulte que n'y entrions, sire, » fet il, « car noustre saufconduit contient que nous pounos aller la ou bon nous semble querir et pourchasser champion ou chevallier, pour le roy Corbault le grant combatre ; le terme qu'il nous a donné durant n'est mye encore passé, expiré ne fini, sy n'aiés paour se nous sommes devant luy menés par advanture, car bien me doubte que il ne veille savoir des nouvelles. »

Et a itant se sont avanciés jusques aux vailles et deffences anciennes de la cité, ou ils trouverent gardes de par le roy Corbault, qui la les avoit commis (fol. 153 r°) pour les advantures. Et quant ils aparceurent les messaigiers venir, ils cognurent legierement et les menerent ou tref du roy Corbault, qui de sa parolle les festoya et leur demanda comment ils avoient besongnié, et en quel païz ; et ilz lui respondirent courtoisement ad ce que il n'eust cause de soy courousser :

« De nos nouvelles ne poués vous mye savoir, sire, » font ilz, « plus tot que le pere saint, de par lequel nous sommes messaigiers. Mais en brief temps savrés ce que nous avons peeu besongnier, et se vous avrés champion, ou se le pere saint se rendra ou non, car le terme que vous nous avés

donné fauldra dedens .III. jours, ne plus n'avons de delay, se
de voustre grace ne le voulés prolongier, tant que nous
arons sceu es aultres parties chrestiennes que en celles que
nous avons cerchiees. »

Le roy Corbault, oiant les clers messaigiers ainssy parler,
fut ausques joyeulx, pour tant qu'il pença que nul champion
n'eussent en leur compaignie amené, et leur dist :

« Voustre langaige est vainement fondé, beaus signeurs, »
fet il, « et bien estes en vous mesmes abusés, se vous cuidiés
que je vous donne aultre delay que celluy que vous avés eu,
mais dictes a voustre pape que il se prepare de soy humilier
vers nos dieu et que ilz se soubzmecte a l'obeissance de noustre
loy, et nous lui ferons tant de honneur qu'il ara dominaction
par dessus tous les caliphes et maistres de la loy
Mahom. » Et lors demenda Corbault le vin pour en servir
les seigneurs, lesquieulx ne l'oserent reffuser, ains le prirent
et beurent par son commandement, puis le fist presenter a
Guillaume, qui oncques ne deigna tendre la main, dont Corbault
se aïra en rougissant par la face et lui dist : « Pour
quoy ne buvez vous, vassal, » fet il, « quant le vin vous est
pour boire presenté? » Si luy respondi Guillaume : « Pour
ce, certes, » fet il, « que se je buvoye a voustre hanap,
ce me pourroit estre imputé a trahison, puis que j'ay intention
de vous porter nuisance avant que je m'en voyse de cestuy
païs. » Et lors le regarda Corbault moult entativement,
sy le vist sy jeune d'aaige que de lui ne tint compte, ja soit
ce qu'il feust grant et bien fourmé selon sa jeunesse, ains se
prist a soubzrire et dist aux .II. cardinaulx que ils feïssent
son messaige au pape, ainsi qui leur avoit dit, et ils dirent
que si feroient ils.

Apprès le congié s'en partirent les cardinaulx, et tant firent
qu'ilz allerent au chastel ouquel estoit le pere saint, qui
joyeusement les receut, esperant avoir bonnes nouvelles,
comme sy eurent ilz, car si tost comme ils furent dessendus a
la porte et entrés ou chastel, il vint au devant d'eulx et leur
demenda comment (fol. 153 v°) ilz avoient besongnié, et ilz

luy respondirent : « Au mieulx que nous avons sceu faire, sire, » font ils, « et tant saichiés que nous avons esté en Lombardie, en Piemont, en Savoie et jusques es marches de Bourgoigne et de France, et avons enquis de Charlemeine, qui tant est vieulx que plus ne peust, ne nul ne veult mais a luy obeïr, comme on nous a raporté en chemin ; sy avons tant enquis qu'on nous a envoiés a Nerbonne par devers Aymery, qui en fait d'armes et de noblesse pressede maintenant en terre chrestienne, comme filz et lieutenant de proesse et de chevallerie. Celui Aimery a tant a besongnier aux ennemis de nostre foy qu'il n'a jour, terme ne heure de repos, et non pour tant après l'exposicion du vostre caz, qui tant leur a esté pittable, que le plus dur cueur c'est asouply et baignié en larmes, c'est ung de ses fils avancé et a respondu vaillamment qu'il feroit le champ contre Corbault, lequel l'a veu, mais guieres n'en a tenu de compte, pour tant que il n'a encores que prime barbe ; si le vous avons avecques nou amené, et de lui pourrés savoir quant il vouldra la bataille commencer. »

Et quant le saint pere entendi le legat, qui lui presenta Guillaume, le filz Aymery, il fut plus joyeux qu'il ne souloit, et l'acolla et receut moult amoureusement. Puis luy demenda comment il avoit nom, et il lui respondi : « On me appelle Guillaume, sire, » fet il, « qui suy ça venu par grant affection, et desireux pour combatre au jaiant Corbault, qui en si grande subgection vous tient, comme je puis apercevoir, si saichiés que je suy tout apresté quant il vous plaira, mais que voustre benediction me soit donnée, car j'ay avecques moy mon harnois aporté, mon escu, ma lance, m'espee, et sy suy de si bon vouloir garni qu'il me semble que je lui donray assés a besongnier au bon plaisir de cellui pour lequel nom soustenir j'ai maint mont et maint val monté ou dessendu. »

Et quant le saint pere eust Guillaume entendu, il luy respondi lors : « Vous soiés le trés bien venu, beau fielx, » fet il, « et Dieux gart le pere qui tel enffant engendra, par qui saincte chrestienté pourra par avanture mieulx valoir a tousjours mais, car se venu ne feussiés, l'apoinctement de Corbault et de moy contenoit que je me devoie a lui soubzmettre et lui rendre ce chastel et ung aultre, ouquel a moult grant et noble clergié, qui tout devoit estre serf a luy et subgect. Or vous a Dieux et bonne fortune par deça amené pour le combactre; sy conseille que nous facions en leur ost publier la bataille a ung jour brief que vous nous dirés. Car a voustre bon aise et plaisir le voulons bien faire, et c'est raison. » Et quant Guillaume ouy le pere saint qui ainsy parla, (fol. 154 r°) il ne fut mye trop esbahy, ains respondi : « Pour vous venir secourir, pere saint, » fet il, « ay je des bessongnes laissiés moult necessaires, lesquelles me sont touchans au cueur, si suy comtempt d'estre expedié plus tost que plus tard, affin d'icelles plus tost eschever; sy me consens que a demain faciés publier la journee, car mieulx vault et plus honorablement dedans le terme et le jour contenu en voustre respit et triesve que plus tart. » Sy en fut le pere saint ausques joyeux, et commanda que on alast sur les murs parler aux Sarrasins et denoncier la bataille a l'endemain.

Par le commandement du pere saint, par le consentement de Guillaume, et du commun acort du clergié, par le consseil de la chevalerie rommaine, fut ung chevallier transmis sur le mur du chastel, pour crier en l'ost des Sarrasins a ce que quelqu'un parlast a lui, et lors vindrent les Sarrasins a.x. ou a .xii. [Quant les] paiens furent la arrivés, lors parla a eulx le chevalier en italien haultement : « De par le pape chrestien vous fay a savoir, beaus signeurs, » fet il, « que a demain soit la journee d'un champion chrestien, qui est nouvellement arrivé pour combatre au roy Corbault, en enssieuvant et entretenant le traictié lequel a esté fait; sy denonciés au roy Corbault qu'il y soit, se bon lui semble, car l'intention du pere saint est de plus tost abregier que plus tard. » Et quant les Sarrasins ouïrent cellui qui ainssy parla, ils lui respondirent que ils yroient ceste chose denoncier a leur seigneur, lequel fut moult joyeux, car grant estoit, puissant et fort a merveilles, et ne doubtoit homme nul du monde; sy renvoya devers le chevallier pour la journee accepter et avoir aggreable a l'endemain ; et ainsi fut la journee prise d'une et d'aultre partie.

Icellui jour se passa au fort et vint le lendemain, qui moult estoit desiré par le roy Corbault, qui armer se fist par .iiii. rois sarrassins, lesquieulx firent moult riche tapis estendre par terre, pour les apoinctier a son devis. L'un des .iiii. rois luy vesty son haubert, le deuxieme luy ferma ses plates, le tiers luy laissa son heaulme, le quart lui atacha son escu ; et il saindi s'espee, puis lui fut son cheval amené, sur lequel il monta, puis demanda une lance ; et quant il fut en point prest et armé, lors appella ses hommes devant lui et leur dist haultement : « Vous avés tous esté de mon consseill, beaus seigneurs, » fet il, « et d'acort emssamble comme moy de traitier et composer avecques le pape chrestien ; par ainssy que j'ay promis de mon corps exposser en bataille contre *(Ms. :* comme*)* ung chevallier chrestien et de tenir foy et loyaulté sans faulcer, ay livrez .iiii. rois en ostaiges de par nous ; et ilz nous (fol. 154 v°) ont livrez des cardinaulx pour seureté de leur partie. Or est venu cellui chevallier ou champion, comme hier ce manderent, lequel je vois conbatre, ainssy que je l'ay convenancé, sy vous prie et requier que il n'y ait trahison, faulceté ne barat, car je perdroye mes hommes que j'ay bailliés et livrés, et si pourroit a nous tous par avanture mal venir ou mescheoir, et a bon droit, se nous avions nos dieux a essiant parjurez. » Sy lui convenancerent que le traitié tendroient ainssy qu'il estoit fait ; et lors se parti Corbault le grant et vint devant le chastel si bien armé et monté comme mieulx le sceurent ses amis apointier et armer. Et quant il fut la arrivé, il ficha sa lance en terre pour veoir qui a lui vendroit combatre, car jamais n'eust cuidié que homme eust eu le hardement de soy tourner contre luy en armes, a pié ne a cheval.

Grant fut le bruit par le chastel du Sarrassin, qui la estoit venu armé et monté ; mais a icelle heure n'estoit mye Guillaume endormy, ains estoit matin levé et armé, et ja avoit la messe ouye, comme bon chrestien, et plus n'atendoit sy non le pere saint pour sa benediction recepvoir, car moult la desiroit, après ce qu'il avoit sa conscience esclarcie et netoyé. Le pere saint arriva la ou il n'atendoit plus que son cheval et lui dist, en la presence de maint cardinal et de maint grant clerc, que tous lermoient de pitié pour luy, car plus grant, plus grox et plus fourni materielement que lui estoit le roy Corbault. Et lors se mist Guillaume devant le pere saint a genouls, atendant sa benediction, laquelle il lui donna disant : « A celluy Dieu soies tu commandé, beaux fielx, » fet il, « qui du hault estaige cellestiel vint ça a bas pour l'umaine lignee racheter, lequel te doint force, vertu, pouoir et grace du Sarrasin mater et desconfire, et tel pardon comme il fist a Marie la pecharresse te soit de par moy donné et octroié. » Puis se seigna, et Guillaume se leva lors et, son heaulme lassé, son escu enchantelé et atachié a sa poitrine, sailli ou bauchant ainsi legierement comme ung aultre eust sailli sans harnois nul ; puis demenda sa lance et on lui bailla, puis fut la porte ouverte, dont il issy legierement, et vint en champ devant Corbault, qui bien le vist issir et chevaulchier droit la lance, comme pour le courir seuré. Et quant il fut ausques près il le regarda sans mot sonner, et quant ilz eurent l'un l'autre assés regardé, Guillaume baissa sa lance lors et vint poignant contre le Sarrasin, qui deffendre se pouoit, se bon luy sembloit ; et tellement l'assena en son escu que ploier lui fist l'eschine, ou il vousist ou nom, mais a itant ne se tint mye, car il poigni oultre avant et a force de cheval, qui puissamment couroit, et rencontra au corps sy airement que par terre le porta, mal gré eust il, et en passant par emprés cria « Nerbonne » si haultement que bien l'entendi le roy Corbault.

Dieux ! comme fut dollant Corbault quant ainssy se senti abatu et il eust celluy ouy qui cria « Nerbonne » ainssy haultement ! Il se leva lors legierement et puis dist a Guillaume : « Dy moy, vassal, » fet il, « par la foy que tu dois au Dieu ou quel est ta creance, qui tu es et sce c'est le tien cry que de Nerbonne, ou pour quoy tu l'as cy presentement crié.

— Je le puis bien faire, Sarrasin, » fet il, « et puis que tu m'as tant conjuré comme sur la loy que je tiens, laquelle ne sera ja par moy faulcee, te repondz je que je suy de la lignie de Nerbonne, et suy filz au conte Aymery, lequel en peut porter les armes et le cry, en despit de tous les payens du monde.

— Bien pert a ton langaige que tu es du linaige, vassal, » fet il, « car tu parles trop outraigeusement, et bien say que Aymery a fait maint mal au peuple croiant en Mahom, dont mal luy en prendra en la fin, et a toy aussy avant que de mes mains puissies eschaper, se une chosse ne veulx faire et acorder, laquelle je te diray cy presentement : c'est, pour tant que te voy vaillant homme et que je sçay que grant damaige seroit de ta mort, que tu creusses en la loy que Mahom nous donna et prescha, et que tu renonces a la loy que les chrestiens tiennent ; je te donray des terres et des seigneuries plus que tu ne vouldras demender, et sy avras ma suer Matrosne, qui tant est belle que en peannie n'a sa pareille de beaulté. »

Et quant Guillaume de Nerbonne entendi le roy Corbault, qui a sa loy le cuida atraire, il luy respondi lors: « Bien pert que tu as cueur failli, Sarrasin, » fet il, « quant, pour ung coup de jouste que tu as de moy cy receu, veulx parlementer et entrer en composicion. Tant veil que tu saichies que tu es trop loings de ton compte, car je ne suy mye cy envoyé de par le mien pere Aymery pour toi deporter de mort ne pour toy lessier vivre longuement, ainçois y suy transmis pour toy combatre, pour toy tolir la vie, et pour le tien chief coper et porter au fer de la lance mesmes a Nerbonne, ou plus ne me oseroie trouver se ainssy ne le faisoie comme je te dy, car ainsy l'ay je convenancé du faire. Et au regart de ta sueur, dont tu m'as cy parlé, ne tien je compte, car j'ay plus belle sans nulle comparaison que n'est Matrosne, dont je n'ay mie oublié le nom, et se tu me demendoies qui elle est, je te dirai que c'est Orable, la fille Desramé, que je conqueray si tost comme je avray a toy combatu. Sy te gardes de moy, car l'amour te feray au jour d'uy desplaisir. » Guillaume a l'espee tiree lors, et le Sarrasin lui couru seure moult asprement et tellement qu'il convint Guillaume dessendre, s'il n'eust voulu perdre son cheval.

Quant Guillaume fut du bauchant dessendu, il rua au Sarrassin lors, qui vaillamment se mist contre luy a deffence, et d'un coup il cuida Guillaume ferir, lequel se destourna, fery son espee en terre sy avant [que] elle luy rompy ou poing an retira[nt], dont il fut sy dollant qu'il getta le demourant emmy le champ, et tira ung coutel grant et fort assés, qui au costé lui pendoit. Ils combatirent l'un l'autre longuement adonq, mais fort le pressoit Guillaume de l'espee, qui plus estoit avantaigeuse pour luy que celle de Corbault, qui bien se prouvoit non pour tant, et moult donna de travail au marchis Guillaume, lequel haulça l'espee a ung coup et en fery Corbault a mont sans espargnier, si que du coup, qui glissa au costé du heaulme, lui emporta par terre l'espaule toute jus, dont il senti une angoisse sy grant que emmi le pré le convint verser, vousist ou non, mais mye n'y fist la longue gesine, ainçois se releva le plus tost qu'il peust, et, en soy aprouchiant cautement de Guillaume, gecta son bazelere jus et a une main le prist, et tant tira et saicha que bien le cuida porter par terre, et ja lui eust fait grand desplaisir quant Guillaume se prist a luy au corps, et d'un tour françois qu'il savoit le tournya tellement que dessoubz le mist, qui que le vousist voir.

Moult furent joyeux les nobles barons, le pere saint et tout le clargié de Romme, quant ilz virent Guillaume, le noble chevallier, ainssy maintenir contre le Sarrasin Corbault, qui [n'a] guieres avoit .IIII. champions requis et demendés pour combatre, et maintenant le veoient en peu de heure par ung seul chrestien comme conquis et mené a oultrance, car il avoit l'un de ses bras pardu et copé tout jus, si que par nulle voie du monde ne s'en pouoit jamais aidier. Et si estoit son corps en si grant subgection que Guillaume le tenoit par dessoubz lui couchié de son long et renvercé. Si louerent le hault nom de Dieu en beneïssant Guillaume et louant Aymery qui tel enffant avoit engendré, par lequel saincte chrestienté seroit exssaulciee et la loy paienne confondue et rabaissie; et se joyeux estoient les chrestiens, vous devés savoir que d'aultre part estoient si troublés et couroussés les Sarrasins pour leur seigneur, que ils veoient en telle disposicion, que ja se feussent mis en peine de lui aidier, ne feust ce que les chrestiens avoient .IIII. rois en leur chastel, tenans ostaiges pour la composicion et traictié fais entre eulx, et aussy pour tant que ils eussent leur foy parjuree a leur essiant. Et quant Guillaume vist le payen soubz lui, comme ouy avés, il rompy les lasnieres du heaulme qu'il avoit en son chief et fist tant par force qu'il luy arracha hors du chief, puis se leva pour prendre son espee, laquelle il lui avoit convenu getter par terre quant il prist le Sarrassin aux bras et au corps; et tandis se leva le Sarrassin, qui moult legier estoit et habillé, et bien cuida retourner au corps de Guillaume, qui d'aultre chosse ne se garda et fist ung sault arriere de luy, l'espee ou poing, dont en soy retournant fery le Sarrassin a mont sur le hanepier, tellement que jusques en la poitrine luy mist le taillant et le mist mort emmy le pré.

Sy tost comme Guillaume vist le paien Corbault occis, il vint a son cheval adonq, puis monta dessus et s'en ala tout droit au chastel, dont le pont luy fut legierement abaisié et la porte ouverte, sy entra ens, et lors lui ala le pere saint au devant pour le festoier et recevoir, ainssi comme bien apartenoit. Sy devés savoir que de luy, des legaux, des cardinaulx et aultres nobles clercs, chevaliers, sinateurs et bourgois, qui leans estoient, fut baisié, et ses vestemens, armeüres atouchiés par ceulx qui de plus prés ne le pouoient conjouir et festoier. Et finablement desarmerent Guillaume et le firent mengier et repaistre, car grant besoing en avoit, et non sans cause. Et les payens envoyerent ou champ querir le corps de leur seigneur Corbault, auquel fortune avoit esté toute contraire celuy jour. Puis allerent a consseil pour leurs ostaiges ravoir, lesquieulx estoient ou chastel dollans a merveilles de leur avanture, qui estoit ainssy advenue, et disans qu'onques mais Corbault n'avoit homme trouvé qui contre lui durast en champ ne qui osast le sien corps seulement exposser contre lui en armes, comme avoit fait Guillaume, le filz au conte Aymery de Nerbonne. Et quant le corps fut du champ levé et emporté ou tref ouquel il avoit esté logié, lors vindrent dix Sarrassins a la porte du chastel requerir que on leur delivrast leurs ostaiges, puis que la bataille estoit finie ; mais les nobles chrestiens, doubtans que par leur grant mauvaitié ilz ne s'en vousissent partir ne lesser la cité, allerent a consseil emssamble, et la conclurent que ja ne leur rendroient se premierement ilz ne avoient la cité vuidiee et habandonnee du tout, car l'amiral de Barbastre, qu'ilz avoient en ostaige, estoit assés grant seigneur et puissant pour les tenir en auci grant subgection comme le roy Corbault ; et qui demenderoit qui estoit celui amiral de Barbastre, respont l'istoire qu'il estoit d'Espaigne, frere du vieulx amiral Desramé, qui avoit esté occis devant la cité de Nerbone, et pere de Sallatrie, la noble jouvencelle, laquelle estoit en Gloriete, le palaix d'Orange, aveques Orable, quant Guillaume ala jouer aux escus de bois devant le jeune Desramé et Thibault d'Arrabbe.

—Le conseil des chrestiens fini, fut le cardinal qui avoit esté querir Guillaume envoyé donner la responce aux dix Sarrassins, lesquieulx l'alerent raporter aux rois Sarrassins de l'ost et leur dirent : « Vos ostaiges que Corbault bailla ne rarés vous point, beaus signeurs, » fet ilz, « se premierement ne vous partés de ceste cité sans rien demollir ne plus de mal faire que fait a esté, et tout selon le traictié lequel a esté fait entre nous et vous. Mais bien ont prommis de les vous rendre et amener hors la porte si tost que vous avrés vostre sieige et voustre ost desemparé. » Sy ne voulurent mye contredire les payens, ains firent trompes, cors et buisines sonner pour desloigier et lessier la cité, et finablement furent les pleiges rendus tant d'une part comme d'aultre et la cité lessée par les Sarrassins, les quieulx s'en allerent ainssy que les acordances avoient esté faictes; et les Rommains qui fuis s'en estoient es païs voisins s'en retournerent pour eulx amesnaigier, et Guillaume, qui ung peu se vouloit refaire et cognoistre le pere saint, les cardinaulx et ausques de leur estat, se delibera de sejourner jusques a .xv. jours ou ung mois, mais mye n'y fut si longuement, comme l'istoire le recordera, car en France tourna sy grant meschief que merveilles, tandis que le sieige de Romme dura, par les princes et pers du royaulme, lesquieulx voulurent debouter Louys, le filz Charlemeine, lequel mouru en icellui temps, et voulurent faire roy le filz du duc de Normendie, nommé Hernaïs, pour aulcunes causes, lesquelles vous seront cy après desclairees. Sy se taist a itant l'istoire du pere saint, des cardinaulx, des Rommains, lesquieulx se relogierent en la cité, et du noble chevallier Guillaume, et racompte des pers et barons de France, lesquieulx voulurent faire ung roy au vouloir des aulcuns et au desplaisir des aultres.

Comment l'abbé de Saint Denis fut envoyé a Romme devers le pere saint, pour remedier au debat que les princes de France avoient emssamble pour faire ung roy nouvel (fol. 157 r⁰).

Charlemagne vient de mourir, laissant deux fils, Louis et Lohier. La couronne revient de droit au premier, mais les grands du royaume veulent priver les enfants de la succession impériale. Louis, en danger, s'enfuit à Melun. Le duc de Normandie et ses partisans prétendent qu'il n'est qu'un bâtard, né de la reine Sibille et d'un nain, et que le plus proche héritier du trône est Richard lui-même, le duc de Normandie. Cependant, il se trouve encore des seigneurs assez courageux pour défendre l'honneur de Sibille et les droits de Louis ; ils ont pour eux les bourgeois et le commun peuple. Pendant que les partisans du Normand veulent réunir à Paris un parlement où l'on couronnera Hernaïs, fils du duc, tous ceux qui sont restés fidèles à la famille de Charlemagne, et parmi eux l'archevêque de Reims, envoient l'abbé de Saint-Denis demander des secours à Rome. Le messager se rend auprès du pape, lui expose sa mission, lui dit que sur douze pairs dix sont pour Hernaïs, deux seulement pour Louis. Guillaume, qui est présent à cet entretien, gémit d'abord sur la mort de Charlemagne, puis s'écrie : « Je servi le pere, sy doy aimer et cognoistre le fils. »

Il obtient du pape le pouvoir d'excommunier ceux qui s'opposeront à l'élection de Louis, et part pour Paris. Arrivé dans la grande ville, il descend chez son hôte habituel, à qui il fait connaître le but de son voyage et qu'il prie de garder le secret sur son arrivée. Cependant, le troisième jour, se tient le fameux parlement réuni par Richard. Guillaume envoie d'abord son hôte aux informations, puis il se rend lui-même au palais, seul, une épée sous son manteau.

Comment Guillaume, le fils Aymery de Nerbonne, envoya querir Laouys, le filz Charlemeine, a Melun et le fist couronner a Rains et espouser sa sueur Blanchefluer (fol. 160 v°).

Guillaume se rend donc au palais, traversant une

foule qui ne le reconnaît pas, parce qu'on ne se doute
pas de sa présence à Paris et parce que le soleil d'Italie l'a bruni. Le portier, qui a la consigne de ne plus
laisser entrer, lui ouvre cependant lorsque Guillaume
se fait connaître (c'est une réminiscence de la scène
du poème entre Guillaume et le portier de Tours).
Celui-ci arrive dans la salle du conseil, rompt la
presse et s'avance aux premiers rangs, « emmy le
parc ».

Quant Guillaume fu emmy le parc entré, si que plus ne
pouoit passer sans exceder le terme des aultres grans seigneurs, et qu'il vist les nobles princes, ducs et contes, assis
par ordre comme en ung parlement, et le duc Richart de
Normendie a costé d'un hault dois richement ordonné par
grant magnificence, ou millieu duquel estoit Hernaïs son fils,
assis comme en magesté, atendant l'onneur qu'on lui devoit
par la deliberaction des ducs, contes et barons illeques assistens presenter, se aulcuns n'y avoit contredisans, se aparut
ileq Guillaume, le filz Aymery, lequel getta par terre le mantel endossé, et demoura en son harnaiz tout cler ou verny
de roeil, ainssy et tel comme il avoit aporté de Romme, et
monta sur le faulxdesteil, si que bien peust ataindre a Hernaïz, qui, comme vous avez ouy, estoit plus hault que nul
aultre, et de l'espee qu'il tenoit nue lui donna ung coup si
grant que le chief lui fist plus de dix piez voller emmy le
parc, voire en criant « Nerbonne » si haultement que de
toutes pars peust bien estre ouy et entendu. Mais mye ne se
tint a itant, ains assena le duc d'Orleans et le mist mort
comme l'autre, car c'estoit celluy qui plus près de luy estoit,
et qui son fait avoit le plus suporté a son advis. Lambert, le
comte de Montfort, estoit d'aultre part assiz, qui autant en
receut par sa main; et quant le duc Richart vist l'execution que Guillaume faisoit, il fust sy esbahy que il se mist
en fuite et se bouta par mi les gens qui la estoient, lesquieulx,

ou la plus grant partie, furent si espardus que chascun s'escarta l'un ça l'autre la, ne oncques n'y eust homme qui a deffence sceut le sien corps mettre par la grace de Dieu, ainssi comme il pouoit visiblement sembler.

Alors les uns prirent la fuite, les autres se soumirent et obtinrent grâce. En apprenant ce qui se passait, les bourgeois, marchands, laboureurs, gens d'église et de tous autres états coururent aux armes pour soutenir Guillaume, qui, en peu de temps, devint ainsi le maître de Paris.

L'ennemi dispersé, on fit des fêtes, on envoya chercher Louis à Melun et on le reçut à Paris avec les plus grands honneurs. Puis « Guillaume et ceulx de Paris firent de par le filz Charlemeine, Loys, mander tous les princes, pers et barons de France, pour venir au couronnement et sacre de leur roy a Rains, ainssi qu'il est acoustumé. » Le sacre fut suivi de fêtes qui durèrent huit jours, pendant lesquelles Guillaume, qui gouvernait de fait sous le nom de Louis, proposa au roi pour femme sa sœur Blanchefleur. Le roi ayant accepté, Guillaume envoya immédiatement des messagers à Narbonne pour y donner des nouvelles de ce qui se faisait à Paris et pour demander qu'on amenât Blanchefleur en grande pompe.

Le mariage fut une occasion de prolonger les fêtes qui durèrent encore quinze jours, après lesquels « la cour departit ». Aimery de Narbonne et ses fils restèrent auprès du roi. L'aîné de ceux-ci, Hernaïs, obtint de Louis le duché d'Orléans, dont le seigneur « avoit par le sien frere Guillaume esté occis, et en espousa la duchesse, car de par elle estoit la terre venue, laquelle le comte qui mort estoit ne pouoit par son meffait avoir confisequee ne pardue »; Louis donna à Aïmer Venise à conquérir sur les Sarrasins et 20000 hommes pour cette conquête. Guillaume vint à son tour demander au roi la permission de conquérir sur les infidèles Nîmes, Béziers, Carcassonne, Montpellier, Orange et le pays qui entoure Narbonne. Le roi lui accorda ces terres. Suit alors la rubrique :

Comment Guillaume, le fils Aymery, conquist la cité de Nismes par subtillité qu'il trouva, a l'aide des gens que le roy de France lui bailla (fol. 166 v°).

Et le récit du *Charroi de Nimes* commence, *ex abrupto*, sans le magnifique début qui fait le plus grand mérite de la chanson de geste.

D'après les sous-familles A et B de notre poème, Guillaume était à Rome en simple pèlerin lorsque les Sarrasins y arrivèrent ; d'après la famille C, Guillaume était encore à la cour d'Aix, où il venait de couronner le jeune Louis, lorsque des légats vinrent de la part du Saint Père implorer l'assistance des Francs contre les Sarrasins. Dans le manuscrit en prose de la Bibliothèque nationale, Guillaume est à Narbonne, chez son père, quand les ambassadeurs du pape viennent demander des secours. Le manuscrit de l'Arsenal aurait fourni sur ce point la même version, s'il avait eu à raconter cette expédition de Guillaume en Italie. En effet, il finit ainsi :

Chascun des autres prist congié quant bon lui sambla et

retournerent en leur païs joieux et comptent de la paix de l'empereur, de la dame et de Louis le damoisel, qui puis fut chacié hors de Paris, après la mort Charlemaine, et recueilliz par Guillaume d'Orenge, le filz Aimery, qui puis donna sa suer en mariage a Louys, ainsy comme le livre sur ce fait [racompte], que ne puet mie l'istorien tout mettre avecq cestui, qui fine a tant, et, pour commencer le surplus, fauldroit venir au pere saint, qui trouva les payens en son pays et manda Guillaume en France pour lui aidier *(fol. 378)*.

Les remaniements semblent donc se rapprocher de la famille en vers C. Ce n'est pourtant pas une raison de croire que les remanieurs se soient servis de la leçon de C. D'abord, dans C, comme je viens de le dire, Guillaume est à Aix, à la cour, lorsque les légats arrivent, tandis que, suivant les auteurs en prose, il est à Narbonne dans sa famille. En second lieu C, comme les autres familles en vers, ne place l'expédition en Italie qu'après le couronnement de Louis à Aix-la-Chapelle, tandis que les remaniements, d'après une rédaction que nous n'avons plus, mais que j'ai prouvé [1] avoir existé, met au premier rang la lutte de Guillaume contre Corsolt. Cette lutte, dans l'ouvrage en prose, est devenue on ne peut plus banale. Qu'on change le nom des deux champions et on ne verra plus à quel poème le prosateur songeait en écrivant : Corsolt n'est plus le champion du roi Sarrasin, c'est Corbault lui-même qui est le roi, comme Corsuble dans *Ogier de Danemarche;* il n'est plus question de Gaifier, roi de Police, ni de sa fille ; enfin, il n'est fait aucune

---

1. Cf. page LXXXVIII.

allusion à la fameuse blessure qui valut à Guillaume le surnom de au Court Nez. L'absence de ce dernier détail nous est expliquée par la chronique française du manuscrit B. N. fr. 5oo3 déjà citée : « Guillaume d'Orange avoit eu le bout du nés coupé a la IIIe bataille ou il fut devant Nerbonne. Si l'applerent plusieurs Guillaume au court nés. »

IV. — LE CORONEMENT LOOÏS A L'ÉTRANGER

A l'étranger, notre chanson ne semble pas avoir été bien répandue. On crut d'abord que Ulrich von dem Türlin l'avait connue, mais il est aujourd'hui démontré que le passage de l'*Arabellens Entführung* sur lequel on appuyait cette assertion a été inspiré par les quelques vers que j'ai cités plus haut de la chanson d'*Aliscans*, traduite dans le *Willehalm* de Wolfram d'Eschenbach (1).

Les traductions scandinaves de nos vieux poèmes ne font aucune mention du *Coronement Looïs*.

En Italie, deux textes, l'un du xive siècle, l'autre de la fin du xve, se rapportent à notre chanson.

Le premier est un passage des *Nerbonesi*.

Les *Nerbonesi* (2) racontent le couronnement de

---

1. Voyez *Romania* II, p. 111, l'article de M. Suchier.
2. *Le Storie Nerbonesi, romanzo cavalleresco del secolo* xiv,

h

Louis, mais d'une manière tout autre que la chanson de geste; d'après celle-ci, le jeune empereur est couronné en présence même de son père, au grand conseil que Charlemagne a réuni à Aix; suivant l'auteur italien, Charles, dans l'assemblée qui se tient à Arles, désigne seulement son successeur Louis, qui ne sera couronné que dans sept ans, et lui donne un régent. Du reste, les deux versions sont tellement différentes qu'il est impossible d'établir un parallèle entre elles. Voici l'analyse du passage des *Nerbonesi* qui fait mention de notre légende; on pourra la comparer au poème et se rendre compte de la désinvolture avec laquelle l'auteur italien a donné cours à son imagination :

Guillaume était encore à Pampelune (I, 242), lorsqu'une nuit, pendant son sommeil, lui apparut une dame vêtue de blanc, qui lui dit : « Abandonne les affaires d'Espagne et chevauche nuit et jour, jusqu'à ce que tu sois arrivé auprès de Charles, parce qu'il faut soutenir le royaume de France. » Guillaume obéit et vint à Arles, *ad Arli del Bianco*, où était Charles avec tous ses barons, « princes, ducs, rois, marquis ».

Cependant Charles avait réuni tous ses leudes dans l'église Sainte-Marie d'Arles; il y avait fait venir son fils Louis, à qui il voulait laisser par testament les rênes du gouvernement. Là, après quelques paroles assez banales sur la vanité des choses de ce monde, sur la

---

pubblicato per cura di I. G. Isola, vol. I (Collezione di opere inedite o rare dei primi tre secoli della lingua; Bologna, G. Romagnoli, 1877).

brièveté de la vie, sur la nécessité d'être prêt à la mort, sur les origines de la famille impériale, qui remonte à Constantin, sur les services qu'elle a rendus à l'Église, sur la fermeté avec laquelle elle a défendu l'oriflamme que Dieu lui a confiée, l'empereur raconte la révélation d'un ange qui lui a prédit sa mort pour la saint Pierre. « Vous savez qu'alors la couronne doit revenir à mon fils Louis, encore trop jeune pour pouvoir la garder. Je veux lui donner un tuteur qui la défende pendant sept ans, qui dirige le royaume, qui, au bout de ce temps, arme mon fils chevalier, le couronne roi de France, lui donne une femme de son lignage, afin d'unir par le sang les deux familles. Choisissez donc, je vous prie, parmi vous un noble baron capable de rendre la justice aux pauvres et aux riches, aux hommes et aux femmes, aux grands et aux petits, aux veuves et aux orphelins, et de maintenir la sainte foi chrétienne. » Quand Charles eut cessé de parler, tous les seigneurs se regardèrent les uns les autres, mais aucun d'eux n'osa accepter la couronne. Un seul, un puissant baron, qui avait nom Macaire de Lausanne et était de la famille des Maïençais, la demanda à Charles, en lui promettant de suivre exactement ses recommandations. L'empereur, un peu déconcerté par cette proposition, répondit : « Macaire, ton offre m'est très agréable ; puisse Dieu récompenser ton bon cœur, mais je ne veux pas te donner tant de peine, c'est pourquoi ni toi ni personne de ton lignage n'aura cette charge. » Ensuite Charles s'adresse à son gendre, « Bernard de Busbant », le priant de prendre la couronne pour sept ans ; mais

Bernard s'excuse en alléguant sa faiblesse et sa crainte des Maïençais, le jeune âge de son propre fils, qui a besoin de lui ; toutefois, il défendra jusqu'à la mort Louis et sa couronne, quand on les attaquera. Charles fait successivement la même demande aux autres fils d'Aimeri, à Beuves, à Hernaut, à Garin d'Anseüne, à Guielin ; tous s'excusent. Après les Narbonnais, Charlemagne s'adresse au roi de Hongrie, puis à beaucoup d'autres seigneurs, mais aucun n'ose accepter. Le lendemain, l'empereur réunit de nouveau ses barons et renouvelle ses prières, mais il éprouve les mêmes refus. Déjà il perd tout espoir, lorsqu'on lui annonce l'arrivée d'une troupe de chevaliers : c'est « Guglielmo Lancionieri » qui revient d'Espagne.

Guillaume entre dans l'église, et, pendant que tous les barons se lèvent pour l'honorer, va saluer l'empereur. Charles lui raconte alors sa vision et lui adresse la même demande qu'il a déjà faite inutilement à tout son entourage ; Guillaume répond : « Votre prière est un ordre ; je reconnais votre fils pour mon seigneur, j'offre d'être son champion toute ma vie, de lui défendre sa couronne pendant sept ans contre quiconque voudra la prendre, fût-ce même contre Aimeri de Narbonne mon père ou contre mes frères » (p. 269). Charles embrasse Guillaume, le bénit et lui donne plein pouvoir pendant sept ans dans le royaume de France. Il veut même lui mettre la couronne sur la tête, mais Guillaume jure par le vrai Dieu qu'il ne la portera jamais ainsi, et se contente de la passer autour de son bras ; puis, après avoir reçu la bénédiction du pape, il se tourne vers les barons et proclame Louis. Tous les seigneurs présents promettent à Guillaume de l'aider dans la défense de Louis et du royaume, « bene ch'alcuno si fusse proferto ch'arebbe voluto il contrario di questo ».

Charles, plein de joie, remercie ses barons, puis fait un court testament. Il laisse le royaume à Louis, 200,000 écus d'or à l'église Sainte-Marie d'Arles, une dotation magnifique à une chapelle, qui prit depuis son nom ; à Guillaume, il laisse de quoi marier mille jeunes filles pauvres et lui recommande ses deux filles, Élise et Rosarès. Ensuite le vieil empereur marie sa fille Élise à Élie, descendant des Scipion, qu'il fait duc d'Orléans, puis arme chevalier Guibelin, qu'il envoie reprendre Andrenas. Enfin, « passato il termine, come lo re Carlo avia detto, morì il dì di santo Piero, a dì .XXIX. di giugno, negli anni del nostro signore Giesu Cristo ottocento .XXVII. » (p. 267). Ce fut un deuil immense pour tout le royaume.

On exécuta le testament de Charles ; on fit porter son corps à Paris, puis Guillaume s'entendit avec ses frères et les autres barons sur les moyens de défendre Louis envers et contre tous.

Quelque temps après, Guillaume, allant à Toulouse, au secours de Guibelin, laissa Bernard de « Busbant » à Paris pour garder Louis. Profitant de cette occasion, des seigneurs, jaloux de la puissance des Narbonnais, s'entendirent pour couronner Louis et chasser de Paris la famille d'Aimeri. Après avoir fait courir sur Guillaume les plus injustes calomnies et avoir gagné à leur cause la plupart des Parisiens, ils se disposaient à exécuter leurs desseins, lorsqu'un homme, nommé Féricon, qui avait été mis au courant des machinations, alla prévenir Bernard. Bernard, n'étant pas en état de résister aux traîtres, s'enfuit de nuit avec Louis et quelques chevaliers seulement et vint à Avignon. Le lendemain, les conjurés arrivèrent en armes au palais royal, mais Bernard et Louis n'y étaient plus. Décontenancés, ils résolurent de cacher leurs criminelles intentions et d'aller au camp de Toulouse rejoindre Guillaume, croyant que leur trahison ne serait pas découverte.

Cependant d'Avignon Bernard avait conduit le jeune roi à Toulouse. Il avait donné pour prétexte de son arrivée inattendue au camp le désir de Louis de voir la guerre. Guillaume qui, seul avait été mis au courant des événements, avait alors conclu avec les Sarrasins une trêve de cinq ans, et le traité avait été célébré par des fêtes dans les deux armées. C'est au milieu de ces fêtes qu'arrivèrent les traîtres. Guillaume les reçut courtoisement, feignant de tout ignorer.

Les fêtes terminées, on revint à Paris, et Guillaume ordonna à tous les seigneurs d'y accompagner le roi. Arrivés là, les Narbonnais firent arrêter de nuit les principaux coupables, et quinze barons furent exécutés sur la place publique; après quoi, les autres seigneurs furent congédiés et Guillaume ne garda avec lui que « Bernart de Busbant et Bueves de Cormariz ». Il s'occupa alors de maintenir la paix dans tout le royaume, ce qui lui valut les louanges de toute la France et de toute la chrétienté.

Lorsque la septième année de sa régence fut près d'expirer, Guillaume fit venir à Paris toute sa famille, son père, sa mère, ses frères et sa sœur Brancifior, qui devait être donnée pour épouse à Louis, et le pape lui-même se rendit à son invitation. Le jour fixé, tout le monde se réunit sur une place de Paris luxueusement ornée, et là, après de nombreux discours, Guillaume prit la couronne à deux mains et la posa sur la tête de Louis, « e'l papa gliela confermò » (p. 360). Et tout le monde s'écria : « Vive le roi Louis ! » Puis Louis épousa Brancifior, et, après plusieurs jours de fêtes, tous les invités se retirèrent; mais Guillaume resta à Paris. On l'appelait Guillaume Sans-Terre, parce qu'il ne possédait aucun domaine. Pendant sa régence, il avait été souvent appelé au secours de deux villes situées l'une au-dessus, l'autre au-dessous d'Avignon; la première, appelée Orange, assise sur le Rhône, la seconde, Nîmes, près de la mer. Guillaume résolut de faire la conquête de ces deux villes.

Ainsi s'annonce le *Charroi de Nîmes*.

Ici, du reste, s'arrête le traité de Pollieri, médecin d'Aimeri de Narbonne, mort avant de l'avoir terminé, mais on l'achèvera à l'aide des autres livres qui font mention des Narbonnais (p. 365).

C'est sur cette grossière supercherie que nous nous arrêtons. Cette analyse suffit pour donner une idée du *rifacimento* et pour montrer quelles modifications il a fait subir à la légende. Son auteur est-il responsable de toutes ces altérations, ou s'est-il inspiré d'une version du poème qui ne nous serait pas parvenue et qui aurait été déjà elle-même notablement changée ? Il est difficile de faire à cette question une réponse satisfaisante. Quant à la conspiration qui vint si piteusement échouer dans les appartements vides du roi parti la veille, répond-elle à la troisième, ou à la cinquième partie de notre poème? Est-ce un souvenir vague de ces deux parties confondues dans la mémoire du remanieur? Est-ce une amplification inventée par celui-ci de la trahison d'Arneïs d'Orléans remplacé par Macaire de Lausanne? Ici encore je ne puis répondre.

Le second texte italien a été signalé pour la première fois par Melzi dans la *Bibliografia dei romanzi e poemi cavallereschi italiani*[1], sous cette rubrique : *La Incoronatione del Rey Aloisi figliuolo di Carlo Magno Imperadore di Francia, composta da Michel Angelo di Christophano da Volterra*[2], *senza nota di luogo, anno e stampatore*[3], *in-4°*. Le seul exemplaire connu est à la bibliothèque Laurentienne à Florence (Pal. E, 6, n. 25); M. Pio Rajna, à qui j'adresse ici mes plus sincères remerciements, a bien voulu me communi-

---

1. Milano, 2ᵉ édition, 1838, in-8°, p. 298).

2. Michelangelo di Cristoforo da Volterra, né en 1464, est l'auteur de deux autres poèmes; l'un a pour sujet *Ugo d'Alvernia*; il fut terminé en 1484; (cf. Bandini, *Bibl. Leop.*; supplément II, p. 238, notice du ms. Pal. 82. — Renier, *Discesa di Ugo di Alvernia allo Inferno*, dans la Scelta di curiosità letterarie, disp. 194, Introduction, p. LXXV et suiv.); l'autre est une description des « *mirabili et inaldite belleze del Campo Santo*; l'unique exemplaire connu de ce dernier poème est à l'Arsenal à Paris (cf. d'Ancona, *N. Antologia*. XXIX, 68).

3. M. Rajna pense qu'il fut imprimé au commencement du XVIᵉ siècle.

niquer les notes qu'il possède sur ce volume et que je vais résumer en quelques lignes. Le poème perd, du reste, beaucoup de son intérêt par le fait qu'il est extrait des *Nerbonesi*.

L'auteur indique lui-même cette source en maints endroits :

> Come in sul Nerbonese si ragiona...
> Come si trova chiaro nel Nerbonese... etc.

Après la conquête de l'Espagne, Charlemagne, de retour en France, épouse la fille de l'empereur de Constantinople, *Bellisante*. De cette union naît un fils, Louis. A la mort de Charles, Guillaume est chargé de la tutelle de Louis pendant sept ans. Les sept ans écoulés, Guillaume réunit sa cour à Paris. Tous les grands de l'empire y accourent; Aimeri y amène sa fille Blanchefleur, que Louis doit épouser, selon les dernières volontés de Charlemagne. L'auteur consacre 106 strophes à décrire les décorations de la place où doit avoir lieu la cérémonie. Le couronnement et le mariage de l'empereur sont suivis d'un tournoi, à la description duquel l'auteur emploie encore 82 strophes. Le poème entier n'en ayant que 262, M. Rajna remarque justement que le titre et le sujet du poème ne sont qu'un encadrement à ces longues descriptions.

Voici la première strophe du poème :

> O regina del cielo o vera donna
> dell'universo piu che imperadrice
> nostra vera salute et gran colonna
> che nelli electi ha messo le radice

> io ti priego Maria di noi madonna
> tu che sopra dell'altre se felicie
> che doni tāto ingegno a mia memoria
> che seguir possa una gentile historia.

Le volume se termine ainsi :

> Finita la incoronatioe del re Aloy
> si figluolo di Carlo Magno Imperado
> re di Frācia composta da Michelangio
> lo di Christophano da Volaterra
>   Finis.

V. — MANUSCRITS DU CORONEMENT LOOÏS.

Huit manuscrits contenant le *Coronement Looïs*, en entier ou en fragments, nous sont aujourd'hui connus. Deux se trouvent à l'étranger, l'un à Milan, à la bibliothèque des Trivulzi (fol. 22-38), et l'autre à Londres, au British Museum, bibl. du Roi, 20 D, XI (fol. 103-112). Six sont restés en France : l'un est à la bibliothèque de Boulogne-sur-Mer, *S*ti *Bertini*, 192 (fol. 21-38), les 5 autres à la bibliothèque nationale, fr. 774 (fol. 18-33), fr. 1449 (fol. 23-38), fr. 24369 (fol. 75-90), fr. 1448 (fol. 88-89).

1. *Description des manuscrits.*

1° Le manuscrit du British Museum est du

xive siècle [1]. Son texte, bien qu'il offre beaucoup de bonnes leçons, a reçu pourtant d'assez nombreux rajeunissements. Par exemple, des expressions qui se trouvent dans les manuscrits B. N. 744 et 1449, mais qui au xive siècle avaient vieilli, ont été remplacées par d'autres plus modernes. De même des mots terminés par la syllabe *ien*, que l'original admettait dans les assonances en *ié*, en ont été rejetés par le manuscrit de Londres aussi souvent que possible. Ce manuscrit contient *Garin de Monglane*, *Girart de Vienne*, *Aimeri de Narbonne*, le *Departement des enfanz Aimeri*, les *Enfances Guillaume*, le *Siege de Narbonne*, le *Coronement Looïs*, le *Charroi de Nimes*, la *Prise d'Orange*, les *Enfances Vivien*, le *Covenent Vivien*, *Aliscans*, la *Bataille Loquifer*, le *Moniage Guillaume*, le *Siege de Barbastre*, *Guibert d'Andrenas*, la *Mort Aimeri de Narbonne*, *Foulque de Candie*.

Ce manuscrit a été décrit par Fr. Michel [2] et récemment par M. Couraye du Parc [3].

2° Le manuscrit du duc de Trivulzi a été l'objet d'une notice de M. Rajna, dans la *Romania* [4]. Il est de la seconde moitié du xiiie siècle [5]; il contient les

---

1. Je dois à Miss Lucy Toulmin Smith une excellente copie de ce manuscrit.
2. *Rapports au ministre... (Doc. inédits.)*
3. *La Mort Aymeri de Narbonne (Soc. des Anc. Textes*, 1884).
4. *Rom.* 1877, p. 257-261.
5. C'est par erreur que M. L. Gautier *(Épop. fr. IV, Additions et Rectifications)* le place entre les années 1312 et 1328. Ces deux dates sont données par M. Rajna comme étant celles du dogat de Giovanni Soranzo, dont le nom est écrit au verso du der-

Enfances Guillaume, le *Coronement Looïs*, le *Charroi de Nimes*, la *Prise d'Orange*, les *Enfances Vivien*, le *Covenans Vivien*, *Aliscans*, la *Bataille Loquifer*, le *Moniage Renouart*, le *Moniage Guillaume*.

Beaucoup de ces poèmes ont été mutilés au début et à la fin par la disparition d'un ou de plusieurs feuillets, enlevés sans doute à cause des miniatures qu'ils contenaient. Le *Coronement Looïs*, heureusement, n'est pas de ce nombre.

3° Le manuscrit de Boulogne a été terminé le 16 avril 1295, comme nous l'apprennent les quatre méchants vers suivants, écrits par le scribe au lieu de l'explicit :

> Chil livres fu fais l'an de grasse
> .MCC. et .XX. fiies .IIII.
> Et .XV. ans tout droit sans mentir,
> Le tierch samedi en avril.

Il a été décrit par Mone [1] et par MM. Guessard et de Montaiglon [2]. Il contient les *Enfances Guillaume*, le *Coronement Looïs*, le *Charroi de Nimes*, la *Prise d'Orange*, les *Enfances Vivien*, le *Covenans Vivien*, *Aliscans*, la *Bataille Loquifer*, le *Moniage Renouart*, *Foulques de Candie*, le *Moniage Guillaume*.

Ce manuscrit est dû à un scribe picard, qui souvent ne comprenait pas ce qu'il écrivait ; il a donc beaucoup de fautes. Néanmoins il fournit souvent la bonne

---

nier feuillet, mais non comme celles entre lesquelles le manuscrit a dû être écrit. Partout dans le courant de son livre M. Gautier l'avait daté avec raison du XIIIᵉ siècle.

1. *Anzeiger*, V, 181-191.
2. *Aliscans*, préface, pp. LXXXIX-XCII.

leçon, et il m'a été d'autant plus précieux qu'il constitue à lui seul une famille.

4° et 5° Les deux manuscrits de la Bibliothèque nationale fr. 774 (anc. 7186³, Colb. 1377) et 1449 (anc. 7535⁴·⁴, Cangé 27) présentent les caractères extérieurs d'une parenté très rapprochée. Ils n'ont entre eux que de très rares variantes. L'orthographe, sauf quelques exceptions insignifiantes, l'écriture, la réglure du parchemin, la distance des lignes et leur nombre dans chaque page sont les mêmes dans les deux manuscrits. Les lettrines aussi sont semblables, excepté la première du poème, qui est plus belle et plus compliquée dans 1449 que dans 774. Tous deux ont une miniature représentant le couronnement de Louis, et dans tous deux l'encadrement de cette miniature, la pose du nouvel empereur et celle des autres personnages, leur vêtement, la forme de la couronne sont exactement pareils, si ce n'est que 1449 a huit personnages tandis que 774 n'en a que quatre, et encore que, par une interversion tellement constante qu'elle paraît calculée, ce qui est en bleu dans l'un est en rouge dans l'autre et réciproquement. Cependant je démontrerai plus loin qu'ils ne dérivent pas l'un de l'autre. Ils sont tous deux du XIII° siècle.

Le n° 774 est assez mutilé. M. Suchier a démontré dans la *Romania* (II, p. 335) que ce manuscrit est le « grand tome en vers françois » dont parle Catel dans son *Histoire des comtes de Tolose* et dans les *Mémoires de l'Histoire du Languedoc*, et qu'il a trouvé « dans les archifs du monastère Saint Guillaume du Désert ». Il contient les *Enfances Guil-*

laume, le *Coronement Looïs*, le *Charroi de Nimes*, la *Prise d'Orange*, les *Enfances Vivien*, le *Covenans Vivien*, *Aliscans* (fragment), *Foulque de Candie*, le *Moniage Renoart*, le *Moniage Guillaume*. Il a été décrit par M. P. Paris [1].

Le n° 1449 contient les *Enfances Guillaume*, le *Coronement Looïs*, le *Charroi de Nimes*, la *Prise d'Orange*, les *Enfances Vivien*, le *Covenans Vivien*, *Aliscans*, la *Bataille Loquifer*.

6° Le manuscrit 368 a été décrit par Crapelet [2], F. Michel [3], P. Paris [4], dans le Catalogue des manuscrits de la Bibliothèque nationale, et par M. Paul Meyer [5].

Il est du xiv⁰ siècle; il contient le *Roman de Partenopeus*, plusieurs branches de la *Chanson d'Alexandre*, la *Chanson de Guiteclin de Saissongne*, la *Chanson de Charlemagne et de Simon de Pouille*, le *Coronement Looïs*, le *Charroi de Nimes*, les *Enfances Vivien*, *Aliscans*, la *Bataille Loquifer*, le *Moniage Renouart*, le *Moniage Guillaume*.

Il est très mutilé et ne contient du *Coronement Looïs* que 597 vers (fol. 161 r°-162 v°). Ce fragment, comparé aux passages correspondants des manuscrits 774 et 1449, n'offre pas de variantes, sauf quelques caractères de *modernité*, tels que l'apposition constante de l'épithète *rois* au nom *Looïs* qui, au xiv⁰ siècle,

---

1. *Les Man. françois...* V, 135-144.
2. *Partonopeus de Blois*, 1834, I, 39-47.
3. *Chanson des Saxons*, 1839, I, xxi et ss.
4. *Manuscrits françois*, etc., I, 72 et ss.
5. *Romania*, XI, 307-311.

n'était plus que de deux syllabes, tandis que dans l'original il comptait pour trois. Il ne m'a donc pas été bien utile.

7º Le manuscrit 24369 (anc. Lavallière 23) est aussi du xiv⁰ siècle. Il offre les mêmes rajeunissements que le manuscrit du British Museum dont j'ai parlé plus haut. Il contient *Aimeri de Narbonne*, les *Enfances Guillaume*, le *Departement des Enfanz Aimeri*, le *Siege de Narbonne*, le *Coronement Looïs*, le *Charroi de Nimes*, la *Prise d'Orange*, les *Enfances Vivien*, le *Siege de Barbastre*, *Guibert d'Andrenas*, le *Covenans Vivien*, *Aliscans*, la *Bataille Loquifer*.

8º Enfin le manuscrit 1448 (anc. 7535) est du xiii⁰ siècle. Il a une version toute différente de celle des manuscrits précédents, laquelle ne comprend que 316 vers intimement soudés au *Charroi de Nimes*. Je donnerai ce texte à part. Le manuscrit contient *Girart de Viane*, *Aimeri de Narbonne*, les *Enfances Guillaume*, le *Coronement Looïs*, le *Charroi de Nimes*, la *Prise d'Orange*, le *Siege de Barbastre*, la *Prise de Cordres*, les *Enfances Vivien*, le *Covenans Vivien*, *Aliscans*, la *Bataille Loquifer*, le *Moniage Renoart*.

2. — *Classification des manuscrits.*

Les huit manuscrits que je viens de décrire se groupent en trois familles, que j'appellerai x, C^*, D^*. Les deux dernières sont représentées chacune par un seul manuscrit, C^* par le manuscrit de Boulogne, que je désigne par la lettre C, D* par le manuscrit B. N. 1448, désigné par D. La famille x se subdivise en 2 sous-familles, A et B. La sous-famille A est représentée par 4 manuscrits : A^1 (B. N. 774), A^2 (B. N. 1449), A^3 (B. N. 368), A^4 (Bib. Triv.); B par 2 manuscrits : B^1 (Brit. Mus.) et B^2 (B. N. 24369) [1].

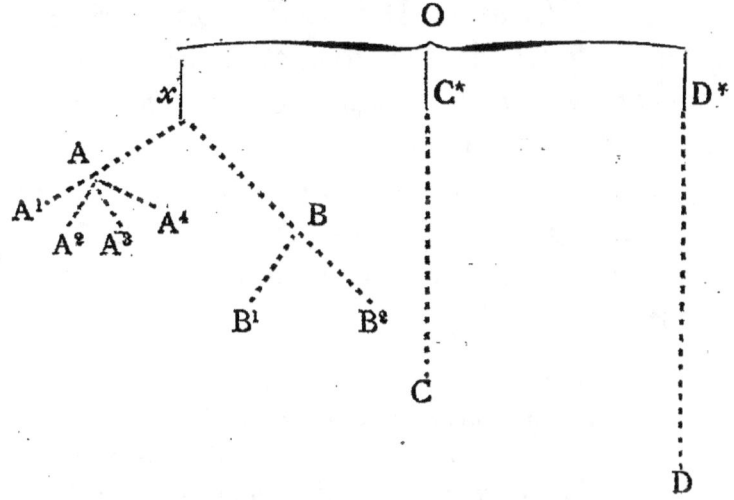

Voici les preuves de cette classification :

$A = A^1 + A^2 + A^3 + A^4$. En effet, vers 12) A^1, ^{2}, ^{4} donnent : nonante et *dix* roiames, B^2, C, D no-

---

[1]. M. Paul Meyer est arrivé exactement au même résultat dans le classement des manuscrits du *Charroi de Nimes*.

Dans le tableau ci-dessus, la distance d'un manuscrit à l'original est marquée par une série de points, pour indiquer qu'il peut y avoir solution de continuité dans la ligne, c'est-à-dire que celle-ci a pu être interrompue par des manuscrits intermédiaires. La longueur des lignes pointées est en raison directe de la distance des manuscrits à l'original, mais on comprend que ce rapport n'est qu'un à peu près; néanmoins il montre à vol d'oiseau, pour ainsi dire, le degré de confiance relative que j'ai accordé à chacun des manuscrits.

nante et *nuef* roiames. Or je prouverai plus loin que C et D constituent deux familles distinctes de B²; on a donc ici trois groupes différents contre A¹, ², ⁴ (A³ manque). — V. 14) A¹, ², ⁴ : Li *maines* rois, B² C : Li *mieldres* rois. — V. 17) A¹, ², ⁴ : *Il ala prendre*, B² : *Ja i apent*, C : *Il i apent*, D : *Qu'il i apent*. Ici le mot *apent* se trouve dans 3 groupes contre A¹, ², ⁴, qui donnent *prendre*. — V. 34) A¹, ², ⁴ : A *cortoisie*, B, C : A *convoitise*, D : Par *convoitise*. *Convoitise* est donc donné par 3 groupes contre A¹, ², ⁴, qui remplacent ce mot par *cortoisie*. — *Vers* 36-38) A¹, ², ⁴ sont encore réunis par une leçon commune évidemment fausse :

A¹,²,⁴ : Deus est prodhoms qui nos governe et paist,
  Si conquerons enfer qui est punais,
  Les malvais *princes* dont ne resordrons mais [1].
B¹ : Mais Damedieus, qui est soverains et vrais,
  Ses en rendra leur gueredons parfais,
  S'en conquerront enfer qui est punais,
  Le malvais *puis*, dont ne resordront mais.
B² : Dieus en prent droit qui nos governe et paist,
  S'en conquerront enfer qui est pusnais,
  Le mauves *puiz*, dont ne resordront mais.
C : Dieu lor perdonne, qui les governe et paist,
  S'en conquerront ynfer qui est pusnes.
  . . . . *(le vers 38 omis)*
D : . . . . *(le vers 36 omis)*
  Dont il avront enfer lou tout punais,
  El *puis* d'anfer dont n'iseront ja mais.

Il est certain qu'il faut lire le *malvais puiz*, et non les *malvais princes*.

(1) A¹ resordront

Ne connaissant de A⁴ que les 40 premiers vers, publiés par M. Rajna, je ne puis continuer ma démonstration en ce qui concerne ce manuscrit, mais les passages que je viens de citer suffisent amplement à expliquer pourquoi j'ai groupé ensemble A¹, A² et A⁴. Quant à A¹, A², je pourrais multiplier les preuves de leur parenté. Ainsi le vers 55, qui est nécessaire à l'intelligence du texte, est omis par tous deux :

> Or ne puet plus ceste vie mener.
> *Il ne puet plus la corone porter* : (v. 55)
> Il a un fill a qui la vuelt doner.

De même :

V. 87) A¹,² : Ot le li enfes, *onques ne mut* le pié.
       B, C : Ot le li enfes, *ne mist avant* le pié.
V. 101-102) B : De granz losenges *le voldra conseillier*.
       Droiz empereres, faites pais, si m'oiez.
       C : De granz losenges *le prist a araisnier* :
       Droiz empereres, faites pais, si m'oiez.
       A¹,² : De granz losenges, faites pais, si m'oiez.

En réunissant ainsi le premier hémistiche d'un vers au second hémistiche du vers suivant, A¹,² donnent une leçon qui n'offre plus de sens. — Le vers 139, omis par A¹,², est donné par B et C. De même les vers 183, 393.

Plus loin c'est toute une série de 9 vers (v. 427-435) qui manquent dans A¹,². Le copiste de A¹ + A², trompé par la similitude des deux vers 426 et 435, a pris le second pour le premier. Toutefois cette faute n'est pas très démonstrative, car on comprend qu'elle ait été commise par deux scribes indépendants, mais jointe aux autres elle a sa valeur, d'autant plus que les deux scribes de A¹ et de A² sont généralement très attentifs. — Les vers 622, 712, 736 sont encore omis par A¹, ², tandis qu'ils sont donnés par B et C.

Pour ne pas surcharger cette énumération, je me hâte d'arriver au passage où A³ vient se joindre à A¹, ² : Vers 1128) A¹, ², ³ : Se li *cors*, B et C : Se li *Turs*. — Le vers 1175, nécessaire à l'intelligence du texte, et donné par B, C, manque dans A¹, ², ³. — Le vers 1232 manque encore dans A¹, ², ³, tandis qu'il est donné par B et C.

1182) A¹, ², ³ : Que je ne *fusse* el maistre renc premiers.
      B, C : Que je ne *voise* el maistre renc premiers.
1198) A¹, ², ³ : cil conseilz iert *creüz*, B, C : cil conseilz iert *tenuz*.
1199) A¹, ², ³ : .xxv. graisles, C : .xiiii. graisles, B : .xiiii. cors.
1233) A¹, ², ³ : Les halbercs *ont* desmailliez et rompuz.
      B, C : Les *blancs* halbercs desmaillez et rompuz.
1261) A¹, ², ³ : devez bien *repairier*, B : vos doit on *respitier*, C : dois estre *respitiez*.
1329) A, C : Mais tant les orent batuz *li losengier*.
      A¹, ², ³ : Mais tant les orent batuz *et ledengiez*.
1427) B, C : .xxx. somiers *trossez*, A¹, ², ³ : .xxx. somiers *prenez*.
1443) B et C : .M. *chevaliers* a armes, A¹, ², ³ : .iiii^m. *homes* a armes.

Dans tous ces exemples et dans bien d'autres encore que j'omets à dessein, B et C, que je démontrerai plus loin appartenir à deux familles différentes, donnent une même leçon contre A¹, ², ³. Donc A¹, A², A³ doivent être groupés ensemble. J'ai prouvé plus haut que A^4 se rattache à A^1 et à A^2 et par suite à A^3: on a donc $A^1 + A^2 + A^3 + A^4 = A$.

2° $B = B^1 + B^2$. Les preuves de cette *équation* sont nombreuses ; j'en donnerai quelques-unes seulement :

V. 42) B^r, ^{2} : Cel jor i ot si bele ofrende *faite*.

Ce vers est sûrement mauvais, puisque le mot *faite* est ici en assonance dans une laisse en $\bar{e}$ entravé, ce que l'original n'admettait pas.

V. 88) A, C : Por lui plorerent maint vaillant chevalier.
  B^1, B^2 : Esbahiz fu de ce qu'il entendié ;
  N'osa aler la corone baillier.
  Et quant ce virent li baron chevalier,
 Molt en sont tuit (B^2 M. par en s.) dolent et corrocié

V. 95) A, C : Or li fesons toz les chevels *trenchier*.
  B^r, ^{2} : Or li fesons les chevels *rooignier*.

Le vers 108, omis par B^1, ^{2}, est donné par A, C, D. — De même les vers 386, 447, 549, 740, 926, donnés par A, C, manquent dans B^1, ^{2}. Je pourrais multiplier ces exemples, mais ceux qui précèdent démontrent suffisamment que $B^1 + B^2 = B$.

3° $C^* = C$. Jusqu'ici j'ai supposé que C forme une famille distincte de A et de B. Il me faut maintenant le prouver, c'est-à-dire montrer que toutes les fois que C est d'accord avec A ou B, il a la bonne leçon.

Parmi les exemples cités plus haut, il en est où C est avec A contre B, et d'autres où il est avec B contre A. Voici d'autres cas, pris au hasard, de cet accord alternatif de C avec l'un des deux groupes A et B contre l'autre :

C est d'accord avec A contre B dans les vers 432, 433, 443, 481, 490, 504, 507, 514, 515, etc.

C est d'accord avec B contre A dans les vers 437, 473, 510, 581, 612, 642, 650, 671, 722, 728, etc.

En résumé, on a tantôt C + A contre B,
tantôt C + B contre A.

Or dans ces deux cas, il est nécessaire que C ait la bonne leçon. En effet, si dans les deux cas il avait une mauvaise leçon, il ferait partie tantôt du groupe A, tantôt du groupe B, ce qui est impossible. S'il avait une mauvaise leçon dans le premier cas seulement, il ferait partie du groupe A, mais alors il ne pourrait avoir dans le second cas une bonne leçon, tandis que A^1, A^2, A^3, A^4 en auraient une mauvaise, et on vient de voir qu'il ne peut donner une mauvaise leçon dans les deux cas. Inversement, il ne peut avoir une mauvaise leçon dans le second cas et une bonne dans le premier.

Donc C n'a jamais de faute commune avec A ou B, donc il constitue un groupe distinct de A et de B.

4° $D^r = D$. D ne peut entrer dans le groupe A. En effet, dans les vers déjà cités 12, 17, 34, 36-38, etc., où $A^{1,2,4}$ ont une faute commune, D a la bonne leçon ou s'en rapproche.

D ne fait pas partie du groupe B, puisque souvent il a la bonne leçon avec A et C contre B^1 et B^2. Ainsi v. 99) $B^{1,2}$: Hernalz *li fiers*, A : Hernalz *d'Orliens,* C : Hernalz *cil d'Orliens,* D : Hernais *d'Orliens.*

V. 113-114) A, C : Sempres fust rois *quant Guillelmes i vient,*
  D'une forest *repaire de chacier.*
  D : Il fust jai rois *cant G. i vient.*
  Li gentis cuens *repaire de chacier.*
  B : Sempres fust rois li culverz losengiers,
  Ne fust Guillelmes li marchis au vis fier.
  Par les degrez est entrez el mostier,
  A la cort vient o lui maint chevalier.

Les hémistiches *quant G. i vient* et *repaire de chacier* sont communs à A, C et D; B les a corrigés à cause de la nasale du mot *vient*, qui le choquait dans une assonance en *ié*, comme dans l'exemple précédent (v. 99), il a remplacé *d'Orliens* par *li fiers.* Ici donc D est encore avec A et C contre B, qui a la mauvaise leçon.

V. 126) A, C : Quant li remembre *del glorios del ciel.*
  D : Cant li menbra *do gloriox do ciel.*
  B : Quant se ramembre *de Dieu le droiturier.*
V. 191) A, C : *Ou mielz se fie* la le fai assegier.
  D : *La ou miolx se fie* la lou fai assigier.
  B : *Ton anemi* fai tantost assegier.
V. 202) C et D : ira por *cortoier,* A : ira plus *cortoier,* B : ira por *tornoier.*
V. 214) A, C : Et dist li enfes : *Voir dites, par mon chief.*
  D : Et dist Loys : *Voir dites, par mon chief.*
  B : Voir, dist li enfes, *refuser ne le quier.*

Il serait superflu de prolonger cette énumération, les exemples qui précèdent suffisent à prouver que D est distinct de B aussi bien que de A.

D doit aussi être considéré comme distinct de C, car il est impossible de constater aucune faute commune à ces deux versions. Toutes les fois qu'elles sont d'accord, elles ont la bonne leçon.

Ne pouvant être rattaché ni à A, ni à B, ni à C, D doit être considéré comme représentant d'une nouvelle famille D*.

5° $x = A + B$. Deux de ces quatre groupes, A et B, ne sont que deux sous-familles et doivent être réunis pour constituer une famille x. C'est ce que je vais prouver par un relevé attentif des fautes communes à A et à B :

V. 3) C, D : Bone *chançon*, cortoise et avenant.
   A, B : Bone *et gentil*, cortoise et avenant.

Le vers 1590, qui manque dans A et B, et qui est donné par C, est nécessaire au sens du texte. Voici le passage :

> Dist li portiers : « Deus en seit aorez !
> Se li conseilz m'en esteit demandez,
> Tost en sereit li aguaiz desertez
> Et par message queiement amenez.
> *Li traïtor sont ça enz enserré ;* (v. 1590)
> Ou les querras quant ci les as trovez? »

Évidemment ce dernier vers ne peut se passer du précédent.

V. 1622) A : Qu'il viegne a moi, que noise n'i soit *faite!*
   B : Si viegne avant, que noise n'i soit *faite.*
   C : Si viegne tost, n'i ait noise ne *feste.*

Ce vers fait partie d'une laisse en è entravé et cette

assonance dans notre poème exclut rigoureusement la diphtongue *ai*.

Les deux vers 1758 et 1759, donnés par C, manquent dans A et B. Rapprochés des vers 1772 et suivants, ils paraissent représenter la bonne leçon. Mais ce n'est là qu'une conjecture. Voici le passage : Guillaume demande à ses soldats quel châtiment mérite un clerc qui a trahi, ceux-ci répondent :

    « Penduz deit estre come lere fossiers. »
    Respont Guillelmes : « Bien m'avez conseillié,
    Par saint Denis, et ge mielz ne vos quier ;
(V. 1758) *Mais l'ordene Deu ne vueil mie abaissier,*
 (1759) *Et neporquant le comparront il chier.* »
    Li cuens Guillelmes, a l'aduré corage,
    Le jugement a oï del barnage ;
    Tresqu'al chancel en est venuz en haste,
    Ou a trové et evesques et abes
    Et le clergié qui a lor seignor falsent ;
(1765) *Totes les croces fors des poinz lor esrache,*
    A Looïs son dreit seignor les baille ;
    Li gentilz cuens par mi les flans l'embrace,
    Si le baisa .IIII. feis en la face.
    Li cuens Guillelmes de neient ne se targe,
    Tresqu'al chancel en est venuz en haste,
    Ou a trové et evesques et abes ;
(1772) *Por le pechié ne les volt tochier d'armes ;*
    Mais as bastons les desrompent et batent,
    Fors del mostier les traïnent et chacent,
    Ses comanderent a quatre vinz deables.
    Qui traïson vuelt faire a seignorage,
    Il est bien dreiz que il i ait damage.

L'omission du vers 1765 dans A et B semble aussi fautive, celle du vers 1991 l'est certainement. On vient de voir le premier cas, voici le second. Guillaume laisse Louis à la garde de l'abbé de Saint-Martin-de-Tours :

> Guardez le bien ; s'il vait esbaneier,
> Qu'il maint o lui al meins cent chevaliers,
> Que, par l'apostre que requierent palmier,
> Se je oeie novele al repairier
> *Que Looïs i eüst encombrier*, (v. 1991)
> Totes voz ordenes n'i avreient mestier
> Ne vos feïsse toz les membres trenchier.

V. 2034) C : Tel chose fist qui a Jesu agree :
L'eglise garde qu'ele ne fust guastee.
A : Tel chose fist qui a Jesu agree :
Or al hernois, franche gent honoree.
B : Tel chose dist qui a plusors agree :
Or al ernois, franche gent honoree.

Le vers 2034, donné par A et C, est bon ; dans B c'est une correction ; le vers 2035, tel qu'il est dans A et B, est certainement fautif, car il ne peut suivre le vers 2034.

Toutes ces fautes communes à A et B ne laissent aucun doute sur la parenté des deux groupes. Il ne reste donc que trois familles *x* : C*, D*. Rien n'autorise à réduire ce nombre.

De ces trois familles, l'une, D*, ne m'a pas été d'un grand secours pour l'établissement du texte, d'abord parce qu'elle ne contient que la première partie et un résumé très succinct de la troisième et de la cinquième partie de la chanson, ensuite parce que ces parties sont elles-mêmes très modifiées. C'est l'œuvre d'un copiste inintelligent ou fort inattentif. Néanmoins, ce manuscrit offre souvent de bonnes leçons, qui viennent confirmer celles de x.

x paraît s'être rapproché beaucoup de O. Or, on peut le reconstituer à peu près exactement, à l'aide de A et de B, en accordant, toutes les fois qu'on n'a pas de raisons spéciales pour faire le contraire, la préférence à A sur B, qui a subi des rajeunissements nombreux.

Pour résumer, en passant de la synthèse à l'analyse, toute cette étude sur les manuscrits, le *Coronement Looïs* est aujourd'hui représenté par trois familles de manuscrits, x, C^*, D^*. x est de beaucoup la plus rapprochée de O, D^* en est la plus éloignée. x se subdivise en deux sous-familles A et B. B est plus jeune que A, et des deux manuscrits B^1, B^2 qui la constituent, B^1 est meilleur que B^2. A a peu rajeuni x, il est représenté par $A^{1, 2, 3, 4}$, qui n'offrent entre eux que très peu de variantes.

On peut encore se demander quelle sorte de parenté réunit entre eux les divers manuscrits des deux sous-familles A et B.

D'abord il est certain que A ne peut descendre de B ni B de A, puisqu'il arrive souvent à chacune de ces deux sous-familles d'avoir la bonne leçon pendant que l'autre en a une mauvaise. J'en ai donné plus haut des exemples.

De même B^1 et B^2 ne peuvent descendre l'un de l'autre. B^1 a fréquemment la bonne leçon contre B^2.

V. 243) B^1 : A Looys *remest ses heritiers.*
A, C : Et Looys *remest ses heritiers.*
B^2 : A Looys *demorerent ses fié.*

V. 795) A, C, B¹ : *Voir, dist Guillelmes, ja orras* verité.
  B² : *Guillelme a dit : Dirai t'en* verité.
V. 812) A, C, B¹ : *desfiez*, B² *vilainé*.
V. 992) A, C, B¹ : Et un et altre, le prestre et li clerçon.
  B² : Crestien qui aorent vo saint nom.

B², de son côté, a souvent la bonne leçon contre B¹. Le début du poème suffit à le démontrer. B² a les trois mêmes premières laisses que les autres familles, B¹ les remplace par une tirade qui lui est particulière. B¹ passe encore les vers 77, 115-123, 469, etc., donnés par B² et confirmés par les autres familles.

Restent A¹, A², A³, A⁴.

A³, qui est du xiv⁰ siècle, ne peut être la source d'aucun des trois autres, qui sont du xiii⁰ siècle.

Je ne connais de A⁴ que les 40 premiers vers. Ils sont insuffisants pour nous montrer s'il descend ou non de A¹ ou de A², mais ils nous prouvent au moins que ni A¹ ni A² ne dérivent de lui, en offrant deux fautes que ceux-ci ne reproduisent pas : *v.* 4) *.I. nain juglere* au lieu de *Vilain juglere; v.* 5) *.I. mot* au lieu de *Nul mot.*

A¹ ne descend pas de A². En effet,

V. 825) A¹ : Frere Guibert d'Andernas *le meinz né.*
  B : Frere Guibert qui de nos *est meinz nez.*
  A² : Frere Guibert d'Andernas *la cité.*
V. 1721) A¹ : Filz a *bon roi,* A³ et B¹ : Filz de *bon roi,* A² Filz a *baron.*

Ce dernier exemple prouve encore que A³ ne descend pas de A². — V. 1796) A¹ et B : por tot l'or d'*Avalons,* A² : por *l'anor de Mascons.* — V. 2610)

B : Deus, saint Denis, *aidiez*, A¹ : saint Denis, *aïdiez*, A² : saint Denis, *asoiez*.

V. 2619) A¹, B¹ : Fors por Corsolt a qui se combatié.
A² : Fors por Corsolt le desloial, le fier.

Enfin les deux vers 1121 et 2113, donnés par A¹ et confirmés par B et C, manquent dans A².

A² ne descend pas de A¹. En effet, vers 99) C, B, A² : *Hernalz*, A¹ : *Bernarz*. Cet exemple n'a pas beaucoup de valeur, parce que la faute de A¹ était évidente et facile à corriger; mais les autres en ont davantage. — V. 147) B, C, A² : Voit *le li peres*, A¹ : Voit *l'empereres*. — V. 1055) B, C, A² : La *vieille* broigne, A¹ : La *meillor* broigne. — V. 1300) B, C, A², A³ : *conseillier*, A¹ : *compasser*. — V. 1301) C, A², A³ : Sarrazin et *païn*, A¹ : Sarrazin et *Escler*. — V. 1302) C, A², A³ : levez et baptisiez, B : *lever et baptisier*, A¹ : *baptisié et levé*. — V. 1581) A², A³, A : *atornez*, A¹ : *conraez*.

Ces quatre derniers exemples prouvent encore que A³ ne descend pas de A¹, comme le vers 1721 montre qu'il n'a pas été copié sur A².

Ce chapitre était imprimé, le bon à tirer des feuilles précédentes était donné, lorsque j'ai reçu de M. G. Paris la copie d'un fragment de parchemin, découvert par M. L. Delisle dans une reliure. Ce fragment provient d'un manuscrit du *Coronement Looïs*, j'en parlerai plus bas, appendice III.

VI. — DIALECTE ET AGE DU CORONEMENT LOOÏS

Après avoir reconstitué, au moins approximativement, grâce à la comparaison des manuscrits, la version originale du poème, il reste à en revêtir le texte des formes grammaticales usitées par l'auteur. Ce dernier travail exige la solution préliminaire d'un double problème. Dans quel dialecte et à quelle époque écrivait le trouvère? Sur ce point l'étude des manuscrits ne nous apprend rien, et cela pour deux raisons. Les manuscrits souvent sont beaucoup plus jeunes que l'ouvrage qu'ils contiennent, et souvent aussi les scribes écrivent dans un dialecte différent de celui de l'auteur. Des huit manuscrits du *Coronement Looïs*, l'un est picard, les sept autres français. Est-ce une raison de croire que le poème ait été écrit en français ou en picard, plutôt qu'en normand ou en lorrain? Non; tout au plus le nombre des manuscrits français constitue-t-il une présomption en faveur de ce dialecte. Quant à l'âge du poème, il trouve bien dans celui des manuscrits une limite en deçà de laquelle on ne peut plus le faire avancer; mais au-delà le champ est libre. Le plus ancien des manuscrits du *Coronement Looïs* est de la seconde moitié du xiiie siècle; évidemment le poème n'est pas postérieur à cette date; mais si la critique n'avait d'autres ressources que l'étude des manuscrits, rien ne nous apprendrait si le trouvère vivait au XIII°, au XII° ou au XI° siècle.

Aucun nom, aucune date, aucun fait historique ne se trouvent dans le poème, qui puissent nous éclairer dans cette recherche ; les évènements les plus récents auxquels il soit fait allusion sont du X° siècle. Il ne reste donc d'autre moyen que d'étudier la langue de l'auteur ; mais cette langue a été dénaturée, et pour la reconstituer il faut précisément connaître l'époque et le pays du trouvère. Heureusement ce cercle vicieux n'est pas aussi complètement fermé qu'il paraît l'être. Dans l'œuvre de transformation à laquelle ils se livraient, les remanieurs rencontraient des difficultés devant lesquelles ils ont reculé, ou qu'ils n'ont vaincues qu'à demi, de sorte que çà et là ils nous laissent entrevoir l'œuvre originale. Grâce à ces éclaircies, on peut reconnaître le niveau primitif du sol et déblayer le terrain de toutes les alluvions dont le cours des siècles l'a en partie recouvert. Je m'explique par un exemple : le mot *roiaume, roiaulme,* ainsi écrit dans les manuscrits, est répété assez fréquemment dans le poème ; cette orthographe et la prononciation qu'elle suppose sont elles l'orthographe et la prononciation du poète ? Evidemment non : ce mot assone dans la première laisse avec le son nasalisé *am..e,* et pour qu'il en fût ainsi il fallait que l'*a* fut immédiatement suivi de la nasale. La forme *roiaume, roiaulme* est donc celle des copistes et non celle de l'auteur.

Le principal obstacle pour les remanieurs était l'assonance ou la rime, quelquefois aussi, mais à un degré moindre, la mesure du vers. Nous allons donc voir quelles particularités caractéristiques offrent l'assonance et la mesure dans le *Coronement Looïs*.

Théoriquement, cette étude devrait reposer sur un texte déjà définitivement établi par la critique, mais comme l'établissement du texte a souvent besoin, lui aussi, de s'appuyer sur l'étude des assonances et de la mesure, il s'ensuit que dans la pratique ces deux études se complètent l'une par l'autre.

I. — *Étude des Assonances.*

Le *Coronement Looïs* comprend quinze groupes différents d'assonances, dont voici le tableau :

1º AN, EN, laisses I, XXIII, LIX, LXII.
2º AN...E, EN...E, II.
3º AI, IV, XI.
4º A...E, XIV, XVI, XVIII, XXIV, XXXI, XXXIV, XLII, XLIX, LVIII.
5º É, VII, XV, XXII, XXXIII, XXXVII, XLVII, LVI, LXIII.
6º É...E libre, XXVII, L.
7º É...E entravé, V.
8º È...E, VI, XXXVIII, LIV.
9º I, X, XXXV, XL, LX.
10º I...E, XII.
11º IÉ, IX, XIII, XVII, XIX, XXI, XXVIII, XXX, XXXII, XXXVI, XXXIX, XLI, XLIV, XLVI, LI, LIII, LV, LVII, LXI.
12º Ò, III, XXV.
13º Ó, XXVI, XLIII, LII.

14° ON...E, VIII, XLV, XLVIII.
15° U, XX, XXIX.

En reprenant un à un ces divers groupes, je vais signaler ce que l'étude détaillée de chacun d'eux peut fournir d'utile à la critique.

1° L'assonance masculine AN comprend quatre laisses, en tout 136 vers. Les mots qui la composent sont [1] :

Laisse I : *aidanz, vaillant, avenant, vant* (lat. *vanitet*), *comant*, (lat. *commandet*), *gent, chant*.

Laisse XXIII : *fierement, escient, neient, firmament, arpent, comandement, sacremenz, esposemenz, vent* (lat. *ventum*), *foleiemenz, cravent, gent, omnipotent, preechant, premierement, enivrement, vilainement, talent, malement, veraiement, chasement, parent, sovent, vilment, errament, torment, comencement, hardement, acesmeement, prent, pent, maltalent, fierement, entent, apent, acordement, legierement.*

Laisse LIX : *frans, Alemant, defent, desiranz, talent, comant, convenant, Bertrans, malement, champ, neient, demant, comant, folement, dementant, puissant, guant, reculant, Abilant, devant, brochant, arestement, creant, escient, avant, guarnemenz, jaserent, ardenz, luisant, flanc, corant, maintenant, prent, pesant, trenchant, pent, esperonant, errant, vaillanz, combatanz, pendant, arestant.*

---

1. Je ne donne qu'une fois les mots qui se trouvent répétés dans la même laisse.

Laisse LXII : *frans, isnelement, maintenant, serement, bonement, neient, colchant.*

La première de ces laisses est formée de 9 vers, dont 8 sont en *an*, un seul en *en (gent)* ; la deuxième comprend 44 vers, tous en *en*; la troisième, 75 vers, dont un cinquième à peu près en *en*, le reste en *an* ; la quatrième a 8 vers, dont 4 terminés par *en* et 4 par *an*.

Donc, dans la troisième et la quatrième, le mélange des deux terminaisons est absolu, car si dans la troisième les mots en *en* ne comptent que pour un cinquième, c'est que dans le vocabulaire cette terminaison est bien moins nombreuse que l'autre. Mais il n'est pas permis de douter que les mots en *an* n'aient été systématiquement exclus de la deuxième laisse. Quant à la première, elle n'est pas assez étendue pour qu'on puisse être certain du système suivi par le trouvère; la distinction entre les deux sons paraît cependant probable. En la laissant de côté, il reste, d'une part, la deuxième laisse qui sépare les deux terminaisons *en* et *an*, d'autre part, la troisième et la quatrième qui les réunissent. D'où vient cette différence entre deux parties d'un même poème ? On verra plus loin un fait analogue se reproduire dans les assonances en *ó* : sur trois laisses, la première n'admet que l'*ó* suivi d'une nasale, tandis que les deux autres ne tiennent pas compte de la nasalisation. Est-ce le fait d'un trouvère qui, vivant à l'époque où les deux sons *en* et *an* étaient en train de se confondre, et la nasalisation de l'*ó* en voie de formation, se serait d'abord imposé dans ses assonances une sévérité dont il se serait ensuite départi? Ou bien cette différence provient-elle de ce que nous avons affaire à plusieurs poèmes originairement distincts et fondus plus tard en un seul? Les deux explications sont également plausibles. Seulement, en admettant la dernière, il faudrait voir dans le fait une différence entre les poèmes, non d'âge, mais de dialecte, car celui (la lutte de Guillaume contre Corsolt) qui admet la distinction des deux sons *en* et *an,* plus ancienne que leur confusion, est aussi le même qui connaît la nasalisation de l'*ó,* à coup sûr plus moderne que la non-nasalisation. Si, dans un troisième système, on voulait attribuer cette différence à des remanieurs, qui, ayant commencé à réformer l'assonance, n'auraient pas mené jusqu'au bout ce travail de correction, on soulèverait deux objections. La première, c'est que cette différence se retrouve dans toutes les familles de manuscrits et que, par conséquent, elle remonte bien haut. La seconde, c'est que, pour l'assonance en *an,* on ne comprend guère que les deux sons ayant été confondus par le trouvère, des remanieurs plus modernes les aient distingués; il faudrait admettre que ces remanieurs étaient d'une contrée où la distinction a survécu, c'est-à-dire de la région picarde, mais le poème ne renferme aucun caractère précis qui l'assigne à cette région [1].

---

1. Dans un article des *Mémoires de la Société de linguistique de Paris* (t. I), M. Paul Meyer émet l'opinion qu'au XIIIe siècle les poètes distinguaient dans les assonances les deux terminaisons *an* et *en* pour flatter l'œil, et non pour plaire à l'oreille, qui ne percevait plus de différence entre les deux sons. Mais cette théorie

D'une part, donc, en considérant que la confusion des deux sons existe déjà dans notre poème, nous en conclurons qu'il n'a pas été écrit dans la région N.-E.; d'autre part, en observant que cette confusion est encore incomplète et par conséquent récente, nous ferons remonter notre chanson au commencement du xiie siècle, époque où les deux sons ont été réunis dans le reste de la langue d'oïl. *An* et *en* sont encore bien distincts dans les poèmes de Clermont, dans le *Saint Léger*, dans le *Saint Alexis*, mais cette distinction apparaît déjà moins pure dans le *Roland*. Il semble même que le mélange de ces deux sons soit aussi avancé dans ce dernier poème que dans le *Coronement Looïs*, et, comme il est évident que la chan-

---

ne peut résister devant les objections suivantes : 1° les trouvères, pour la plupart, n'étaient pas instruits et ne connaissaient pas suffisamment l'étymologie des mots pour en faire la base de leur système d'assonance; 2° des chartes de la région N.-E. font au xiiie siècle cette distinction dans la graphie; 3° enfin, dans cette même région, les patois actuels distinguent encore les deux sons. — M. Meyer dit : « Les trouvères qui opèrent la distinction, et c'est l'immense majorité, admettent cependant parmi les rimes en *ant* des mots qui, étymologiquement, devraient s'écrire par *e* et rimer en conséquence. Ce sont (si je n'en oublie point), *covant (couvent), dolans, escient, noient* (néant) *orient* (?), *sans (sens), sergans* (sergent), *talans, tans* ». Ce fait est réel, mais comment ces trouvères seraient-ils entendus pour faire tous les mêmes exceptions, s'ils n'avaient été guidés par la prononciation? Bref, cette théorie peut être vraie pour quelques poètes, mais il ne faut pas la généraliser. La distinction repose sur une différence de sons; c'est, depuis une certaine époque, un fait dialectal, qui appartient à la région N.-E. (picarde, dans le sens très large souvent donné à ce mot). Comme le picard a beaucoup produit, on trouve souvent cette distinction. Si on la rencontre dans un texte qui n'est pas picard (ni anglo-normand), c'est un indice que ce texte est très ancien.

son de *Roland* est antérieure à la nôtre, nous expliquerons ce fait en attribuant au *Coronement Looïs* un dialecte où la distinction s'est maintenue plus longtemps que dans celui du *Roland*, une région intermédiaire entre celle où fut rédigée cette dernière chanson et la région N.-E., probablement l'Ile-de-France.

Ces conclusions, il est vrai, reposent sur des prémisses bien peu solides, et, en attendant que la suite de cette étude vienne les corroborer, je ne les donne qu'à titre d'hypothèse.

II. — AN...E, EN...E. L'assonance féminine *an...e* ne nous est offerte que par une seule laisse de 10 vers (laisse II), comprenant les mots : *esemple, avenante, reiames, France, Charlemagne, apende, Alemaigne, Bretaigne, Toscane*.

On y constate :

1° Le mélange complet des deux terminaisons *an...e* et *en...e*. Dans le *Roland*, cette confusion des deux sons est à peine pressentie et bien moins avancée que dans les assonances masculines.

2° Que l'*a* et l'*e*, comme le prouve leur consonance, sont nasalisés même devant ñ, et qu'il faut prononcer *Aleman-gne, Bretan-gne*.

3° Que la lettre *l* est tombée, au moins dans la prononciation, dans le mot *reiame*. Ces deux derniers faits existent déjà dans le *Roland*.

III. — AI. Deux laisses masculines, comprenant seulement 18 vers, assonent en *ai*. Les mots qui y figurent sont :

Laisse IV : *Ais, faiz, mais, palais, vait, ait, malvais, plait, paist, punais*.

Laisse XI : *fait, plait, vait, mais, palais, entresait.*

De cette assonance sont exclus les mots en *a* pur et les mots en *é*. A l'origine, la diphtongue *ai*, lorsque l'accent tonique était encore sur l'*a*, assonait en *a* pur, comme dans les poèmes de Clermont, et encore parfois dans le *Roland*. Plus tard, *ai* assonera avec *é*. Pour passer de l'un à l'autre de ces deux sons, *ai* a dû avoir un son intermédiaire, et alors il n'assona qu'avec lui-même. C'est l'âge de notre poème : le premier tiers du XIIe siècle.

Dans les désinences féminines, la transformation de *ai* semble moins avancée. Nous n'avons pas de laisse en *ai...e*, mais quelques mots de cette terminaison se trouvent dans l'assonance *a...e*.

IV. — A...E. Cette assonance, qui comprend plus de 300 vers, en 9 laisses, est formée des mots :

Laisse XIV : *Fierebrace, Charle, armes, baille, large, masse, esperitable, trespasse, eage, damage, malaise, arche, pelerinage, chartres, creables, sache, barnage, contasse, lasse.*

Laisse XVI : *Fierebrace, sages, message, aspres, damage, Chapre, altres, glaive, esmaiables, marbre, esperitable, barnage, Charle, targe, espalle, visage.*

Laisse XVIII : *visage, sages, esperitable, salvage, Fierebrace, pelerinage, barnage, armes, combatre, guardes, vasselage, eage, corage, aspres, herberjage, guionages, large, sache, place, lace, paile, baille, targe, taille, marche, faille, ventaille, començaille, pietaille, barres, seignacle, bataille, estage, male, otrage, basse, Galafre, barges, rivage, arche, chape, vaille, abes, araisne, messages, de-*

morable, aire, eritage, aves, Cesaires, damage, esmaiables, Cartage, lignage, fromage, ostage, arbre.

Laisse xxiv : *salvages, combatre, eritage, Fierebrace, armes, esperitable, Charle, Calabre, arche, guarde, sages, assailles, avantage, muables, barnage, bataille, targe, trespasse, paile, desmaille, meaille, chape, esrache, omage, blasme, erbage, barnage, folage, damage, pasme, haste.*

Laisse xxxi : *barges, visage, corsage, Fierebrace, sache, esperitable, chapes, place, marches, onorables, larges, face, arestage, males.*

Laisse xxxiv : *Pasques, Fierebrace, mariage, Orable, message, aspres, Charles, marches, face, barbe, barnage, sage, armes, charge, targe, lasse, contasse.*

Laisse xlii : *corage, barnage, haste, abes, falsent, esrache, baille, embrace, place, targe, armes, batent, chacent, deables, seignorage, damage.*

Laisse xlix : *corage, Pierrelate, Cartage, sage, larges.*

Laisse lviii : *message, Arabe, martre, aste, paile, Charle, marche, eritage, otrage, combatre, face, bataille, damage, taille, meaille, Chartres, large, atarge, barnage, language, celasse, visage, cage, esrage, Fierebrace, place, lairmes, quatre, faille.*

Dans cette nomenclature, on remarquera les mots *malaise, glaive, araisne* (3 fois), *aire, Cesaires, lairmes, altres, espalle, falsent.* Ces mots remontent à l'original, car les remanieurs, au lieu de les ajouter, étaient plutôt portés à les supprimer. De plus, *araisne*

(v. 2433), *glaive* (v. 333), *altres* (v. 332), *espalle* (v. 341) sont donnés à la fois par les deux familles *x* et C.

Les mots en *ai* prouvent que cette diphtongue *ai* dans les terminaisons féminines n'avait pas encore passé du son *ái...e* au son *sui generis ai...e*, qui a précédé le son *é...e*, mais le petit nombre de ces mots, 8 seulement sur plus de 300 rimes, nous montre que cette transformation était déjà en train de s'accomplir.

Dans aucune assonance en *è* masculin ou féminin n'apparaît cette diphtongue, tandis que le *Roland*, qui fait bien rimer *ai* avec *a*, *ai...e* avec *a...e*, admet en même temps l'homophonie des deux terminaisons *ai* et *è* masculines ou féminines. Notre chanson est donc en retard dans cette évolution sur celle de *Roland*. Est-ce une raison de croire qu'elle soit plus ancienne que cette dernière? Non; c'est là une différence dialectale seulement, mais une preuve néanmoins que le *Coronement Looïs* est ancien, du premier tiers du XIIe siècle au moins, sinon du premier quart.

Les mots *altres, espalle, falsent*, nous montrent que la lettre *l* suivie d'une consonne n'était pas encore vocalisée à l'époque où vivait notre trouvère, ou tout au moins que si *al* avait déjà pu produire une diphtongue *áu (áou)*, il n'était pas encore devenu *au* = *ò*.

Les diverses remarques que je viens de faire sur les assonances en *ai* et en *a...e* sont très importantes à plusieurs égards :

1° Pour l'établissement du texte, parce qu'elles nous montrent comme mauvaises deux leçons qui introduisaient le mot *faite*, une fois dans une laisse en *é...e* entravé (v. 42), d'après deux manuscrits, et une autre fois, d'après deux sous-familles, dans une laisse en è...e (v. 1622);

2° Pour l'orthographe : j'ai rétabli partout la notation *ai* lorsque les manuscrits donnent *e*. J'ai de même maintenu la lettre *l* devant une consonne, parce que, outre les exemples que je viens de donner de sa non-vocalisation, j'en indiquerai encore d'autres dans le courant de cette étude, et parce que, en admettant même que *al* se prononçât déjà *ôou,* cette évolution ne pourrait être que toute récente. Or il est certain que les variations de l'orthographe ont toujours été de quelque temps postérieures à celles du son;

3° Pour fixer l'âge du poème, que je ferai remonter au premier tiers du XIIe siècle.

V. — É. L'assonance masculine en *é* forme huit laisses, en tout 455 vers. Laisses VII, XV, XXII, XXXIII, XXXVII, XLVII, LVI, LXIII.

L'énumération des mots qui la composent serait très longue et n'offrirait aucun intérêt. Je signalerai seulement les mots *ferez* (fut. de *faire*, v. 66), *toldrez* (v. 67), *menrez* (v. 1426), qui prouvent que les secondes personnes pluriels du futur n'étaient pas en *eiz* ni en *oiz,* mais en *ez; ostels* (v. 283), *tels* (v. 324), *charnels* (v. 736), *mortels* (v. 2675). Comment ces quatre derniers mots se prononcent-ils ? L'*l* est-elle tombée purement et simplement, ou s'est-elle vocalisée en *éu,* ou est-elle maintenue ? Tout en suspendant mon jugement sur la prononciation, j'adopterai la graphie *el,* pour la raison que j'ai donnée à propos de *al*.

Cette assonance est distincte de celle en *ié,* de même
que dans l'assonance en *é...e* n'entre aucun mot en
ié...e.

VI. — É...E. Cette assonance est représentée par
38 vers, en 2 laisses, xxvii, L. Elle n'offre aucun intérêt à la critique, sinon que, comme je viens de le
dire, elle est distincte de l'assonance en *ié...e.*

VII. — Ĕ... E (lat. *é* entravé). Laisse v, de trois
vers. Les mots sont : *evesques, arcevesques, messe.*
M. Lücking a déjà remarqué cette assonance, mais
au lieu d'en faire une laisse à part, il l'a réuni à la
suivante, qui est en *ĕ...e* entravé [1]. Pourtant il est évident que les deux laisses sont absolument distinctes.
Si dans les manuscrits la seconde ne commence pas
par une grande majuscule, c'est que les copistes, ne
percevant plus de différence entre les deux sons, n'ont
cru avoir affaire qu'à une seule tirade. La distinction
des deux *e* a cessé en effet de bonne heure. La chanson
de *Roland* est le seul poème connu jusqu'ici qui offre
cet exemple d'une tirade[2] assonant en *ĕ...e* entravé
sans mélange de *ĕ...e* entravé. Le poème de *Sainte
Eulalie* ne contient dans les assonances aucun *e* ve-

---

1. « Li Coronemenz Looys a trois tirades féminines en *è* 40-45,
1589-1618, 2156-69 (lisez 39-44, 1600-1629, 2167-2180). La seconde ne contient aucun *e* venant d'*ĭ*, la troisième seulement *grant
erre* 2157 (lis. 2168); mais la première est divisée en deux parties, la seconde partie commençant par les mots *Cel jor i ot*; la
première partie a *e* venant de *ĭ*, la seconde *e* venant de *ĕ* (resp. ai)
evesque, arcevesque, messe : fete (faite), bele, estre. Il semble que
le poète ait cherché une nouvauté. » (*Die ltesten aefranzoesischen
Mundarten*, Berlin, 1877, p. 93.)

2. Laisse cxxxi, édit. L. Gautier.

nant soit de *é* soit de *è* entravés. Dans *Saint Léger*, dans *Saint Alexis*, on ne trouve que l'*e* provenant de *è* entravé. « La distinction de *e* venant de *è*, » dit M. Lücking, « d'avec *e* provenant de *é*, était de droit dans les plus anciens monuments, mais elle n'existe plus pour l'épopée du centre de la France au xiie siècle [1]. » Cette distinction dans notre poème témoigne donc en sa faveur d'un âge assez reculé. Nous allons voir que $\bar{e}$ est exclu des assonances en $\breve{e}...e$ entravé.

VIII. — $\bar{\text{E}}$...E (lat. *è* entravé). Trois laisses :

Laisse vi : *bele, feste*.

Laisse xxxviii : *novele, revele, teste, destre, bele, terre, estre, porquerre, perdes, overte, desserre, apele, Tudele, feste, areste (ad restat), fenestres, pesmes*.

Laisse liv : *tertre, empresse, bele, celestre, soferte, destre, estre, Guillelmes, terre, conquerre, boele, resne*.

Aucun *e* venant de $\bar{e}$ ne figure dans ces trois tirades; le mot *erre* signalé par Lücking est une faute d'un manuscrit. Cette exclusion est-elle due au hasard ou à la volonté de l'auteur? Les mots en $\bar{e}...e$ entravé sont à la vérité bien moins nombreux que ceux en $\breve{e}...e$ entravé, mais il est peu probable que parmi quarante-sept mots en $\breve{e}...e$ il n'en fût entré au moins un en $\bar{e}...e$, si cette exclusion n'était intentionnelle. De plus il est certain que dans la laisse en $\bar{e}...e$ citée plus haut l'$\breve{e}...e$ a été écarté. Lors même qu'on réunirait en une seule les deux petites tirades successives

---

[1]. Lücking, *ibid*.

en ẽ...e et ĕ...e, on serait obligé d'y reconnaître un groupement réfléchi.

Faut-il voir dans les trois vers assonant en ẽ...e un vestige du poème primitif qui est venu se souder aux autres parties de la chanson actuelle, à laquelle il a donné son nom? J'ai déjà proposé une semblable hypothèse à propos des assonances en *ai* et en *ó*. Mais il faudrait attribuer au hasard l'absence de l'ẽ dans les trois assonances en ĕ...e. Ce serait chercher des complications inutiles; il me semble bien plus naturel de faire remonter la rédaction actuelle du poème à l'époque où la distinction de deux sons était encore sensible, et sans reculer cette époque autant que le fait M. Lücking, fixer la date du *Coronement Looïs* au commencement du xiie siècle.

IX. — 1. L'assonance masculine en *i* est représentée par quatre laisses, en tout 169 vers. Les mots qui terminent ces vers sont :

Laisse x : *filz, tenir, tolir, angevin, servir, honir, serviz, cheriz.*

Laisse xxxv : *marchis, tenir, fin, pelerin, fraisnin, avril, mis, Martin, di, Looïs, Denis, païs, maleür, flori, maintenir, beneïr, foï, murdri, gentil, Aimeri, poïst, laidiz, traïr, ris, bastiz, partir, chemin, amis, vinz* (xx), *pris, Savaris, vint* (l. *venit*), *ami, lin, guarantir, Alori.*

Laisse xl : *marchis, Plesseïs, Paris, pris* (l. *pretium*), *vint* (xx), *vis* (l. *vivus*), *ocis, devis, postiz, mis, parevis, vis* (l. *visum*), *crucefis, Looïs, vint* (l. *venit*), *assis, senti, menti, dit, Martin, basti, guarantir, pri, mi, failli, ris, noriz, respondi, vif, fin, saisi, esbaïz, amis, matin, requis, plevit, merci, plaisir.*

Laisse LX : *marchis, mis, menti, pris* (l. *prehensum*), *venir, dit, forbi, Denis, fis, Arrabi, vis* (l. *vivus*), *vis* (l. *visum*), *Paris, Aimeri, ami, tenir, maleïr, ici, traïr, tolir, beneïz, requis, paradis, altresi, traisist, piz, ferir, forbiz, voltiz, desmentir, sofrir, esclis, pris* (l. *pretium*), *croissir, venir, cheïr, sailli.*

On remarquera dans cette nomenclature :

1º Les mots *pri (preco,* v. 1698) et *piz (pectus,* v. 2539). Dans ces deux mots l'*i* provient de la triphtongue *iei* = *è* + *j* venant de *c*. La réduction de cette triphtongue n'a pas été la même dans toutes les régions. Dans l'Ouest, dans le Sud-Normand, dans le Maine, l'Anjou, la Touraine, *iei* de *è* + palatale s'est contracté en *ie, ei;* dans la Normandie du N.-E. et surtout sur la rive droite de la Seine, dans l'Ile-de-France, elle s'est contractée en *i*. Le *Roland* n'admet pas dans ses assonances en *i* venant de $\bar{i}$ latin des mots comme *pri, piz,* dont l'*i* vient de *ĕ* latin plus une palatale devenue *j*. Il n'en est pas de même de la triphtongue *iei* provenant de $\bar{e}$ latin précédé d'un *j,* comme dans *merci* de *mercedem; merci* assone régulièrement dans le *Roland* avec les mots en *i* de $\bar{i}$ latin. La présence du mot *merci* dans nos assonances ne nous apprend donc rien, mais celle des mots *pri* et *piz* prouve que notre poème n'appartient pas aux dialectes occidentaux.

2º Les deux formes *mi* (v. 1699), *cheïr* (v. 2553) appartiennent encore aux régions de l'Est et du Nord-Est.

X. — I...E. Cette assonance n'offre absolument rien d'intéressant. Elle n'est d'ailleurs représentée que par les 8 vers de la laisse XII : *mie, baillie, beneïe, desfie, Marie, ocire.*

XI. — IÉ. L'assonance masculine en *ié* est de beaucoup la plus nombreuse. Elle ne comprend pas moins de 1120 vers, en 18 laisses, IX, XIII, XVII, XIX, XXI, XXVIII, XXX, XXXII, XXXVI, XXXIX, XLI, XLIV, XLVI, LI, LIII, LV, LVII, LXI. Toutes les sources de la diphtongue *ié* y sont représentées [1].

On remarquera dans cette assonance les mots *Orliens* (v. 99, 112), *vient* (113, 1944), *paien* (672, 1301), *crestiien* (1292), *sostient* (1547), *crient* (1855), *tient* (1863), *sien* (2161), qui prouvent qu'à l'époque où vivait notre auteur la nasalisation n'avait pas encore gagné la diphtongue *ié*.

A signaler aussi les parfaits *embatié* (128), *conveitié* (1150), *atendié* (1939), *rompié* (2152), *respondié* (2562, 2582), *descendié* (2603).

Le mot *Dié* ne figure pas dans cette assonance, tandis que dans l'assonance en *é* on trouve deux fois *Dé*. C'est pour cette raison que j'écrirai constamment ce mot sans *i*.

La distinction qui existe entre *ié* et *é* est une preuve entre beaucoup d'autres que notre poème n'est pas anglo-normand. Le poitevin et le tourangeau ont aussi de bonne heure réuni les deux sons, mais on

---

1. Il ne s'agit pas ici naturellement de la diphtongue *iè*, de latin entravé, qui appartient aux dialectes du N. E.

ne sait pas précisément à quelle époque, si c'est avant ou après celle où fut rédigé notre poème.

Enfin l'étude de l'assonance en *ié* m'a fourni d'utiles renseignements pour l'établissement du texte. Ainsi au vers 1147, c'est à cause de l'assonance que j'ai préféré la leçon de A, qui donne *graciier*, à celle de B et C réunis, qui remplacent ce mot par *mercier*; *mercier* doit se prononcer *mer-ci-er* et assoner avec les mots en *é*, ce qu'il fait du reste aux vers 59 et 1429, de même que *crier* (708, 2230), *desfiez* (812), *afiez* (2233). Dans ces mots l'*e* a été rapproché de l'*i* par la chute du *d* médial, mais les deux voyelles ne se sont réunies en diphtongue que bien plus tard. Au vers 1950, j'ai encore remplacé la leçon de A, B : *toi doi ge mercier*, par celle de C : *granz merciz en aiez*; au vers 2340, celle de B : *qui les devoit guier*, par celle de C : *ques ot a justicier*. Au vers 182 déjà, j'ai préféré la leçon de D : *Ja al povre ome ne te chalt de tencier*, à celle de A + B : *Envers le povre te dois humelier*.

XII. — ŏ. L'assonance masculine en ŏ a composé deux laisses, l'une de 7 vers, l'autre de 26. Elle ne contient que des mots dont l'*o* vient de ŏ entravé ou de *au* latin :

Laisse III : *or, cors, tort, bos, mort, los*.

Laisse XXV : *forz, cors, hors, col, or, esforz, noz, moz, tost, destort, dos, desclot, clos, morz, javelot, tochot, Loth, tort*.

Rien de particulier dans cette nomenclature, si ce n'est l'imparfait *tochot* (v. 955).

XIII. — ó. L'assonance masculine en ó comprend

183 vers, en trois laisses, XXVI, XLIII, LII. La première laisse, qui compte 108 vers, ne contient absolument que des mots en *o* + nasale; les deux autres, au contraire, ne distinguent pas les uns des autres les mots en ó suivis ou non suivis de la nasale. J'ai déjà, en étudiant l'assonance en *an*, signalé ce fait, et j'en ai proposé deux explications. La première ferait remonter cette diversité dans le système d'assonances aux poèmes originairement distincts qui se sont réunis pour former le nôtre; la seconde, celle que je préfère, admettrait qu'à l'époque où le trouvère rédigeait notre poème, la nasalisation de l'*o* existait déjà, mais n'était pas encore assez ancienne pour que les poètes fussent obligés d'en tenir compte.

Je ne donnerai pas la liste des mots qui composent la première laisse, celle où l'*o* est nasalisé. Elle comprend des terminaisons en *o* entravé et des mots en ó libre, ex. *parfont, don;* mais, sauf le mot *homo*, qui fait toujours exception, et qui, dans le *Roland*, par exemple, se trouve dans les assonances en ó, en même temps que dans les deux tirades XII et CCLXIX en *ue*, aucun mot en ŏ libre ne se trouve dans notre laisse, bien qu'elle ait 108 vers. Le même ŏ libre, suivi d'une nasale, ne se trouve pas davantage dans les deux laisses qui confondent ō libre ou entravé avec les mots en *on*, ni enfin dans les assonances féminines en *on...e*. Comme ces diverses laisses réunies comprennent près de 220 vers, au lieu d'attribuer cette exclusion au hasard, il me paraît plus logique de l'expliquer par la diphtongaison de ŏ libre, même devant une nasale, et, sans en tirer aucune conclusion pour l'âge ou le dialecte du poème, j'adopterai pour cet *o* la même orthographe diphtonguée que pour l'*ŏ* libre non suivi d'une nasale, et j'écrirai *buens* comme *buef*, *suens* comme *suer*, *cuens* comme *cuer*; mais au contraire *om* ne sera pas diphtongué.

Les deux tirades où l'*o* suivi d'une nasale n'est pas nasalisé renferment les mots :

Laisse XLIII : *chevaleros, seignor, raison, enveions, vos, otreions, baron, orgoillos, molt, sols, baston, avons, compaignons, tot, hontos, Avalon, ferons, Neiron, perdrons, aragon, esperon, aresteison, om, lion, menton, sont, beneïçon, font, dons, guarçon, boton, guarison, esleccion, bandon, mangons, pardon, celerions, mont* (l. *mundum*), *amor, nos*.

Laisse LII : *mont* (l. *montem*), *ros, compaignons, freor, raison, ferons, reençon, on, estions, Tors, vos, pont, amors, lion, mont* (l. *mundum*), *baron*.

Inutile de faire remarquer, d'après cette assonance, que l'orthographe des manuscrits dans l'intérieur des vers, *seigneur, chevalereus, leur*, etc., n'est pas celle du trouvère ; à l'époque où celui-ci vivait, l'évolution d'*ó* libre en *eu* n'avait pas encore eu lieu.

XIV. — ó...NE. L'assonance féminine en *on...e* comprend 33 vers, en 3 laisses.

Laisse VIII : *corone, Rome, omes, Gironde, confondre, joindre, onques*.

Laisse XLV : *persone, araisone, confonde, honte, corone, longe, demandomes, destruiromes, oncles, boche, ome, onques, monde, reproche*.

Laisse XLVIII : *persone, Gironde, Amarmonde, corone, longes*.

Dans cette série, 2 mots seulement n'ont pas l'*o* suivi d'une nasale : *boche* (v. 1922), *reproche* (v. 1930). Appartiennent-ils à l'original ou ont-ils été introduits postérieurement dans le texte ? Le mot *boche* se trouve dans A et B, mais il est corrigé dans C, qui, au lieu du vers :

> Dont la cervele li espande en la boche,

donne le suivant, assez difficile à expliquer :

> Dont la cervele desrouge jusqu'a l'ongle.

Le mot *reproche* ne se trouve que dans A ; ce mot a peut-être choqué B, qui a supprimé le vers ; C le remplace par *vergoigne*, et au lieu des deux vers :

> Ge l'ocirai ainceis a molt grant honte
> Que tuit si eir en avront grant *reproche*,

il donne :

> Jou l'ocirai a molt plus grant *vergoigne*
> Si que li oir en avront après honte

Si, dans le premier cas, on préfère la leçon de C à celle de A B, on devra en faire autant dans le second cas et on aura une assonance féminine en *o* nasalisé pure ; si, au contraire, on admet le mot *boche*, on admettra aussi le mot *reproche*, et on en concluera qu'à l'époque où vivait le trouvère la nasalisation de l'*o*, dans les terminaisons féminines, était encore incomplète ou au moins toute récente. Une raison qui milite en faveur de A contre C est qu'on ne comprend pas pourquoi A aurait remplacé *ongle* par *boche*, *vergoigne* par *reproche*, tandis que les corrections de C

k

s'expliquent facilement par le désir, chez le remanieur, de *moderniser* l'assonance.

Enfin, dans cette assonance, je signalerai les deux premières personnes du pluriel *demandomes* (v. 1918), *destruiromes* (v. 1919). Dans son introduction à la *Vie de saint Alexis,* M. Gaston Paris dit que la forme en *omes* est spécialement picarde, mais depuis il a reconnu qu'elle se rencontre aussi dans des textes du centre [1]. Du reste, la forme la plus usitée dans notre poème, comme le prouvent l'assonance en *on* et la mesure des vers, est celle en *om* ou en *ons*; c'était certainement celle du trouvère, et les deux terminaisons *omes* que j'ai citées sont dues à l'influence littéraire ou au contact des dialectes voisins.

XV. — u. L'assonance masculine en *u* compte 83 vers, en 2 laisses, xx, xxix. Son étude n'offre aucun intérêt. Le vers 1199 se termine par le mot *un*, mais l'*u* suivi d'une nasale a rimé très longtemps avec *u* pur; c'est seulement vers le xvie siècle qu'il a été nasalisé.

J'ai indiqué pour chaque voyelle en particulier comment elle se comporte dans notre poème devant la nasale. Voici en résumé ce que j'ai constaté :

A et E sont complètement nasalisés, mais ce fait n'apprend rien sur l'âge ni sur le dialecte du poème,

---

1. Conférence de M. Gaston Paris à l'Éc. des H.-Études (1880-1). — Dans l'Introduction de *Raoul de Cambrai,* M. P. Meyer dit : « Ces formes, qu'on a crues longtemps picardes, paraissent étrangères à la Picardie, mais on les rencontre un peu plus à l'Est, à partir de Tournai environ, toujours dans la région du Nord. » *(Raoul de Cambrai,* p. lxxj. Pub. de la Soc. des A.-T.)

parce qu'il est très ancien. Déjà dans *Saint Alexis* *an* et *en* n'assonent plus avec *a* ou *e*.

ié. La nasalisation n'a pas encore atteint cette diphtongue. J'ai cité dans l'assonance *ié* les mots *Orliens, vient, paien, crestiien, sostient, crient, tien, sien*. Les mots en *ien* étant bien moins nombreux que ceux en *ié*, ces exemples sont suffisants pour montrer que le trouvère confondait les deux terminaisons dans la même assonance.

i est resté pur devant la nasale.

ó. Dans l'assonance masculine en *ó*, une laisse de 108 vers en *on* exclut rigoureusement l'*ó* non suivi d'une nasale, deux autres laisses confondent les deux terminaisons, mais ont une tendance à se diviser en groupe. D'où cette conclusion qu'à l'époque du trouvère la nasalisation de l'*ó* dans les terminaisons masculines se faisait déjà sentir, mais pas encore assez complètement ou depuis trop peu de temps pour empêcher les poètes de faire assoner par tradition les deux sons *ó* et *on*.

Mêmes observations et même conclusion pour l'assonance féminine, qui, dans 3 laisses en *on...e*, n'admet que les deux mots *boche* et *reproche*, où l'*o* ne soit pas suivi d'une nasale.

ò libre est diphtongué devant la nasale.

u. C'est au XVIe siècle seulement que l'*u* a été nasalisé.

2. — *Mesure des mots.*

L'étude de la mesure des mots dans le *Coronement Looïs* ne nous dit rien sur le dialecte de l'auteur, mais elle confirme ce que les assonances nous ont appris relativement à l'âge du poème et nous donne de plus quelques renseignements sur l'orthographe.

Le point capital dans cette étude est l'élision ; il faut donc voir comment le trouvère en a usé.

I. — Dans les monosyllabes.

Li article ms. sg. est tantôt élidé (vers 89, 273, 302, 320, 379, 426, 435, etc.), tantôt en hiatus avec la voyelle qui commence le mot suivant (vv. 41, 87, 214, 327, 334, 340, 404, etc.). *Li* n'est jamais élidé dans *Saint Alexis*, mais l'élision est déjà fréquente dans le *Roland*[1], dans le *Comput*[2], dans le *Voyage de Charlemagne à Jérusalem*[3]. Les poètes ont usé pendant longtemps de la faculté d'élider ou de maintenir l'*i* selon les besoins de la mesure.

Li art. ms. pl. n'est jamais élidé. Il en est de même dans tous les textes.

Li pronom personnel est élidé 3 fois (vers 597, 1822, 2110). Partout ailleurs il est en hiatus.

La pron. pers. est élidé une fois (vers 2663).

Ma adj. poss. fém. sing. est élidé 2 fois (vers 666, 681) ; *sa* est élidé 5 fois (vers 128, 642, 1026, 1068, 2236).

Ge pron. pers. est élidé 15 fois dans le *Coronement Looïs* (vers 68, 118, 437, 479, 646, 922, 962, 1089, 1122, 1565, 1632, 1811, 1849, 2198, 2220), 5 fois

---

1. G. Paris, *Alexis*, p. 32. — Lœschhorn, *Zum normannischen Rolandsliede* (Diss. Leipzig, 1873), p. 6.

2. Mall, *Li Cumpoz*, p. 33.

3. Koschwitz, *Ueber die Ch. des V. de Ch. à J.* (*Rom. Stud.* I, 30).

seulement il est en hiatus (vers 263, 927, 1228, 1259, 1990). Dans le *Saint Alexis*, ce pronom n'est pas encore élidé; dans le *Roland*, les cas d'élision sont déjà fréquents [1], dans le *Comput*, l'élision n'a pas lieu [2]; dans le *Voyage de Charlemagne*, M. Koschwitz [3] pense que *ge* n'est jamais élidé, mais tous les exemples qu'il cite ne sont pas également sûrs.

Ce pron. démonstratif, devant le verbe *être* (seul cas où il se trouve devant une voyelle dans le *Coronement Looïs*), est en hiatus une seule fois (v. 574), ailleurs il est élidé (vers 486, 783, 861, 1022, 1087, 1410, 1547, 2379). Les cas d'élision existent déjà dans *Saint Alexis* [4], dans *Roland* [5], dans le *Voyage de Charlemagne* [6].

Qui pron. relatif est soumis à l'élision 1 fois (vers 2533). Partout ailleurs il est en hiatus. Au vers 477 il est difficile de savoir si le mot élidé est *qui* ou *que*.

Que pron. relatif est élidé 7 fois (vers 580, 1145, 1193, 1627, 1798, 1934, 2043) et en hiatus 3 fois (vers 464 et 577, 2676).

Que pron. interrogatif se trouve deux fois devant une voyelle; dans les deux cas il est élidé (v. 630 [7] 1195).

---

1. G. Paris, *Ibid.*, p. 38; Lœschhorn, *Ibid.*, p. 8; Hill, *Ueber das Metrum in der Ch. de Rol.* (Diss. Strasbourg, 1874), p. 18.
2. Mall, *Ibid.*, p. 33.
3. *Ibid.*, p. 32.
4. G. Paris, *Ibid.*, p. 33.
5. Lœschhorn, *Ibid.*, p. 12. — Hill, *Ibid.*, p. 16.
6. Koschwitz, *Ibid*, p. 35.
7. *Qu'atendereie plus*; on pourrait lire aussi : *Que atendreie plus*. Mais les manuscrits sont d'accord pour donner la leçon.

Que conjonction est de même élidé dans les vers 24, 125, 153, etc., en hiatus dans les vers 363, 376, 410, 759, 760, etc.

Se conjonction (lat. *si*) est tantôt élidé (vers 25, 68, 188, 227, 675, etc.), tantôt en hiatus (vers 183, 1063, 1087, etc.).

Ne conjonction est élidé 3 fois seulement (vers 154, 519, 868), partout ailleurs il est en hiatus (vers 23 (2 fois), 82, 202, 245, 579, 712, 2539, etc.).

II. — Polysyllabes.

Les cas d'élision et d'hiatus que je viens de signaler s'appliquent tous à des monosyllabes; dans les cas suivants, au contraire, la question porte sur des polysyllabes. Il s'agit de savoir si leur dernière syllabe compte dans la mesure du vers devant une voyelle; en un mot, s'ils sont terminés par un *e* muet ou par une consonne.

Les substantifs suj. ou voc. sing. *emperere, sire, ancestre, prestre, pere,* se rencontrent 9 fois devant un mot commençant par une voyelle (vers 73, 103, 464, 475, 541, 992, 1008, 1805, 2628) et toujours leur dernière syllabe est élidée; ce qui nous montre qu'à l'époque où fut *arrangé* le *Coronement Looïs*, ces mots et leurs semblables n'avaient pas encore reçu l'*s* analogique, qu'ils empruntèrent dans la seconde moitié du xiie siècle aux substantifs masculins de la seconde déclinaison latine en *us*.

Au contraire, les deux vers 736 et 948 nous montrent cette *s* analogique au sujet singulier masculin *altres*. Je ne parle pas du vers 634, qu'il ne m'a pas été possible d'établir d'une façon satisfaisante ; je crois que le 1er hémistiche devrait être *S'uns altres om*. En tous cas, les deux autres exemples de *altres* suj. masc. sing. sont sûrs. Faut-il en conclure que tous les adjectifs de la même déclinaison ont reçu cette *s* ? Non, car *altres* a pu la recevoir plus tôt que les autres adectifs, par analogie avec *uns* : *li uns li altres, uns altres*.

Au vers 2312, le vocatif de *Guillelmes* est rendu par la forme oblique. Ce n'est pas la forme générale, mais elle n'est pas sans exemple dans des textes anciens, et je n'ai pas trouvé dans ce fait une raison suffisante pour remplacer ce vers par le suivant que donne C :

  Sire G., Bertrans ! c'or m'aïdiés.

Dans les verbes le *t* final des 3es pers. du sing. qui ont en latin un *a* posttonique a complètement disparu dans notre poème. On sait que déjà dans le *Roland* il n'est plus guère maintenu que par la tradition. Cette chute du *t* dans le *Coronement Looïs* se constate aux vers 129, 298, 355, 650, 670, 827, 972, 1070, 1922, 1923, 1927, etc. Si au vers 156, l'élision n'a pas lieu, c'est que l'*h* de *honir* est aspirée.

A toutes ces remarques je crois utile d'en ajouter une sur le pronom *il* employé impersonnellement.

Le pronom *il* employé impersonnellement se trouve 24 fois dans le *Coronement Looïs* (vers 17, 22, 105, 205, 231, 313, 391, 444, 631, 633, 724, 742, 787, 891, 1227, 1383, 1593, 1634, 1675, 1716, 1777, 2003, 2129, 2409). Mais tous ces cas sont loin d'être assurés. Le 1er, par exemple (v. 17), n'est donné que par les manuscrits C et D; le 3ᵉ (v. 105), par C et B¹; le 4ᵉ (v. 205), par A²; le 5ᵉ et le 6ᵉ (v. 231, 313), par *x* seul. Le vers répété 444 et 460, donné par *x* seulement, est écrit par tous les manuscrits de cette famille dans le 1ᵉʳ cas avec *il*, dans le second sans *il*.

V. 444 : Ainz qu'il i muire tanz gentilz omes sages.
V. 460 : Ainz que i muire tanz gentilz om a armes.

De même au vers 78, A donne seul *s'il vos plait*, contre B et C, qui ont d'autres leçons différant entre elles.

Ces exemples, que je pourrais multiplier, montrent combien la présence de *il* dans l'original est peu assurée, lors même qu'on le trouve dans les manuscrits. En général, l'étude d'un monosyllabe ne peut pas remonter au-delà des plus anciens manuscrits où il se trouve. Du reste, l'emploi du pronom *il* impersonnel par l'auteur du *Coronement Looïs* ne nous apprendrait pas beaucoup. M. Horning, dans un article intéressant sur *Le pronom neutre il en langue d'oïl* [1], malgré sa ferme résolution de ne pas admettre ce pronom avant le milieu du xıɪᵉ siècle, n'a pu faire autrement que de le laisser dans le *Bestiaire* de Ph. de Thaun, dans le *Comput* et, qui pis est, une vingtaine de fois dans le *Roland*.

Pour résumer cette étude un peu longue sur la versification du *Coronement Looïs* et pour en tirer une conclusion générale, je vais rappeler les traits les plus caractéristiques que j'y ai rencontrés :

1. *Rom. Stud.*, IV, 229 et ss.

1º Pour le dialecte :

La confusion de *an* et *en* prouve que notre poème n'appartient ni au dialecte anglo-normand, ni aux régions du N.-E. de la France, où la distinction s'est maintenue entre les deux sons.

La distinction entre *e* et *ié* s'ajoute à l'homophonie des deux sons *an* et *en* pour prouver que nous n'avons pas affaire au dialecte anglo-normand.

La réduction de la triphtongue $iei = è + j$ en i prouve que le *Coronement Looïs* n'appartient pas à l'Ouest de la France.

Les deux formes *mi, cheïr* viennent s'ajouter à cette preuve.

La 1re pers. plur. en *omes* est du Nord-Est. Notre poème emploie généralement la forme *om* et *ons* et 3 fois seulement celle en *omes*[1], qu'il a empruntée à un dialecte voisin. Il n'est donc pas du Nord-Est, mais il n'en est pas éloigné.

Ajoutons encore que l'esprit du poème est anti-normand d'un bout jusqu'à l'autre;

Qu'aucun des caractères souvent si tranchés du dialecte picard n'y apparaît;

Enfin qu'on n'y trouve aucun trait qui ne puisse s'expliquer dans le dialecte français.

D'où je conclus que notre poème a été rédigé dans l'Ile-de-France, plutôt à l'Est qu'à l'Ouest de cette région.

Nous avions déjà en faveur de cette conclusion une

---

1. Aux deux exemples confirmés par l'assonance et déjà cités, l'étude de la mesure des mots en ajoute un troisième dans le vers 2172.

présomption assez forte dans l'étude des manuscrits, qui, au nombre de 7 sur 8, sont écrits par des scribes français.

2º Pour l'age :

L'absence de l's au nom. sing. des substantifs *pere, sire, emperere, ancestre, prestre* fait déjà remonter notre poème à la première moitié du xiie siècle.

L'incertitude qui règne encore dans le mélange des sons *an* et *en* fait reculer cette date jusqu'au premier tiers du même siècle.

La distinction de la diphtongue *ai* et du son *é*, et l'assonance de la même diphtongue avec *a* pur, enfin la distinction de ē entravé et de ĕ entravé accusent un âge au moins aussi reculé.

La nasalisation des voyelles, encore toute récente pour *o* et nulle pour *i* et pour *ié*, confirme ces preuves d'antiquité.

Je crois donc pour toutes ces raisons que *le Coronement Looïs a été rédigé dans sa forme actuelle par un Français, dans les premières années du* xiie *siècle, au plus tard vers 1130.*

J'ai encore trouvé dans l'étude des assonances et de la mesure du vers des indications précieuses sur l'orthographe que je devais employer dans le texte. Je les ai signalées : le maintien de *l* dans la graphie partout où plus tard elle est devenue *u*, sa chute dans le mot *reiame*; le rétablissement de la diphtongue *ai* partout où les manuscrits l'écrivent *e*; la distinction dans la graphie entre *an* et *en*, suivant l'étymologie; le mot *Deus* écrit sans *i*; la diphtongaison de ò libre même devant une nasale (j'ai adopté *ue* plutôt que *oe*, parce que c'est la forme que je crois avoir été la plus générale dans l'Ile-de-France au commencement du xiie siècle); les 2 pers. plur. du futur en *ez* et non en *eiz*; enfin les nominatifs sing. *pere, emperere* et autres de la même déclinaison sans *s*.

Ce sont les seuls renseignements que l'étude de la versification m'ait donnés sur cette question. Je ne pouvais en demander d'autres aux manuscrits, qui sont trop postérieurs à l'original. J'ai donc été obligé, pour compléter mon système de graphie, de m'inspirer des travaux qui ont été faits directement ou indirectement sur l'orthographe française au xiie siècle.

VII. — VALEUR LITTÉRAIRE DU CORONEMENT LOOÏS.

Il s'en faut de beaucoup que les différentes branches du *Coronement Looïs* aient toutes une égale valeur littéraire; la première est de beaucoup la plus belle; c'est même une des plus remarquables pages de notre vieille poésie épique. C'est après en avoir cité deux vers, véritablement magnifiques, que M. Paulin Paris écrivait : « Je ne crains pas de dire que ces vers, dont l'harmonie est imposante comme celle des flots de la mer, doivent compter parmi les morceaux de la plus haute poésie »[1]. On y rencontre en effet partout

---

1. *Histoire littéraire*, XXII, 481.

les sentiments d'une âme fière et honnête, exprimés dans un style noble, vigoureux, sobre, exempt des épithètes oiseuses et des nombreuses formules si commodes aux trouvères sans talent pour cheviller leurs vers insipides. L'auteur est un Français convaincu que Dieu en ordonnant les royaumes de la terre a mis la France au premier rang :

Tot le meillor torna en dolce France.

Le chef d'un si noble pays, celui qui en porte « la corone d'or », doit être un preux, capable de poursuivre sans relâche les ennemis du royaume, de rendre la justice aux faibles, de mériter la sympathie et l'admiration de tous les gens de bien ; en un mot, d'être un digne successeur de Charlemagne. Mais que les temps sont changés depuis la mort du grand empereur !

Lors fist l'en dreit, mais or nel fait l'en mais.

Après cette mélancolique réflexion d'un esprit qui souffre à la vue des injustices de son temps, l'auteur raconte la cérémonie du couronnement de Louis, la trahison du comte d'Orléans, son châtiment. Dans son récit, les caractères sont nettement dessinés : Charlemagne est le vieillard qui ne peut plus imposer sa volonté parce que son bras n'a plus la force de la faire respecter ; Louis est un enfant timide, Arneïs un traître adroit, Guillaume un baron brave et dévoué.

Ou l'auteur de la seconde branche était bien inférieur à celui de la première, ou l'une a plus souffert que l'autre des arrangements du *remanieur*. Peut-être les deux causes ont-elles concouru à faire de la seconde partie du *Coronement Looïs* une œuvre assez médiocre. L'originalité y a fait place aux banalités, aux répétitions monotones, qui ont affadi le style et ralenti l'action. C'est ainsi que dans le duel entre Corsolt et Guillaume les deux champions, au lieu de frapper se lancent d'interminables défis. Guillaume entre ses coups trouve le temps de réciter deux longues prières, l'une de quatre-vingt-quinze, l'autre de cinquante-quatre vers, de ces prières trop connues, dans lesquelles le suppliant raconte à Dieu l'ancien et le nouveau Testament; et Corsolt, qui avait annoncé son intention d'en finir plus tôt

> Que vos n'iriez demi arpent a pié,

le laisse faire et se contente de lui demander à la fin à qui il a « si longement parlé ».

Un caractère assez particulier de cette branche est une sorte de bouffonnerie, plus ou moins consciente, dans l'expression et même dans l'idée. Galafre appelle le pape « sire al chaperon large; » Corsolt lui dit :

> « ... Petiz om, tu que quiers ?
> Est ce tes ordenes que halt iés reoigniez ? »

Le pape permet à Guillaume d'user des femmes autant que ses forces le lui permettront; quelque péché qu'il commette, le paradis lui est assuré. Ailleurs il menace saint Pierre de lui supprimer radicalement les messes dans son moûtier.

Il faut cependant, pour être juste, reconnaître qu'il y a, même dans cette branche, quelques beaux vers, par exemple ceux où Corsolt exprime au pape sa haine contre le Dieu des chrétiens; les deux derniers du passage sont vraiment superbes :

> Et mei et Deu n'avons mais que plaidier :
> Meie est la terre et siens sera li ciels (v. 536, 537).

La troisième branche, sans valoir la première, est cependant bien supérieure à la seconde; le style est plus vif, les formules, les épithètes inutiles sont plus rares; l'action procède plus régulièrement, suivant un plan bien tracé; l'auteur se rend compte des lieux où il fait agir ses personnages; il connaît probablement Tours et le monastère de Saint-Martin; il connaît même la géographie du Nord-Ouest de la France, car l'itinéraire qu'il fait suivre à Guillaume après la mort d'Ancelin ne cesse d'être vraisemblable que lorsqu'on sort de cette région. Cette particularité et les noms aquitains, comme Flore du Plessis, Gautier de Toulouse, donnés aux compagnons de Guillaume, confirment les raisons que j'ai déjà données pour identifier le Guillaume de cette branche avec un des comtes de Poitiers du même nom.

La quatrième branche ressemble beaucoup à la seconde; en modifiant quelques détails, en donnant aux Allemands le nom de Sarrasins et à Gui celui de Corsolt, l'une ne sera plus que la répétition de l'autre.

La cinquième branche est un simple sommaire de trente à trente-cinq vers. Le *remanieur* avait évidemment pensé à l'étendre davantage, comme le prouvent les trois vers suivants placés à la fin de la quatrième branche :

> Tels li jura qui le tint bonement

> Et tels alsi qui ne li tint neient,
> Com vos orrez ainz le soleil colchant (v. 2639-2641).

Il est en effet peu admissible que dans cette annonce l'auteur n'ait eu en vue que le récit abrégé que nous avons.

Celui qui a réuni ces diverses branches en un seul poème était un homme fort médiocre. En beaucoup de cas, naturellement, il est difficile de décider si l'idée ou l'expression est de lui ou de l'auteur original, mais aussi dans d'autres on reconnaît incontestablement les traces de sa main maladroite. Des vers répétés dans les différentes branches ne peuvent être que de lui, ou du moins ont été introduits par lui, et ces vers sont généralement les plus mauvais de l'ouvrage. Il a laissé les contradictions les plus choquantes dans les diverses parties. Par exemple, à la fin de la première branche, quand Guillaume quitte la cour d'Aix pour se rendre à Rome, le remanieur oublie absolument que, d'après la première branche, en même temps que Guillaume, le pape se trouvait à Aix, où il était venu pour le couronnement de Louis. Dans la première branche, la cour siège à Aix; dans les autres, Louis est le roi de Saint-Denis, ou de Paris. A la fin de la seconde branche, le vainqueur de Corsolt est sur le point d'épouser la fille de Gaifier; mais ce vainqueur prenant dans le remaniement le nom de Guillaume au Court Nez, le mariage devient gênant, puisque dans la poésie la femme de Guillaume est la belle Orable; le remanieur sort de cet embarras avec un vers :

> Trestot aveit entrobliee Orable.

Ce mariage manqué est le prétexte qui ramène Guillaume en Italie à la fin de la troisième branche, pour y devenir le héros de la quatrième. Guillaume redescend donc en Italie pour épouser la jeune fille, dont Gui d'Allemagne convoite la main et surtout les biens. Il vient à Rome, tue Gui, puis rentre en France, sans que, dans tout le récit, il soit fait la moindre allusion à la fille de Gaifier. Ce serait le cas de dire au jongleur ce que les messagers disent à Guillaume :

> De la pulcele vos a petit membré.

Au lieu d'insister sur ces contradictions, j'aime mieux signaler encore les vers qui ont servi de soudure entre les différentes branches et qui dévoilent chez le remanieur une étonnante faiblesse d'invention : ceux qui relient la troisième branche à la seconde, depuis :

> Es dous messages venant toz abrivez (v. 1384),

jusqu'à :

> De Looïs vos est petit membré (v. 1395),

se retrouvent entre la troisième et la quatrième, depuis :

> Es dous messages poignant tot abrivez (v. 2225),

jusqu'à :

> De la pulcele vos a petit membré (v. 2232).

Le premier de ces vers, *Es dous messages...* est déjà dans la soudure de la première à la seconde branche (v. 323).

Dans le récit des voyages que Guillaume fait successivement d'Aix à Rome, de Rome à Tours, d'Orléans à Rome, on découvre la même pauvreté d'imagination. Le premier voyage est ainsi raconté :

> Vait s'en li cuens, de neient ne se targe ;
> De ses jornees ne sai que vos contasse :
> Montgeu trespasse, qui durement le lasse ;
> De ci a Rome n'aresta Fierebrace (v. 268-271).

Voici le second :

> Vait s'en li cuens, qui de riens ne se targe,
> Montgeu trespasse, qui durement le lasse.
> De lor jornees ne sai que vos contasse ;
> De ci en Brie n'arestent ne se targent (v. 1446-1449).

Dans le troisième, le changement d'assonance a nécessité une légère modification :

> De lor jornees ne vos sai deviser :
> Montgeu trespassent, qui molt les a penez,
> De ci a Rome ne se sont aresté (v. 2276-2278).

Malgré ces défauts, il n'en reste pas moins au *Coronement Looïs* un réel mérite littéraire, qui, joint à l'importance historique et à la valeur linguistique de ce poème, en fait un des plus intéressants ouvrages de l'ancienne poésie française.

LI CORONEMENZ LOOÏS

LI CORONEMENZ LOOÏS

I

Oiez, seignor, que Deus vos seit aidanz!
Plaist vos oïr d'une estoire vaillant,
Buene chançon, corteise et avenant?
Vilains juglere ne sai por quei se vant
5 Nul mot n'en die tresque l'en li comant.
De Looïs ne lairai ne vos chant,
Et de Guillelme al cort nés le vaillant,

1 *B¹ a un tout autre début; il remplace les trois premières laisses de A, B², C et D par la suivante* : G. fu tous drois en son estant Il jure dieu le pere tout poissant Quil ne lairoit por nule riens viuant Veoir ne voist chariemagne le grant Il sapareille auec lui maint sergant Qui de laler estoient desirrant A dieu commandent ermengart la vaillant De leur jorneez ne vos irai contant Desci a ais ne se vont arestant La ont trouue guielin et bertrant Qui por g. furent lie et joiant *Pour la leçon de D, voyez ci-dessous; après le 1er vers A donne* Li glorios par son comandement — 3 *A et B* Bone et cortoise gentil et auenant — 4 *C A²* sen vant; *A⁴* .I. nain j. — 5 *A* N. m. a dire; *A⁴* .I. mot — 6 *C* De l. ne lise — 7 *B²* le puissant ·

Qui tant sofri sor sarrazine gent;
De meillor ome ne cuit que nuls vos chant.

II

10 Seignor baron, plaireit vos d'une esemple,
D'une chançon bien faite et avenante?
Quant Deus eslist nonante et nuef reiames,
Tot le meillor torna en dolce France.
Li mieldre reis ot a nom Charlemagne;
15 Cil aleva volentiers dolce France;
Deus ne fist terre qui envers lui n'apende;
Il i apent Baviere et Alemaigne,
Et Normandie, et Anjou, et Bretaigne,
Et Lombardie, et Navare, et Toscane.

III

20 Reis qui de France porte corone d'or
Prodom deit estre et vaillanz de son cors;
Et s'il est om qui li face nul tort,
Ne deit guarir ne a plain ne a bos,
De ci qu'il l'ait o recreant o mort :
25 S'einsi nel fait, dont pert France son los;
Ce dist l'estoire : coronez est a tort.

8 B^2 Q. t. s. contre paiene gent — 9 C Du nul meillor n. q. — 10 B^2 Plaist il vous a entendre; C plaist il vos a ensemble — 11 B^2 Bone c. b. f. por aprendre — 12 A nonante et .x. — 13 C dona a d. f. — 14 A Li maines r.; B^2 si ot nom c. — 15 B^2 C. a. a son pooir le regne — 16 C qua lui ne doie apendre — 17 A B^1 Il ala prendre; B^2 Ja i a.; D Quil i apent — 19 B^2 Et berriier et; C Et l. auauterre et t. — 26 C *manque*

IV

Quant la chapele fu beneeite a Ais,
Et li mostiers fu dediiez et faiz,
Cort i ot buene, tel ne verez ja mais;
30   Quatorze conte guarderent le palais.
Por la justice la povre gent i vait;
Nuls ne s'i claime que trés buen dreit n'i ait.
Lors fist l'en dreit, mais or nel fait l'en mais;
A conveitise l'ont torné li malvais;
35   Por fals loiers remainent li buen plait.
Deus est prodom, qui nos governe et paist,
S'en conquerront enfer qui est punais,
Le malvais puiz, dont ne resordront mais.

V

Cel jor i ot bien dis et uit evesques,

---

27 *C* Q. b. f. la c. a ais; *B¹*, *au lieu des cinq vers 27 à 31, donne les trois suivants* Or est g. dedens la cite de ais Segnor a yce jour que li moustiers fu fais Et li lieus beneis adont estoit drois fais — 28 *B²* Et l. m. i fu formez et f. — 29 *C* K. tint cort gregnor n.; *A B* tele ne verroiz mais — 30 *C* i gardent — 31 *C* P. l. j. se poure gent ni ait — 32 *A¹ A²* que tres bien d. nen ait; *B²* que molt bon d. — 33 *B¹* Or est ainsi que on ne le fait mais; *B²* mais poi en fait on mais; *C* On fist dont droit mais or nen fait on mais — 34 *A* A cortoisie; *C* sont torne — 35 *A³* remainrent; *C* eslongnent le d. p. — 36 *B¹* On ne fait droit ne au clers ne as lais Mais damedieus qui est souerains et vrais Ses en rendra leur gueredons parfais; *B²* Dieus en prent droit qui nous gouuerne et fait; *C* Dieus lor perdonne q. les g. e. p. — 37 *A* Si conquerons — 38 *A* Les maluais princes dont ne resordrons (*A¹* resordront) mais; *C manque* — 39 *B* Li jors fu biel qui fu icelle feste Ce jor i ot bien .xxvii. euesques; *C diffère trop pour qu'on en puisse mentionner toutes les variantes; je renvoie à la copie intégrale que j'en*

40   Et si i ot dis et uit arcevesques,
      Li apostoiles de Rome chanta messe.

VI

Cel jor i ot oferende molt bele,
Que puis cele ore n'ot en France plus bele.
Qui la reçut molt par en fist grant feste.

VII

45   Cel jor i ot bien vint et sis abez,
      Et si i ot quatre reis coronez.
      Cel jor i fu Looïs alevez,
      Et la corone mise desus l'altel ;
      Li reis ses pere li ot le jor doné.
50   Uns arcevesques est el letrin montez,
      Qui sermona a la crestienté :
      « Baron, dist il, a mei en entendez :
      Charles li magnes a molt son tens usé,
      Or ne puet plus ceste vie mener.
55   Il ne puet plus la corone porter :
      Il a un fill a cui la vuelt doner. »
      Quant cil l'entendent, grant joie en ont mené ;

---

imprime à la fin de ce volume. Quand de nouveau il se rapprochera assez des autres leçons pour que je puisse reprendre le système d'annotation appliqué aux vers précédents, je le ferai — 40 *B* .xxv. a. — 41 *B* Et lapostoiles meismes c. m. — 42 A^2 offrande molt tres bele; *B* si bele offrende faite — 43 *B* Q. p. c. h. en france not si bele — 44 B^2 en parfist molt g. f. ; *A* Q. l. r. il dut bien preudoms estre — 45 *B* .xxviii. — 46 *Après ce vers B ajoute* Quatorze contes por le palais garder — 49 *B* len ot le don done — 53 *B* Ch. li rois — 54 *B* Or ne vuelt — 55 *A manque; B* vuelt.

Totes lor mains en tendirent vers Deu :
« Pere de gloire, tu seies merciez
60 Qu'estranges reis n'est sur nos devalez ! »
Nostre emperere a son fill apelé :
« Bels filz, dist il, envers mei entendez :
Veiz la corone qui est desus l'altel ?
Par tel convent la te vueil ge doner :
65 Tort ne luxure ne pechié ne mener,
Ne traïson vers nelui ne ferez,
Ne orfelin son fié ne li toldrez ;
S'einsi le fais, g'en lorai Damedeu :
Prent la corone, si seras coronez ;
70 O se ce non, filz, laissiez la ester :
Ge vos defent que vos n'i adesez.

VIII

« Filz Looïs, veiz ici la corone ?
Se tu la prenz, emperere iés de Rome ;
Bien puez mener en ost mil et cent omes,
75 Passer par force les eves de Gironde,
Paiene gent craventer et confondre,
Et la lor terre deis a la nostre joindre.

---

58 *B²* Chascuns ses mains en tendi enuers de ; *B¹* T. l. m. ont tendues v. d. — 59 *B* P. d. g. vos soyez aorez — 60 *B* Questranges rois nait sur nos poeste — 62 *A* manque ainsi que pour les vers suivants ; *D* le donne — 64 *B²* vous — 65 *B* Tort ne outrage que vos ne maintendrez — 66 *B* v. nul home ferez — 67 *B* de son fie ne toldrez — 68 *B* Les veues fames tot a droit maintendrez (*B²* totes bon d. m.) Seinsi le fais je te dis par verte De dieu seras et de tes genz amez — 69 *B* P. l. c. sen s. c. — 72 *B* Fils ce dist charles vez ici (*B²* veez ci) la c. ; *A* veez ci — 74 *B* En ost porras bien mener .cm. homes — 75 *B* Passer porras les yaues de gironde — 76 *B* P. g. tormenter et c. — 77 *B¹* manque ; *B²* Et la l. t. d. a la terre aioindre

S'einsi vuels faire, ge te doins la corone ;
O se ce non, ne la baillier tu onques.

IX

80 « Se tu deis prendre, bels filz, de fals loiers,
Ne desmesure lever ne esalcier,
Faire luxure ne alever pechié,
Ne eir enfant retolir le sien fié,
Ne veve fame tolir quatre deniers,
85 Ceste corone de Jesu la te vié,
Filz Looïs, que tu ne la baillier. »
Ot le li enfes, ne mist avant le pié.
Por lui plorerent maint vaillant chevalier,
Et l'emperere fu molt grains et iriez :
90 « Ha ! las, dist il, com or sui engeigniez !
Delez ma fame se colcha paltoniers,
Qui engendra cest coart eritier.
Ja en sa vie n'iert de mei avanciez.

79 *B*² O. s. c. n. fils ne la bailler onques — 80 *A*ᵗ S. t. d. p. b. fils loier; *B* Fils dist li rois ge te vueil chastoier Se tu doiz prendre aucun mauues oier (*B*ᵗ baux filz mauuais loier) — 81 *B* Ne demesure aleuer nessaucier ; *A* Ne demesure de noient abaissier — 82 *B* Ne faire tort n. a. p. — 83 *B* Ne orfelin; *A B* a retolir son fie — 84 *A* Aucune fame t. .iiii. l.; *B*ᵗ N v. f. t. le seul denier; *B*² N. v. f. seul t. .r. d. — 85 *B* Ceste corone qui desus lautel siet De dieu de gloire la vous defent ge bien — 86 *B* F. l. q. vous n. l. bailliez — 87 *A* O l. l. e. onques ne mut le pie — 88 *B* Esbahiz fu de ce quil entendie Nosa aler la corone baillier Et quant ce voient li baron cheualier Molt en sont tuit dolent et corocie (*B*ᵗ M. par en sont d. e. c.) — 89 *B*ᵗ E. le. en fu g. e. i.; *B*² en fu forment i.; *B ajoute* Quant son fill vit qui si ert vergoigniez Dont le mescrut lempereres proisiez Si a parle que loient maint princier — 90 *B*² com ge sui e.; *B*ᵗ o ge sui e.; *B ajoute* Tels cuide auoir une bone moillier Qui la mauuaise de verte le sachiez Or jureroie par la vertu du ciel — 92 *C A la leçon*; *B* mauuais he. — 93 *B manque*; *C* J. e. s. v. niert d. m. justicier

Quin fereit rei, ce sereit granz pechiez.
95 Or li fesons toz les chevels trenchier,
Si le metons la enz en cel mostier :
Tirra les cordes et sera marregliers,
S'avra provende qu'il ne puist mendiier. »
Delez le rei sist Arneïs d'Orliens,
100 Qui molt par fu et orgueillos et fiers;
De granz losenges le prist a araisnier :
« Dreiz emperere, faites pais, si m'oiez.
Mes sire est jovenes, n'a que quinze anz entiers,
Ja sereit mors quin fereit chevalier.
105 Ceste besoigne, s'il vos plaist, m'otreiez,
Tresqu'a treis anz que verons coment iert.
S'il vuelt preuz estre ne ja buens heritiers,
Ge li rendrai de gré et volentiers,
Et acreistrai ses terres et ses fiez. »
110 Et dist li reis : « Ce fait a otreier. »
« Granz merciz, sire, » dient li losengier,
Qui parent erent a Arneïs d'Orliens.
Sempres fust reis quant Guillelmes i vient;

94 *C B* Quen; *A* Qui e. f. r. c. s. pechiez — 95 *C A la leçon*; *B* O. l. f. les cheuels roongnier — 96 *A* Moines sera a aïs en c. m.; *B* Si le metons par dedenz .l. m. — 97 *B¹* Tirera cordes; *B²* T. l. c. et s. marrublier; *C* T. l. c. si s. m. — 98 *B* Sa p. quan-quil porra mangier; *C* Sa. p. qui ne vuelt mendier — 99 *B* se s. h. (*A¹* bernarz) do.; *B* se s. h. le fier; *C* hernauz cil dorliens — 100 *A* Qui molt se fist e. o. e. f.; *B* Riches hom fu et molt fist a proisier — 101 *A réunit le 1er hémistiche du vers 101 au 2e du vers 102* : De granz losenges faites pais si moiez; *B* D. g. l. le voldra conseillier; *C la leçon* — 103 *A* Mes s. iert moines; *C* .vii. ans — 106 *B* Dusqua .iii. a. quen verra c. i.; *C* Jusqua .iii. a. je verrai quels il iert — 107 *B* Sil v. preuz e. n. j. b. cheualiers; *C* Se il quet estre jamais bons justichiers — 108 *B manque*; *C* J. l. r. sa terre volentiers; *D* Puis li r. d. g. e. v. — 109 *B* On li croistra et sa terre e. s. f.; *D* Croisserai l. s. t. e. s. f. *(ce vers placé avant 108)* — 110 *B²* Le rois a dit — 112 *B* Q. p. e. celui h. le fier; *A* duc hernault do. — 113 *B au lieu des vers 113 et 114 donne*

D'une forest repaire de chacier.
115 Ses niés Bertrans li coru a l'estrier;
Il li demande : « Dont venez vos, bels niés ?
— En nom Deu, sire, de la enz del mostier,
Ou j'ai oï grant tort et grant pechié.
Arneïs vuelt son dreit seignor boisier :
120 Sempres iert reis, que Franceis l'ont jugié.
— Mar le pensa, » dist Guillelmes li fiers.
L'espee ceinte est entrez el mostier,
Desront la presse devant les chevaliers :
Arneïs trueve molt bien apareillié;
125 En talent ot qu'il li copast le chief,
Quant li remembre del glorios del ciel,
Que d'ome ocire est trop mortels pechiez.
Il prent s'espee, el fuere l'embatié,
Et passe avant; quant se fu rebraciez,
130 Le poing senestre li a meslé el chief,
Halce le destre, enz el col li assiet :
L'os de la gole li a par mi brisié;
Mort le tresbuche a la terre a ses piez.

les quatre suivants : Sempres fust rois li culuerz losengiers Ne fust g. li marchis au vis fier Par les degrez est entrez el mostier A la cort vient o lui maint cheualier — 114 *D* Li gentils cuens repaire de chacier — 115 *B²* B. s. n. l. c. a le.; *B¹ omet ce vers et les suivants jusqu'au vers 123 inclusivement* — 116 *B²* I. l. d. d. v. sire nies — 118 *B²* manque — 119 *B²* Ernaut le fel cui dieus doint encombrier Si veut leenz son droit seigneur boisier A loeys veut retolir son fie; *A B¹* hernaulz si v. — 120 *A* S. i. r. de france lo. j. — *B²* S. i. r. quar les pers lo. j. — 123 *B²* D. l. p. d. maint c. — 124 *B* H. i trueve m. b. a. Ja le voloient coroner losengier Tantost fust rois quant g. i vient Quant il le voit a poi nest maruoiez; *A* H. troua; 125 *B²* E. t. o. de coper li le c. — 126 *B* Q. se r. de dieu le droiturier — 128 *A* Il prent le brant si le ra estoie; *B* Sa bone espee ra el f. fichie — 129 *A* Puis passe auant quant se fu porpense; *B²* E. p. a. q. s. f. redrecie; *B¹ la leçon* — 130 *B* Son poing — 133 *A* M. l. t. a terre a s. p.; *A* M. l. t. deuant lui a s. p.

Quant il l'ot mort sel prent a chastcier :
135 « Hé! gloz! dist il, « Deus te doint encombrier!
Por quei voleies ton dreit seignor boisier?
Tu le deüsses amer et tenir chier,
Creistre ses terres et alever ses fiez.
Ja de losenges n'averas mais loier.
140 Ge te cuidoe un petit chastcier,
Mais tu iés morz, n'en dorreie un denier. »
Veit la corone qui desus l'altel siet :
Li cuens la prent senz point de l'atargier,
Vient a l'enfant, si li assiet el chief :
145 « Tenez, bels sire, el nom del rei del ciel,
Qui te doint force d'estre buens justiciers! »
Veit le li pere, de son enfant fu liez :
« Sire Guillelmes, granz merciz en aiez.
Vostre lignages a le mien esalcié. »

X

150 « Hé! Looïs, » dist Charles, « sire filz,
Or avras tu mon reiame a tenir.
Par tel convent le puisses retenir
Qu'a eir enfant ja son dreit ne tolir,
N'a veve fame vaillant un angevin;
155 Et sainte eglise pense de bien servir,
Que ja deables ne te puisse honir.

---

134 *A* Q. il l'o. m. prent le a c — 135 *B²* Fel glouz — 18 *B C.*
s. t. leuer et essaucier — 139 *A manque* — 140 *A* G. t. c. u. p.
esmaier — 142 *A* Vois — 143 *B* Li cuens (*B²* Li ber) la prent plus
atendre ne quiert — 145 *A* el nom de dieu d. c.; *B²* Tien la bien
sire; *B²* Tien dist il sire — 146 *A* Qui t. d. f. a estre justicier;
B Que tu de f. soies b. j. — 147 *A¹* Voit lemperere — 151 *A* Tu
auras tost — 152 *B* P. t. c. l. p. tu saisir — 153 *B* Qua orfelin ne
puisses rien tolir — 154 *B* Ne veue fame de sonor desertir — 155
A Saintes eglises pensez — 156 *B* Quel ne te laist al deable honir

Tes chevaliers pense de chier tenir ;
Par els seras onorez et serviz,
Par totes terres et amez et cheriz. »

XI

160 Quant ont le jor de Looïs rei fait,
La cort depart, si sont remés li plait;
Chascuns Franceis a son ostel s'en vait.
Cinc anz vesqui puis Charles et non mais.
Charles li reis en monta el palais;
165 Ou veit son fill, si li dist entresait :

XII

« Filz Looïs, ne te celerai mie,
Or avras tot mon reiame en baillie,
Après ma mort, se Deus me beneïe.
Qui me guerreie, bien sai qu'il te desfie,
170 Cil qui me het, bien sai ne t'aime mie :
Se gel puis prendre, par Deu le fill Marie,
De reençon ge n'en vueil aveir mie,
Ainz le ferai detrenchier et ocire.

157 *A* pense de resbaldir — 159 *B* Gar (*B¹* Car) losengiers ne soit par toi ois Ne croire (*B¹* crois) pas lor bordes ne lor diz Se tu le fais tu en seras honiz — 160 *A* De looïs quant le jor lont r. f. — 161 *A* si est remes; *A¹* remes replet — 162 *B* C. baron en son palais sen vait — 164 *B* C. l. r. monta enz (*B²* haut) el palais — 166 *A* ne vos c. m.; *B* Fils dist le rois — 167 *B* Or auras tu molt roial seignorie — 169 *B* bien sait (*B²* sent) quil me defie — 171 *manque* — 173 *B* D. r. denier nen aurai mie

XIII

« Filz Looïs, a celer ne te quier,
175　Quant Deus fist rei por pueples justicier,
　　　Il nel fist mie por false lei jugier,
　　　Faire luxure, ne alever pechié,
　　　Ne eir enfant por retolir son fié,
　　　Ne veve fame tolir quatre deniers;
180　Ainz deit les torz abatre soz ses piez,
　　　Encontreval et foler et pleissier.
　　　Ja al povre ome ne te chalt de tencier;
　　　Se il se claime ne t'en deit ennoier,
　　　Ainceis le deis entendre et conseillier,
185　Por l'amor Deu de son dreit adrecier;
　　　Vers l'orgoillos te deis faire si fier
　　　Comme liepart qui gent vueille mangier;
　　　Et s'il te vuelt de neient guerreier,
　　　Mandez en France les nobles chevaliers,
190　Tant qu'en aiez plus de trente miliers;
　　　Ou mielz se fie la le fai asegier,
　　　Tote sa terre guaster et essillier.
　　　Se le puez prendre ne a tes mains baillier,
　　　N'en aies onques manaide ne pitié,

---

174 *A* Aincois le fai — 175 *A* por le pueple esaucier — 176 *B* por les bons foriugier — 177 *B* Por faire tort ne maluais essaucier — 178 *B* Ne por tolir a orfelin son fie — 179 *B N.* v. f. seul tolir .1. denier — 180 *B* Ainz dois le tort foler et abaissier; *les deux vers 180 et 181 sont ainsi réunis* — 182 *La bonne leçon est celle de D; x* Envers le (*A* les) poure te dois humelier — 183 *A manque* — 184 *A* Et si lor dois aider et conseillier — 185 *A* Por amor Deu sa parole adrecier — 187 *A* qui gent doie m.; *B* qui vueille gent m. — 188 *B* Se il te v. — 189 *B* Mandez francois — 190 B^2 tresqua .xxx. m.; B^1 Tant que en aiez dusqua .xxx. m. — 191 *B* Ton anemi fai tantost a. — 192 *B* T. s. t. ardoir et e. — 194 *B* Onques nen aies

195 Ainceis li fai toz les membres trenchier,
    Ardeir en feu ne en eve neier ;
    Quar se Franceis te veient entrepiez,
    Diront Normant en nom de reprovier :
    « De si fait rei n'avions nos mestier.
200 « Mal dahé ait par mi la croiz del chief
    « Qui avuec lui ira mais ostoier,
    « Ne a sa cort ira por corteier !
    « Del sien meïsme nos poons bien paier. »
    Et altre chose te vueil, filz, acointier,
205 Que se tu vis il t'avra grant mestier :
    Que de vilain ne faces conseillier,
    Fill a prevost ne de fill a veier :
    Il boisereient a petit por loier ;
    Mais de Guillelme le nobile guerrier,
210 Fill Aimeri de Narbone le fier,
    Frere Bernart de Brebant le guerrier :
    Se cil te vuelent maintenir et aidier,
    En lor service te puez molt bien fiier. »
    Respont li enfes : « Veir dites, par mon chief. »
215 Il vint al conte, si li cheï as piez.
    Li cuens Guillelmes le coru redrecier ;

196 *A* en la mer noier — 197 *A* Q. s. f. le tenoient soz piez; *B* Q. s. felon t. tenoient e.; *D la leçon* — 198 *D la leçon; B* Li uns a lautre le voloient noncier; *A* Qui de la guerre se puissent aidier Sempres diront li felon losengier Et li normant lecheor pautonier — 199 *B*¹ auiemes mestier; *B*² auions nos m. — 200 *A* C. dahait — 201 *D la leçon; B A* Por lui ira en grant ost ostoier — 202 *A* ira plus c.; *B* i. p. tornoier — 203 *A* nos peusmes paier — 205 *A* Q. s. t. vuels; *B* Q. s. t. vis et ta. g. m. — 207 *B* Fill de p. n. d. f. a closier — 208 *B* Il tricheroient assez tost por loier — 209 *B* Mais vez ici g. le g. — 210 *B* F. a. de n. au vis fier — 211 *B* F. b. et guibert le proisie — 212 *A* Et sil t. v. m. e. a.; *B* ne aidier — 213 *B* te porras — 214 *B* Voir dist li enfes refuser ne le quier — 215 *B* Vint a g. cheoir li volt as piez — 216 *B* Mais li frans cuens la amont redrecie

Il li demande : « Dameisels, que requiers ?
— En nom Deu, sire, et manaide et pitié.
Mes pere dit qu'estes buens chevaliers,
220 N'a tel baron soz la chape del ciel ;
En vos vueil metre mes terres et mes fiez,
Que les me guardes, nobiles chevaliers,
Tant que ge puisse mes guarnemenz baillier. »
Respont li cuens : « Par ma fei, volentiers. »
225 Il li jura seur les sainz del mostier
Ja n'en avra vaillant quatre deniers,
S'il ne li doint de gré et volentiers.
Lors vint a Charle, ne s'en volt delaier ;
Devant le rei se vait agenoillier ;
230 « Dreiz emperere, ge vos demant congié ;
Quar il m'estuet errer et chevalchier
Tot dreit a Rome, por saint Pere preier ;
Bien a quinze anz, a celer ne vos quier,
Que m'i promis, mais ne poi espleitier.
235 Cestui veiage ne vueil ge plus laissier. »
Li reis li done coroços et iriez,
Si li charja seissante chevaliers,
D'or et d'argent trossez trente somiers ;
Al departir se corurent baisier.
240 Par tel convent i ala li guerriers,
Puis ne revint si ot grant encombrier ;
Ainz fu morz Charles que il fust repairiez ;

217 *B* Puis li d. d. que me quiers — 218 *A* A n. d. — 221 *A* Que v. v. — 222 *B*ᶜ Quel me guardez; *B*² Ques me guardez — 224 *A* Li cuens respont — 225 *B* par les sainz — 226 *B* la monte dun denier ; *A* Jancois naura v. .iiii. d. Ne vous rendra plain droit ne demi pie — 227 *B*² de son gre volentiers — 228 *A* Quil ne volt delaier. — 230 *B* quar me donez congie — 233 *B* B. a .v. a.; *B*² ja celer nel v. q. — 234 *B* Que li promis mais ne li poi paier — 237 *A* .XL. — 238 *B* Do. e. da. li dona .x. somiers — 239 *B* A. d. se sont entrebaisie — 241 *B* P. n. r. sains ne saufs ne entiers — 242 *B* A. f. m. c. quil peust repairier

14 LI CORONEMENZ LOOÏS

Et Looïs remest ses eritiers.
Ainz que Guillelmes peüst puis espleitier,
245 Ne il en France peüst puis repairier,
Fu il a tort enserrez et muciez,
Qu'il n'i aveit fors des membres trenchier;
Trop li peüst Guillelmes delaier.

XIV

Al mostier fu Guillelmes Fierebrace,
250 Congié demande a l'empereor Charle;
Et il li charge seissante omes a armes,
D'or et d'argent trente somiers li baille.
Vait s'en li cuens, de neient ne se targe,
Et Looïs le conveie grant masse;
255 Plorant apele Guillelme Fierebrace :
« Hé! gentils cuens, por Deu l'esperitable,
Veez mon pere de cest siecle trespasse :
Vielz est et frailes, ne portera mais armes,
Et ge sui jovenes et de petit eage;
260 Se n'ai secors, tot ira a damage. »
Respont li cuens : « Ne seiez a malaise,
Que, par l'apostre que l'en requiert en l'arche,
Se ge ai fait icest pelerinage,

---

243 B^1 A l. r. s. h.; B^2 A l. demorerent ses fie — 244 B^1 peust puis reperier; B^2 sen peust reperier — 245 *B a réuni ce vers au précédent* — 246 *B* Fu si menez de païens losengiers Et si atains l. au vis fier (B^2 le princier) — 248 *B* Trop se p. — 251 *A* .XL. — 252 *B* Et .x. somiers dor et dargent l. b. — 253 B^1 V. s. l. c. pour dieu lesperitable — 254 A^1 conuoia; B^1 *omet ce vers et les deux suivants* — 258 *A* V. e. e. faibles; A^1 si ne puet porter a.; A^2 ne puet mais porter a. — 260 B^1 ge i aurai damage; B^2 bien sai quaurai damage — 261 *B* nen soiez en m. — 262 B^1 Que par celui qui mist noel en larche; B^2 Quar par ce dieu qui mist noel en larche — 263 B^1 cestui pelerinage; B^2 sauoie fait cestui p.

Se me mandez par seels et par chartres,
265 O par tel ome qui bien en seit creables,
Ja ne lairai, por nul ome que sache,
Ne vos secore o mon riche barnage. »
Vait s'en li cuens, de neient ne se targe;
De ses jornees ne sai que vos contasse :
270 Montgeu trespasse, qui durement le lasse;
De ci a Rome n'aresta Fierebrace.

XV

Vait s'en Guillelmes li gentils et li ber,
Et Guielins et Bertrans l'alosez;
Desoz les chapes orent les branz letrez,
275 Et neporquant si orent il trossé
Les buens halberz et les helmes dorez.
Li escuier furent forment lassé
Des forz escuz et des espiez porter.
De lor jornees ne vos sai aconter;
280 Montgeu trespassent, qui molt les a lassez,
Par Romenie se sont acheminé,
De ci a Rome ne s'i sont aresté.
Cil escuier porprenent les ostels;
Ciquaires fu lor ostes apelez,
285 Celui a tot son aveir comandé.
Cele nuit fu li cuens bien conreez.
Après mangier sont alé reposer,

264 *B* Et me m. p. s. o. p. c. — 265 *A* qui bien soit sofisables — 266 *A* qui sache — 270 *B manque* — 271 *B*¹ D. c. a. r. narreste ne se sache; *B*² D. c. a r. ne seiorna en place — 273 *B* bernarz la. — 274 *B*¹ les brans dacier serrez; *B*² l. b. dacier letrez — 276 *B* helmes gemez — 277 *B* resont forment l. — 278 *B* et des lances — 281 *B manque* — 282 *A* ne sont mie areste — 284 *A* Cirtaiges — 286 *B* richement ostelez

Li cuens se dort, qui molt par fu lassez.
Sonja un songe dont molt fu esfreez :
290 Devers Rossie vint uns feus embrasez,
Qui esprenoit Rome de trestoz lez ;
Uns veltres vint corant tot abrievez ;
Des altres est partiz et desevrez ;
Guillelmes ert soz un arbre ramé,
295 De cele beste esteit tot esfreez ;
Quar de sa poe li dona un cop tel
Tot le feseit envers terre cliner.
Li cuens s'esveille, si se comande a Deu.
Onques mais songes ne fu si averez,
300 Quar Sarrazin espleitierent d'aler ;
Li reis Galafres et li reis Tenebrez,
Li reis Cremuz et Corsolz l'amirez
Pris ont de Chapre les maistres fermetez.
Li reis Guaifiers i est emprisonez,
305 Il et sa fille, sa fame a grant belté,
Et trente mile de chaitis encombrez,
Qui tuit eüssent les chiés des bus sevrez.
Tant ama Deus Guillelme le membré
Que par lui furent de prison delivré
310 Envers Corsolt d'oltre la roge mer,
Le plus fort ome dont l'en oïst parler.
Cil detrencha a Guillelme son nés,
Com vos orrez ainz qu'il seit avespré.

287 *B* A. m. se sont couchier ale — 288 *B* qui molt estoit lassez — 291 *B* romaigne de toz lez — 292 *B* corant deschaenez — 293 *B* Deuant les autres venoit tot abrieuez — 294 *B* G. estoit — 295 *B* De ceste beste estoit t. e. — 296 *B* Qui d. s. p. l. donoit — 297 *B* acliner — 298 *B* si a deu reclame — 299 *B* mielz auerez — 300 *B* nesploitent que derrer — 301 *A* garsiles — 302 *A omet ce vers et les 2 suivants* — 303 *B*² P. o. des mestres fermetez assez — 304 *B*² Le roy galaffre — 306 *B A* .xxx m. de c. enserrez. — 311 *A* Del p. f. h. que (*B*¹ qui) le. o. p. — 312 *A* C. retrencha; *B* C. d. al franc conte le nes

Se vos donez tant que vueille chanter.
315 A cez paroles se trait a l'ajorner.
Li cuens Guillelmes s'est par matin levez,
Al mostier vait le service escolter;
Totes ses armes fait metre sor l'altel ;
De l'or d'Arabe les volt puis rachater.
320 Et l'apostoiles fu molt gentilz et ber,
Qui se revest por la messe chanter.
Quant li service fu diz et definez
Es dous messages venant tot abrivez;
Ja conteront unes noveles tels
325 Dont mainz frans om fu le jor esfreez.

XVI

Al mostier fu Guillelmes Fierebrace.
Messe ot chantee li apostoiles sages;
Quant il l'ot dite si vienent dui message,
Qui li aportent unes noveles aspres :
330 Que Sarrazin li font molt grant damage;
Pris ont par force la grant cité de Chapre,
Et trente mile de chaitis qu'uns que altres,
S'il n'ont secors, qui tuit morront a glaive.
Li apostoiles en fu molt esmaiables;
335 Demandant vait Guillelme Fierebrace.
L'en li enseigne aval, desus le marbre,

---

314 *B manque*. — 315. B le trait — 319 B les vait puis — 320 B Li a. — 321 B Il s. r. p. sa m. c. — 322 B afinez — 323 A Es vos paien poignant t. a. Dui messagier vinrent tot effrae — 325 A airez — 328 B si li vint — 330 B li ont fait g. d. — 331 C l. g. c. de carpes; A la fort c. d. chartres Pris ont guaifier de police le sage — 332 B de gent molt honorable; C Et bien .xxx. caitis que uns que autres — 333 B Sil nont par tems qui lor soit secorables Par tems morront dont ce iert granz otrages — 334 A qui f. m. amiables; B¹ enorables ; B² enuiable

LI CORONEMENZ LOOÏS

    Ou prie Deu, le pere esperitable,
    Qu'il li doint force et onor et barnage,
    Et son seignor Looïs le fill Charle.
340 Li apostoiles de neient ne se targe ;
    Prist un baston, si le hurte en l'espalle ;
    Li cuens se drece, monstre li le visage.

XVII

    Li cuens Guillelmes se dreça sor ses piez,
    Et l'apostoiles l'en prist a araisnier :
345 « Hé ! gentilz om, por Deu le dreiturier,
    Et quar me dites se me porrez aidier.
    Ja nos requierent paien et aversier,
    Li reis Galafres, qui des altres est chiés.
    Cil est destreiz qui nos soleit aidier :
350 Pris est par force li riches reis Guaifiers,
    Il et sa fille et sa franche moillier,
    Et trente mile de chaitis prisoniers,
    S'il n'ont secors, qui tuit perdront les chiés.
    — Hé ! Deus aïde ! » dist li cuens al vis fier.
355 De tant de reis se comence a seignier ;
    Ses niés Bertrans l'en prist a araisnier :
    « Oncles Guillelmes, estes vos esragiez ?
    Ainz mais por ome ne vos vi esmaier. »
    Respont Guillelmes : « Merci, por Deu, bel niés ;

---

337 *B* Ou il prioit jesu le. — 339 *A* Son droit seignor — 342 *B* Si li tent le visage; *B²* *ajoute* En seurriant a resgarde le pappe — 343 *B* se drece — 344 *B* le prist — 345 *B* H. g. cuens — 346 *B* Dites moi sire porriez moi aidier — 349 *B* destruiz — 351 *B* sa cortoise moillier — 352 *B* Et (*B²* Bien) .xxx.m. ont pris de prisoniers — 353 *B* tuit i. p. l. c. — 355 *B* Contre tant rois qui sosera drecier — 356 *B* Bertrans lentent sen fu molt corociez Ou voit son oncle sel p. a a. — 357 *B* O. dist il — 358 *B*¹ Que m. p. ho. — 359 *B* Merci bel nies por deu le droiturier

360 Contre lor force n'a la nostre mestier,
    Ainz nos convient porquerre un messagier,
    A Looïs le convient enveier,
    Que il nos viegne et secorre et aidier,
    Charles remaigne por son dreit a jugier :
365 Vielz est et frailes, ne puet mais chevalchier. »
    Et dist Bertrans : « De Deu le dreiturier
    Seit confonduz et morz et esragiez
    Qui ira ja cest message noncier,
    S'iert ses escuz et troez et perciez,
370 Et ses halberz desroz et desmailliez,
    Et il meïsmes feruz d'un grant espié,
    Que l'en le puisse conoistre a messagier !
    Paien nos quierent a cent et a milier.
    Or tost as armes, n'avons que delaier ;
375 Defendons nos senz point de l'atargier. »
    En cels de Rome nen ot que esmaier ;
    Pou ont de gent, ne furent cent milier.

XVIII

    El mostier fu li cuens al fier visage ;
    Dist l'apostoiles, qui fu corteis et sages :
380 « Gentilz om, sire, por Deu l'esperitable,
    Quar nos secor contre la gent salvage.
    — Hé ! Deus aïde ! » dist li cuens Fierebrace,

---

361 *B* Il n. c. — 363 *A* secore et aidier — 364 *B* por la terre guaitier — 367 *B²* et vils le messagier ; *B¹* et mors le messagier — 368 *B¹* Qui ira la — 371 *B* feruz de .ii. espiez — 372 *B* que l'en puist bien — 374 *B* soions preuz et legier — 375 *B* Et du defendre ne soions pas lasnier — 376 *B²* lors not que e. — 377 *B* Poi sont paien — 378 *A* Al m. f. Guillelmes a. f. v. — 379 *C* qui fu et proz et sages — 380 *A manque*. — 381 *A* Quar nos ferons ; *C* Q. me secore

LI CORONEMENZ LOOIS

« Ci sui venuz en mon pelerinage,
S'ai amené molt petit de barnage;
385 N'ai que seissante de chevaliers a armes;
Contre tanz reis ne porreie combatre.
— Hé! Deus aïde! » dist l'apostoiles sages,
« Vei ci saint Pere, qui des anmes est guarde :
Se por lui, sire, fais ui cest vasselage,
390 Char puez mangier les jorz de ton eage,
Et feme prendre tant come il t'iert corage;
Ne feras mais pechié qui tant seit aspres,
Se tant puez faire de traïson te guardes,
N'en seies quites en trestot ton eage.
395 En paradis avras ton herberjage,
Que nostre sire a ses buens amis guarde;
Sainz Gabriel vos sera guionages.
— Hé! Deus aïde! » dist li cuens Fierebrace,
« Ainz mais nuls clers nen ot le cuer si large!
400 Or ne laireie, por nul ome que sache,
Ne por paien, tant seit ne fels ne aspres,
A cez glotons ne me voise combatre.
Bels niés Bertrans, alez prendre voz armes,
Et Guielins et li altre barnages. »
405 Armes demande Guillelmes Fierebrace;
L'en li aporte devant lui en la place.

383 *A* Ge sui venuz; *B* Venuz sui ci — 386 *B manque*. — 388 *B²* q. e. g. d. a.; *B¹* quest conducteur des ames; *C* s. piere — 389 *B* faites c. v.; *C* S. p. l. fais hui sire v. 390 *C* et le jor compenage 391 *C* test corage; *B* E. p. f. t. c. es (*B¹* tu es) souz eage — 392 *A B* qui te soit aspres — 393 *A manque*; *C* Sant pues f. — 394 *B* Quen s. q.; *C* Toz s. q. a t. t. e. — 395 *C* a mis ton herbegage; *B* sera tes heritages — 397 *C* vos fera; *B* nos sera; *A* sera nos — 398 *B* aide deus — 399 *B* Onc soldoiers not soldees s. l.; *C* Ainz cheualiers not remede s. l. — 400 *C* Or nel lairoie por lonor de cartage — 401 *A* tant soit ne fols ne sages; *B* ne fiers ne aspres; *C* felons n. a. — 402 *C* ne men v. c.; *B* que n. m. v. c.; *B²* A ces paiens — 403 *C* alez querre — 404 *B²* et tout lautre

Il vest l'halberc et le vert helme lace,
Et ceint l'espee par les renges de paile.
L'en li ameine le balcent en la place ;
410 Li cuens i monte, que il estrier n'i baille.
A son col pent une vermeille targe,
Entre ses poinz un reit espié qui taille,
A cinc clos d'or une enseigne de paile :
« Sire apostoiles, » dist Guillelmes li sages,
415 « Combien avez de gent en vostre marche ? »
Dist l'apostoiles : « Gel vos dirai senz faille :
Trei mile somes, n'i a cil n'ait ventaille,
Et fort espié, et espee qui taille. »
Respont li cuens : « C'est bele començaille.
420 Armer les faites, et tote la pietaille,
Qui nos tendront les portes et les barres. »
Et cil respont : « Bien est dreiz qu'on le face. »
Par tote Rome s'arote li barnages.
Quant armé furent, si vindrent en la place.
425 Li apostoiles lor a fait un seignacle :
« Seignor baron, » dist l'apostoiles sages,

407 B^1 et puis lelme apres l. ; B^2 et apres lyaume l. — 408 B^1 a l. r. d. p.; B^2 qui la renge auoit large ; C Et auoit chainte lespee bone et large — 409 B beaucent en mi ; A lauferrant — 410 A que il estrier ni b.; B Et il i monte; B^2 que point le. ni b. — 411 *manque ainsi que les 2 suivants dans C.* — 412 B En son poing prent — 413 B A .v. c. dor gonfanon i (B^1 li) atache — 415 A de gent de v. m. ; B C de gent auez e. v. m. — 416 B ce sauez sans atarge; C bien le sarai retraire — 417 C .III.M. s. lacies les ventailles; B .IIII.M. homes — 418 C As f. c. as e. q. t. — 419 C cest bone c.; B^1 Et dist li quens; B^2 Li quens a dit — 420 C Armer le fait ; B Armer les faites sire apostoiles sages Et en apres (B^2 Et apres ce) trestote la pietaille — 421 C Qui lor — 422 C Et cil respondent raison est con le f.; A quon le sache — 423 A acueillent lor voiage; C P. trestot r. sarouent li b. — 424 A^1 et tuit en une place; A^2 et venu en la place; C tost furent en la place

22   LI CORONEMENZ LOOÏS

« Qui en cest jor morra en la bataille
En paradis avra son herberjage,
Que nostre sire a ses buens amis guarde ;
430   Sainz Gabriel li sera guionages. »
Lors se leva chascuns en son estage
Envers la gent et orgoillose et male.
Si come ils vindrent, hurtent par lor otrage
A la grant porte, qui n'esteit mie basse :
435   « Seignor baron, » dist l'apostoiles sages,
« Ici endreit guarderez cest barnage ;
G'irai parler a l'amirant Galafre ;
Se por aveir que promettre li sache
Vuelt retorner et ses nés et ses barges,
440   Et ses granz oz, qui sont sor cel rivage,
Ge li dorrai le grant tresor de l'arche ;
N'i demorra ne calice ne chape,
Or ne argent, ne qui un denier vaille,
Ainz qu'il i muire tanz gentilz omes sages. »
445   Et cil respondent : « Bien est dreiz qu'on le sache. »
A tant s'en torne, o lui s'esmu uns abes ;
De ci al tref de neient ne s'atarge.
Iluec trova le riche rei Galafre ;
Pas nel salue, n'est pas dreiz que le face.
450   Li riches reis par fierté le reguarde.

427 C Qui hui c. j.; A omet ce vers et les huit suivants; il a confondu les vers 426 et 435. — 428 B² sera son heritage ; B¹ sera son herbergage — 430 C li fera g. — 432 B orgueilleuse et sauuage — 433 B Si come issir durent deuers la barge — 436 B le barnage; C manque. — 437 A a l'amirant aufage — 439 C et sa nef et sa barge; A a s. n. e. s. b.; B et as n. e. as b. — 440 C manque; B Et ses granz genz qui sont ci demorable — 441 C le grant chite de crapes — 442 C ni remainra — 443 B qui .i. sol d. v. — 444 B tant de gentil lignage; C manque. — 445 B quon le face — 446 C sen vint .i. abes; B Et cil (B² il) sen torne o lui ala .i. abes — 447 A¹ ne se targe; B manque ; C De si as osts de rien ne si atarge — 449 A nen est droit quil le face; B Point n. s.

Li apostoiles de maintenant l'araisne :
« Sire, » fait il, « ge sui ci uns messages
Deu et saint Pere, qui des anmes est guarde.
De soe part vos vueil dire un message :
455 Que retornez et voz nés et voz barges,
Et voz granz oz, qui ci sont demorables.
Ge vos dorrai le grant tresor de l'arche;
N'i demorra ne calice ne chape,
Or ne argent qui un sol denier vaille,
460 Ainz que i muire tanz gentilz om a armes.
Prenez conseil, gentilz reis de bon aire. »
Respont li reis : « Tu n'iés mie bien sages;
Ci sui venuz en mon dreit eritage,
Que estora mes ancestre et mes aves,
465 Et Romulus et Julius Cesaires,
Qui fist cez murs et cez ponz et cez barres.
Se ge par force puis cez pilers abatre,
Quant qu'a Deu monte tornerai a damage,
Les clers quil servent a dueil et a hontage. »
470 Li apostoiles en fu molt esmaiables,
N'i volsist estre por tot l'or de Cartage;
Conduit demande a l'amirant Galafre.

451 *B manque; C* Et larceuesque et lapostoile et labe — 452 *C* Sire dist il ge sui icil m.— 453 *C* s. piere — 455 *C* Car; *B* Que retraiez a voz nes et voz barges (*B²* et a vos barges) — 456 *A* aornable; *C manque* — 457 *A* tot le tresor; *B²* manque — 458 *A* ne calice ne chace; *Ce vers et les 3 suivants manquent dans C* — 459 *A¹* qui .1. denier vaille — 461 *B manque* — 462 *B²* Le roy respont — 463 *B* a mon d. he.; *C* Chi es venus — 464 *C* Questora m. a. et m. a.; *B* Que mon ancestre le fist en son aage; *A* m. a. m. a. — 465 *B* R. ot a nom et roi jules c.; *C manque* — 466 *B* ce mur et ce p. et c. b.; *C* ces pons et ces murs et ces barjes — 467 *C* les piliers; *B* ce pilier — 468 *B* Q. a d. torne t. a kantage; *C* La loi jesu meterai a hontage — 469 *B²* Les clers qui seruent s. pere et son ymage; *B¹ C manquent* — 470 *A* amiables; *B* si esmaiables — 471 *C* Si.v. p. lonor de c. — 472 *A* Congie demande ni a fait arestage; *C* a galatre le sage

24 LI CORONEMENZ LOOÏS

Por salf conduit treis Sarrazins li baille.
Li reis Galafres encore l'en araisne :
475 « Parlez a mei, sire al chaperon large;
Ne dites mie que ge nul tort vos face
De la cité qu'est de mon eritage ;
Prenez un ome apresté de ses armes,
G'en avrai un de mon riche lignage :
480 Por champions les metrons en la place;
Se vo Deus a nul poeir qu'il le face,
Que li miens seit conquis par vo barnage,
Dont avrez Rome quite et a eritage ;
Ne troverez en trestot vostre eage
485 Qui vos en toille vaillissant un fromage.
Et se c'est chose que de convent vos faille,
Ansdous mes filz retenez en ostage,
Que reençon un denier ne lor baille,
Ainz les pendez ambesdous a un arbre. »
490 Quant l'apostoiles entent la raison sage,
Ne fust si liez por tot l'or de Cartage;
Dont li remembre del conte Fierebrace
Tot adobé el mostier devant l'arche.
Bien set que mieldre ne puet porter ses armes.

---

473 *A* Por sarrasins molt bon conduit li baille — 475 *C* sire apostoiles sages — 478 *C* adobe — 479 *A¹* de molt riche barnage; *A²* de molt r. l.; *B* Gen prendrai .i.; *C* .I. en aurai d. m. r. yretage — 480 *C* les meterons en place; *B* metons — 481 *B* se vos auez pooir — 482 *B* par nul b.; *A* par vasselage — 483 *A* conquis en her.; *C* tot quite ler. — 485 *C* une maille — 487 *C* Tos mes .III. f.; *A¹* receuez — 489 *C* Ainz le pendes a larbre fustage; *B* andoi si quon le sache — 490 *B* la raison tale — 491 *A* por lonor; *B* por lor de cornoaille — 493 *B* qui fu armez; *A* quadobe ot — 494 *C* ne puet porter armes; *B* mielz ne puet baillier ses armes

XIX

495 Li apostoiles fu molt bien enseigniez ;
Or veit il bien que Deus li vuelt aidier,
Quant par un ome puet son dreit desraisnier.
Molt requiert bien son dreit vers l'aversier :
« Sire, » fait il, « a celer ne vos quier,
500 Quant par dous omes nos convendra plaidier,
Vo champion verreie volentiers,
Qui contre Deu vuelt Rome chalengier. »
Respont li reis : « Tot en sui aaisiez. »
L'en li ameine le rei Corsolt en pié,
505 Lait et anché, hisdos come aversier ;
Les uelz ot roges com charbon en brasier,
La teste lee et herupé le chief ;
Entre dous ueilz ot de lé demi pié,
Une grant teise de l'espalle al braier ;
510 Plus hisdos om ne puet de pain mangier.
Vers l'apostoile comence a reoillier ;
A voiz escrie : « Petiz om, tu que quiers ?
Est ce tes ordenes que halt iés reoigniez ?
— Sire, » fait il, « ge serf Deu al mostier,
515 Deu et saint Pere, qui devant nos est chiés.
De soe part vos vorreie preier

---

496 B² Or set; A B lor v. a. — 499 B nel vos q. — 500 C Q. p. .II. ho. vous ; A nos poons emplaidier ; A² .I. home ; B conuiendra desraisnier — 501 C Ton compaignon — 502 B vuelt home c. — 503 B or e. s. a. — 504 B corsolt le fier — 505 C Deuant le roi hi. c. a. ; B L. e. hi. et noir c. a. — 506 B come feu e. b. — 507 C L. t. ot l. ; B manque — 508 C E. les iex ot demi .I. grant p. — 509 A despaules a b. — 510 A ne pot estre sor piez — 512 C que tu q. — 513 C que tu ies r. ; B ques si haut reoigniez — 514 A seruir d. ; B Sire dist il a celer ne vos quier Ge doi seruir damedieu al moustier — 515 B qui de nos toz e. c. ; A chier

Que vos voz oz retorner feïssiez :
Ge vos dorrai le tresor del mostier ;
N'i remandra calice n'encensier,
520 Or ne argent qui vaille un sol denier,
Que ne vos face ça hors apareillier. »
Respont li reis : « N'iés pas bien enseigniez,
Qui devant mei oses de Deu plaidier ;
C'est l'om el mont qui plus m'a fait irier :
525 Mon pere ocist une foldre del ciel ;
Tot i fu ars, ne li pot l'en aidier.
Quant Deus l'ot mort, si fist que enseigniez ;
El ciel monta, ça ne volt repairier ;
Ge nel poeie sivre ne enchalcier,
530 Mais de ses omes me sui ge puis vengiez ;
De cels qui furent levé et baptisié
Ai fait destruire plus de trente miliers,
Ardeir en feu et en eve neier ;
Quant ge la sus ne puis Deu guerreier,
535 Nul de ses omes ne vueil ça jus laissier,
Et mei et Deu n'avons mais que plaidier :
Meie est la terre et siens sera li ciels.
Se ge par force puis prendre cest terrier,
Quant qu'a Deu monte ferai tot essillier,
540 Les clers qui chantent as coltels escorchier,

517 B¹ fesissiez reperier ; B² en faciez reperier — 518 B donroie — 519 B remaindroit ; *manque ainsi que les 2 suivants dans* C — 520 B vaillissant .1. denier — 523 A Qui deuant nos oses ici p. ; B Qui (B² Quant) deuant moi osas d. d. p. — 524 C *manque* — 525 C B² .1. effodre ; B¹ .1. fodre de son c. — 526 C Toz li f. a. ; B n. len p. o. a. — 527 A lot ars ; B Et sachez bien dieus fait q. e. — 528 C ni ot que atargier ; B¹ Quant est es cieux ne veut jus reperier ; B² Ques ciel se tient jus ne veut reperier — 529 A¹ poroie ; B¹ La nen puis je ; B² La nel puis ge ; C *manque* — 530 C aidie — 534 C Quant jou la fus — 537 C et il aura le chiel — 538 A cel terrier — 339 C ferai jou essillier — 540 C Les clers kel seruent ; B *manque*.

LI CORONEMENZ LOOÏS

Et tei meïsme, qui sire iés del mostier,
Ferai rostir sor charbon en foier,
Si que li feies en cherra el brasier. »
Quant l'apostoiles l'oï ensi plaidier,
545 N'est pas merveille s'il en fu esmaiez.
Il et li abes prenent a conseillier :
« Par saint Denis, cil Turs est esragiez!
Grant merveille est quant terre est soz ses piez,
Qu'el feu d'enfer ne l'a Deus enveié.
550 Ahi! Guillelmes, li marchis al vis fier,
Cil te guarisse qui en croiz fu dreciez!
Contre sa force n'a la toe mestier. »
Conduit demande a Galafre le fier,
Et il li charge les filz de sa moillier;
555 De ci a Rome le conduient a pié.
Li cuens Guillelmes i est venuz premiers;
Il le saisist par le fer de l'estrier :
« Sire, » fait il, « come avez espleitié?
Et quar me dites, veïstes l'aversier
560 Qui contre Deu vuelt Rome desraisnier?
Gentilz om, sire, avez tant espleitié?
— Oïl, bels sire, a celer ne vos quier,

541 B^1 qui sers droit ou mostier; B^2 qui le sers el m. — 542 C de fouier; A Ferai ardoir s. c. embrasiez — 543 A el foier; C si que le cies; B^1 c. jus ou b.; B^2 ton f. c. sus le b. — 545 C sil en est e. — 546 C prisent a c. — 547 B par saint sepulcre — 548 C est desor piez; A que sor terre est ses piez — 549 B *manque;* A Quant f. de. ni a d. e. Ou que ne font la terre soz ses piez — 551 A qui le mont doit jugier; B^1 q. e. c. fu poiez; B^2 qui fu crucefiez — 552 B *la leçon* + A ces paroles ni vout plus atargier Li apostoiles ainz sen volt repairer — 554 C li baille — 555 A *manque ainsi que les deux vers suivants;* C De si au toiure; B Dusques a r. ne voldrent delaier — 556 B les encontra premiers — 557 B Si le s.; C par le frain du destrier — 558 A font il; C dist il — 559 B^1 vistes vous lauressier; B^2 Or me dites veistes vous lauressier — 560 C calengier — 561 B auez vos apesie; C *manque* — 562 C biax frere; B *la leçon* + Je vos di bien par dieu le droiturier

Ce n'est pas om, ainz est uns aversiers.
Se vif esteient Rolanz et Oliviers,
565 Yve et Yvoires, Hates et Berengiers,
Et l'arcevesques, et l'enfes Manessiers,
Estolz de Langres, et li corteis Gualtiers,
Et avuec els Gerins et Engeliers,
Li doze per, qui furent detrenchié,
570 Et se i fust Aimeris li guerriers,
Vo gentilz pere, qui tant fait a preisier,
Et tuit vo frere, qui sont buen chevalier,
Ne l'osereient en bataille aprochier.
— Deus! » dist Guillelmes, « dites mei que ce iert;
575 Or vei ge bien falsez est li clergiez.
Ja dites vos que Deus par est tant chiers,
Qui que il vuelt maintenir et aidier,
Nuls nel porra honir ne vergoignier,
Ardeir en feu ne en eve neier.
580 Mais, par l'apostre qu'on a Rome requiert,
Se il aveit vint teises vers le ciel,
Si combatreie al fer et a l'acier.
Se Deus nos vuelt nostre lei abaissier,
Bien i puis estre ocis et detrenchiez,
585 Mais s'il me vuelt maintenir et aidier,
N'a soz ciel ome qui me puisse empirier,

---

564 *B* r. ne o. — 565 *B* hardrez et b.; *C* Hiere et yuoire — 566 *B* et naymes al vis fier — 567 *A* li cortois guaifiers; *C* et li danois ogiers — 568 *B* guerins; *B*¹ Et auec tous; *C* englehiers — 570 *A* Et si estoit; *C* a. au vis fier — 571 *C* freres; *A* Et vo bon pere qui fu bons cheualiers — 572 *C* li vallant cheualier; *A* qui font tant a proisier — 573 *B* de bataille; *C* Ne loseroie — 574 *B* bels pere ce que iert — 575 *C* qui faux est; *B* la leçon + Sire apostoiles dist g. li fiers — 577 *A* quanque il vuelt; *B* m. ne aidier — 578 *B* Nuls ne le puet greuer ne damagier Ne si ne puet en nul lieu perillier; *A* Puis ne porra — 581 *A* .x. — 582 *B* Combatrai mi — 583 *B* S. d. y vuelt n. l. auilier — 585 *A* nos — 586 *B* damagier; *A* sor ciel

Ardeir en feu o en eve neier. »
Quant l'apostoiles l'oï ensi plaidier :
« Ahi ! » dit il, « nobiles chevaliers,
590 Cil te guarisse qui en croiz fu dreciez !
Tel hardement ne dist mais chevaliers.
Ou que tu ailles, Jesus te puisse aidier,
Quant as en lui pensee et desirrier ! »
Le braz saint Pere aporte del mostier ;
595 L'or et l'argent en ont fait esrachier,
La maistre jointe font al conte baisier,
Puis l'en font croiz sor son helme d'acier,
Contre le cuer et devant et derrier ;
Si faiz joiels li ot le jor mestier :
600 Ne fu puis om quil peüst empirier,
Ne mais itant l'espès de dous deniers,
Dont li frans om ot puis grant reprovier.
A tant en monte sor l'alferant destrier.
A son col pent un escu de quartier,
605 Et en son poing un reit trenchant espié.
De ci qu'al tertre ne s'i volt atargier.
Molt le reguardent paien et aversier ;
Dist l'uns a l'altre : « Vei la bel chevalier
Et pro et sage, corteis et enseignié ;

590 *manque ainsi que le vers suivant dans* C. — 592 C O. q. tu aies d. t. puist bien a.; A d. t. p. a.; B² O. q. t. soies; B J. t. vueille a. — 593 B Q. tu as tel; C Q. en lui as fiance e. d. — 594 C Le brach s. piere aporta — 595 B Hors de largent le font traire et glacier; C en a fait desracier — 596 C fait au conte baillier — 597 C fait; A sor le helme vergie — 600 B Ne fu mais; C Ne fu nus hom qui le peust empirier Ne de son cors honir ne vergoignier — 601 C N. m. pourtant; B¹ Ne mes sanz plus lespas de .ii. deniers; B² Fors que sanz plus lespas de .iii. d. — 602 A li franz cuens; C maint recourier — 603 C en monte el a. d.; B sen monte (B¹ monta) s. la. corsier; A remonte — 605 C en son poing tint; B Entre ses poinz; A son r. t. e. — 606 C Des esperons n. si v. a.; A se v. a.; B² Dusques a. t. — 607 A lesguarderent; C sarrazin auersier — 608 A ci a bel — 609 C affaitie

S'eüst son per ou deüst bataillier,
Fiers fust ancui l'estors al comencier;
Mais vers Corsolt n'a sa force mestier :
De tels quatorze ne dorreit un denier. »

XX

Li reis Galafres est de son tref issuz;
A lei de rei est chalciez et vestuz;
Le tertre esguarde et celui qui fu sus,
Dist a ses omes : « Li Franceis est venuz.
Gel vei al tertre : bien li siet ses escuz;
Cil deit combatre vers Corsolt le membru,
Mais vers lui est et chaitis et menuz.
Pou i valdra Mahomez et Cahu,
Se cil n'est tost par rei Corsolt vencuz. »
Li reis le mande et il i est venuz;
Vait li encontre les dous braz estenduz :
« Bels niés, » dist il, « bien seiez vos venuz!
Vei le Franceis sor le tertre batu :
S'est quil requiere n'a talent qu'il remut. »
Respont Corsolz : « Morz est et confonduz;
Puis que gel vei, ja n'iert plus atendu.
Or tost mes armes : qu'atendereie plus? »
Il i corurent set rei et quinze duc,

610 *B* bien deust — 611 *C* lestors ancui 612 *A* naura son cors m. — 613 *B la leçon* + Toz les auroit maintenant detrenchiez — 615 *C* fu c. e. v. — 616 *A* est c. — 618 *C* Jel. v. ester b. l. s. li e. — 619 *B* le mien dru — 621 *B* Poi maidera; *C* Poi mosterra mahomet les vertuz — 622 *B* Se cil nestoit; *A manque.* — 624 *A* ses d. b. e.; *B* Vait a lencontre — 626 *C* sor cel tertre aparu — 627 *C* Sest quel; *A* Sel requerez nai; *B* Ton cors requiert na talent quil aille sus (*B¹* quil sen fuit) — 628 *A* iert — 629 *A* Puis que le voi; *B¹* niert ja p. a. — 630 *A* ni ait plus arestu — 631 *C* .III. dus; *B* .VI. amirals i sont tantost coru

Si li aportent soz un arbre ramu;
Mais de tels armes ne cuit qu'il en seit plus;
S'uns altre om les eüst el dos vestu,
635 Nes remuast por tot l'or qui onc fu.

XXI

Quatorze rei armerent l'aversier;
El dos li vestent une broigne d'acier,
Desus la broigne un blanc halberc doblier,
Puis ceint l'espee dont trenche li aciers;
640 Teise ot de lonc et de lé demi pié;
Il ot son arc et ses turqueis laciez,
Et s'arbaleste et ses quarels d'acier,
Darz esmoluz, afaitiez por lancier.
On li ameine Alion son destrier;
645 A grant merveille par fu li chevals fiers,
Si desreez, com j'oï tesmoignier,
D'une grant teise n'i pot on aprochier,
Fors que icil qui en fu costumiers.
Quatre darz ot a la sele atachiez,
650 Mace de fer porte a l'arçon derrier.
Li reis Corsolz i monta par l'estrier;

633 *C* itels; *A* ge cuit nen ere plus; *B*¹ ne croit que il sont plus;
*B*² ce croi ge niert il plus — 634 *A* Suns altres hom leust e. d. v.; *B*
en son dos les eust; — 635 *C* conques fu; *B*¹ ne sesmeust; *B*² Nalast
o tout — 636 *C* Corsaut aportent ses armes li paiens; *B* Quant armer
voldrent le paien auersier Quatorze rois lenmeinent sans targier —
638 *B C* Desoz; *B* le b. h. d. — 639 *A B* dont bien trenche (*B*²
trencha) lacier; *C* Il trait — 640 *C manque.* — 641 *C* et son helme
lacie; *B* et son dart afaitie — 642 *A* et ses coltels dacier; *B* et
quarels bien forgies — 643 *C* por lancer afaitiez; *B* Si dart estoient empene p. l. — 645 *B* chiers — 646 *C* com orres desraisnier; *B* et si oltrecuidez — 647 *A* ni ose on — 648 *X* ne mais
celui — 650 *A* a larcon de derrier

A son col pent un escu a or mier,
Une grant teise ot l'escuz de quartier;
Mais ainz de lance ne deigna il baillier;
655 De dobles armes l'ont bien apareillié.
Deus! quels chevals, quil peüst chasteier!
Et neporquant il cort si li destriers
Ne s'i tenist ne lievre ne levriers.
Envers son oncle se prist a desraisnier,
660 A voiz s'escrie : « Faites pais, si m'oiez :
Les seneschals faites tost avancier,
Les tables metre, atorner le mangier;
Por cel Franceis ne l'estuet delaier,
Plus tost l'avrai ocis et detrenchié
665 Que vos n'iriez demi arpent a pié;
Ja de m'espee ne le quier atochier,
Se de ma mace puis un cop empleier;
Se tot n'abat et lui et le destrier,
Ja mais frans om ne me doint a mangier! »
670 Paien escrient : « Mahom te puisse aidier! »
Trés parmi l'ost comença a brochier;
A Mahomet l'ont comandé paien.
Li cuens Guillelmes vit venir l'aversier,
Lait et hisdos et des armes chargié;

652 *C* une targe dacier; *B* uns escuz de quartier — 653 *B* manque. — 654 *B¹* Mais ainz; *C* Mais de l. n. d. ains b.; *A* M. arc ne l. n. d. point b. — 655 *B* fu b. a.; *C* lot ont b. a. — 656 *B* gaaignier — 657 *B* cil cort; *C manque*. — 658 *C* Nel retendroit — 659 Deuers son oncle commence a aprochier; *B* sest li turs adrecie; *A intervertit avec* 660. — 660 *B* En haut sescrie faites pais si moiez Oncle dist il faites apareillier — 661 *A* Le s. — 662 *A* a. a m.; *B* et corner l. m. — 663 *A* si mestuet auancier; *B¹* ne les estuet d. — 665 *A B²* Que niriez — 666 *B¹* ne le ruis atochier — 667 *B* li puis un cop paier — 669 *B²* que mangier — 671 *A manque*; *B* A ces paroles ne volt plus delaier + *la leçon*. — 672 *A* Tresqua mahom lont paien conuoie; *B* Comande lont a mahom quil ot chier

675　S'il le redote, nuls n'en deit merveillier.
　　　Deu reclama le pere dreiturier :
　　　« Sainte Marie, com ci a buen destrier !
　　　Molt par est buens por un prodome aidier;
　　　Mei le convient des armes espargnier.
680　Deus le guarisse, qui tot a a jugier,
　　　Que de m'espee ne le puisse empirier. »
　　　De tel parole n'eüst coarz mestier.

XXII

　　　Guillelmes fu sor le tertre montez,
　　　De beles armes vestuz et conreez;
685　Veit le paien venir tot esfreé ;
　　　S'il le redote ne fait mie a blasmer.
　　　A pié descent del destrier sejorné;
　　　Contre Orient aveit son vis torné,
　　　Une preiere a dit de grant bonté :
690　N'a soz ciel ome qui de mere seit nez,
　　　S'il la diseit par buene volenté,
　　　Al matinet, quant il sereit levez,
　　　Ja puis deables nel porreit encombrer.

675 *B* Nus ne d. m.; *C* nen doit on m. — 677 *B* com il; *C* com la — 678 *B* Com p. e. b.; *C* Tant p. e. b.; *A* Molt par est proz por prodome aidier — 681 *Au lieu des 2 derniers vers de la laisse, B donne* : De rien qui soit ne le vueil empirier Mielz lameroie se le puis gaaignier Que ne feroie tot le tresor gaifier Deus quel vassal com il fait a proisier Itels paroles nosast nuls desresnier Qui tel deable veist vers lui brochier Mais il est voirs et le vueil tesmoignier Miels valt uns hom proz et hardiz et fiers Que ne feroient de coarz uns milliers — 682 *C* nen eust c. m. — 683 *C* sor un t. m. — 684 *A* et atornez; *B*ᵗ armez et c.; *C* garniz et c.; *B*² iert molt bien c. — 685 *B* abrieue — 687 *B* Errant d. d. d. abrieue; *C intervertit avec* 686 — 688 *B* Vers o. a. s. chief t. — 689 *B* dist de si g. b. — 691 *C* de b. v. — 692 *B*² Chescun matin — 693 *B* le peust e.; *A* ne seroit encombrez

Deu reclama par grant humilité :
695 « Glorios Deus, qui me feïstes né,
Feïs la terre tot a ta volenté,
Si la closis environ de la mer;
Adam formas et puis Evain sa per;
En paradis les en menas ester;
700 Li fruiz des arbres lor fu abandonez,
Fors d'un pomier, icil lor fu veez;
Il en mangierent, ce fu granz foletez;
Grant honte en orent, quant nel porent celer.
De paradis les en convint aler,
705 Venir a terre, foïr et laborer,
Et mortel vie sofrir et endurer.
Caïns ocist Abel par cruelté;
Adonc convint terre braire et crier;
Uns cruels dons li fu cel jor donez :
710 Riens n'en istra n'i conviegne rentrer.
Deus, cil qui furent de celui pueple né
Ainz ne vos vorent servir ne onorer :
Toz les feïstes al deluge finer.
N'en eschapa solement que Noé,
715 Et si trei fill, et chascuns ot sa per.

694 *B* Li quens g. prist dieu a reclamer — 695 *A* G. pere; *B*¹ qui de mere fus nez; *B*² qui de vierge fus nez — 696 *B* Qui feis ciel terre a t. v.— 697 *B* de toz lez — 699 *B* les meis hosteler — 701 *C* Fors du p.; *A* celui l. f. v.; *B* Fors que dun seul cil leur fu deueez — 702 *C* Cil en manja — 703 *C* quant ne porent aler — 704 *C* seurer — 705 *C* V. a. t. seruir et l.; *A* Foir en terre venir et l. — 709 *C* lor — 710 *A* Riens ni venist qui nesteut aler; *C* Dauoir ynfer quant lame en dut aler Riens nisoit dels ni conuenist aler — 711 *C* De c. q. f.; *A* D. de cel pueple cil qui ainz furent ne; *B* Dieus toz le pueple qui de ceux f. n. — 712 *B*² Onc; *C* Ainz vos vorent; *A manque* — 713 *C* au delundi finer; *A* Toz les feistes en larche definer Par le deluge ce fu la verite; *B* Toz les feistes en larche definer De la lignie ce fu la verite — 714 *C* fors seulement n. — 715 *C* Et si doi fil cascuns i ot sa per; *B* o lui chascuns sa per

De totes bestes, por le siecle estorer,
Masle et femele fist en l'arche poser.
Deus, de cel siecle qui de cels furent né
Issi la vierge qui tant ot de bonté,
720 Ou vos deignastes vostre cors esconser.
De char et d'os i fu tes cors formez,
Et del saint sanc qui fu martir clamez.
En Bethleem, la mirable cité,
La vos plot il, vrais Deus, a estre nez,
725 Tot veirement, a la nuit de Noel;
Sainte Anestase vos feïstes lever :
N'ot nules mains por vo cors onorer;
Vos li rendistes tot a sa volenté.
Et des treis reis fustes vos visitez,
730 D'or et de mire et d'encens esmeré;
Par altre veie les en feïs aler,
Tot por Herode, qui tant ot cruelté,
Qui les voleit ocire et desmembrer.
Li innocent i furent decolé,
735 Trente milier, ce truevent clerc letré.
Trente et dous anz, come altres om charnels,
Alas par terre le pueple doctriner ;
Et si alas el desert geüner,
Quarante jorz acompliz et passez;
740 Et al deable vos laissastes porter.
As blanches pasques, qu'on deit palmes porter,

716 *B* por le mont — 717 *C* en la terre p.; *B* ot en larche pose — 718 *C* De cel lignage qui la furent garde — 719 *C* a de bonte — 720 *B* aombrer. — 721 *B* refu t. c. f. — 722 *A* Et del saint cors — 724 *A* bels sire; *B*¹ plaist il — 725 *B* Tot droitement a. l. n. dun n. — 726 *C* qui vos rouit leuer — 728 *A* donastes — 730 *B* honore; *C* par verte — 731 *B* raler — 735 *C* estoient par verte; *A* .IIII. xx. mil trueuent li clerc letre — 736 *A* manque — 737 *A* Par terre. alastes — 738 *B* Et es deserz alas tu — 739 *C* manque — 740. *B* manque — 741 *C A* bele p. q. o. d. celebrer; *B* A ice jor quon dut palmes (*B*² palmirs) p.

La vos plot il, verais Deus, a aler
En Jersalem, la mirable cité,
Par Portes Oires, que firent defermer.
745 Guerpis les riches, ce fu granz simplétez,
As povres fu vo corages tornez.
Chiés Simon fustes le lepros ostelez.
Li doze apostre i furent assemblé;
La Madeleine queiement, a celé,
750 Vint soz la table, que n'osa mot soner,
De cleres lairmes ot voz dous piez lavez,
De ses chevels en après essuiez ;
Iluec li furent si pechié pardoné.
La fist Judas de vos grant cruelté;
755 Il vos vendi, ce fu granz foletez,
Trente deniers del tens Matusalé ;
En baisant fustes as fals juïs livrez
Et a l'estache leiez et arestez,
Tresqu'al matin, que il fu ajorné,
760 Que en un tertre vos en firent mener,
Mont Escalvaire, ensi l'oï nomer.
A vo col firent vostre grant crois porter,
Et d'un mantel molt hisdos afubler,

742 *C* vrais d. estre honorez; *B* Adont vos plot sire d. (*B²* biaux doux sire) a a. — 743 *C* En jherusalem; *B²* Enz en jherusalem — 744 *A* qui furent define; *C* ce fu grans simpletes ; *B¹* P. p. o. la vous conuint aler Vrai d. de gloire que firent deffermer; *B²* = *B¹* + Les feuls juis pour vous la honorer Mais ce vous firent puis molt chier acheter — 745 *A* ce fu la verite ; *C* dont ce fu simpletes — 750 *A* quel; *C* que — 751 *A* De cheres armes a v. d. p. l.— 752 *C* De ses cauels les pies ressues — 753 *A* li fu — 754 *A* la cruelte; *C* vers vos g. c. — 755 *A* Quil; *B* falsete — 756 *B¹* dont ce fu foletez; *B²* par desesperaute — 757 *B* as juis deliurez; *C* Et en apres fu as juis liures — 758 *B* et encombrez ; *C* et malmenes — 759 *B* que jorz fu ajornez — 760 *A* Quant; *B* Que il vos firent sus un tertre m. — 761 *C* Mont en caluaire — 762 *C* une g. c. p.; *B²* A vos espaulles vos i firent porter La sainte croiz ou vous voudrent pener — 763 *A* molt cruel afubler

Ainz n'i passastes un pas, par verité,
765 Que ne fussiez o feruz o botez.
En sainte crois fu vostre cors penez
Et vo chier membre travaillié et lassé.
Longis i vint, qui fu bien eürez,
Ne vos vi mie, ainz vos oï parler,
770 Et de la lance vos feri el costé,
Li sans et l'eve li cola al poing clers ;
Terst en ses uelz, si choisi la clarté,
Bati sa colpe par grant umilité,
Iluec li furent si pechié pardoné.
775 Nicodemus, ensemble o lui José,
Vindrent a vos, come laron nuitel,
De la crois ont voz membres remué,
Et el sepulcre et colchié et posé,
Et al tierz jor fustes ressuscitez.
780 Dreit en enfer fu voz chemins tornez.
Toz voz amis en alastes geter,
Qui longement i aveient esté.
Si com c'est veir, bels reis de magesté,
Defent mon cors, que ne seie afolez.
785 Ci dei combatre encontre cest malfé,
Qui tant est granz, parcreüz et membrez.
Sainte Marie, s'il vos plaist, secorez,

764 *B* .I. pie — 765 *A* feruz et escopez; *B¹* et f. et b. — 766 *C* posez — 767 *B* En v. c. m. clos fichie et bote; *C manque* — 768 *B* qui ert bien airez — 769 *B* Ne vos vit mais a. v. o. p. — 771 *A* len a es poinz cole; *B* Apres la lance en rouia li sanz clers — 772 *B C* T. a, *A* Ses eulz en tert errant vit la — 775 *B* joseph; *C* ensemble lui josoe — 776 *A* Furent venu come laron proue; *B* Qui a pilate vos auoient roue — 777 *A* orent; *B* descloe; *C* De l. c. firent le vostre cors oster — 778 *A* et leve; *C* et couchier et poser; *B* et colchie et pose — 779 *A* surrexis come de — 780 *B¹* trouez; *A* le grant chemin ferre; *C* Brisas ynfer ni ot pooir malfes — 781 *A* en eustes gitez; *B* en volsistes git er — 783 *B²* doux rois — 784 *C* ni — 785 *B* ge; *A* Qui d. c. e. cel m. — 786 *B¹* p. et fabrez — 787 *C* et car me secoures; *B¹* mere dieu secourez; *B²* He mere dieu hui si me secourez

Par coardise ne face lascheté,
Qu'a mon lignage ne seit ja reprové. »
790 Seigne son vis, en est a tant levez.
Li Sarrazins vint a lui esfreez,
Ou veit Guillelme si l'a araisoné :
« Di mei, Franceis, ne me seit pas celé,
A cui as tu si longement parlé?
795 — Veir, » dist Guillelmes, « ja orras verité :
A Deu de gloire, le rei de magesté,
Qu'il me conselt par la soe bonté,
Que je te puisse toz les membres coper,
Et que tu seies par mei en champ matez. »
800 Dist li paiens : « Tu as molt fol pensé.
Cuides tu donques tes Deus ait poesté
Que il te puisse vers mei en champ tenser?
— Gloz, » dist Guillelmes, « Deus te puist mal doner!
Quar s'il me vuelt maintenir et guarder,
805 Tost en sera tes granz orguelz matez.
— Veir, » dist li Turs, « tu as molt fol pensé.
Se tu voleies Mahomet aorer,
Et le tien Deu guerpir et desfier,
Ge te dorreie aveir et richeté,
810 Plus que n'ot onques trestoz tes parentez.
— Gloz, » dist Guillelmes, « Deus te puist mal doner!
Que ja par mei n'iert mais Deus desfiez.
— Veir, » dist li Turs, « tu iés de grant fierté,
Quant en bataille ne puis ton cors tenser.

789 *C* ne soit il r.; *B¹* Que mon — 790 *B¹* seigna son chief si est en pie l.; *B²* Son chief seigna si est en pie l.; *C manque* — 791 *C* desreez; *B* tot armez — 793 *B* guarde ne soit cele — 795 *B²* G. a dit dirai ten verite — 797 *C* Qui me; *B¹* Que me; *B²* Qui hui maiut — 798 *C* Que il te puist. — 800 *B²* trop f. penser — 802 *C* en champ vers moi — 804 *B* Se il m. v. — 805 *B* Molt tost s.; *C* Tost i s.; — 806 *B* fol penser — 809 *C* honor et r. — 810 *A* Plus te dorroie que not t. p. — 812 *B²* Quar j. p. m. ni. m. d. vilaine; *C* Ja li miens dieus nert par moi deffies — 813 *A* molt ies

815 Come as tu nom? Ne le me deis celer.
— Veir, » dist Guillelmes, « ja orras verité ;
Ainz por nul ome ne fu mes noms celez.
J'ai nom Guillelme le marchis, a nom Dé,
Fill Aimeri, le vieil chenu barbé,
820 Et Hermenjart, ma mere o le vis cler,
Frere Bernart de Brebant la cité
Et frere Hernalt de Gironde sor mer,
Frere Guarin, qui tant fait a loer,
De Commarchis Buevon le redoté,
825 Frere Guibert d'Andernas le meinzné ;
Si est mes frere li gentilz Aïmers,
Qui n'entre en loge ne feste chevroné,
Ainz est toz jorz al vent et a l'oré,
Et si detrenche Sarrazins et Esclers ;
830 La vostre gent ne puet il point amer. »
Li paiens l'ot, a pou qu'il n'est desvez ;
Les ueilz reoille, s'a les sorcilz levez :
« Culverz Franceis, or as tu trop duré,
Quar tes lignages a mort mon parenté. »

815 *C* ne le me soit cele ; *B* garde nel me celer — 816 *B* ce dist
g. ; *B²* ja en orras verté ; *A manque* — 817 *B* Quar p. n. ho. niert
ja m. n. c. ; *A manque* — 818 *B* de nerbonne sor mer (*B²* d.
n. suy ne) ; *C* li marcis au cort nes — 820 *A* est ma mere al vis
cler ; *B* la dame o le vis cler — 821 *B* lalose — 822 *A manque* —
823 *C manque ; B la leçon* + Cil danseune le gentil et le ber —
825 *A²* la cite ; *B* qui de nos est meinz nez ; *C manque* — 826 *A* li
chaitis ; *B²* Et est m. f. — 827 *B* soz feste cheminel — 828 *C* Qui
est — 829 *B* destruit — 830 *A* La vostre gent — 831 *B* le sens
cuide desuer — 832 *B* les grenons leue Dist a g. qui ni a demore ;
C manque — 833 *C* parle — 834 *C* Li tiens l. ; *A* Que mon lignage
as mort et crauente — 835 *A* lapele ; *B* Li s. que li cors dieu crauent
En apela g. fierement — 836 *B* hardement

XXIII

835 Li Sarrazins l'apela fierement :
« Di va, Guillelmes, molt as fol escient,
Quant celui creiz qui ne te valt neient.
Deus est la sus, desor le firmament ;
Ça jus de terre n'ot il onques arpent,
840 Ainz est Mahom et son comandement.
Totes voz messes ne toz voz sacremenz,
Voz mariages ne voz esposemenz
Ne pris ge mie ne qu'un trespas de vent.
Crestientez est tot foleiemenz.
845 — Gloz, » dist Guillelmes, « li cors Deu te cravent!
La toe lei torne tote a neient;
Que Mahomez, ce sevent plusor gent,
Il fu profetes Jesu omnipotent ;
Si vint en terre par le mont preechant.
850 Il vint a Mesques trestot premierement,
Mais il bu trop, par son enivrement,
Puis le mangierent porcel vilainement.
Qui en lui creit il n'a nul buen talent. »
Dist li paiens : « Trop mentez malement;
855 Se tu vuels faire tot mon comandement
Et Mahomet creire veraiement,

838 *B* dedenz — 839 *A* not onques .I. arpent; *C* La jus — 841 *C* Totes les; *B* et toz voz; *A* et vostre sacrement — 842 *A* et voz e.; *B* et vostre e. — 843 *B* Ne p. g. pas — 844 *C manque; B* est grant f. A grant tort la qui desus lui la prent — 845 *A manque* — 846 *B¹* torne ge tot a vent; *B²* ne vaut plain poing de vent — 847 *B²* Quar m. c. s. molt de gent; *B ajoute* : Nest quune ydole quest false et deceuant — 848 *A* a deu o. — 849 *A* Il v. e. t. ce sauent molt de gent; *B* le nom dieu anoncant; p. l. m. praietant — 850 *C B²* manquent — 851 *B¹* tant — 852 *B* li mangierent le vis — 853 *C manque* — 854 *C* vos mentez — 856 *B C* tot vraiement

Ge te dorrai onor et chasement
Plus qu'onques n'orent tuit ti meillor parent;
Quar tes lignages est molt de halte gent,
860 De tes proeces oï parler sovent;
C'iert granz damages se tu muers si vilment.
Se le vuels faire, di le mei errament,
O se ce non, ja morras a torment.
— Gloz, » dist Guillelmes, « li cors Deu te cravent !
865 Or te pris meins que al comencement;
Al menacier n'a point de hardement. »
Guillelmes monte molt acesmeement,
Estrier n'i baille n'a arçon ne se prent.
Prent son escu et a son col le pent;
870 L'espié brandist par si fier maltalent,
Lance a fermee a l'enseigne qui pent.
Li Sarrazins l'esguarde fierement,
Et dist en bas, que nuls om ne l'entent :
« Par Mahomet, ou la meie ame apent,
875 Cil om est pleins de molt fier hardement. »
S'adonc seüst Guillelmes son talent
Et il volsist prendre l'acordement,
Ja trovast pais assez legierement.

858 *X* Plus que nen orent (*B* ont); *A* onques tuit ti p. — 859
B Quen son lignage a. — 860 *B* oy parler molt souent — 861 *C*
manque — 862 *A* Se tu v. f. d. l. m. bonement — 863 *A* erraument; *C* maintenant — 866 *A* En m.; *B* Hom m. — 867 *B* A cez
paroles g. plus natent Ainz est montez tost et deliurement — 868
C Ne si p.; *A*¹ ne arcon; *B* questrier — 870 *B* Son espie prent —
871 *B* Lance en fremit; *C* Lance auoit roide et le. q. p. — 872 *B*
molt forment; *A* lesguardent — 873 *A* Et dist soef; *B*² que nului
ne lentent. — 875 *A* maltalent; *B* Francois est pleins de molt grant
h. — 878 *B* Ja eust

XXIV

« Di va, Franceis, » dist Corsolz li salvages,
880 « Par le tien Deu, por qui tu deis combatre,
Claimes tu Rome com ton dreit eritage ?
— Tu l'orras ja, » dist li cuens Fierebrace.
« Ge dei combatre a cheval et as armes
El nom de Deu, le pere esperitable.
885 Par dreit est Rome nostre empereor Charle,
Tote Romagne et Toscane et Calabre;
Saint Pere en est et li porz et li arche,
Et l'apostoile, qui desoz lui le guarde. »
Respont li reis : « Tu n'iés mie bien sages.
890 Quant tu par force vuels aveir l'eritage,
Dont est il dreiz et raison que m'assailles.
Or te ferai un molt bel avantage :
Prent ton espee et si restreing tes armes,
Fier m'en l'escu, ja n'en serai muables :
895 Ge vueil veeir un pou de ton barnage,
Com petiz om puet ferir en bataille. »
Et dist Guillelmes : « Fols sui se plus m'en targe. »
Le cheval point, un grant arpent trespasse
De la montaigne, qui tant est granz et larges.

879 *C* Di va vassal — 880 *A* te d. c. — 881 *B C.* noient en r. lheritage — 883 *C* Ge te dis bien comment que le plait aille Combatrai moi a toi en ceste place Sus mon cheual et de mes bones armes — 885 *A* large — 886 *B* Et lombardie et trestote toscane; *A* T. r. de ci que en arabe. — 887 *B* li pors et li riuages; *C* li apors — 888 *B* Et lapostoiles de d. l. l. g.; *C manque* — 889 *A* li turs — 890 *C* que par forche; *B* qui veus auoir par force lhe. — 891 *A* Dont il est droit; *B*ᵗ Dont est li d. — 892 *C* molt bon; *A* molt tres bel — 893 *A* Prent ton escu et altresi tes armes — 894 *A* ja ne — 895 *C intervertit avec* 896 — 896 *A* le puet faire — 897 *C* matarge; *B* Lors dist — 898 *A* broche — 899 *C* qui molt est g. et l.; *B* qui est et g. et l.

LI CORONEMENZ LOOÏS

900 Tot entor lui a restreintes ses armes;
Li Sarrazins ne se mut de la place.
Dist l'apostoiles : « Ja avrons la bataille.
Or tost a terre et li fol et li sage :
Chascuns prit Deu de molt riche corage
905 Qu'il nos rameint Guillelme Fierebrace
Tot sain et salf dedenz Rome la large. »
Li gentilz cuens a choisi le barnage,
Qui por lui prient; fols est se plus s'atarge.
Le cheval broche, les dous resnes li lasche.
910 Brandist la lance o l'enseigne de paile,
Fiert le paien sor la vermeille targe :
Teinz et verniz et li fuz en trespasse,
Le blanc halberc li desront et desmaille,
La vieille broigne ne li valu meaille ;
915 Par mi le cors son reit espié li passe,
Que d'altre part peüst l'en une chape
Soz le fer pendre, qui bien s'en preïst guarde.
Li cuens Guillelmes par tel vertu trespasse,
Le bon espié hors del cors li esrache.
920 Ainz li paiens n'en perdi son corage,
Ainz dist soef, que nuls om ne le sache :

900 *A* estreintes — 902 *B* verrons — 903 *B²* Or aille a terre — 904 *C* de molt deuot c.; *B* de bon certain c. — 905 *C* ameint — 906 *C manque; B¹ ajoute* : Et il respondent bien est droit quon le face Tous li clergies enuers terre sauale Et cil des murs de rommes et des estages Tuit prient dieu le pere esperitable Quil lor ramaint g. au fier courage Tout sain et sauf dedenz rome la large — 909 *C* point; *A* et les resnes — 910 *B manque* — 911 *A* el milieu de la targe — 912 *A* Lor le verniz; *B* et fust trestot trespasse; *C* Taint et vermeil et le fut li trespasse — 913 *C* Le bon; *A* li rompit — 914 *B¹* ne li vaut .1. maille; *A* .1. paille; *C manque.* — 915 *C* lenseigne li empale — 916 *C* par ert bien .1. espaue; *B* parut lenseigne large — 917 *C* Pendus del fer; *A* Pendre al fer qui sen fust pris bien garde; *B²* Quon la veïst hors qui sen preïst garde — 918 *A* sen passe; *B* tel air — 919 *C* fors du cors; *B* Son b. e. — 920 *B²* Onc l. p ; *A* Quainz l. p. ne. p. son estage — 921 *B manque*

« Par Mahomet, a cui j'ai fait omage,
Molt par est fols qui petit ome blasme,
Quant il le veit entrer en grant bataille.
925 Quant ge le vi ui main en cest erbage,
Molt pou prisai et lui et son barnage,
Et d'altre part le tieng ge a folage,
Quant desor mei li donai avantage,
Qu'ainz mais par ome ne reçui tel damage. »
930 Tel angoisse ot a pou qu'il ne se pasme.
Li cuens Guillelmes del referir se haste.

XXV

Guillelmes fu molt vertuos et forz;
Le paien a feru par mi le cors,
Par si grant ire en a trait l'espié hors
935 Tote la guiche li desrompi del col,
Qu'a terre chiet li bons escuz a or.
Tuit cil de Rome s'escrient a esforz :
« Refier, frans om, Deus sostiegne ton cors!
Sainz Pere, sire, seiez guaranz as noz ! »
940 Li cuens Guillelmes a entendu les moz,
Le destrier broche, qui li desserre tost,
Brandist la hanste, le gonfanon destort,
Fiert le paien sor l'alberc de son dos,

923 *B²* Il est trop f. — 924 *B* en tel bataille — 925 *B* Quant ge entrai huimain en cestui flage; *C manque* — 926 *C* Molt prisai poi ; *B manque* — 927 *C* le retieng a f. ; *B* Sachiez de voir ge le tien a f. — 928 *B* Ne quant sur moi — 929 *B²* Conc; *B* por; *C manque* — 930 *C* a poi quil ne se pasme; *B* qua poi que il nesrage — 931 *C B²* de referir — 933 *B* ot — 934 *C* fors; *A* le fer trait hors — 935 *A* Tote lissue l. d. d. cors; *B* Tote la gorge; *C* li desront de son col — 938 *B* guarisse; *C manque* — 939 *C* Sire sainz pere; *B¹* soiez aidant; *B²* soiez aide — 940 *C* entendi bien; *B¹* lor — 941 *B* randosne tost; *C* qui lemporte molt tost — 943 *B²* sur lescu

Qu'il li desmaille et desront et desclot,
945 La vieille broigne ne li valu dous clos :
L'espié li mist trés par mi leu del cors,
Que d'altre part en paru li fers hors.
De meindre plaie fust uns altres hom morz.
Li Sarrazins ne s'est de rien estorz;
950 A son arçon a pris un javelot,
Envers Guillelme l'a lancié si trés fort
Si bruit li cos que foldre qui destort.
Li cuens s'abaisse, que paor ot de mort,
Triers l'armeüre le feri sor le dos ;
955 Deus le guari que en char nel tochot :
« Deus, » dist li cuens, « qui formastes saint Loth,
Defent mei, sire, que ge n'i muire a tort ! »

XXVI

Li Sarrazins se sent navré parfont :
Li bruns espiez li gist sor le polmon,
960 Li sanz en raie de ci a l'esperon ;
Et dit soef, que ne l'entendi on :
« Par Mahomet, dont j'atent le pardon,

944 *B* Quil li desront et desmaille et d. — 945 *C* .I. tort; *A* li
auoit mise hors — 946 *B* par mi le vuit del cors; *manque ainsi
que le vers suivant dans A* — 947 *C* fors — 949 *C* nest remuez ne
tors; *B* Voit le li turs onques plus grant (*B²* greignur) duel not
— 950 *B* Tot maintenant a p. u. j. — 951 *C B¹* le lance; *B¹* molt
tres f.; *B²* molt tres tost — 952 *C* qui carot; *B* Que (*B²* com) fou-
dre que len ot — 953 *B* baisse; *A* quil ot peor; *C* qui paor a —
954 *A* sor le col; *C* Sus larmeure le ferit enz el dos Ne lempira
la montance dun poil (*B²* dun tros) — 955 *B¹* quen char ne la-
teignot; *B²* qui nateint char ne os; *C* Que larmeure ne li valut
.II. clos — 956 *B* qui tournastes s. pol — 957 *A* ne muire encor;
B Guaris mon cors (*B²* Guerissez moi) de damage et de mort —
959 *A* Le bon — 960 *B²* Si ques a le; *C manque* — 961 *B* Puis

Ainz mais por ome n'oi tel destrucion.
Et d'altre chose me retieng a bricon,
965 Quant desor mei li delivrai le don. »
Un dart molu a pris a son arçon,
Envers Guillelme le lança de randon,
Si bruit li cos come uns alerions.
Li cuens guenchi, qui dota le felon,
970 Porquant li trenche son escu a lion :
La vieille broigne ne li fist guarison;
Lez le costé li passe a tel randon
Que d'altre part fiert dous piez el sablon.
Veit le Guillelmes, si tient le chief embronc,
975 Deu reclama par son saintisme nom :
« Glorios pere, qui formas tot le mont,
Qui feïs terre sor le marbrin perron,
De mer salee la ceinsis environ,
Adam feïs de terre et de limon,
980 Evain sa per, que de fi le savons,
De paradis lor feïstes le don,
Le fruit des arbres lor meïs a bandon,
Fors d'un pomier lor veastes le don;
Cil en mangierent, ne firent se mal non,
985 Mais puis en orent si cruel guerredon
Qu'en enfer furent, el puis de Baratron,
Qu'adonc serveient Berzebut et Neiron.

965 *B* Quant desus moi li ai donc tel don Quil me ferist auant sur mon blason Lors ni fist plus li turs darestoison — 966 *B²* trenchant; *B¹* .I. dart a pris tranchant; *A* tenoit li gloz felon — 967 *B* lenuoia — 968 *C* si comme un alerions — 969 *A* le gloton — 972 *C* par le — 975 *C* et son s. n. — 976 *B* sire; *C manque* — 977 *A* et le m. p. — 978 *A* le closis; *B²* ceinsis terre — 980 *B¹* que de fi le set on; *B²* que de voir le set on — 981 *C* En p. — 982 *manque ainsi que les onze vers suivants dans C* — 983 *A¹* Fors du; *B²* dont fu deffension — 984 *B* Il e. m. ne lor fist s. m. n. — 985 *A* male rendation; *B²* Quar il en o.; *B¹* Et il en o. si bien lor g. — 986 *B* enz el puis baratron — 987 *B* que tot s.

A unes pasques feïs procession,
Que d'une asnesse chevalchas le faon,
990 Si vos sivirent li petit enfançon ;
As blanches pasques en font procession
Et un et altre li prestre et li clerçon.
Et herberjas chiés le lepros Simon.
La Madeleine feïstes le pardon,
995 Qui mist ses uelz sor voz piez a bandon,
Et i plora par buene entencion ;
Tu l'en levas a mont par le menton,
De ses pechiez li feïstes pardon ;
La fist Judas de vos la traïson :
1000 Il vos vendi, s'en ot mal guerredon,
Trente deniers en reçut li felon ;
Et en la crois fustes mis a bandon.
Juïf en firent come encrisme felon :
Ne vorent creïre vostre surreccion.
1005 El ciel montas al jor d'Ascencion,
Dont viendra, sire, la grant redempcion,
Al jugement, ou tuit assemblerons.
La ne valdra pere al fill un boton,
Li prestre n'iert plus avant del clerçon,
1010 Ne l'arcevesques de son petit guarçon,
Li reis del duc, ne li cuens del troton,
Nuls om traïtre n'i avra guarison.

988 *B* Apres biax (*B²* doux) sire feïs procession — 989 *B* Et de lasnesse — 991 *B* ramembroison — 992 *B²* Crestien qui aourent vo saint nom — 993 *B* Et herberjastes — 994 *B²* f. gent pardon — 995 *B* Qui sus voz piez mist ses ueilz a bandon ; *manque, ainsi que les trois vers suivants, dans C*—996 *B* Si plora sire — 997 *B* Tu len leuas sire p. l. m. — 1000 *A* La vos v. — 1001 *C* ot des juis felon — 1002 *B²* enz en l. c.; *B* sanz reson ; *manque, ainsi que le vers suivant, dans C.* — 1004 *B manque* — 1006 *A* Nos viendra ; *C* De nos venra — 1007 *A¹* assembleron — 1008 *C* Lors ne v.; *B* La ni v. — 1009 *B* Ja niert li prestre; *A* Neis li prestre niert a. d. c. — 1010 *C* Ne li euesques — 1011 *C manque* — 1012 *B* Fel ne trichiere ; *A manque*

Et as apostres donas confession;
Meïs saint Pere el chief del pré Neiron,
1015 Et convertis saint Pol son compaignon;
Jonas guaris el ventre del peisson,
Et de la fame le cors saint Simeon,
Et Daniel enz la fosse al lion;
Et Symomague abatis le felon;
1020 Moyses vi la flame enz el buisson,
Qui n'ardeit busche ne ne feseit charbon.
Si com c'est veir, et creire le deit on,
Defent mon cors de mort et de prison,
Que ne m'ocie cist Sarrazins felon;
1025 Tant porte d'armes qu'aprochier nel puet on,
Quar s'arbaleste li pent a son giron,
Mace de fer li pent a son arçon.
Se cil n'en pense qui Longis fist pardon,
Ja n'iert conquis, trop a d'armes fuison. »
1030 Corsolz li dist treis moz par retraçon :
« Ahi ! Guillelmes, come as cuer de felon;
A grant merveille sembles buen champion,
De l'escremir ne resembles bricon;
Mais par ces armes n'avras ja guarison. »
1035 Lors trestorna son destrier aragon,
Et trait l'espee qui li pent al giron,

1014 C Mesmes s. p. — 1016 A Gueris j. — 1017 A La madeleine feistes le pardon; *Ce vers et les 4 suivants manquent dans C* — 1019 A^1 Symon meismes; B^2 Et symagogue — 1020 B en un buisson — 1023 A de honte e. d. p. — 1024 B^1 le s. f. — 1026 B pent a son gambeson — B Et sarbaleste qui li pent a larcon; C Car sa baleste li vient a son giron — 1027 A voi pendre a son arcon; B^1 li pent a son giron; B^2 li repent au giron — 1029 B trop est fors li gloton — 1030 C B^2 par traison; B^1 par contencon. — 1031 B^2 de lyon — 1032 A bien c; C manque; *Le copiste de B^2, trompé par la similitude des deux vers 1031 et 1058, a passé du premier au second* — 1033 B^1 De lescremie me sembles bien breton — 1034 B^1 Mais de tes; C manque — 1035 A^1 L. retorna le d.; A^2 L. t. le d. — 1036 B^1 Trait a; A^2 manque

Et fiert Guillelme par tel devision
Que le nasel et l'elme li desront.
Trenche la coife del halberc fremillon,
1040 Et les chevels li trenche sor le front,
Et de son nés abat le someron.
Maint reprovier en ot puis li frans om.
Li cols devale par de desus l'arçon,
Que del cheval li a fait dous tronçons.
1045 Li cols fu granz, si vint de tel randon
Que treis cenz mailles en abat el sablon ;
L'espee vole hors des mains al gloton.
Li cuens Guillelmes salt en pié contre mont,
Et trait Joiose, qui li pent al giron ;
1050 Ferir le cuide par desus l'elme a mont,
Mais tant esteit et parcreüz et lons
N'i avenist por tot l'or de cest mont.
Li cols descent sor l'alberc fremillon,
Que treis cenz mailles en abat el sablon.
1055 La vieille broigne fist al Turc guarison ;
Ne l'empira vaillant un esperon.
Corsolz li dist dous moz par contençon :
« Ahi ! Guillelmes, come as cuer de felon !
Ne valent mais ti colp un haneton. »
1060 Tuit cil de Rome s'escrient a halt ton,
Et l'apostoiles, qui fu en grant friçon :
« Sainz Pere, sire, secor ton champion,

1037 B¹ Fiert en g. — 1038 B¹ de lelme — 1039 B¹ T. lauberc et la coife; *ce vers manque, ainsi que les 4 suivants, dans C —* 1040 B¹ *manque* — 1043 B¹ par de deuant — 1044 B¹ en a fait; C *Et fist .11. pieces del destrier aragon* — 1045 *A* de grant randon; C *manque* — 1046 C *manque* — 1047 C hors de puins — 1049 *A* Et tint j. — 1050 B¹ dessus son elme — 1051 X Mais tant est granz et p. e. l. — 1054 B¹ en abat a bandon — 1055 A¹ La meillor b. — 1056 C valissant .I. bouton — 1057 B¹ .III. moz; *manque, ainsi que le suivant, dans* C — 1058 B¹ de lyon — 1059 B Trestuit ti colp ne valent .I. bouton — 1060 B a .I. ton; C a rion — 1062 C socoures vo baron

Se il i muert male iert la retraçon ;
En ton mostier, por tant que nos vivons,
1065 N'avra mais dite ne messe ne leçon. »

XXVII

Li cuens Guillelmes a la chiere membree
Fu tot armez sor la montaigne lee ;
Veit le paien qui ot perdu s'espee,
Dont son cheval ot trenchié l'eschinee.
1070 Li Turs passe oltre plus d'une arbalestee,
Tot en poignant sa mace a destesee,
Envers Guillelme en vint gole baee ;
Alsi escume come beste eschalfee
Que li chiens chacent en la selve ramee.
1075 Li cuens le veit, s'a sa targe levee.
Li Turs i fiert de si grant randonee
De chief en altre li a tote quassee,
Emprès la bocle li a tote copee ;
Par le pertuis i passat de volee
1080 Uns esperviers, senz point de demoree.

1063 C la raenchon — 1064 C El ton m.; A tant com n. v. —
1065 B Ni aura mais ne messe ne lecon Tot destruiront li encriesme felon Ja ni aura qui nos soit guerison Adonc plorerent de duel maint halt baron. — 1067 B Fu toz a pie; C en la m. l.
— 1068 A quot perdue; B perdue — 1069 A De s. c.; B cope —
1071 C A poignant vient sa la mace entesee ; A destrossee — 1072
A reuient — 1073 B lisse; C loue — 1074 C hastent — 1075 C la
t. l.; A manque — 1076 C le fiert — 1077 A li a rote et falsee —
1078 Jusqu'au vers 1083 les trois versions diffèrent beaucoup.
J'ai, comme dans tous les cas douteux, adopté celle de A, qui est
en général la meilleure : A la leçon; B Prcs de la bocle li a fait
tele corree (B² entree) Quuns esperuiers y entrast de volee Li cuens
le voit sa la chiere enclinee Empres (B² Apres) le helme est la mace
colee Le chief baissa et la masse est passee Se ce ne fust cest verite
prouee; C Empres la lance li a tele donee Que sil neust la teste
enclinee

Emprés le helme est la mace passee.
Baissa le chief a icele encontree.
Ja mais par lui ne fust Rome aquitee,
Se Deus ne fust et la vierge onoree.
1085 Tuit cil de Rome haltement s'escrierent ;
Dist l'apostoiles : « Que fais tu or, sainz Pere?
Se il i muert, c'iert male destinee ;
En ton mostier n'iert mais messe chantee,
Tant com ge vif ne que j'aie duree. »

XXVIII

1090 Li cuens Guillelmes fu molt estoltoiez,
Et de cel colp fu durement chargiez,
Mais d'une chose s'est il molt merveilliez,
Que li Turs a tant duré el destrier,
Por ce qu'il ot tant durement saignié ;
1095 Et s'il volsist il l'eüst mis a pié,
Mais il espargne quanqu'il puet le destrier,
Quar il se pense, s'il le puet guaaignier,
Bien li porreit ancore aveir mestier.
Li Sarrazins vint a lui eslaissiez ;
1100 Ou veit Guillelme, si l'a contraleié :
« Culverz Franceis, or iés mal engeigniez,
Quar de ton nés as perdu la meitié ;
Or seras mais Looïs provendiers,
Et tes lignages en avra reprovier.

1085 *C* ont fait une escriee — 1086 *B* que fais sire sainz pere ;
C D. la. qui saint pieres est lere — 1089 *A* et que ; *B* ne com jaie
d. — 1091 *B* molt forment — 1092 *A* Et du. c. est il m. m. —
1093 *B¹* Quant ; *B* este el d. ; *C* Com l. t. — 1094 *B²* longuement
— 1095 *A B²* Que sil v. — 1097 *B* manque — 1098 *C* Il serroit
mes loey prouendier B. l. p. e. a. m. — 1099 *A* corociez —
1100 *B²* Ou quil le voit — 1102 *manque, ainsi que les 3 suivants,
dans C* — 1103 *A* Qui seras — 1104-1106 *B* Ge sai molt (*B²* tres)

1105 Or veiz tu bien ne te puez plus aidier ;
O tot ton cors m'en estuet repairier,
Quar l'amiranz m'atent a son mangier ;
Molt se merveille que ge puis tant targier. »
Il s'abaissa vers son arçon premier,
1110 De devant lui le voleit enchargier
Trestot armé sor le col del destrier.
Veit le Guillelmes, le sens cuide changier ;
Bien fu en aise por son colp empleier,
Et fiert le rei, que n'ot soing d'espargnier,
1115 Par mi son elme, qui fu a or vergiez,
Que flors et pierres en a jus tresbuchié,
Et li trencha le maistre chapelier.
La bone coife li convint eslongier,
Que pleine palme li fent le hanepier ;
1120 Tot l'embroncha sor le col del destrier.
Les armes peisent, ne se pot redrecier :
« Deus, » dist Guillelmes, « com j'ai mon nés vengié!
Ne serai mais Looïs provendiers,
Ne mes lignages n'en avra reprovier. »
1125 Son bras a fors des enarmes sachié,
L'escu geta enz el champ estraier :
Tel hardement ne fist mais chevaliers.

bien nen porras reperier En ton païs ne recorras arrier Ge tocirai cui quen doie ennoier Trop longuement me fais ci bataillier Et demorer por mahom que jai chier — 1108 C Molt sesmerueillent comment ai tant targie — 1109 B sus son — 1110 B² Droit d. l. ; C Par d. l. l. v. encafigier — 1113 B Bien fu a point ; C empirier — 1114 Le roi feri qui (B² que) ; A ne le vuelt espargnier — 1115 C Dor entailliez ; ici commence A³ — 1116 C en fait jus t. — 1117 B Si a trenchie — 1118 B li fist si e. (B¹ esloignier) ; A conuint il empirier — 1119 A le cheualier — 1121 C pot ; A² manque — 1122 A trenchie ; A². B or ai. — 1123 A³ Ne serai rois loys p. — 1124 C Na mon l. ne sera r. ; B recourir + Dont passe auant li vaillant cheualiers — 1125 C Son brant a fors de son fuerre s. ; B hors de ses armes s. — 1126 B manque — 1127 B¹ franc guerrier ; B² nul guerrier

Se li Turs fust sains et sals et entiers,
Par grant folie fust li plaiz comenciez ;
1130 Mais Deu ne plot plus se peüst aidier.
Li cuens Guillelmes ne s'i volt atargier ;
A ses dous poinz saisist le brant d'acier
Et fiert le rei, n'ot soing de l'espargnier,
Par mi les laz de son elme vergié.
1135 La teste o l'elme fist voler quatre piez ;
Li cors chancele et li Sarrazins chiet.
Li cuens Guillelmes ne s'i volt delaier ;
La buene espee dont son nés ot trenchié,
Il la volt ceindre, mais trop longe li iert ;
1140 Vint a l'arçon, maintenant la pendié.
Pié et demi sont trop lonc li estrier :
Grant demi pié les a lors acorciez.
Li cuens Guillelmes i monta par l'estrier,
Del Sarrazin a retrait son espié,
1145 Qu'il li aveit enz el corps apoié ;
Tot entor l'anste en est li sanz glaciez :
« Deus, » dist Guillelmes, « com vos dei graciier
De cest cheval que j'ai ci guaaignié !
Or nel dorreie por l'or de Montpelier.
1150 Hui fu tel ore que molt l'oi conveitié. »
De ci a Rome ne s'est pas atargiez.

1128 *A* Se li cors — 1130 *C* qui tot a a jugier — 1131 *A* ne volt mie atargier; *B* ne se volt plus targier — 1132 *B* mains — 1133 *B* ne lot soing de.; *A*[1], [2] Sanz point de le.; *A*[3] Sanz point de latargier — 1135 *C* fait v.; *A* en vola — 1136 *C* Li cors sestent; *B*[2] L. c. c. du sarrazin si chiet — 1137 *A* ne li volt pas laissier; *C* ni volt plus atargier — 1138 *C* fu trenchiez; *B manque* — 1139 *C* il le voit; *B manque* — 1140 *A B manquent* — 1141 *B manque* — 1142 *B C manquent* — 1143 *B manque* — 1145 *C* envoie; *B*[t] embroie — 1146 *B* Tot enuiron en est li sanz raiez — 1147 *B* vos doi je mercier; *D* mercier — 1149 *A*[2], [3] *B* rendroie; *A* Que nel — 1150 *A*[1] *B* Puis f. t. o. que il li ot mestier ; *C* Il. f. t. ho. quen fui a grant mesaif — 1151 *B* Dusques a rome ne si est a.; *C* ni est plus a.

Li apostoiles i est venuz premiers,
Si le baisa quant l'elme ot deslacié.
Tant ont ploré li cuens Bertrans, ses niés,
1155 Et Guielins et li corteis Gualtiers !
Tel paor n'orent a nul jor desoz ciel :
« Oncles, » fait il, « estes sains et haitiez ?
— Oïl, » fait il, « la merci Deu del ciel,
Mais que mon nés ai un poi acorcié ;
1160 Bien sai mes nons en sera alongiez. »
Li cuens meïsmes s'est iluec baptisiez :
« Dès ore mais, qui mei aime et tient chier,
Trestuit m'apelent, Franceis et Berruier,
Conte Guillelme al cort nés le guerrier. »
1165 Onc puis cel nom ne li pot l'en changier.
Puis ne finerent tresqu'al maistre mostier.
Cil ot grant joie qui le tint par l'estrier.
La nuit font feste por le franc chevalier,
Tresqu'al demain que jorz fu esclairiez,
1170 Que d'altre chose voldront assez plaidier.
Et dist Bertrans : « As armes, chevalier !
Puis que mes oncles a le champ guaaignié
Vers le plus fort qui tant ert resoigniez,
Bien nos devons as feibles essaier.
1175 Oncles Guillelmes, faites vos aaisier,
Quar molt par estes penez et travailliez. »

1152 *manque, ainsi que le suivant, dans C* — 1154 *A* Tot en plorant l.; *C* Encontre vos l. — 1155 *C* Tant ont plore g. et g. — 1156 *B* T. p. no. a mais j. d. c.; *A* desor ciel — 1157 *B* font il — 1158 *B* merci jesu d. c. — 1159 *B* est u. p. escochiez; *C* escorchiez — 1160 *A* Ge ne sai certes com sera alongiez; *B* Bien sai (*B²* sent) quun poi en sera acorcie — 1162 *Au lieu de 1162, 1163, C donne* Dore en auant lapelent li princhier — 1163 *B* Vueil que ma. — 1165 *B¹ C* ainz; *B* ne pot estre changiez; *C* ne li fu cangiez — 1167 *A* a lestrier — 1168 *A* font joie; *C* font veille por lenfant cheualier — 1169 *A* dut esclairier; *C* que il fu e. — 1171 *B²* Le dist; *C* arme vos cheualier — 1173 *B²* qui plus; *C manque* — 1175 *A manque*

LI CORONEMENZ LOOÏS

Guillelmes l'ot, si s'en rit par feintié :
« Hé ! Bertrans, sire, or del contraleier !
Ja vo contraires ne vos avra mestier,
1180 Que, par l'apostre que requierent palmier,
Ge ne laireie por l'or de Montpelier
Que ge ne voise el maistre renc premiers,
Et i ferrai de l'espee d'acier. »
Quant cil de Rome l'oïrent si plaidier,
1185 Li plus coarz en fu proz et legiers.
Dès or se guardent li felon losengier,
Que trop i pueent demorer et targier,
Quar cil de Rome se vont apareillier.

XXIX

Li reis Galafres est de son tref issuz;
1190 A lei de rei est chalciez et vestuz;
Dist a ses omes : « Or ai ge trop perdu,
Quant par cel ome est Corsolz confonduz.
Li Deus qu'il creient deit bien estre creüz;
Guardez que tost seit mes trés destenduz;
1195 Fuions nos en, qu'atendrions nos plus ?
Se cil de Rome se sont aperceü,
Ja de nostre ost n'en eschapera nuls. »
Et cil respondent : « Cil conseilz iert tenuz. »
Quatorze grailes sonerent tot a un,

1177 *C* si en rit; *A* si sen rit volentiers; *B*r par faintie — 1178 *C* Or b. nies — 1181 *C* Jou nel lairoie — 1182 *A* Que ge ne fusse — 1183 *A* de mespee — 1184 *B* loent ainsi p. — 1185 *A* i fu; *B* Tot en fu lors (*B*r plus) li coarz rehaitiez — 1186 *A* si g.; *A*³ sesgardent — 1187 *A*¹ Or trop — 1188 *B*² la leçon + Por la loi deu vers paiens deresnier — 1190 *C* sest c. et v.; *B* fu c. et v. — 1193 *B*r doit estre bien cremu; *B*² doit bien estre cremu — 1197 *A* uns; *B* Ja de nos toz — 1198 *B*² Et toz r.; *A* iert creuz — 1199 *A* .xxv. graile i sonent tot a un; *B* .xiv. cors sonerent a un hu

1200 Et l'ost monta qui estormi se fu.
Guillelmes a le temulte entendu ;
Dist a ses omes : « Trop avons atendu ;
Paien s'en fuient, li gloton mescreü.
Or tost après, por Deu le rei Jesu ! »
1205 Tuit cil de Rome s'en issent a un hu ;
Guillelmes s'est el premier renc tenuz,
Li gentilz cuens, si lassez come il fu ;
Alion broche des esperons aguz,
Si se desreie qu'a peine l'a tenu :
1210 Legiers li semble cil qui desor lui fu.
Entre dous tertres ont paiens conseü.
La veïssiez un estor maintenu,
Tant pié colpé, tante teste, tant bu !
Li cuens Bertrans s'i est molt chier vendu.
1215 Après sa lance a trait le brant molu :
Cui il ateint jusqu'el piz l'a fendu,
Halbers n'i valt la monte d'un festu,
Maint colp reçut et plus en a rendu ;
Et Guielins i a maint colp feru,
1220 Et cil Gualtiers qui de Tolose fu ;
Mais sor toz altres fu Guillelmes cremuz.

1200 C qui estormie fu — 1201 B Et g. a la grant noise e.; C Et cil de rome ont la noise e. — 1202 C Dient entreux — 1203 C Li cuuert m.; B¹ sarrazin mescreu; B² li felon m. — 1204 C Or tost as armes — 1205 B ni ont plus atendu De la cite issirent a .1. hu. — 1208 A Arion; B A. b. d. e. a. Et li destriers qui fu de grant vertu; *manque, ainsi que les 2 suivants, dans C* — 1209 A a peine lont tenu — 1210 A celui qui sor lui fu; B *la leçon* + Apres paiens sarotent par vertus Qui sen fuioient quar paour ont eu Por ce que rois corsolz estoit veincuz Que dams guillelmes ot mort et confondu Tant ont coite li nostre par vertu — 1211 B Quentre deus monz les ont aconseuz Entre eus se fierent par force et par vertu — 1213 A Tant poing cope; B Tant pie trenchie — 1214 B sest molt bien combatu — 1215 B Apres la l. a. t. le b. tot nu — 1216 A est fenduz; B jusques denz la f. — 1217 B Ni vaut hauberz; C *manque* — 1218 B² mais p. en a r.; C *manque* — 1219 B en i a maint feru — 1221 A Mais sor les a.

Li reis Galafres i fu aperceüz ;
Guillelmes point, a son col son escu,
Li reis Galafres, quant l'a aperceü,
1225 De cuer reclaime Mahomet et Cahu :
« Mahomet, sire, coment m'est avenu ?
Se il vos plaist, quar i faites vertuz,
Que ge eüsse Guillelme retenu. »
Le destrier broche des esperons aguz.
1230 Li cuens Guillelmes ne fu mie esperduz.
Granz cols se donent a mont sor les escuz ;
Desoz les bocles les ont fraiz et fenduz,
Les blanz halbers desmailliez et rompuz.
Lez les costez sentent les fers moluz.
1235 Deus en aida Guillelme le cremu,
Et cil sainz Peres cui champions il fu,
Que par le rei ne fu en char feruz.
Li gentilz cuens li a tel colp rendu
Que d'ansdous parz a les estriers perduz.
1240 Li chevals baisse quant a le colp sentu,
Et dont cheï li reis a terre jus.

1222 A garsile — 1223-1228 C la leçon que j'ai adoptée ; A Monte guil. a son col son escu Mahom reclaime a force et a vertu Mahomet sire moult mest mal auenu Que ge ne lai et pris et retenu; B^1 Monstrez g. a son col son escu Mahom reclaime li rois par grant vertu Mahomet sire car i faites vertus Que cel baron qui tant a bien feru Quil a corsult et mort et confondu Que je le puisse auoir pris et tenu Lors ni a plus galafres atendu; B^2 Moustre g. a son col son escu Mahom reclaime le roy et sa vertu Mahom dist il com mest mal auenu Quant par .I. home est roy corsult vaincu Le dieu quil croient doit bien estre cremu Mahomet sire quar i faites vertu Que ce baron qui tant a bien feru... *(le reste comme B^1)* — 1231 A amont es helmes bruns ; B Encontre lui a broche li cremuz Granz cops se donent amont sus les escuz Desos les bocles les ont fraiz et fenduz — 1232 C Desor ; A manque — 1233 A Les halberz ont — 1234 C aguz ; B^1 Lez lor c. s. l. f. toz nuz ; B^2 L. l. c. seteint l. f. toz nuz — 1235 A^1 aide ; A^2, ³ aida ; C a aidie ; B g. le membru — 1236 B^1 Il est s. p. ; B^2 Lui et s. p. c. c. i fu — 1237 B Que par galafre — 1239 A^1 Que de .II. parz — 1240, 1241 A

L'aguz del elme est en terre feruz,
Par si grant force dous des laz a rompuz
Li cuens Guillelmes est sor lui arestuz,
1245 Et trait le brant dont l'aciers fu moluz :
Ja li trenchast le chief desus le bu,
Quant Deus i fist miracles et vertuz,
Quar mainz chaitis dolenz et irascuz
En fu le jor fors de prison issuz.

XXX

1250 Li cuens Guillelmes fu molt buens chevaliers.
Devant lui vit le rei tot embronchié ;
Se il volsist ja li trenchast le chief,
Quant cil li crie et manaïde et pitié :
« Ber, ne m'oci, quant tu Guillelmes iés,
1255 Mais vif me prent, molt i puez guaaignier.
Ge te rendrai le riche rei Guaifier,
Lui et sa fille et sa franche moillier
Et trente mile de chaitis prisoniers,
Se ge i muir qui tuit perdront le chief.
1260 — Par saint Denis, » dist li cuens al vis fier,
« Por itel chose deis estre respitiez. »
Li cuens Guillelmes s'aficha en l'estrier.
Li reis li rent le riche brant d'acier.

Le cheual laisse qui le fais ot eu (1241 *manque*) B Le cheual laisse qui le cop a sentu Si le feri g. par vertu Que li rois chiet ne pot estre tenuz Encontremont sont li talon venu — 1242 B Li coing du haume li est au pie feruz — 1243 A *manque;* C P. s. g. f. des las a desrompus — 1244 B sest s. l. a. — 1245 A^3 Il trait; B trenchant fu — 1252 C ja li tolist; B bien li trenchast — 1253 B^2 Mais cil l. c.; B manaides et pitiez — 1259 C ki perderont le cief; B les chiefs — 1260 C Brachefier; B dist li frans berruiers — 1261 A deuez bien repairier; B Par itel change vos doit on respitier — 1262 C se rafice es estriers; A^1 el destrier — 1263 $A^{1,3}$ l. tent; B Li rois galafres li rent son brant dacier Et il le prent

A l'apostoile l'enveie tot premier,
1265 Et bien treis cenz des altres prisoniers.
Quant Sarrazin, li gloton losengier,
Veient ensi lor dreit seignor pleissier
En fuie tornent par veies, par sentiers;
De ci al Teivre n'i voldrent atargier.
1270 Lor nés troverent, qui lor ont grant mestier;
Enz en entrerent, s'esloignent le gravier.
Li cuens Guillelmes est retornez arrier.
Le rei desarment desoz un olivier.
Li gentilz cuens le prist a araisnier :
1275 « Hé! gentilz reis, por Deu le dreiturier,
Coment ravrons les chaitis prisoniers
Qui en voz barges sont estreint et leié? »
Respont li reis : « De folie plaidiez;
Quar, por la croiz que requierent palmier,
1280 Ja n'en avrez vaillant un sol denier
Devant que seie levez et baptisiez,
Que Mahomet ne me puet plus aidier.
— Deus, » dist Guillelmes, « tu seies graciiez ! »
Li apostoiles ne s'est mie targiez,
1285 Ainz a les fonz molt tost apareilliez;

si ne le volt laissier Si le bailla a .IIII. cheualiers — 1264 *C* lenuoia — 1265 Et .IIII^c. — 1266 *B* li culuert renoie; *ce vers et les 12 suivants manquent dans A* — 1267 *C* Voient le jor lor droit seignor loier — 1268 *C* rochiers — 1269 *B*¹ De ci as nes; *B*² Dusques as nes — 1270 *B* qui lor orent m. — 1271 *B* Enz sont entre — 1272 *B* len prent — 1274 *B* len prent — 1277 *C* aues cains et loies; *A Au lieu de ce vers et des 12 précédents donne* Lors dist al roi de folie plaidiez — 1278 *A* Et il respont; *B* Sire g. d. f. p. *(ce vers interverti avec le suivant)* — 1279 *B* Por la croiz dieu — 1280 *B* vaillant .IIII. d.; *C* valissant .I. d. — 1281 *A*¹ Trusque j. s.; *A*²,³ Tant q. j. s.; *C* Ains ere anchois — 1282 *B* Mahom renoi quil est vains et lasniers Car ne me puet secore ne aidier; *manque, ainsi que le suivant, dans C* — 1284 *B* atargiez; *C au lieu de ce vers et des deux suivants donne* Li a. va les fonz por famier Puis le baptise sanz point de latargier

Le rei i ont levé et baptisié.
Parins li fu Guillelmes li guerriers,
Et Guielins et li corteis Gualtiers,
Et bien tel trente de vaillanz chevaliers
1290 N'i a celui ne seit frans om del chief;
Mais de son nom ne li ont point changié,
Ainz li aferment al nom de crestiien.
L'eve demandent, s'assieent al mangier.
Quant ont assez ce que lor fu mestier
1295 Li cuens Guillelmes est resailliz en piez :
« Hé! gentilz reis, por Deu le dreiturier,
Nobles filluels, et quar vos avanciez.
Coment ravrons les chaitis prisoniers
Qui en voz barges sont estreint et leié ? »
1300 Respont li reis : « Or m'estuet conseillier ;
Quar s'or saveient Sarrazin et paien
Que ge me fusse levez et baptisiez,
Ainz me laireient trestot vif escorchier
Qu'il me rendissent vaillant un sol denier.
1305 Mais or me faites de mes dras despoillier,
Si me metez sor un guaste somier,
Et avuec mei un quart de chevaliers,
Si près del Teivre que ge puisse huchier.
Trestoz voz omes faites apareillier

1286 *B* Li rois i fu — 1289 *C* de jentieus cheualiers; *B* de chevaliers proisiez — 1290 *C* de fief; *B* ne soit gentils de chief — 1291 *A* pas; *C* ne volroit point cangier — 1292 *C* un nom de c.; *B* Ainz le baptisent — 1294 *B* et beu et mangie — 1295 *B* en est sailliz en pie — 1298 *A*³ raions — 1299 *A* Qui en voz buies sont estroit lie; *B manque* — 1300 *C* R. guillelmes; *A*¹ compasser; *B* mestuet il c. — 1301 *A*¹ et escler; *B* sarrazin auersier — 1302 *A*¹ baptisiez et leuez; *B*² aussi fet baptisier — 1303 *C manque* — 1304 *C* valissant .I. d.; *B*² qui vausist .I. d. — 1305 *B* trestot nu despoillier — 1306 *C* Si me menez soz .I. gaste mostier — 1307 *B* Sierent o moi; *B*² .III. gentils cheualier; *A manque* — 1308 *A* Si pres des lor; *B* Si pres del tertre que les (*B*² leur) p. h. — 1309 *B* ferez a.

1310   Desoz cel mur, en cel brueil d'olivier.
        Se Sarrazin se vuelent esforcier,
        Que il me voillent et secorre et aidier,
        Tuit seiez prest as lances abaissier.
        — Deus, » dist Guillelmes, « par ta sainte pitié,
1315   Mieldre convers ne puet de pain mangier. »
        Trestot son buen li ont fait otreier,
        Ne mais del batre, de ce l'ont espargnié;
        Ainz l'ensanglentent del sanc a un levrier.
        De ci al Teivre ne se voldrent targier.
1320   Li reis Galafres comença a huchier;
        A voiz escrie : « Champions, sire niés,
        Filz a baron, quar me venez aidier.
        Fai en geter les chaitis prisoniers,
        Por tant istrai de prison, ce sachiez. »
1325   Dist Champions : « Bien t'a Mahom aidié,
        Quant por aveir est tes cors respitiez. »
        Le dromont font a la rive sachier;
        Fors en ont trait les chaitis prisoniers,
        Mais tant les orent batus li losengier,

1310 *C* Desoz cel tor; *A* Desoz cel brueil qui est a loliuier; *B* la leçon + La les ferez quoiement embuschier — 1311 *C* se voloient e. — 1312 *A* Q. i. m. v. secorre et aidier; *B* secorre ne aidier — 1313 *B²* soient; *C* Si soies — 1315 *C* Mieldres consaus ne puet estre otroies — 1316 *C* li font il o. — 1317 *C* de batre; *A* a ce lo. e. — 1318 *C* de .II. leuriers — 1319 *B²* ne se sont atargiez — 1323-1326 *C* la leçon; *A* Se deus maist or en ai grant mestier Li deus quil seruent doit bien estre proisie Rois a corone ne doit estre loie Mais por auoir iert mes cors respitiez; *B* Par mahomet or en ai grant mestier Cil crestien mont trop mal atierie Li (*B²* Cil) deus quil seruent doit molt estre proisie Qui si lor fait trestous lor desirriers Bien ma mahoms lessie et oublie Qui si me lesse as crestiens baillier (*B²* traitier) Mes por auoir iert mes cors respitiez (*B²* replegie) Fai leur geter les chetis (*B¹* riches) prisonniers Dist champions or ta mahom aidie Quant por auoir puez estre respitie A ces paroles ne volt plus delaier (*B²* delaissier) — 1327 *B* L. d. fist a l. r. atachier — 1328 *B* Hors en a t. l. gentilz p. — 1329 *A* batuz et ledengiez

1330 Por ce qu'il furent desconfit et chacié,
N'i a celui n'ait sanglent le braier
Et les espalles et le cors et le chief.
De pitié plore Guillelmes li guerriers.

XXXI

La ou il getent les chaitis de lor barges,
1335 N'i a celui n'ait sanglent le visage
Et les espalles et trestot le corsage.
De pitié plore Guillelmes Fierebrace;
Veit l'apostoile, a un conseil le sache:
« Sire, » fait il, « por Deu l'esperitable,
1340 Mainz gentilz om a ci nu le corsage;
Quar lor donons pels et mantels et chapes,
Or et argent ait chascuns en la place,
Que retorner s'en puissent en lor marches. »
Dist l'apostoiles: « Gentilz om onorables,
1345 A onor faire deit chascuns estre larges.
Icest conseil est bien dreiz que l'on face. »
De ci a Rome ne firent arestage;
Por les chaitis destrosserent lor males,
Si lor donerent et dras et pels et chapes;

1330 A^1 fachie; A^2 cachie; A^3 chatie — 1332 C et le cors et les piez — 1334 C La u issiereut l. c. d. l. b. — 1335 C Ni a celui qui nait — 1340 B De maint prodome a ici le corsage Qui sont tuit nu molt ont sofert malage — 1341 C et dras et piaus et capes; B Reuestons les por dieu et por simage De nos tresors lor donons a grant masse Por respasser de ceste grant mesaise — 1342 B le vers est compris dans les 3 précédents — 1344 C jentiex quens ho. — 1345 B^1 En ho. f. — 1346 B^1 quon le face; B^2 Cest bon conseil si vueil bien quon le face — 1347 A de rien ne si atarge; B^2 Tresques a r.; C manque — 1348 B desfermerent — 1349 $A^{1,2}$ et pels et dras et chapes; B cotes sercoz et c.; A^3 et dras et peaus de martre; C et dars e. p. e. c.

1350 Or et argent ot chascuns en la place,
Que bien s'en porent retorner en lor marches.

XXXII

Quant cil a Rome sont ensi repairié,
Li cuens Guillelmes sor un perron s'assiet;
A tant es vos li riches reis Guaifiers.
1355 Tot maintenant li est cheüz as piez :
« Gentilz om, sire, eü m'avez mestier.
Rescos m'avez des mains as aversiers,
Qui en lor terre m'en menassent leié,
Mais ne veïsse mes onors ne mes fiez.
1360 Une fille ai, n'a si gente soz ciel :
Ge la vos doins de gré et volentiers,
Se la volez ne prendre ne bailliér,
Et de ma terre avrez une meitié,
Après ma mort serez mes eritiers. »
1365 Respont li cuens : « Mei estuet conseillier. »
Veit l'apostoile, d'une part l'a sachié :
« Sire, » dist il, « prendrai ge la moillier ?
— Oïl, bels sire, de gré et volentiers.

1350 A[1,2] ot tant chascuns en place; C manque — 1351 B Dont
bien porront retorner (B[2] raler) e. l. m. — 1352 C Q. c. de rome
sont le jor r. — 1353 A lez un buisson — 1354 C Atant es lor;
B[1] la leçon + Ou voit g. vers lui sest adreciez — 1355 C li vait
cair au pie; B la leçon + Ses deus mains jointes granz merciz li
rendie Tot en plorant li auoit escrie (B[2] li a dit a haut cri) — 1357
A C al auressier — 1358 C memmenoient; B Qui memmenas-
sent (B[2] memmenoient en l. t. loie — 1359 B[2] Plus n. v. —
1360 C Si gente na s. c. — 1363 C aueres la moitie; B De mon
roiaume auiez vous la moitie (B[2] par trestot la moitie) — 1364 A
soiez — 1365 B[2] Li quens respont; B ge men vueil conseillier
— 1367 C fait il; B la prendrai ge a moillier — 1368 B[1] Oil voir
sire; C Oil biau frere; B[2] Ce dist le pappe bien le veull sil vous
siet

Bachelers estes, de terre avez mestier. »
1370 Respont li cuens : « Bien fait a otreier. »
L'en li ameine a veeir la moillier.
Nuls om de char, pelerins ne palmiers,
Ne seüst tant errer ne chevalchier
Plus bele dame peüst nuls acointier.
1375 Cele preïst Guillelmes li guerriers,
Quant par essoigne convint tot respitier,
Com vos orrez ainz le soleil colchier.

XXXIII

Plaist vos oïr de la soe belté?
Nuls om de char ne peüst tant aler
1380 Plus bele dame peüst onques trover.
Cele preïst Guillelmes al cort nés,
Quant par essoigne convint tot refuser,
Com vos orrez ainz qu'il seit avespré.
Es dous messages venant toz abrivez;
1385 De France vienent, s'ont lor chevals lassez
Et recreüz, confonduz et matez.

1372 B^1 Ainz hom; B^2 Onc h. — 1373 C Ne saroit t.; B Ne feist t. — 1374 B peust pas a.; C trouuast nului sor ciel — 1375 B^1 Icelle preist g. au vis fier; B^2 Cele preist le marchis au vis fier; B *ajoute* Mais ne le fist a celer ne vos quier Si come orrez sun poi puis esploitier — 1376 B Quar par; A li conuint a lessier — 1377 B^2 Si com orrois; B^1 *manque* — 1378 *Avant ce vers* B *dit* Molt par fu gente la dame al cors mole — 1379 B Nuls hom viuant; A ne pot ainz tant aler — 1380 C ne peust onques t.; B peust mie t. — 1381 C Et le presist; B^2 dant g. au c. n. — 1382 B Mais p. e. c. t. demorer — 1383 B Sel morrez dire a. quil s. a. Ci vos lerai de la pucele ester — 1384 A effraez — 1385 A Par deuers f. les cheuals ont l.; B De dolce f. sont venu le regne — 1386 A^1 C et lassez; $A^{2,3}$ c. et penez; B Puis que il furent de leur pais torne Ont .x. cheuals recreuz et lassez De cheualchier confonduz et matez

Tant ont Guillelme et quis et demandé
Qu'il ont le conte enz el mostier trové,
Ou il deveit sa moillier esposer,
1390 Et l'apostoiles, qui fu gentilz et ber,
Fu revestuz por la messe chanter ;
Et l'anel prist por la dame esposer,
Quant li message li sont al pié alé :
« Merci, Guillelmes, por sainte charité,
1395 De Looïs vos est petit membré,
Que mors est Charles, li gentilz et li ber ;
A Looïs sont les granz eritez.
Li traïtor l'en vuelent hors boter,
Un altre rei il vuelent coroner,
1400 Le fill Richart de Roen la cité.
Tot le païs ont a dolor torné,
Gentilz om, sire, se vos nel secorez. »
Ot le Guillelmes, s'est vers terre cliné ;
Veit l'apostoile, d'une part l'a torné :
1405 « Sire, » fait il, « quel conseil me donez ? »
Dist l'apostoiles : « Deus en seit aorez !
Qui conseil quiert bien li deit l'en doner ;
En peneance vos vueil ge comander
Que Looïs vo seignor secorez.
1410 C'iert granz damages s'il est deseritez. »
Respont li cuens : « Si com vos comandez,

1387 *B* enquis — 1388 *B²* le ber — 1391 *A* Tot reuestuz — 1392 *A* de la d. e. ; *C* Pris ot la neif — 1395 *A¹* vos ert p. m. ; *C* vos a p. m. ; *A³* De rois looys — 1396 *B¹* Car ; *B² manque* — 1397 *C* A roi looys ; *B² manque* — 1398 *C* L. t. li ont le dos torne — 1399 *B²* reueulent c. — 1400 *C* Del fill — 1401 *A* ont a honte liure ; *B²* en dolor ont t. — 1402 *A* nes secoures ; *B²* pour le secorez ; *B¹* et car le secourez ; *B ajoute* Car se de vous na secours ce sauez Mors est li rois ocis et afolez — 1403 *B* vers terre est enclinez — 1405 *C* donrez ; *A* que c. m. d. — 1406 *B la leçon* ✢ Foi que ge doi le roi de mageste — 1407 *A* len li doi bien doner — 1408 *B* vos vueil dire et monstrer — 1409 *A³* Que rois looys ; *B* Que vo seigneur loiaument secorez — 1411 *C* R. guil. a vostre volente

Ja vo conseilz ne sera refusez. »
Guillelmes baise la dame o le vis cler,
Et ele lui, ne cesse de plorer.
1415 Par tel convent es les vos desevrez
Que ne se virent en trestot lor aé :
« Sire Guillelmes, » dist l'apostoiles ber.
« En dolce France vos en convient aler.
Ci remaindra Galafres l'amirez,
1420 De vostre part avra Rome a guarder. »
Respont li cuens : « De folie parlez.
De traïson ne fui onques retez :
D'or en avant m'en dei ge bien guarder.
— Sire Guillelmes, » dist l'apostoiles ber,
1425 « En dolce France vos en convient aler :
Mil chevaliers avuec vos en merrez,
D'or et d'argent trente somiers trossez.
Toz as conquis, ses en deis bien porter. »
Respont li cuens : « Ce fait a mercier. »

XXXIIII

1430 Un diemenche, .xv. jors après Pasques,

1413 *B* la pucele ò vis cler — 1415 *A* ainsi sont deseure — 1416 *A* Puis ne s. v. — 1419 *A¹* exponctue Galafre et met en marge Garsile — 1420 *A* nostre — 1421 *C* a vostre volente; *B* bien fait a creanter Mes filleuls est gart ni peust. maluaiste Sil le fesoit par dieu de mageste Ne remaindroit el monde desoz de Tant le siuroie quauroit le chief cope Mais gart tres bien la terre et le regne Que loeys sont les granz heritez Mon droit seignor qui tant a de bontez Et dist li rois tot a vo volente Vos sauez bien et si est veritez — 1423 *B* Do. e. a. crerai en damede Et si ferai la soie volente Et g. molt auez bien parle Seinsi le faites com lauez deuise Dont serez vos mes drus et mes priuez — 1426 *B* menez — 1427 *A* .xxx. s. prenez — 1428 *A³* Tes as c.; *C* ses en dois enmener; *B* Conques les as bien les en dois porter — 1429 *B* Et dist li c. — 1430 *A¹* En d.; *A³* Une dimenche

Esteit a Rome Guillelmes Fierebrace,
Fame dut prendre et faire mariage,
Trestot aveit entrobliee Orable,
Quant de vers France li sont venu message
1435 Qui li aportent unes noveles aspres;
Que morz esteit li emperere Charles;
A Looïs sont remeses les marches;
Li traïtor, cui li cors Deu mal face,
Del fill Richart de Roen a la barbe
1440 Vuelent rei faire, voiant tot le barnage.»
De pitié plore Guillelmes Fierebrace,
Congié demande a l'apostoile sage,
Et il li charge mil chevaliers a armes,
D'or et d'argent trente somiers li charge.
1445 Al departir en plore li barnages.
Vait s'en li cuens, qui de riens ne se targe,
Montgeu trespasse, qui durement le lasse.
De lor jornees ne sai que vos contasse;
De ci en Brie n'arestent ne ne targent.

1436 *C* nostre emperere c. — 1437 *A*[3] A rois looys; *B* en sont remes — 1438 *C* Li traitor len font honte et outrage Boisie li ont le cors dieu mal lor face Ne il laissierent le vaillant .I. escace Tolir li voelent le chief sor les espaule — 1439 *C* D. f. r. de meni le barbastre — 1440 *B* Vouloient faire roi de france la large; *A* V. r. f. de france le barnage; *C la leçon* + Sil na secors france en va a hontage Et la contree en ert destruite et arse — 1441 *C la leçon* + Et prie dieu le pere esperitable Quil ne lairoit por nul home quil sache Ca son pooir son secors ne li fache — 1442 *C* a la pucele sage — *Au lieu des 4 vers suivants*, *C donne* Par teil devoir ambedoi se departent Puis ne se virent en trestout lor eage Pris a congie g. f. Cele li done et bele et convenable Dor et dargent .XV. sommiers li carge Avoec li maine .M. chevaliers as armes Et ses .XL. camena de ses marces Passent les terres et les contrees larges — 1443 *A* .IIII*m*. a armes — 1444 *B* .XXX. somiers do. et da. l. c. — 1446 *B* de noient ne latarge — 1447 *C* qui torment les travaille — 1449 *A* Tant quil i vinrent (*A*[1] virent) ne sarresterent guere; *C* De si en brie acuellent lor voiage; *B*[2] Mes que la terre a grant esploit trespassent Si ques en b.

XXXV

1450 Vait s'en Guillelmes al cort nés le marchis.
De ses jornees ne sai conte tenir ;
De ci en Brie ne prist il onques fin.
En mi sa veie encontre un pelerin,
L'escharpe al col, el poing le fust fraisnin ;
1455 Ainz ne veïstes tant gaillart pelerin ;
Blanche ot la barbe come flor en avril.
Veit le Guillelmes, si l'a a raison mis :
« Dont es tu, frere ? — De Tors de Saint Martin.
— Sés tu noveles nules ? Quar nos en di.
1460 — Oïl, bels sire, del petit Looÿs ;
Que morz est Charles li reis de Saint Denis,
A Looÿs est remes li païs ;
Li traïtor, que Deus puist maleïr !
Del fill Richart de Roen le flori

1450 *B* Vait sen li cuens g. li marchis — 1451 *B* de lor j.; *C* manque — 1452 *A* ne pristrent onques fin — 1453 *C* acueilli son chemin — 1454 *C* Escherme au col et un bordon fraisnin; *B²* manque; *B¹ la leçon* + Molt bien estoit afublez le matin — 1455 *B¹* si g. p. *C B²* manquent — 1456 *B* c. f. daubespin; *C* B. o. l. b. et le guernon flori — 1458 *C* Amis biaus frere dieus te puist beneir; *B* D. e. t. f. g. respondi (*B²* li a dit) Sire dist il de tours de s. martin Et dist g. por dieu qui ne menti — 1459 *C* car le me di; *B* S. t. n. amis car (*B²* par amour) n. e. d. — 1460 *C* de pere loeys; *A³* del petit rois looys; *B* Oïl voire sire ce dist li pelerins Del roy loys que len guerroie si — 1461 *B* Morz est rois carles qui tant ot le cuer fin — 1462 *A³* A rois looys; *C* Par droit doit estre la terre a .i. sien fill; *Voici de suite le texte de C correspondant aux 16 vers suivants des autres mss.* Mes li traitre len ot si defors mis Quil ne li laissent vaillant .i. angeuin Jou le laissai a tors a s. martin En une croste del mostier benei Ne garde leure que il laient ocis Nen i a nul qui losast garantir Par cel apostle que quierent pelerin Se jou fuisse hom que aidier se peust Ja li fieus karle ne fust issi honis Les traitors eusse departis Que cure neussent de lor seignor traïr

1465 Vuelent rei faire de France a maintenir.
Mais uns frans abes, que Deus puist beneïr,
En une volte del mostier Saint Martin
En a l'enfant ensemble o lui foï.
Ne guardent l'ore que il seient murdri.
1470 Hé! Deus aïde! » dist li frans pelerins,
« Ou sont alé li chevalier gentil
Et li lignages al pro conte Aimeri?
Icil soleient lor seignor maintenir.
Par cele crois ou li cors Deu fu mis,
1475 Se ge fusse om qui aidier li poïst,
Les traïtors eüsse si laidiz
N'eüssent cure de lor seignor traïr. »
Ot le Guillelmes, s'en a geté un ris;
Bertran apele, si l'a a raison mis :
1480 « Oïstes mais si corteis pelerin?
Se il fust om qui aidier li poïst,
Ja malvais plaiz ne fust par lui bastiz. »
Dis onces d'or donent al pelerin,
Molt lieement le fait de lui partir.
1485 Vait s'en Guillelmes, s'acueille son chemin.
Tant ber fu nez qui plenté a d'amis:
Guillelmes guarde devant lui el chemin,
Venir i veit de chevaliers set vinz.

1465 *B* de france le pais — 1466 *B* Mais uns sainz abes — 1469 *B* que il laient murtri — 1470 *A* d. l. cuens p — 1471 *B* li cheualier de pris — 1473 *B* Qui si soloient — 1476 *B* eusse malbailliz — 1477 *B manque* — 1479 *B* B. a. son neueu si li dist; *C* B. a. gautiers si lor a dit — 1480 *C* Oistes onques s. c. p.; *B* Amis dist il por dieu qui ne menti Oistes (*B¹* Veistes) mais s. c. p. — 1481 *C* Se i fust qui aidier li peust — 1482 *B¹* Ja nus mais p.; *A* Jamais par els ne fust mal plait basti; *B¹ ajoute* Et dist bertrans certes il est gentis; *B² ajoute* Bernart respont par foy il est gentis — 1483 *C manque* — 1484 *A* le fist; *B¹* se fist d. l. p.; *B²* sestoit diluec parti — 1485 *C manque* — 1486 *B* qui auques a damis; *C* Or entendes dieu vous puist beneir Chieus est aidies qui dieus vielt maintenir — 1487 *B²* G. esgarde

1490 Gualdins li bruns les conduit, li marchis,
Et avuec lui fu li proz Savaris,
As cleres armes et as chevals de pris;
Cil sont nevot Guillelme le marchis;
En France en vont secorre Looïs.
Quant s'entrencontrent a merveille lor vint;
1495 Il s'entrebaisent, nevot sont et ami.
D'els ne se guarde li abes de franc lin
Qui ot en guarde le petit Looïs.
S'un pou le puet tenser et guarantir,
Et destorner del lignage Alori,
1500 Secors avra ainz que past li tierz dis.

XXXVI

Vait s'en Guillelmes li nobiles guerriers;
Ensemble o lui doze cent chevalier.
Par sa maisnie a fait un ban huchier;

1488 B^2 .viii^{xx}.; *C* Si voit venir — 1490 *C* Ses a conduist viuiens li marcis — 1491 *B* Auueques lui fut li cuens s.; *C manque* — 1492 *C* Cis estoit nies g. l. m.; A^1, ^{2} g. al fier vis; B^2 g. o le fier vis; *A* Cil furent niés — 1493 A^3 secorre rois looys; *B* Si vont en france; *C* Nest mie poures qui a plente damis Secorre vient son seignor loeys Or croist la force g. le marchis — 1494 A^3 sentreuinrent; *manque, ainsi que les 3 vers suivants, dans* B^2 — 1495 *C* et cousin; *C termine ainsi cette laisse* Auant cheualcent par mi le gaut foilli Tant com cheual puet jornee tenir Sen vont vers tors le droiturier chemin Li gentieus abes qui fu frans de bon lin Qui ot en garde le jouene loey Et en la croute del mostier lauoit mis Se or le puet tenser ne garandir Et destorner des parens alori Secors aura ains que part li tiers dis — 1497 *A* Qui en garde ot; B^1 Qui a en garde; A^3 le p. rois looys — 1499 *B* Et destraver d. l. aymeri — 1500 *B* de ci que al tiers di; A^3 que part — 1501 *B* G. erra qui molt fist a proisier; *C* Vien g. au cort nes li guerriers — 1502 *C devient tellement différent des autres mss. que je n'en donnerai plus qu'occasionnellement les variantes.* — 1503 *B* Par sa compaigne

Chascuns a point qui cheval, qui destrier,
1505 Et il lor dist, senz point de l'atargier,
Qu'il n'aient cure de cheval espargnier :
Qui pert roncin, il li rendra destrier.
« Al malvais plait vueil estre a comencier ;
Ge vueil par tens saveir et acointier
1510 Qui vuelt reis estre de France justiciers;
Mais par l'apostre que requierent palmier,
Tels se fait ore et orgoillos et fier
Cui ge metrai tel corone en son chief
Dont la cervele l'en vendra tresqu'as piez. »
1515 Dient Romain : « Cist om a le cuer fier.
Qui li faldra, Deus li doint encombrier ! »
Ne sai que deie la novele noncier;
De ci a Tors ne voldrent atargier.
Molt sagement en voldra espleitier :
1520 En quatre aguaiz a mis mil chevaliers :
Dous cenz en meine molt bien apareilliez,
Qui ont vestu les blans halbers dobliers,
Desoz les coifes les verz helmes laciez,
Et si ont ceint les brans forbiz d'acier ;
1525 Et molt près d'els resont li escuier,
As fors escuz et as trenchanz espiez,
Ou al besoing porront bien repairier.
De ci as portes ne voldrent atargier ;

1504 B Chascuns acourt en son poing son destrier — 1505 B manque — 1506 B Qui en alant puissent ades mangier Ja naient cure — 1507 B¹ je li donrai destrier — 1508 C la leçon; A v. estre comencie; B A. m. roy v. estour (B¹ esuoire) commencier — 1509 B² manque — 1510 B et justiciers — 1512 A molt o. et f. — 1513 B itel corone el chief — 1514 A² li venra; B en venra jusquau (B² dusquau) pie — 1517 B lor jornees alongier — 1518 B² Si que a t.; A ne se v. targier — 1519 B enuoia ses princiers — 1522 B¹ Empres la char; B² Apres la char — 1523 B Soz chaperons les forz coifes dacier — 1524 B Les branz forbiz ont ceint li cheualier — 1527 A³ porrons; B manque — 1528 B² Tresques as p.; B ne si sont atargiez

Le portier truevent, si l'ont lors araisnié :
1530 « Uevre la porte, ne nos fai ci targier,
Nos venons ci al riche duc aidier ;
Ancui sera coronez al mostier
Ses filz a rei, que Franceis l'ont jugié. »
Li portiers l'ot, a pou n'est esragiez ;
1535 Deu reclama le pere dreiturier :
« Sainte Marie ! » dist li corteis portiers,
« Looïs sire, c'est povres recovriers ;
Se cil n'en pense qui tot a a jugier,
N'en puez partir senz les membres trenchier.
1540 Hé ! Deus aïde ! » fait li corteis portiers,
« Ou sont alé li vaillant chevalier
Et li lignages Aimeri le guerrier,
Qui si soleient lor dreit seignor aidier ? »
Dist a Guillelme : « N'i metrez or les piez.
1545 Trop a ça enz de glotons losengiers ;
Ge ne vueil ore que plus les acreissiez.
C'est granz merveille quant terre vos sostient.
Quar pleüst ore al glorios del ciel
Que ja fondist la terre soz voz piez,
1550 Et Looïs fust arriere en son fié !
De malvais pueple sereit li monz vengiez. »
Guillelmes l'ot, s'en fu joianz et liez.
Bertran apele : « Entendez, sire niés,
Oïstes mais si bien parler portier ?
1555 Qui son corage li voldreit acointier,
Bien nos porreit ancui aveir mestier. »

1529 *A* Le portier trueuent si lont lors araisnie — 1530 *B* Oeuvre l. p. font il bels (*B*² douz) amis chiers — 1531 *B* Ge sui venuz le duc richart aidier — 1536 *B* S. n. fait l. c. p. — 1537 *A* L. s. si p. r. — 1539 *B* la teste t. — 1541 *A* li gentils c. — 1544 *B* vos ni metrez le pie — 1546 *B*² engroissiez — 1547 *A* Grant merueille est — 1548 *B*² au roi du firmament — 1549 *B*¹ Quelle fondist la terre s. v. p. ; *B*² Que celle terre fondist desouz voz p. — 1550 *B*¹ fust remis en son fie ; *B*² fust remis en ses fiez — 1554 *B*¹ Onques noy ; *B*² Onc mais noy — 1555 *B* Q. s. c. nos a dit et noncie

XXXVII

« Amis, bels frere, » dist Guillelmes li ber,
« Estoltement m'as ton ostel veé ;
Mais se saveies de quel terre sui nez,
1560 Et de quel gent et de quel parenté,
A ceste esemple que ge t'oi ci conter,
Molt l'overreies volentiers et de gré. »
Li portiers dist : « Deus en seit aorez ! »
Le guichet uevre tant qu'il l'ait esguardé :
1565 « Gentilz om, sire, se j'osasse parler,
Ge demandasse de quel terre estes nez,
Et de quel gent et de quel parenté.
— Veir, » dist Guillelmes, « ja orras vérité,
Qu'ainz por nul ome ne fu mes nons celez :
1570 Ge sui Guillelmes de Narbonne sor mer. »
Dist li portiers : « Deus en seit aorez !
Sire Guillelmes, bien sai que vos querez :
Vostre lignages n'ot onques lascheté ;
Li mals Richarz est ça dedenz entrez,
1575 A tot set cenz de chevaliers armez ;
Gentilz om, sire, petit de gent avez
Por lor grant force sofrir ne endurer. »
Respont Guillelmes : « Nos en avrons assez.

1557 *Avant ce vers B dit* Li quens g. ne se volt arrester Le portier prent molt bel a apeler — 1559 *A* en quel t. fui n.; *B* Mais sor sauoies de q. t. sui n. — 1561 *B manque* — 1562 *B* Tu lo. v. de bon g.; *B¹* Moult volentiers louuroies et de gre — 1563 *A* Dist li portiers; *B* Li portiers lot sen fut asseurez Quant il oy si g. (*B² g.* ainssi) parler — 1565 *B* Dist li portiers qui molt fist a loer G. ho. s. si josoie p. — 1569 *B¹* Que p. n. ho.; *B²* Quar onc por home — 1570 *A* de n. fui nez — 1571 *A B* tu soies aorez; *B² ajoute* Glorieus sire qui de vierge fus ne — 1572 *B²* Sire dist il bien soiez vos trouez — 1574 *A* est en d. e.; *B* Li vieils r. — 1576 *B¹* trop pou de gent auez — 1577 *B* sofrir et e. — 1578 *A³* auons; *A²* n. e. auons sauez; *B¹* Et dist g.; *B²* Ce dist g.

En quatre aguez sont ça dehors remés
1580 Mil chevalier guarni et conreé;
S'en ai dous cenz de molt bien atornez,
Desoz les cotes li blanc halberc safré,
Desor les coifes li vert helme gemé;
Li escuier resont après assez,
1585 Ou al besoing porrons bien recovrer. »
Dist li portiers : « Deus en seit aorez!
Se li conseilz m'en esteit demandez,
Tost en sereit li aguaiz desertez
Et par message queiement amenez.
1590 Li traïtor sont ça enz enserré;
Ou les querras quant ci les as trovez?
En icest jor, sache de verité,
O ainz qu'il seit li matins ajornez,
En puez tu faire totes tes volentez.
1595 Om qui tel fais vuelt sor lui atorner
Deit plus fiers estre que en bois li senglers. »
Guillelmes l'ot, s'est vers terre clinez;
Bertran apele : « Sire niés, entendez:
Oïstes mais si bien portier parler? »

XXXVIII

1600 Quant li portiers entendi la novele

1581 *A¹* garniz et conraez; *A²,³* garniz et atornez — 1582 *B* Sus les chemises les hauberz endossez — 1583 *B* Soz chaperons les bacinez fermez; *A²* manque — 1584 *A¹* r. a. alez; *B* se resont apreste — 1586 *B²* Le portier dist — 1588 *A* li gaainz desseurez; *B* li a desfermez — 1589 *A* encusez — 1590 *C* la leçon; *A* manque; *B* Or le sauras dist g. li ber Puisquainsi est que le mas demande — 1591 *A* quant tu l. a. t. — *B* ainz quil soit auespre — 1594 *B* tote ta v. — 1595 *A* voit — 1596 *B²* .I. sengler; *B²* D. p. ferm estre que nest en bois s. — 1597 *B* enclinez — 1598 *B* escoutez — 1599 *B* portier si bien p. Nenil (*B¹* Nail) voir sire ce dist li gentils ber

Del pro Guillelme cui proece revele,
Vers le palais a tornee sa teste,
Et prist un guant, sel mist en son poing destre,
Puis s'escria a sa vois halte et bele :
1605 « Ge te desfi, Richarz, tei et ta terre :
En ton service ne vueil ore plus estre.
Quant traïson vuels faire ne porquerre,
Il est bien dreiz et raison que i perdes. »
Contre Guillelme fu tost la porte overte ;
1610 Tot maintenant li desferme et desserre :
Entre Guillelmes et sa compaigne bele,
Et li portiers dolcement l'en apele :
« Frans chevaliers, va la vengeance querre
Des traïtors qui contre tei revelent. »
1615 Ot le Guillelmes, si s'embronche vers terre,
Isnelement un escuier apele ;
Es portes entrent qui lor furent overtes :
« Va, si me di dan Gualtier de Tudele,
Guarin de Rome en diras la novele,
1620 Qu'encontre mei sont les portes overtes ;
Qui vuelt aveir guaaignier et conquerre,
Si viegne tost, n'i ait noise ne feste. »
Et cil s'en torne qui de riens ne s'areste.
Isnelement li aguaiz se desserre,

1603 *A* E. p. .i. g. et m. e. s. p. d. ; *B* E. p. son g. sel (*B²* si) m. e. sa main d. — 1604 *B* Et sescria a sa voiz quil ot clere — 1605 *B* roi richarz et la terre — 1606 *B* Quen t. s. ne v. je or p. e. — 1607 *B* Qui t. veut — 1608 *B¹* en la fin quil perde ; *B²* que en la fin i perde — 1610 *B¹* T. m. la porte li defferme ; *B²* manque — 1611 *B¹* Entre enz g. et ; *B²* manque — 1613 *A* la vengeance v. q. — 1615 *B¹* sembroncha ; *B²* sembroncha en terre — 1617 *A* qui li f. o. — 1619 *A* Gontier de r. — 1620 *Leçon de C ; A* Que contre moi i est la p. o. *(Ce vers placé après le vers 1622) ; B manque* — 1622 *A* Quil viegne a moi que noise ni soit faite ; *B* Li viegne auant que noise ni soit faite — 1623 *B* qui point ne si areste — 1624 *B* Isnelement (*B²* Molt prestement) trestoz les guez va querre Quant cis oirent quon les enuoie querre Tot maintenant que plus

1625 Es portes entrent qui lor furent overtes.
Quant cil les virent des murs et des fenestres
Cuident que seient cil qu'ont enveié querre,
Mais il avront ancui altres noveles,
Qui lor seront doleroses et pesmes.

XXXIX

1630 Li cuens Guillelmes apela le portier :
« Amis, bels frere, se me vuels conseillier,
J'ai molt de gent que ge dei herbergier.
— En nom Deu, sire, ne vos sai conseillier,
Qu'il n'i a volte, ne crote, ne celier,
1635 Qui ne seit pleine d'armes et de destriers;
Et par les loges gisent li chevalier.
Vostre est la force del plus maistre marchié :
Lor herneis faites et saisir et baillier,
Et qui nel vuelt de buen cuer otreier
1640 N'i mete ja fors la teste a trenchier. »
Respont Guillelmes : « Bien m'avez conseillié,
Par saint Denis, et ge mielz ne requier;
Ne serez plus ne guaites ne uissiers,
Ainceis serez mes maistres conseilliers. »
1645 Bertran apele : « Entendez, sire niés :
Oïstes mais si bien parler portier?

ne si arrestent — 1626 *B²* Et cil l. v.; *B¹* Que c. l. v. des huis et
d. f.; *B ajoute* Qui la estoient venu pour le roy faire — 1627 *B*
des leur que len voist querre — 1628 *B* Mais anquenuit orront
— 1631 *B¹* ses me tu c.; *B²* Amis dist il sez me tu c. — 1632 *B*
qui nont ou h. — 1633 *B* En n. d. s. ge nen sai c. — 1634 *A*
ne crote ne solier — 1638 *A manque* — 1639 *B* de bon gre o. —
1640 *B* Ni mete gage fors (*B²* que) le chief a trenchier — 1641
B¹ Et dist g.; *B²* Ce dist g. — 1642 *A* que ja m. n. vos quier —
1643 *A¹* ne garde ne p.; *B* ne sergent ne portiers — 1644 *B*
Des or serez — 1645 *B* B. a. ca venez — 1646 *B¹* parler si bien
p.; *B²* si bien portier plaidier

Adobez le a lei de chevalier. »
Respont Bertrans : « Bels sire, volentiers. »
Il le reguarde et as mains et as piez,
1650 Molt le vit bel et gent et enseignié,
Si l'adoba a lei de chevalier
De fort halberc et de helme d'acier,
De bone espee et de trenchant espié,
Et de cheval, de roncin, d'escuier,
1655 De palefrei, de mulet, de somier ;
De son service li dona buen loier.
Li cuens Guillelmes en apela Gualtier
Le Tolosain, ensi l'oï noncier,
Fill de sa suer, un gentil chevalier :
1660 « A cele porte qui torne vers Peitiers,
La m'en irez, filz de franche moillier,
Ensemble o vos avra vint chevaliers ;
Guardez n'en isse nuls om qui seit soz ciel,
Ne clers ne prestre, tant sache bien preier,
1665 Que il n'en ait toz les membres trenchiez. »
Et cil respont : « Bels sire, volentiers. »

XL

Li cuens Guillelmes al cort nés li marchis
En apela Sohier del Plesseïs :

1648 *B²* bels oncles — 1650 *B²* gentil et aligne; *A* et droit et aligne — 1651 *B* et le fist cheualier — 1652 *B* de bon helme dacier — 1654 *B* et de bon escuier — 1655 *B* et de molt bon s. — 1657 *B manque* — 1658 *B La leçon* + En apela g. le guerrier — 1660 *A* vers portiers; *B* Alez bels nies gardez ni atargiez (*B²* demourez) A cele porte queuure deuers poitiers — 1661 *B* La en irez — 1662 *B* Auesques vos iront .xx. c. — 1664 *B* N. c. ne lai t. s. b. plaidier — 1665 *B* Qui nait le chief del bu jus rooignie (*B²* bien roognie) — 1666 *B²* Bertran respont; *B* com vo plera si iert — 1668 *A* floire du p.; *B¹* soihier du p.; *B²* soef du p.

78 LI CORONEMENZ LOOÏS

  « A cele porte qui uevre vers Paris,
1670 La en irez, frans chevaliers de pris,
  Ensemble o vos chevalier tresqu'a vint.
  Guardez n'en isse nuls om de mere vis
  Que il ne seit detrenchiez et ocis. »
  Et cil respont : « Tot a vostre devis. »
1675 Il n'i ot barre ne porte ne postiz
  Ou li cuens n'ait de ses chevaliers mis.
  Tresqu'al mostier s'en vait tot a devis.
  Il descendi devant el parevis;
  El mostier entre, crois fist devant son vis;
1680 Desus le marbre, devant le crucefis,
  La s'agenoille Guillelmes li marchis
  Et prie Deu qui en la crois fu mis
  Qu'il li enveit son seignor Looïs.
  Atant es vos Gualtier un clerc ou vint :
1685 Bien reconnut Guillelme le marchis,
  Desor s'espalle li a son deit assis :
  Tant le bota que li cuens le senti ;
  Li cuens se drece, si li monstra le vis :
  « Que vuels tu, frere ? guarde n'i ait menti. »
1690 Et cil respont : « Ja le vos avrai dit :
  Quant venuz estes secorre Looïs,
  Fermez les uis del mostier Saint Martin.

1669 *B* A ceste porte ; *A* A cele p. qui vient deuers paris — 1673 *B*¹ d. et maumis; *B*² afolez et mal mis — 1675 *B* Il ni ot huis — 1676 *B La leçon* + A cez paroles ne si sont alenti — 1677 *A*¹,², sen vont t. a. d.; *A*³ a demis — 1678 *x* paueis — 1679 *B* en mis son vis — 1680 *B*¹ desoz le c. — 1683 *A*³ s. s. rois loys — 1684 *B* g. .i. c. gentils — 1688 *B* se torne si li monstra le vis — 1689 *B* li cuens g. dist — 1690 *B* gel vos aurai tost dit Ge sui certain et si le sai de fi — 1691 *B* Que v. e. — 1691 à 1699 *C* Q. v. e. por aidier loeys La felonie est chaiens del pais Des traitors a chaiens .iiii. vins Que clers que vesques que moines beneis Frans hom fremes les huis de s. martin As traitors faites les ieus tolir T. l. p. d. m. p. s. m. — 1692 *B* He gentils sire por dieu de paradis + *la leçon*

Clers et chanoines à ça enz quatre vinz,
Vesques, abés, qui molt sont de grant pris,
1695 Qui por aveir ont le mal plait basti;
Deseritez iert anéui Looïs,
Se Deus et vos nel volez guarantir ;
Prenez les testes, por Deu, ge vos en pri :
Tot le pechié del mostier pren sor mi,
1700 Quar il sont tuit traïtor et failli. »
Guillelmes l'ot, s'en a geté un ris :
« Bien seit de l'ore que tels clers fu noriz !
Ou troverai mon seignor Looïs ?
— En nom Deu, sire, » li clers li respondi,
1705 « Ge l'amerrai, se Deu plaist et ge vif. »
Tresqu'al mostier ne prist il onques fin,
En la grant crote isnelement en vint;
Iluec trova son seignor Looïs.
Li gentilz clers par la main l'a saisi :
1710 « Filz de bon rei, ne seiez esbaïz,
Si m'aïst Deus, que plus avez d'amis
Que ne cuidoes al lever ui matin.
Ja est venuz Guillelmes li marchis :
A doze cenz de chevaliers de pris
1715 Vos a li cuens en cel mostier requis.
Il n'i a barre ne porte ne postiz
Ou il nen ait de ses chevaliers mis. »
Looïs l'ot, molt joianz en devint,
Tresqu'al mostier ne prist il onques fin.

1694 *A* Euesques et abez q. m. sont; *B* Euesque auez q. m. est
— 1695 *B* ot l. m. p. b. — 1696 *B* fust a. l.; *A*³ iert a. rois l. —
1797 *B* ne leussiez gueri — 1698 *B* P. l. tours frans hom — 1700
B t. foy menti — 1702 *B* Cortoisement et en basset (*B*² et molt
basset) a dit Bone soit leure que itels clers nasqui Amis dit il por
dieu et quar me di (*B*² par amor or me dit) — 1708 *B* s. s. rois l.
— 1709 *B* le saisi — 1712 *B* Que ne quidastes al leuer al matin —
1715 *B* enz el m. r. — 1716 *B* Il ni a volte ne barre n. p. — 1717
B Qui tuit ne soient de ses barons porpris — 1718 *A*³ Rois looys
lot; *Ce vers et les 2 suivants manquent dans C*

1720 Li gentilz abes l'en a a raison mis :
« Filz de bon rei, ne seiez esbaïz :
Vei la Guillelme qui sa fei vos plevit ;
Va li al pié, si li crie merci. »
L'enfes respont : « Tot a vostre plaisir. »

XLI

1725 Li gentilz abes l'en apela premier :
« Filz a baron, guarde ne t'esmaier :
Vei la Guillelme, va li cheeir al pié. »
L'enfes respont : « Bels sire, volentiers. »
Devant le conte se vait agenoillier,
1730 Estreitement li a le pié baisié,
Et le soler que li cuens ot chalcié.
Pas nel conut Guillelmes li guerriers,
Quar de clarté aveit pou al mostier :
« Lieve tei, enfes, » ce dist li cuens preisiez,
1735 « Deus ne fist ome qui tant m'ait corocié,
Se tant puet faire que il viegne a mon pié,
Ne li pardoinse de gré et volentiers. »
Et dist li abes, qui fu ses emparliers :
« En nom Deu, sire, a celer ne vos quier,
1740 C'est Looïs, fils Charlon al vis fier ;
Ancui sera ocis et detrenchiez,
Se Deus et vos ne li volez aidier. »
Ot le Guillelmes, sel corut embracier,
Par les dous flanz le lieve senz targier :

1721 *A*³ *B*¹ Filz de b. r. ; *A*² Filz a baron ; *B*² *manque* — 1722 *A*¹ la f. v. p. ; *B*¹ Voici le g. qui ; *B*² Vas a g. qui — 1723 *B*² Chie li — 1725 *B* Li gentils clercs qui mout fist a prisier En apela looys tot premier — 1726 *B* Filz de bon roi — 1728 *A*² Biaus frere ; *B* Respont li enfes — 1734 *B* dist li cuens al vis fier — 1737 *B*² Je li perdoigne son forfet volentiers — 1739 *A* filz charle al vis fier ; *B*² le filz charle — 1744 *B* le prist senz atargier

1745 « En nom Deu, enfes, cil m'a mal engeignié
Qui te rova a venir a mon pié,
Quar sor toz omes dei ge ton cors aidier. »
Il en apele ses gentiz chevaliers :
« Un jugement vueil or que me faciez :
1750 Puis que l'om est coronez al mostier
Et il deit vivre a lire son saltier,
Deit il puis faire traïson por loier ?
— Nenil, bels sire, » dient li chevalier.
« Et s'il le fait, quels en est li loiers ?
1755 — Penduz deit estre come lere fossiers. »
Respont Guillelmes : « Bien m'avez conseillié,
Par saint Denis, et ge mielz ne vos quier ;
Mais l'ordene Deu ne vueil mie abaissier,
Et neporquant le comparront il chier. »

XLII

1760 Li cuens Guillelmes a l'aduré corage
Le jugement a oï del barnage ;
Tresqu'al chancel en est venuz en haste,
Ou a trové et evesques et abes
Et le clergié qui a lor seignor falsent ;
1765 Totes les croces fors des poinz lor esrache,

1745 *leçon de* C ; A tu mas ; B on ma — 1746 B *la leçon* ☦
Molt a mal fait et molt mal enseignie (B² on men a mal paie) —
1749 B te doi ge bien aidier — 1748 A Lors en a.; B ses cortois c.
— 1749 B vueil or a vous sachiez — 1750 B Puisques hom sest —
1751 B Et ordenez a lire son saltier Messes matines doit tous jours
versillier — 1753 B N. voir sire d. si c. — 1754 B Et sil l. f.
par dieu le droiturier Auoir en doit molt doloreus loier — 1755
B c. l. meurtriers — 1756 B R. li quens — 1757 A ne requier
— 1758-9 *x manque* — 1762 B Apres ce mot ni a fait arestage
Dusqual chastel est venuz senz atarge — 1763 *leçon de* B ; A Ou ot
assez (A² lessiez) et euesques et abes ; C lluec troua les vesques et les
abes — 1764 A a lor s. false ; B a son s. faillent — 1765 *x manque*

A Looïs son dreit seignor les baille ;
Li gentilz cuens par mi les flans l'embrace,
Si le baisa quatre feis en la face.
Li cuens Guillelmes de neient ne se targe,
1770 Tresqu'al chancel en est venuz en haste,
Ou a trové et evesques et abes ;
Por le pechié ne les volt tochier d'armes,
Mais as bastons les desrompent et batent,
Fors del mostier les traïnent et chacent,
1775 Ses comanderent a quatre vinz deables.
Qui traïson vuelt faire a seignorage
Il est bien dreiz que il i ait damage.

XLIII

Li cuens Guillelmes fu molt chevaleros.
Il en apele Looïs son seignor :
1780 « Sire, » dist il, « entendez ma raison :
Un messagier vueil que nos enveions
A Acelin, qui die de part vos
Viegne dreit faire Looïs son seignor. »
Dist Looïs : « Sire, bien l'otreions. »
1785 Il en apele Alelme le baron :
« Va, si me di Acelin l'orgoillos
Dreit viegne faire Looïs son seignor
Isnelement, quar de lui se plaint molt. »

1766 A¹ le baille — 1767 B Et looys — 1769 B ne satarge — 1771 A Ou ot assez (A² lessiez) — 1773 leçon de C ; B Mais de baston ; A Mais li baron — 1774 B et sachent — 1775 B Puis les comandent a .IIII^{xx}. d. — 1778 B contralios — 1780 B manque — 1781 B pren un message bon filz dempereor — 1782 B Et si lenuoie ancelin lorgueillos — 1783 B Droit viegne faire l. (B² a l.) — 1784 B manque — 1785 B le comtor — 1786 A a cel vieil o. ; B ancelin a estros ; C Alez me tost al normant o. — 1787 B looys sanz sejor

LI CORONEMENZ LOOÏS

  Respont Alelmes : « Irai ge donc tot sols ?
1790 — Oïl, bels frere, en vo main un baston.
  — Et s'il demande quels esforz nos avons ?
  — Et vos li dites quarante compaignons ;
  Et se cel plait vos refuse del tot,
  Trés bien li dites, oiant ses compaignons,
1795 Qu'ainz l'avesprer en sera si hontos
  N'i voldreit estre por tot l'or d'Avalon. »
  Respont Alelmes : « Vostre talent ferons.
  Par cel apostre qu'on quiert en pré Neiron,
  Ja par message nule rien n'i perdrons. »
1800 Il est montez sor un mul aragon,
  Par mi les rues s'en vait a esperon,
  Tresqu'a l'ostel n'i fist aresteison ;
  Acelin trueve, molt ot de compaignons,
  Il l'en apele haltement, oiant toz :
1805 « Sire Acelins, nobiles gentilz om,
  Savez que mande Guillelmes li frans om,
  C'est Fierebrace, qui cuer a de lion?
  Dreit venez faire Looïs vo seignor
  Isnelement, quar de vos se plaint molt. »
1810 Acelins l'ot, s'embroncha le menton :
  « Amis, » dist il, « g'entent bien la raison ;
  Di de ton oncle come a de compaignons.
  — En nom Deu, sire, trente chevalier sont. »
  Dist Acelins : « A Deu beneïçon !

1789 *B* et irai ge; *A¹* irai i ge; *A²* irai ge i — 1790 *A* en ta main ; *B* Oil bels sire — 1791 *B¹* auons nos — 1792 *B* .lx.; *A¹ fait défaut ici pour 160 vers par la perte d'un feuillet* — 1793 *A²* Tiegne cest plait ou refuste a estors — 1794 *A²* voiant; *B* deuant — 1795 *A²* en sera il h.; *B* Que ainz le vespre — 1796 *A²* por lamor de mascons — 1797 *B* commant — 1805 *B* nobile poigneour — 1806 *A* Ici vos mande — 1807 *A* La f. qui a cuer de l. — 1810 *B manque* — 1811 *B* ta r. — 1812 *B* Dites combien auez d. c. — 1813 *B¹* bien sont .xxx. par non; *B²* .xxx. somes par non — 1814 *A* de d. b.

1815 Va, si me di a Guillelme le pro
Que il otreit ce que li altre font.
De la corone m'est delivrez li dons ;
Bien sereit France perdue a cel guarçon :
Ja ne valdra Looïs un boton.
1820 Li cuens Guillelmes est merveilles prodom,
Mais ancor n'a terre ne guarison :
Ge l'en dorrai tot a eslecciꞏon ;
Une contree avra tote a bandon,
Dis muls chargiez entre or fin et mangons,
1825 Adonc sera merveilles riches om.
— Veir, » dist Alelmes, « vos parlez en pardon ;
Il nel fereit por tot l'or d'Avalon.
Ancor vos mande, por quei le celerions ?
Plus cruel chose que ci nomé n'avons :
1830 Se vos cest plait refusez a bandon,
Ainceis le vespre en serez si hontos
N'i voldriez estre por tot l'aveir del mont. »
Dist Acelins : « A Deu beneïçon !
Quant ge n'i puis pais trover ne amor,
1835 Ge le desfi, ce li mant ge par vos. »
Et dist Alelmes : « Entendu vos avons.
Tot altresi vos redi de part nos :
Ge vos desfi, oiant toz voz barons. »

1815 *A* g. le franc hom — 1816 *B* Que il motroit — 1821 *B* et men liure le don — 1822 *A* Ge li d. — 1823 *B* a son bon — 1827 *B* darragon — 1828 *A* que le celerions — 1829 *leçon de C*; *B* que nous ci ne dison; *A* Pis que tel chose que noncie nen auons — 1830 *B manque* — 1831 *B¹ manque*; *B² Quainz le vespre vos donra .i. tel don — 1832 *B¹* pour toute besencon; *A* Nel v. — 1834 *B²* trouuer que cuisancon — 1835 *A* ce li di de par nos; *B²* ce par vous li mandon — 1836 *leçon de C; B* entendu ai vo bon; *A* Respont a. bien oi v. a. — 1837 *B²* du baron — 1838 *B* Defiez estes et vostre compaignon (*B²* et tui vo compaignon)

XLIV

  Acelins fu molt orgoillos et fiers ;
1840 Alelme esguarde et as mains et as piez,
  Molt le vi bel et dreit et alignié,
  Bien le conut qu'il esteit escuiers :
  « Amis bels frere, tu iés mal enseigniez,
  Qui me dis honte, oiant mes chevaliers,
1845 Ne de ton oncle ne dorreie un denier.
  Quant ge n'i truis ne pais ne amistié,
  Ge le desfi de la teste trenchier ;
  Ui le ferai par membres despecier,
  Que j'ai o mei tels set cenz chevaliers
1850 Et quatre contes qui molt font a preisier :
  Ne me faldront por les membres trenchier.
  Ne fust por ce que tu iés messagiers
  Ge te feïsse cele teste trenchier ;
  Et tot le cors destruire et essillier. »
1855 Respont Alelmes : « Dahé ait qui vos crient ! »
  De la cort ist, onques n'i prist congié.
  Acelins fist sa gent apareillier.
  Li frans Alelmes mist pié en son estrier,
  Par mi les rues s'en vait tot eslaissiez ;
1860 Premiers encontre Guillelme le guerrier,
  Il li demande : « Come avez espleitié ?
  — En nom Deu, sire, n'i a point d'amistié,

 1841 *B* et franc et enseignie — 1842 *B* Bien reconut — 1843 *B* Il li a dit sanz point de delaier Amis b. f. — 1845 *B*¹ Voir de t. o. ; *B*² Voir en t. o. — 1847 *B* a trenchier — 1849 *A* bien .vii^c. — 1852 *B* escuiers — 1853 *B*² par les bras esracier — 1854 *B* detraire et depecier — 1855 *B* Et dist a. d. a. qui ten c. — 1856 *A* ni quist congie ; *B* qua nul congie ni prent — 1857 *B* fait — 1858 *A* est montez el destrier — 1859 *A* sen vet sans delaier; *B la leçon* + Bien semble effoudres (*B*² Ce sembloit foudre) qui des nues jus chiet — 1862 *A* point ni a da.

Ne Looïs a son seignor ne tient.
Quant ge li dis les nons des chevaliers,
1865 Adonc i fustes assez tost menaciez
Et desfiez de la teste trenchier;
Ne fust por ce qu'esteie messagiers,
Il m'eüst fait toz les membres trenchier,
Ardeir en feu o en eve neier. »
1870 Guillelmes l'ot, le sens cuida changier.
Toz les ostels vont et prendre et cerchier;
Tot le herneis ont en un mont ruié,
Et qui nel volt de buen gré otreier
Ainz n'i mist guage fors la teste trenchier.
1875 Et li borgeis sont en fuie tochié;
Li cuens les fait retenir et leier.
Li traïtor, cui Deus doint encombrier,
Qui le mal plait aveient comencié,
En fuie tornent par esforz de destriers,
1880 De ci as portes ne finent de brochier,
Mais a chascune truevent felon portier,
Le treüage lor i convint laissier,
Que nuls n'en voldrent en prison estuier
Por nul del mont qui en seüst preier.
1885 Li cuens Guillelmes comença a brochier
Tresqu'a l'ostel al franc borgeis Hungier;
Acelin trueve sor un perron ou siet,
Mais tant le trueve et orgoillos et fier
Que contre lui ne se deigna drecier.

1863 *A* Na l. na s. s. nafiert — 1865 *B* Assez i fustes de trestoz menaciez — 1867 *A* escuiers — 1868 *B* de mon cors mehaignier — — 1869 *manque, ainsi que les 5 vers suivants, dans A* — 1879 *B* Et quant il voient sur eus (*B²* seur) est li merchis En f. t. — 1880 *B* ne voldrent atargier — 1881 *B* auoit f. p. — 1882 *A* l. conuint a laissier — 1883 *B* Que puis nalerent par besoin ostoier — 1884 *B* Por nul el siecle — 1885 *B* huchier Or tost barons pensez de vos aidier Mar en iront li culuert paltonier Li cuens g. ne fine de brochier — 1886 *B* le f. b. bertier — 1889 *B²* Encontre lui

1890 Veit le Guillelmes, le sens cuide changier;
Il a soné un graile menuier :
Qui donc veïst les aguaiz desbuschier !
A tant es vos et Bertran et Gualtier,
En lor compaigne mainz vaillanz chevaliers.
1895 La veïssiez fier estor comencier,
Tante anste fraindre et tant escu percier,
Et tant halberc desrompre et desmaillier.
Et quant cil virent cel estor comencier,
Grant paor orent li culvert losengier;
1900 Onques lor force ne lor i ot mestier,
Toz les branz nuz geterent a lor piez,
A jointes mains vont la merci preier;
Li cuens les fait retenir et leier;
Et Acelins s'en fuit tot eslaissiez.
1905 Li cuens Guillelmes le suit al dos derrier,
Si li a dit un vilain reprovier :
« Sire Acelins, quar retornez arrier,
Si vos venez coroner al mostier.
Nos vos metrons tel corone en cel chief
1910 Dont la cervele vos vendra tresqu'as piez. »

XLV

Li cuens Guillelmes a la fiere persone
Veit Acelin, forment l'en araisone :

1890 *B* Molt ot des siens poi en ot li guerriers — 1892 *A* comencier — 1894 *B* orent .xx. chevaliers — 1895 *B* hurter tant bon destrier — 1899 *B* Et les g. si fierement aidier — 1900 *B* Et que lor force ni (*B²* ne) pot avoir mestier — 1901 *A* Toz les nuz branz; *B²* Les branz toz nuz — 1902 *B¹* l'en vont m. p.; *B²* li vont m. p. — 1903 *B¹* les vet r. et l. — 1904 *B A.* fuit sa (*B²* les) gent a tot lessiez — 1905 *B¹* le suiui par derrier; *B²* le sui par d. — 1909 *B* Quar bien l'auez deserui ce sachiez — 1910 *B* Que por traitre certes tenuz en ies — 1912 *B* fierement l'arresone.

« Traïtre lere, li cors Deu te confonde !
Por quei feseies ton dreit seignor tel honte ?
1915 Richarz tes pere ne porta onc corone. »
Es vos Bertran, qui ot l'espee longe.
Veit le Guillelmes, fierement l'araisone :
« Bels niés, » dist il, « conseil vos demandomes
De cest traïtre, coment le destruiromes. »
1920 Et dist Bertrans : « Que pensez vos, bels oncles ?
Or li metons enz el chief tel corone
Dont la cervele li espande en la boche. »
Il passe avant et tint l'espee longe :
Ja le ferist quel veïssent cent ome
1925 Quant li escrie cuens Guillelmes ses oncles :
« Bels niés, » dist il, « ne l'adesez vos onques.
Ne place a Deu, qui forma tot le monde,
Que il ja muire par arme de prodome !
Ge l'ocirai ainceis a molt grant honte,
1930 Que tuit si eir en avront grant reproche. »

XLVI

Li cuens Guillelmes fu molt buens chevaliers :
Vers orgoillos se feseit molt trés fier,
Come lieparz qui gent deie mangier ;
D'arme qu'il port ne le deigna tochier ;
1935 En une treille vi un pel aguisié,
Passa avant, si l'en a esrachié.
Fiert Acelin en mi la crois del chief,

1913 *A* mal te done — 1914 *A* vergoigne — 1916 *B*² qui lespee auoit longue — 1918 *A* Bels nies bertrans — 1919 *A* De ceste terre c. l. d. Et cest traitre comment le defferomes — 1921 *A* Quar l. m. e. e. c. la corone — 1925 *A* dans g. — 1929 *B* ll morra voir ancui — 1930 *B manque* — 1932 *B* Vers les glotons se par fesoit si fier — 1933 *B* que ja doie esragier — 1934 *B*¹ quil ot; *B*² queust — 1937 *B*¹ Fiert ent celui ; *B*² Fiert ent ancelin par mi l. e. d. c.

Sans et cervele en ala tresqu'as piez;
Mort l'abati que plus n'i atendié :
1940 « Monjoie ! » escrie, « sainz Denis, quar m'aidiez :
De cestui rei est Looïs vengiez. »
Li cuens Guillelmes comença a brochier,
Ainz ne fina tresqu'al maistre mostier ;
A Looïs son dreit seignor en vient,
1945 Il le coru par les flans embracier :
« Dameisels sire, de qui mais vos plaigniez ?
Del fill Richart vos ai ge bien vengié ;
Ja n'ira mais par besoing osteier,
Por ome el siecle qui l'en sache preier.
1950 — Deus, » dist li enfes, « granz merciz en aiez !
Se ore esteie de son pere vengiez,
Molt en sereie balz et joianz et liez.
— Deus ! » dist Guillelmes, « quil me set enseignier ? »
L'en li enseigne par dedenz le mostier ;
1955 Li cuens i vait poignant tot eslaissiez,
Et après lui quatre vint chevalier ;
Richart trova a l'altel apoié.
Nel laissa mie por ce qu'ert al mostier :
Le poing senestre li a meslé el chief,
1960 Tant l'enclina que il l'a embronchié ;
Halce la destre, enz el col li assiet ;
Tot estordi l'abati a ses piez,
Que toz les membres li peüst l'en trenchier,

1938 *B* en a jus tresbuchie — 1939 *B* deuant lui a ses piez — 1940 s. denis aidiez; *B*¹ s. denis maidiez — 1941 *B* est rois loeis vengiez — 1943 *B* Ainz n. f. si vint droit al mostier — 1944 *B*¹ A son seigneur roi l. en vint; *B*² A son seigneur l. quil tient chier — 1946 *B*² de qui plus v. p. — 1947 *A manque* — 1948 *A* Cist nira mais — 1949 *B* Por nul el monde qui (*B*² tant) l'en s. p. — 1950 *A B* toi doi ge mercier — 1953 *B* Qui me sait conseillier Ou ge le truisse ne le (*B*² si que) puisse baillier — 1955 *A* quil na soing de lessier — 1958 *A* Ne lessa mie — 1960 *B* Tant le sacha — 1963 *B* sachier

Ne remuast ne les mains ne les piez.
1965 Veit le Guillelmes, si li prist a huchier :
« Oltre, culverz ! Deus te doint encombrier ! »
Forces demande, si li tondi le chief,
Tot nu a nu sor le marbre l'assiet,
Puis s'escria, oiant les chevaliers :
1970 « Ensi deit l'en traïtor justicier,
Qui son seignor vuelt traïr et boisier. »
Tant l'ont li conte et li baron preié
Qu'il ont Richart a Guillelme apaié.
La mort son fill clama quite premiers ;
1975 La pais fu faite a toz cels del mostier ;
Si se baisierent, veiant mainz chevaliers ;
Mais cele acorde ne valu un denier,
Quar puis le voldrent murdrir et essillier
Dedenz un bois a un coltel d'acier ;
1980 Mais Deus nel volt sofrir ne otreier.
Li cuens Guillelmes ne volt mie atargier ;
Il en apele le bon abé Gualtier :
« Ge m'en irai el regne de Peitiers ;
Des traïtors i a molt herbergiez,
1985 Mais se Deu plaist ges ferai desnichier.
Mon dreit seignor ne voldrai sol laissier :
Guardez le bien ; s'il vait esbaneier,

1964 *B¹* Ni r. les membres n. l. p.; *B²* N. r. ja pour ce bras n. p. — 1965 *B* prent — 1966 *A* O. glouton d. vous d. e. — 1967 *B la leçon* + Et puis apres li rompi le braier — 1968 *B* Tout nues nages — 1969 *B* o. maint cheualier — 1970 *B¹* vergoignier ; *B²* aaisier — 1971 *B* vuelt falser ne boisier — 1972 *A* et li duc as prie — 1973 *B manque* ; *A* Quil ont le conte a g. a.; *C* Ainz fu r. a g. a. — 1974 *B* a loeys quittie — 1975 *A* Apres fu faite ; *B* La p. f. f. ains quissist del m. — 1976 *A* Si le b. v. c. cheualiers — 1977 *B¹* Ainc c. a.; *B²* Onc c. a. — 1979 *B* a leur c. da. — 1980 *A* ne volt ; *B manque* — 1981 *B¹* ne si (*B²* ne se) volt atargier — 1982 *A* Ainz apela — 1983 *B la leçon* + Par foy dist il a celer nel vos quier — 1985 *B* les ferai deslogier — 1986 *B* voldrai ici l. — 1987 *B* Gardez quil nalt joer nesbanoier

Qu'il maint o lui al meins cent chevaliers,
Que, par l'apostre que requierent palmier,
1990 Se ge oeie novele al repairier
Que Looïs i eüst encombrier,
Totes voz ordenes n'i avreient mestier
Ne vos feïsse toz les membres trenchier. »
Et dist li abes : « En pardon en plaidiez.
1995 Mielz iert guardez que li sainz del mostier. »
Li cuens Guillelmes fu molt buens chevaliers :
Par mi la terre a ses briés enveiez,
Si fait mander les barons chevaliers ;
Ainz que passast doze jorz tot entiers
2000 En assembla plus de trente miliers ;
Puis s'en alerent tant qu'il sont a Peitiers.
Puis fu Guillelmes tels treis anz tot entiers
Qu'il ne fu jorz, tant par fust halz ne fiers,
Que il n'eüst le vert elme lacié,
2005 Ceinte l'espee, armez sor le destrier ;
A nule feste que l'en deüst preier,
Jor de Noel, que l'en deit sorhalcier,
Que il ne fust armez et halbergiez.
Grant peneance sofri li chevaliers
2010 Por son seignor maintenir et aidier.

1988 *B* Que il ne maint o lui .c. c. — 1990 *B* Se gen ooie parler a. r. — 1991 *leçon de C; x manque* — 1992 *B* ne vos aront m. — 1993 *leçon de C; B manque; A* Que nen feïsse les testes reoignier Et toz les cors destruire et essillier — 1994 *B* Ce dist l. a. (*B²* l. a. a dit) ce fait a otroier Je vos affi ne le vous quier noier ; *A* Mielz iert guardez dist labes par mon chief — 1995 *B²* dun m. ; *A* Que ne sera li cors sainz d. m. — 1996 *B* Voir dist li cuens il en est bien mestier + *la leçon* — 1997 *B* sa terre — 1998 *B* Et f. m. — 1999 *B* Ainz quil p. .xv. j. — 2000 *B* En ot ensemble — 2001 *B* Puis erra tant quil vindrent a poitiers — 2002 *A manque* — 2004 *B* le brun h. l. — 2005 *B* Lespee ceinte — 2008 *A* armez sor le destrier — 2009 *B¹* sostint l. c. ; *B²* sostint le bon guerrier

XLVII

Treis anz tot pleins fu Guillelmes li ber
Dedenz Peitou la terre conquester;
Ainz ne fu jorz tant feïst a loer,
Ne jorz de Pasques ne de Nativité,
2015 Feste Toz Sainz, que l'en deit celebrer,
Que il n'eüst le brun elme fermé,
Ceinte l'espee, sor le cheval armez.
Grant peneance sofri li bachelers
Por son seignor guarantir et tenser.

XLVIII

2020 Li cuens Guillelmes a la fiere persone
S'en est tornez vers Bordels sor Gironde;
La conquist il le fort rei Amarmonde:
De Looïs i reçut la corone
Et ses onors, qui erent granz et longes.

XLIX

2025 Li cuens Guillelmes a l'aduré corage
S'en retorna par devers Pierrelate;

2014 *A* ne la n. — 2015 *B¹* N. la t.; *B²* ajoute Ne pentecoste ne jor de trinite — 2016 *B* le halberc endosse — 2017 *B* sur son cheual monte — 2018 *B²* a li cuens endure — 2019 *B* maintenir et saluer. — 2021 *B¹* Sen est alez souz; *B²* alez a — 2022 *A* amaronde; *C* marimonde — 2023-24 *B* Et si fist tant li ber de sa personne De l. (*B²* De son seigneur) li fit prendre c. Et retenir par grace de ses homes Et ses ho. — 1026 *A* pierrelarge

La conquist il Dagobert de Cartage,
Qui tint la terre de Looïs le sage
Et ses onors, qui erent granz et larges.

L

2030 Li cuens Guillelmes a la chiere membree
Vers Annadore a sa veie tornee;
Saint Gile assalt a une matinee;
Le borc ot pris senz nule demoree.
Tel chose fist qui a Jesu agree :
2035 L'eglise guarde qu'ele ne fust guastee;
Prist Juliien, qui guardeit la contree:
Ostages done tant come al conte agree;
Par itel chose a sa pais creantee.
Li cuens Guillelmes a sa gent apelee,
2040 Tel chose dist qui a plusors agree :
« Or al herneis, franche gent onoree,
Si s'en ira chascuns en sa contree,
A sa moillier qu'il avra esposee. »

LI

Li cuens Guillelmes al cort nés li guerriers

1027 B² La conquist dagoubert la cite de c. — 2028 A Et si fist tant li cuens par son barnage Qua looys vint rendre son homage Sa terre tint de looys le sage — 2029 B quierent granz et esparses Du roi les tint ce fu grans seignorages Tot par g. le marchis fierebrace Le gentil conte que li cors dieu bien face — 2031 B Vers enueudure — 2033 A ont; B aincois none passee (B² sonnee) — 2034 A fist; B manque — 2035 manque, ainsi que les cinq vers suivants, dans A, dont le copiste a été trompé par le mot agree qui termine 2034 et 2040; B manque — 2039 leçon de C; B manque — 2043 B quil i a esposee

2045 Vers dolce France pense de chevalchier ;
Mais en Peitou laisse des chevaliers
Es forteresses et es chastels pleniers;
Dous cenz en meine molt bien apareilliez.
Tote Bretaigne comence a costeier ;
2050 Ainz ne fina tresqu'al mont Saint Michiel.
Dous jorz sejorne, puis s'en parti al tierz,
Par Costentin s'en prist a repairier.
De ses jornees ne vos sai anoncier :
Tresqu'a Roen ne se volt atargier ;
2055 El maistre borc s'est li cuens herbergiez,
Mais d'une chose fait il molt que legiers,
Que par la terre al duc Richart le vieil
Osa il puis errer ne chevalchier
Qu'il li tua son fill al grant levier ;
2060 Mais la se fie li gentilz chevaliers
Que il se furent acordé et paié ;
Mais cele acorde ne valu un denier,
Quar puis le voldrent murdrir et essillier.
« Veir, » dist Richarz, « bien devreie esragier
2065 Quant par ma terre vei celui chevalchier
Qui m'a tolu le meillor eritier
Qui onques fu por terre justicier.
Mais, par l'apostre que requierent palmier,
Ainz qu'il s'en parte sera molt corociez.
2070 — En nom Deu, sire, » dient si chevalier,

2045 *B* de reperier — 2046 *A* ses cheualiers; *B* laissa — 2047 *B* chastels prisiez — 2048 *B* .II^m. e. m. de bien a. — 2049 *B* a prise a c. — 2053 *B* acointier; *A* ne sai conte noncier — 2054 *A* nest li dus atargiez — 2055 *A* sest li dus h. — 2056 *A* le tieng ge a l. — 2057 *B* Quant — 2058 *A*[2] Noserent plus; *A*[1] *mêmes mots exponctués et remplacés par* Nosoit li dus; *B* Osoit errer li ber ne (*B*[2] et) c.; *C* O. ainc p. aler n. e. — 2059 *B* sanz esparnier — 2060 *B*[1] li filz a c.; *B*[2] li baron c. — 2061 *A* Por ce quil furent — 2063 *B manque* — 2065 *B* Q. en m. t. — 2066 *A* me tolit; *B* l. m. chevalier — 2069 *B* le voudrai corrocier

« En ceste ville n'iert il par vos tochiez,
Quar li borgeis li voldreient aidier ;
Traïson n'est pas buene a comencier. »
Et dist Richarz : « Tant sui ge plus iriez.
2075 Ge manderai al duc par amistié
Qu'en dolce France vueil o lui chevalchier ;
Nos serons seize molt bien apareillié ;
Se de sa gent le poons hors sachier,
Chascuns avra un buen coltel d'acier :
2080 Iluec sera murdriz et essilliez. »
La li afient tel quinze chevalier,
Mielz lor venist qu'il l'eüssent laissié ;
Quar puis en furent honi et vergoignié.
Deus ! qu'or nel set li cuens o le vis fier !
2085 Al matin monte, pense de chevalchier
Tresqu'a Lion, un riche gualt plenier ;
En une lande sont descendu a pié ;
Li païsant lor portent a mangier.
Quant ont disné li noble chevalier,
2090 Alquant s'endorment, quar il sont travaillié.
Veit le Guillelmes, molt l'en prist grant pitié :
Ses armes crie por sei apareillier ;
L'en li aporte senz point de delaier :
Il vest l'alberc, lace l'elme d'acier
2095 Et ceint l'espee al pont d'or entaillié ;

2071 *B* E. c. terre — 2074 *B* Et tant sui g. p. liez — 2075 *B* Mander le vueil par molt grant a. — 2077 *B¹* .xiii. — 2078 *B* l. p. esloignier — 2080 *B* Si le porrons murdrir et detrenchier — 2081 *B* .xvi. c. — 2082 *A* M. li v.; *B²* Qui miex v. — 2084 *B* nen set — 2088 *B la leçon* + Iluec mangierent por lou cors aesier — 2089 *Leçon de C*; *A* Apres mengier font les napes drecier; *B* Quant franceis durent de la table drecier — 2090 *A* Desoz les arbres prenent a someillier ; *B* Molt durement pensent (*B²* pristrent) a someillier Que molt estoient pene et trauaillie — 2091 *B²* Voit les g.; *B* si le. p. g. p. Dormir les lest souz .i. arbre foillie De lune part sest li quens apoiez — 2094 *B* lelme doblier — 2095 *B* Et ceint joieuse a son flanc senestrier

L'en li ameine Alion son destrier :
Li cuens i monte par son senestre estrier ;
A son col pent un escu de quartier,
Prent en son poing un fort trenchant espié,
2100 A quinze clos le gonfanon fichié ;
O lui n'en meine mais que dous chevaliers :
Sor la riviere se vont esbaneier.
A tant es vos le duc Richart le vieil,
Qui tot le jor l'aveit fait espiier,
2105 O lui bien quinze de hardiz chevaliers.
Veit le Guillelmes, molt en fu esmaiez.

LII

Li cuens Guillelmes chevalche lez un mont ;
A tant es vos le duc Richart le ros,
Ensemble o lui ot quinze compaignons.
2110 Veit le Guillelmes, molt l'en prist grant freor ;
Il en apele ansdous ses compaignons,
Tot queiement les a mis a raison :
« Baron, » dist il, « dites quel le ferons.
Ici nos vient li dus Richarz li ros,
2115 Et il me het de molt grant reençon :
Son fill ocis, que por veir le set on ;

2096 *B* son auferrant corsier — 2097 *B manque* — 2099 *A* .1. roit; *B* le fort — 2100 *A* lacie — 2101 *A* ne meine fors que; *B*² seul que — 2102 *B* Les l. r. — 2103 *B* l. d. r. ou vient — 2104 *B*² Qui tot le jor — 2105 *B* Aueques lui ot .xvi. h. — 2106 *B* si en f. e. — 2107 *B* cheualcha a estros — 2109 *Leçon de C; A*² Et o lui .xv.; *A*¹ O lui .xv.; *A* de hardiz poigneors; *B*¹ Auuec lui ot bien .xvi. c.; *B*² Auueques lui ot .xvi. c. — 2110 *B*² Voit les g. si en p. g. fricon; *B*¹ *manque.* — 2111 *B*¹ *manque* — 2112 *B* Tot maintenant — 2113 *A*² *manque* — 2115 *Leçon de C; A* plus que home del mont; *B* Il me hait ja dune grant traison Quil firent ja looys mon seignor — 2116 *B*¹ que de fi; *B*² que de voir

Mais neporquant acordé estions,
La pais fu faite enz el mostier de Tors. »
Et cil respondent : « De quei le dotez vos ?
2120 Mais chevalchiez et poignez tresqu'al pont,
Sil saluez par bien et par amors;
S'il vos defent de riens vostre raison,
Si vos tenez a l'escu a lion,
Ne vos faldrons por tot l'or de cest mont. »
2125 Respont Guillelmes : « Vostre merci, baron. »

LIII

Li cuens Guillelmes vint al pont tot premiers,
Ou veit le duc sel prent a araisnier:
« Dus, » dist li cuens, « Deus te guart d'encombrier !
Me convient il de riens de vos guaitier ?
2130 Ja somes nos acordé et paié :
La pais fu faite a Tors, enz el mostier;
La nos baisames, veiant maint chevalier.
— Veir, » dist Richarz, « bien savez preeschier ;
Tu me tolis le meillor eritier
2135 Qui onques fu por terre justicier ;
Mais, par l'apostre que requierent palmier,
Ainz que t'en partes seras molt corociez :
Ne Deus ne om ne t'en porreit aidier

2117 *C* M. n. a. nous en son — 2118 *B*² en un m.; *B* a tors — 2120 *B* jusqua lour — 2123 *B* Corez li seure a guise de baron Aiderons vos par bone entencion — 2124 *B* por rien qui soit el mont — 2125 *B* v. m. seignors — 2128 *A* D. d. guillaumes; *B* d. vous g. de. — 2129 *A* C. me il; *B* Conuient il mes moi de vos riens (*B*² point) gaitier — 2130 *B* par acort apaie — 2131 *B*² en un m. — 2132 *A* v. c. cheualiers — 2133 *B.V.* d. r. tu ses molt bien pledier Mais ton sermon ne taura ja mestier — 2134 *B* cheualier — 2135 *A* soz la chape del ciel — 2137 *A* s. si c.; *B* Quant ge te tien a plain sus le grauier — 2138 *A*¹ porront; *B* porra

Que ne te face cele teste trenchier
2140 Et toz les membres hors del cors esrachier.
— Gloz, » dist Guillelmes, « Deus te doint encom-
Ge ne te pris plus qu'un chien esragié. » [brier !
Alion broche des esperons d'or mier
Et fiert Richart en l'escu de quartier :
2145 Desoz la bocle li a frait et percié,
Le blanc halberc desrot et desmaillié ;
El flanc senestre li fait coler l'acier,
Que de dous parz en fait le sanc raier.
Li buens chevals s'est del fais deschargiez,
2150 Li esperon tornerent vers le ciel,
L'aguz de l'elme est en terre fichiez
Par si grant force dous des laz en rompié.
Sor lui s'areste et trait le brant d'acier :
Mien escient ja en preïst le chief :
2155 Es vos les quinze, cui Deus doint encombrier :
Sore corurent Guillelme le guerrier.
Qui donc veïst sor toz le conte aidier,
Al brant d'acier les riches cols paier,
De gentil ome li preïst grant pitié.
2160 Si compaignon li sont venu aidier.
Tot maintenant abat chascuns le sien,
Tant lor aida li pere dreituriers
Que dis en ont ocis et detrenchiez ;

2139 B la teste rooignier — 2141 A G. d. li cuens — 2142 B plus
quel chien e. — 2143 B des esperons des piez — 2144 B sus lescu —
2145 B et brisie; A li fait fendre et percier ; leçon de C — 2146 leçon
de C; B Le bon h. rompu et d. ; A desrompre et desmaillier — 2147
B entrer lacier — 2150 leçon de C; B en volent; A manque — 2151
A Li coinz d. he. — 2152 B que .II. laz en rompie — 2155 B .XVI.
— 2156 B Sus lui trouuerent g. l. g. Seure li queurent ne le vont.
(B^2 voldrent) espargnier Il se defent a loi de cheualier — 2158 A
Al brant forbi; B ferir et chaploier — 2159 B^2 Del gentil conte —
2160 B li s. alez a. — 2161 B^2 Tost fist chescun jus le sien trebu-
chier

Li cinc s'en fuiént et navré et plaié.
2165 Li cuens Guillelmes les suit al dos derrier,
Si lor a dit un vilain reprovier.

LIV

Li cinc s'en vont fuiant par mi un tertre.
Li cuens Guillelmes les enchalce et empresse;
A vois escrie une ramposne bele :
2170 « Seignor baron, por Deu le rei celestre,
Coment sera la grant honte soferte?
Vo dreit seignor en menromes en destre.
Deus! quel barnage, se rescos poeit estre! »
Et cil respondent : « Por Deu, merci, Guillelmes!
2175 Frans chevaliers, bien deüssiez reis estre,
O amiralz d'une grant riche terre.
Si m'aït Deus, bien nos poez conquerre;
Sor noz arçons nos gisent no boele,
Li plus alegre n'a soing d'aler en destre. »
2180 Ot le Guillelmes, si a torné sa resne.

LV

Quant veit Guillelmes qu'il ont merci preié,
N'en tochast un por l'or de Montpelier.

2164 *Leçon de C*; *A* que n. que p.; *B* Li .v. (*B¹* .vi.) sen vont —
2167 *B* Li .vi. barons sen fuient par un tertre — 2168 *B²* Li ber g.;
A les e. grant erre — 2169 *Leçon de C*; *A* Il lor a dit; *B* une
parole lede — 2171 *B* si g. h. s. — 2172 *B²* et *C* en menrons nos
en d. — 2174 *B* p. d. sire g. — 2175 *B* vos d. r. e. — 2176 *B¹*
amirant — 2178 *Leçon de C et B¹*; *B²* Sus les a; *A* en g. n. b. —
2179 *B* L. p. hetie na s. damer pucele — 2180 *Leçon de C et B¹*;
B² sa retorne; *A* sa genchie — 2181 *B* crie — 2182 *A* por les membres trenchier

Isnelement est retornez arrièr.
Le duc Richart i ont pris et leié.
2185 Tot altresi come cofre en somier
L'en ont mené sor un corant destrier.
De ci a l'ost ne voldrent atargier.
Quant il i vindrent si furent esveillié :
« Oncles Guillelmes, » dist Bertrans li guerriers,
2190 « De vostre brant vei sanglent tot l'acier,
Et vostre escuz n'est mie tot entiers :
Alcun malice avez vos comencié. »
Respont Guillelmes : « Merci, por Deu, bels niés !
Quant me parti de ci por chevalchier,
2195 Ge vos vi molt pené et travaillié,
Si vos laissai dormir et someillier,
Onc avuec mei n'oi que dous chevaliers.
J'ai encontré le duc Richart le vieil,
Qui tote jor m'i aveit espiié ;
2200 O lui quinzaine de hardiz chevaliers.
La mort son fill me mist en reprovier
Et si me volt toz les membres trenchier.
Tant nos aida li pere dreituriers
Dis en avons ocis et detrenchiez,
2205 Et cinc s'en fuient et navré et plaié.

2183 *A la leçon* ✝ As .x. ont tost les armes despoille ; *B* A ses barons quil auoit la lessiez En la bataille ou li dus r. iert — 2184 *B* La lon sesi et lont pris et loie — 2185 *B* Si lont trosse come (*B²* c. un) cofre a deniers — 2186 *B* Et lont monte — 2188 *B* Quant il i furent ; *B¹* moult par en furent liez (*B²* si en sont forment lie) — 2190 *B¹* voi tout le poing moillie ; *B²* voi tout le pong souillie — 2191 *B manque* — 2192 *B* auez hui c. — 2193 *A* Voir dist g. bertrans bels sire nies — 2194 *A manque* — 2195 *Leçon de C ; A fait dire ce vers à Bertrand, après le vers 2192.* Je vos voi... 2196 *A manque* — 2197 *B* Si nen menai mais que (*B²* seul que) .II. cheualiers — 2198 *B* Deuant .I. val lez un pont depecie La encontrames — 2200 *C* O lui .xve ; *B* Lui .xve. iert de barons c. ; *A* Lui et .xv. altres — 2203 *B* Quant — 2205 *B* Les .VI. se.

Veez en ci et armes et destriers.
Le duc Richart en amenons leié. »
Et dist Bertrans : « Deus en seit graciiez! »

LVI

« Oncles Guillelmes, » ce dist Bertrans li ber,
2210 « Le semblant faites plus ne volez durer.
— Niés, » dist Guillelmes, « merci te vueil rover,
Quar en grant peine vueil ma jovente user,
Ainz que cist reis n'ait ses granz eritez. »
Lors s'apareillent et pensent de l'errer.
2215 Tant ont par force espleitié et erré
Qu'il sont venu a Orliens la cité.
La a Guillelmes rei Looïs trové.
Come prison li a Richart livré,
Et il le fait en sa chartre geter.
2220 Puis i fu tant, si com j'oï conter,
Que il fu morz de dueil et de lasté.
Or se cuida Guillelmes reposer,
Vivre de bois et en riviere aler;
Mais ce n'iert ja tant com puisse durer.
2225 Es dous messages poignant tot abrivez;
De Rome vienent, chevals ont tot lassez
Et recreüz, confonduz et matez.
Tant ont le rei et quis et demandé

2206 *B* Vez en ici. — 2207 *A²* amenon tres loie; *B* en ameinent ioie — 2208 *B* Respont b. — 2210 *B* ne vueillez plus doner — 2211 *A* proier — 2212 *B* juenesse — 2213 *B A.* q. no rois — 2214 *B¹* L. sa. erraument de le.; *B²* L. sa vistement de le. — 2215 *B* Tant ont a force soir et main chemine — 2217 *B* le roi loeys troue — 2218 *B* mene — 2219 *B²* fist — 2221 *B¹* Quil i f. m.; *B²* Que il mourut — 2225 *B* Que .ii. m. — 2226 *A* Par deuers r.; *B* D. r. v. la mirable cite Puis que partirent du lieu et du regne Ont .vi. cheuals recreuz et tuez — 2227 *B* T. o. les mes enquis

Qu'il ont Guillelme et Looïs trové.
2230 Al pié li vont por la merci crier :
« Merci, frans cuens, por Deu de magesté!
De la pucele vos a petit membré
Cui vos avez voz convenz afiez.
Morz est Guaifiers de Police li ber;
2235 Assez la quierent conte, demaine et per,
Altre que vos ne vuelt s'amor doner.
Por altre essoigne somes meü assez :
Morz est Galafres, li gentilz amirez,
Que vos feïstes baptisier et lever,
2240 Et l'apostoiles est a sa fin alez.
Gui d'Alemagne a ses oz assemblez ;
Pris a de Rome les maistres fermetez.
Toz li païs est a dolor tornez,
Gentilz om sire, se vos nel secorez. »
2245 Ot le Guillelmes, s'est vers terre clinez,
Et Looïs comença a plorer.
Veit le Guillelmes, le sens cuide desver :
« Hé! povres reis, lasches et assotez,
Ge te cuideie maintenir et tenser
2250 Envers toz cels de la crestienté,
Mais toz li monz t'a si cueilli en hé
En ton service vueil ma jovente user
Ainz que tu n'aies totes tes volentez.

2229 *B* Quil o. le conte — 2231 *B¹* M. bels sire; *B²* M. font il — 2233 *B* A cui auez — 2234 *A¹* M. e. rois otes (otes, *exponctué, est remplacé par* gaifiers *écrit en marge*); *B* dypolite l. b. Ni a plus doir que la bele al vis cler A lui en est remese lirete (*B²* remes tout lerite) — 2235 *B* Molt la demandent; *A* c. et dus et p.— 2237 *Leçon de C*; *A* i sui venuz a.; *B manque* — 2238 *A* li riches; *B¹* galfiers; *B²* gaifier— 2242 *A* Si pres de r. — 2245 *B* enclinez — 2246 *B* A l. c. a parler Trestot ainsi com ja oir porrez — 2247 *B manque* — 2248 *B* Rois dist li cuens por deu de majeste — 2250 *B* Vers toz les homes — 2251 *B* si ta. — 2252 *B* jeunesse — 2253 *B* Ancois que naies tot ton regne a garder

Faites voz omes et voz barons mander,
2255 Et tuit i viegnent li povre bacheler,
A clos chevals, a destriers desferrez,
A guarnemenz desroz et despanez ;
Tuit cil qui servent as povres seignorez
Viegnent a mei : ge lor dorrai assez,
2260 Or et argent et deniers moneez,
Destriers d'Espaigne et granz muls sejornez,
Que j'amenai de Rome la cité,
Et en Espaigne en ai tant conquesté
Que ge ne sai ou le disme poser.
2265 Ja nuls frans om ne m'en tendra aver,
Que toz nes doinse et ancor plus assez. »
Respont li reis : « Deus vos en sache gré ! »
Il font lor chartres et lor briés seeler,
Et lor sergenz et lor guarçons errer.
2270 Ainceis que fussent li quinze jor passé,
En i ot tant venuz et assemblez,
Cinquante mile les peüst l'en esmer,
Que buens sergenz, que chevaliers armez.
De cels a pié ne laissent nul aler,
2275 Por le secors angoissier et haster.
De lor jornees ne vos sai deviser :
Montgeu trespassent qui molt les a penez,
De ci a Rome ne se sont aresté.
Mais en la porte ne porent il entrer,
2280 Quar l'Alemans les a molt destorbez.
Reis Looïs i fist tendre son tref,

2254 *B* Or tot bels sire ni a que demorer + *la leçon* — 2255 *B la leçon* + Qui mestier ont de auoir (*B²* bien dauoir) conquester — 2256 *et* 2257 *B* As. c. c: as drapiaus d: — 2261 *B¹* et mules afeutres ; *B²* et mulets sejornez — 2264 *B* ou je les doi poser — 2266 *B* Qui tout ne d. — 2267 *B¹* Et dist li rois; *B²* Li rois li dist — 2269 *B la leçon* + Par mi la terre quil orent a garder — 2271 *B. manque.* — 2272 *B.* l.ᵐ. en peust — 2276 *B* aconter — 2277 *A* l assez — 2280 *B* destornez — 2281 *B* Li rois l. i. f. t. ses tres

Et ses alcubes et ses brahanz lever;
Fait les cuisines et les feus alumer.
Li cuens Guillelmes a les foriers menez
2285 Par mi la terre por le païs guaster;
Et font la terre et le païs rober,
Dont cil de l'ost sont riche et assasé.

LVII

Li cuens Guillelmes a conduit les foriers.
Gui d'Alemaigne se leva sor ses piez;
2290 Un per de Rome en aveit araisnié :
« Hé! gentilz sire, faites pais, si m'oiez.
Prenez les armes tresqu'a mil chevalier
Ainz que il aient les paveillons dreciez,
Ses escriez molt bien el premier chief;
2295 S'avez besoing ge vos irai aidier. »
Et cil respont : « Bien fait a otreier. »
Isnelement se vont apareillier;
Les halbers vestent, s'ont les helmes laciez,
Ceignent espees et montent es destriers;
2300 A lor col pendent les escuz de quartier
Et en lor poing les reiz trenchanz espiez.
Par mi la porte s'en issent eslaissié.
Une broïne comence a espessier,
Qu'on ne poeit veeir ne chevalchier;

2283 *B* ses c. et ses f. a. — 2284 *B* ses f. m. — 2285 *B* Par le pais por la terre g. — 2286 *B* Et font les proies et le charroi mener Et bues et vaches a motons por saler — 2287 *B* sont tuit bien rassaze — 2288 *B* ses f. — 2289 *B* en est leuez en piez — 2290 *A* Son per; *B²* Le pere — 2292 *B* Preignent lor a. — 2293 *B* lor p. d. — 2294 *B* premier el p. c. — 2296 *B* E. c. respondent bels sire volentiers — 2299 *B²* Espees ceignent puis; *B¹* C. e. si — 2300 *A* A. l. cops — 2301 *B* En lor poing prennent — 2304 *A* veoir ne charoier

2305 Onques Franceis ne s'i sorent guaitier,
Tant que Romain se sont es trés fichiez :
Chevals en meinent, s'ocient escuiers,
De la cuisine en portent le mangier,
Et si ocient le maistre despensier.
2310 Et Looïs s'en vait fuiant a pié;
De tref en tref se vait par tot mucier;
A sa vois crie : « Bertrans, Guillelme, ou iés ?
Fill a barons, quar me venez aidier.
Se Deus m'aït, or en ai grant mestier. »
2315 Li ber Guillelmes ra conduit les foriers.
Premiers parla li cuens Bertrans ses niés :
« Oncles Guillelmes, pensez de l'espleitier.
En cest ost oi molt durement huchier;
Se Deus m'aït, d'aïde ont grant mestier. »
2320 Respont Guillelmes : « Nos estuet chevalchier
Par devers Rome, les forz elmes laciez ;
Ses poons clore defors et engeignier,
Et cil de l'ost refussent halbergié,
Molt grant eschiec i puet l'en guaaignier;
2325 Ne fust si granz depuis la mort Guaifier. »
Par devers Rome pensent de chevalchier ;
Et la broïne prent fort a espessier;
Onques Romain ne s'i sorent guaitier
Tant que Guillelmes comença a huchier :
2330 « Monjoie ! » escrie, « ferez i, chevalier ! »

2306 B¹ o eus fichie ; B² sus eus f.; B ajoute La veissiez un abateis fier Costes et bras et testes pecoier Es tres comencent forment a chaploier — 2307 B sergenz et e. — 2309 B Et si ocistrent l. m. cuisinier — 2311 B¹ com autre sodoier; B² aussin cun soudoier; B D. tr. en autre — 2312 B A vois escrie — 2314 B Se maist dieus — 2315 B Li cuens g. sen reperoit arrier Si conduisoit auec lui les fouriers — 2320 B Et dis g. nos estuet c. — 2321 B² Par deuant r.; B les vers h. l. — 2322 A Ses poions fors clore et e. — 2323 B fussent apareillie — 2324 B i porions g. — 2325 B la leçon + Respont b. bien fait a otroier — 2326 A pense — 2327 B se print a abaissier

La veïssiez un estor comencier,
Tante anste fraindre et tant escu percier
Et tant halberc desrompre et desmaillier,
L'un mort sor l'altre verser et tresbuschier!
2335 Et cil de l'ost se furent halbergié.
Si les encloent et devant et derrier.
De cels de Rome ne voldrent nul laissier
Que tuit ne fussent ocis et detrenchié,
Et li alquant retenu et leié.
2340 Fuit s'en li sire ques ot a justicier.
Li cuens Guillelmes le suit tot eslaissiez;
Il li escrie : « Retorne, chevaliers,
O ja morras a lei de paltonier. »
Lez le costé li a colé l'acier;
2345 Tot l'embroncha sor le col del destrier.
Traite a l'espee, vait li colper le chief,
Quant il li crie et manaide et pitié :
« Ber, ne m'oci, se tu Guillelmes iés,
Mais pren mei vif, molt i puez guaaignier :
2350 Ge te dorrai un grant mui de deniers. »
Li cuens Guillelmes s'est de lui aprochiez,
Et cil li rent le brant forbi d'acier.
A Loois l'a rendu prisonier,
Puis s'en retorne arriere a ses foriers.
2355 Gui d'Alemaigne se leva sor ses piez,

2336 *B²* Si l. escrient — 2337 *B* Des .m. de r. ne. v. un l. —
2338 *B* Que toz nes face ocire et detrenchier — 2340 *A* lez .i.
mont eslaissiez; *B* qui les deuoit guier — 2341 *A manque* — 2342
B A vois e. retornez c. — 2343 *B¹* O. j. m. en fuiant com ber-
gier ; *B²* O. j. morrez en fuiant com lasnier — 2344 *B* De
lance forte planee de pomier + *la leçon* ; *A* Lez le halberc— 2345
B² T. l. courba — 2346 *A* Vet li c. l. c.; *B* Volt li tolir l. c. —
2347 *A* Q. il li prie — 2348 *B²* se tu quens g. ies — 2349 *B¹* M.
p. mon vis m. i. puet g ; *B²* bien i p. g. — 2350 *B²* un mui de
bon d. — 2351 *B* sest vers lui a — 2352 *A* Li dus li tent son riche
brant dacier— 2353 *A* le rendent — 2355 *B* G. da, fu en rome li
sers Si se leua en estant sus ses piez

Dist a ses omes : « Faites pais, si m'oiez :
Mort sont mi ome, ocis et detrenchié ;
Se par bataille ne me puis espleitier
Tot cors a cors encontre un chevalier,
2360 Toz nostre esforz ne nos i a mestier. »

LVIII

Gui d'Alemaigne apela un message,
Sel fist monter sor un destrier d'Arabe.
A son col pent une grant pel de martre,
Entre ses poinz un bastonet en aste.
2365 Gui d'Alemaigne li a dit un message :
« Alez me tost a ces tentes de paile,
Si me direz Looïs le fill Charle
Qu'a molt grant tort me vuelt guaster ma marche,
N'a dreit en Rome ne en tot l'eritage ;
2370 Et s'il le vuelt aveir par son otrage,
Encontre mei l'en convendra combatre,
O chevalier qui por son cors le face.
Et se ge sui vencuz en la bataille,
Rome avra quite et trestot l'eritage,
2375 Ne trouvera qui l'en face damage ;
Et se gel veinc a l'espee qui taille,
Mar i prendra vaillant une maaille :
Voist s'en en France, a Paris o a Chartres,
Laisse mei Rome, que c'est mes eritages. »
2380 Et cil respont : « Bien est dreiz que le face. »
A tant s'en torne par mi la porte large,

2358. *B* ne mi puis apaier — 2360 *B* ne nos aura mestier — 2363 *B* une fort pel — 2364 *B*¹ un bastonet desrable ; *B*² un bastonet de madre — 2366 *B* Amis fait il entent a mon langage Alez molt tost — 2368 *B* vient de gaster mes marches — 2373 *A manque* — 2376 *B* Et sel conquier — 2377 *A*¹ Mar i perdra ; *A*² Mar i perdrai qui vaille ; *B*² Mes ni p. — 2379 *B* A moi lest rome

De ci as trés de riens ne s'i atarge.
Il descendi lez la tente de paile,
Si s'en entra el tref qui esteit larges ;
2385 Iluec trova Looïs le fill Charle.
Il l'apela veiant tot le barnage :
« Dreiz emperere, entendez mon languäge ;
Ne vos salu, n'est pas dreit que le face.
Gui d'Alemaigne m'enveie por message ;
2390 Par mei vos mande, ne sai que vos celasse,
N'as dreit en Rome ne en tot l'eritage.
Et se le vuels aveir par ton oltrage
Encontre lui t'en convient a combatre,
O chevalier qui por ton cors le face.
2395 Et se il est vencuz en la bataille
Dont avras Rome quite et tot l'eritage,
Ne troveras qui t'en face damage ;
Et s'il te veint a l'espee qui taille,
Mar i prendrez vaillant une maaille :
2400 Alez en France, a Paris o a Chartres,
Laissiez li Rome, que c'est ses eritages. »
Ot le li reis, s'embronche le visage,
Quant se redrece, s'apele son barnage :
« Seignor baron, entendez mon languäge :
2405 Gui d'Alemaigne me mande grant oltrage ;
Par noz dous cors me mande la bataille,
Et ge sui jovenes et de petit eage,

2382 *A* al tref; *B* de noient ne sa. — 2383 *B* lez la porte de p. — 2384 *B* Si sen torna a la tente al fill charle. — 2385 *B* le roi et son barnage — 2386 *B* Al roi parla oiant cels de la place — 2388 *B¹* con le f. ; *B²* car droit nest quon l. f. — 2390 *B* Que a grant tort as gastees ses marches Nas d. en r. nen point de leritage — 2393 *B* ten conuenra — 2396 *B* D. auras r. et tot le seignorage — 2397 *B* qui otrage ten face — 2398 *A* vos — 2399 *B* manque — 2400 *A* Alez a chartre a p. lenorable; *B* Va ten en f. a p. soz montmartre — 2401 *B* Si le lessiez estre en (*B²* dedenz) son heritage — 2405 *B* grant otrage

Si ne puis pas maintenir mon barnage.
A il Franceis qui por mon cors le face? »
2410 Quant cil l'oïrent, s'embronchent lor visage.
Veit le li reis, a poi que il n'esrage;
Tendrement plore desoz les pels de martre.
A tant es vos Guillelme Fierebrace,
Qui les foriers a conduiz en la place.
2415 Tot armez entre en la tente de paile,
Et veit le reï qui sospire a granz lairmes :
Quant il le veit, a poi que il n'esrage.
Lors li escrie, oiant tot le barnage :
« Hé! povres reis, li cors Deu mal te face !
2420 Por quei plorez? Qui vos a fait damage? »
Et Looïs respondi, que n'i targe :
« En nom Deu, sire, ne sai que vos celasse :
Gui d'Alemaigne m'a mandé grant oltrage.
Par noz dous cors me requiert la bataille,
2425 N'i a Franceis qui por mon cors le face,
Et ge sui jovenes et de petit eage,
Si ne puis pas bien sofrir tel barnage.
— Reis, » dist Guillelmes, « li cors Deu mal te face!
Por vostre amor en ai fait vint et quatre :
2430 Cuidiez vos donc que por ceste vos faille ?
Nenil, por Deu! Ge ferai la bataille.
Tuit vo Franceis ne valent pas maaille. »
Ou veit le mès fierement l'en araisne.

LIX.

« Amis, bels frere, » dist Guillelmes li frans,

2408 *B* porroie maintenir la bataille — 2409 *Ce vers et les 18 suivants manquent dans A, dont le copiste a été trompé par la similitude des deux vers 2408 et 2427* — 2428 *B* a ladure corage — 2429 *B* .iii. ou .iiii. — 2430 *A* C. v. ore; *B²* que a c. v. f. — 2431 *B* N. p. foi g. f. l. b. — 2433 *B* il li a dit senz faille

2435 « Va, si me di a Guion l'Alemant
Qu'uns chevaliers, qui son seignor defent,
Vuelt la bataille, molt en est desiranz.
Ge vueil ostages trestot a mon talent,
Et il les preigne trestot a son comant,
2440 Cil qui veintra, qu'il ait son convenant. »
En pié sailli li palazins Bertrans :
« Oncles, » dist il, « trop nos vait malement ;
Tot vos eschiet, et batailles et champ.
Vostre barnages met le nostre a neient.
2445 Ceste bataille, sire, ge la demant :
Donez la mei par le vostre comant. »
Respont li cuens : « Vos parlez folement.
Quant Looïs s'aleit or dementant,
Ainz n'i ot nul tant hardi ne puissant
2450 Qui devant lui osast tendre son guant.
Cuidiez vos ore qu'alasse reculant?
Ge nel fereie por l'onor d'Abilant.
Messagiers frere, di Guion l'Alemant
Armer se voist, et puis si voist el champ,
2455 Li cuens Guillelmes li sera al devant. »
Et cil s'en torne a esperons brochant.
De ci a Rome ne fist arestement.
Encontre lui vint Gui li Alemans :
« Amis bels frere, que as trové as Frans ?

2438 *B* Dist li mesages bels sire a moi entent De la bataille dont tu te vas vantant Vueil ge auoir estages maintenant — 2439 *B* Vous les aiez (*B²* raurez) aussi a vo talent — 2440 *B* C. q. v. la bataille et le champ Si aura tot quite son conuenant Et dist guillemes sen aurez a talent — 2441 *B* se dresce — 2443 *B intervertit ce vers avec le suivant* — 2444 *B¹* le mien meine a n.; *B²* met le mien a n. — 2447 *B* R. g. — 2449 *B¹* Nen i ot un tant preu ne tant vaillant; *B²* Nen i ot un tant fu preuz ne vaillant — 2452 *B* por tot lor dorient — 2453 *B* di a ton alemant — 2454 *B* viegne el champ Et bien li di ne li va pas celant — 2458 *A* vint guion lalemant; *B* sen vint li alemant — 2459 *B²* quauez t. el f ; *B¹* quauez t. errant

2460 — En nom Deu, sire, nel celerai neient :
Uns chevaliers qui est de l'ost des Frans
Vuelt la bataille trestot a son talent,
Ostages vuelt, molt en est desiranz,
Et tu en preignes alsi a ton talent.
2465 Cil qui veintra, qu'il ait tot son creant.
Guillelme a nom, par le mien escient.
En pié saillist uns chevaliers, Bertrans,
Il est ses niés, gel sai a escient,
De la bataille esteit molt desiranz.
2470 — Amis bels frere, » dist Gui li Alemans,
« Quant de Guillelme avrai finé le champ,
S'adonques vuelt icil siens niés Bertrans,
Ja por bataille n'en ira en avant.
Aportez mei mes plus chiers guarnemenz. »
2475 Et cil respont : « Tot a vostre comant. »
L'en li aporte senz plus d'arestement.
El dos li vestent son halberc jaserent,
Roge est la maille plus que n'est feus ardenz ;
Et puis li lacent un vert elme luisant,
2480 Une escarbocle el nasel par devant ;
Ceinte a l'espee a son senestre flanc ;
L'en li ameine le buen destrier corant,

2460 *A* Et cil respont nen c. n. — 2461 *B* qui son seignor defent — 2462 *B* molt en est desiranz — 2463 *B* ce dist il vraiement — 2464 *B manque* — 2465 *B* quil ait son conuenant — 2466 *B la leçon* + Cil qui vers vos se doit combatre el champ Quant ge estoie deuant le roi des franz — 2467 *A* brebant — 2468 *B*[1] ge le sai vraiement ; *B*[2] Nies est g. qui ca venra briement — 2469 *B*[2] Pour la bataille quil ala requerant — 2470 *A*[1] dit guion la. ; *A*[2] dit guion le vaillant ; *B*[1] ce dist guis la, ; *B*[2] A. di moi ce li dist la. — 2472 *B* Sadont i vient — 2474 *B* Alez bels frere ni alez demorant A. m. mes armes maintenant — 2475 *B*[2] sire a v. talent ; *B*[1] talent — 2476 *A* sanz nul delaiement. — 2479 *B* Et en son chief lace lelme luisant — 2480 *B* ot enz el nes deuant — 2482 *B* son destrier auferrant

Une altre espee pent a l'arçon devant;
Sor son destrier est sailliz maintenant,
2485 Que a estrier n'a arçon ne s'i prent.
A son col pent un fort escu pesant,
Entre ses poinz un fort espié trenchant,
A cinc clos d'or un gonfanon i pent.
Par mi la porte s'en ist esperonant.
2490 En pré Neiron s'en est venuz errant.
Li cuens Guillelmes l'a choisi tot avant;
Il en apele Guielin et Bertran :
« Mon anemi vei entré en cel champ,
Se plus me targe tien mei a recreant.
2495 Aportez mei mes plus chiers guarnemenz. »
Et cil respont : « Tot a vostre comant. »
L'en li aporte senz plus d'arestement.
A l'armer fu Looïs li vaillanz.
Il vest l'alberc, lace l'elme luisant
2500 Et ceint Joiose a son senestre flanc,
Que li dona Charles li combatanz.
L'en li ameine Alion le corant,
Et il i monte molt acesmeement.
A son col pent un fort escu pesant,
2505 Et en ses poinz un bon espié trenchant,
A cinc clos d'or le gonfanon pendant.

2483 *B* a prise maintenant Si la pendi a son arcon deuant —
2484 *B* Et puis monta molt acesmeement — 2485 *B* Questrier ni
baille na a. n. s. p. — 2487 *A* .1. roit; *B* Prent en son poing son
fort e. t. — 2488 *A* le g. i p.; *B*² un g. pendant — 2491 *B* la
veu — 2493 *B* Seignor dist il par le mien escient M. a. v. e. enz el
c. (*B*² voi venir cheualchant) — 2494 *B* Se plus atarge t. m. por
r. — 2496 *B* talent — 2497 *A*² sanz point da.; *B*¹ sanz nul a.;
*B*² sanz plus de parlement — 2498 *B* A lui armer fu l. li frans
— 2503 *B* Li quens i m.; *B*² quil ni va detriant — 2504 *B*¹ .1. f.
e. luisant; *B*² .1. f. e. grant — 2505 *B*¹ En son poing porte .1. roit
e. t.; *B*² *manque* — 2506 *B* i pent

Par mi les loges s'en vait esperonant,
De ci al tertre ne se vait arestant.

LX

El tertre monte Guillelmes li marchis;
2510 Gui d'Alemaigne l'en a a raison mis :
« Qui iés tu, va, guarde n'i ait menti,
Qu'as en ton cuer si grant hardement pris
Qu'encontre mei osas en champ venir ?
— Veir, » dist Guillelmes, « gel vos avrai tost dit :
2515 Ge dei combatre al brant d'acier forbi.
Par dreit est Rome al rei de Saint Denis
Et ge meïsmes une bataille en fis,
En som cest tertre, vers Corsolt l'Arrabi,
Le plus fort ome qui de mere fust vis.
2520 Si me colpa le nés desus le vis. »
Quant Gui l'entent a pou n'esrage vis,
N'i volsist estre por l'onor de Paris.
Ou veit Guillelme si l'a a raison mis :
« Iés tu ce, va, Guillelmes li marchis,
2525 Cil de Narbone, filz al conte Aimeri ?
Fesons la pais et seions buen ami,
Et mei et tei avrons Rome a tenir.
— Gloz, » dist Guillelmes, « Deus te puist maleïr !

2507 *B* tentes; *B¹* sen vait arrestant; *B²* sen vet molt liement
— 2508 *Ce vers a été fondu par le copiste de B¹ avec* 2507 —
2510 *A* lauoit a r. m. — 2511 *B²* Qui es vassal garde ne me mentir — 2512 *B* Qui en t. c. as tel h. p.; *A²* manque — 2514 *A* je le vos aurai dit; *B la leçon* + Jai nom g. fill le conte aimeri Cil de nerbone le preu et le hardi — 2515 *B* Ci d. ç. a. b. da. f. Encontre toi que voi ci aasti (*B¹* aaci) Par tel conuent com ja porras oir (*B¹* sera oi) — 2516 *A* charle de s. denis Et apres lui la tendra looys — 2518 *B* Desus cel t. a c. — 2519 *B²* qui adonques f. v. — 2520 *A* Si li copai; *B manque* — 2521 *B¹ manque* — 2522 *B¹* pour tout lor — 2523 *A manque* — 2524 *B* Escote moi — 2527 *B manque*

Por preechier ne vin ge pas ici ;
2530 Ge ne vueil mie mon dreit seignor traïr,
Ge nel fereie por les membres tolir. »
Quant Gui l'entent a pou n'esrage vis ;
L'apostre en jure qu'a Rome est beneïz :
« Por vil me tieng quant onques t'en requis :
2535 Or te desfi de Deu de paradis. »
Respont Guillelmes : « Et ge tei altresi. »
Il s'entresloignent plus qu'uns ars ne traisist,
Puis s'entresguardent et se mostrent les vis.
Les forz escuz tienent devant lor piz ;
2540 Bien s'apareillent de ruistes cols ferir.
Les chevals brochent des esperons forbiz,
Lances baissiees se sont molt tost requis.
Granz cols se donent sor les escuz voltiz,
Desoz les bocles les ont fraiz et malmis.
2545 Les blans halbers ne porent desmentir,
Les hanstes brisent, qui nes porent sofrir,
Encontre mont en volent li esclis.
Il s'entreflerent et des cors et des piz,
Ensemble joignent les forz escuz voltiz,
2550 Et les halbers et les chevals de pris.
Sor les visages font les helmes croissir,
Sanc et suor en font a val venir,
Que trestoz quatre les convint a cheïr.

2529 *B* ne venimes pas ci ; *A²* manque — 2530 *A* honir — 2531 *B* Ce que tu quiers sachés le tu de fi (*B²* ce sachés bien de fi) Ge nen feroie por tot lor que dieus fist — 2532 *B* Quant cil le. — 2533 *A* qui est bien b. — 2536 *B* Et dist g. — 2537 leçon de *C* et *B*; *A* un arpent et demi — 2538 *A* el vis — 2539 *B* metent — 2540 *A* Molt se penerent de rudes c. f. — 2541 *B* Des (*B²* Les) esperons brochierent par air — 2542 *B* bien requis — 2543 manque, ainsi que les 3 suivants, dans *B²* — 2544 *B¹* et croissis — 2545 *B¹* Li bon h. — 2546 *B¹* Les lances b. ne porent plus tenir — 2547 *B* Quencontremont — 2549 *B* les bons e. v. — 2550 *B* Et les chevals qui estoient de pris — 2551 *A* hauberz — 2553 *B* l. c. jus c.

Li buen destrier se sont a terre pris,
2555 Et li vassal resont en piez sailli,
Espees traites, les escuz avant mis ;
Ja mostreront qu'il ne sont pas ami.

LXI

Li cuens Guillelmes en est sailliz en piez,
Deu reclama, le pere dreiturier :
2560 « Sainte Marie, vierge pulcele, aidiez ;
Ainz mais par ome ne perdi mes estriers. »
Gui d'Alemaigne fierement respondié :
« Por Deu, Guillelmes, ne te valt un denier.
Ge chaleng Rome, et les murs et le fié ;
2565 Ja Looïs n'en sera eritiers.
— Gloz, » dist Guillelmes, « Deus te doint encom-
Que, par l'apostre que requierent palmier, [brier !
Ainceis le vespre ne le soleil colchié
Te cuit ge si del cors apareillier
2570 Qu'on te porreit d'un besant eslegier. »
Il tint Joiose dont li branz fu d'acier ;
Ou veit Guion durement le requiert,
Granz cols li done sor son helme vergié,
Que flors et pierres en a jus tresbuchié ;
2575 Ne fust la coife del blanc halberc doblier,
Après ce colp n'eüst ja mais mestier.
Desus la hanche est li cols apoiez,

2554 *A* L. b. cheual — 2558 *B* est resailliz — 2560 *B* S. m. mere dieu quar maidiez — 2562 *B* tantost li. r. — 2564 *B* les (*B¹* le) murs et le terrier — 2566 *B la leçon* + Cuides me tu (*B²* Me cuides tu) auoir si esmaie Por cē que mas fait les arcons vuidier — 2567 *B* Por cel a. — 2568 *B* Ainz quil soit vespre — 2569 *B¹* Te cuide si — 2571 *B* est dacier — 2572 *B* vassalment l. r. — 2573 *B* Tel c. l. d. — 2574 *B* en fist j. t. — 2575 *B¹* del bon — 2576 *A* A. le c.; *A²* james neust m. — 2577 *B* Desoz la bocle e. l. c. abessiez

Que del charnal li abat plus d'un pié.
Toz remest nuz li os sor le braier :
2580 « Veir, » dist Guillelmes, « de ça vos ai saignié.
Or sés tu bien com trenche mes aciers. »
Gui d'Alemaigne fierement respondié :
« Ahi! Guillelmes, Deus te doint encombrier !
Me cuides tu por si pou esmaier ?
2585 De povre char se puet l'en trop chargier ;
Mais, par la crois que requierent palmier,
Ainceis le vespre ne le soleil colchié,
Cuit ge ma char de la toe vengier. »
Il tint l'espee, dont li branz fu d'acier ;
2590 Ou veit Guillelme durement le requiert ;
Grant colp li done par mi l'elme vergié,
Que flors et pierres en a jus tresbuchié ;
Ne fust la coife del blanc halberc doblier,
Cuens Aimeris fust senz cel eritier ;
2595 Mais Deus nel volt sofrir ne otreier.
A celui colp a Gui pou guaaignié,
Emprès le poing li est li branz froissiez ;
Il retrait l'altre, ne s'est mie atargiez.
Veit le Guillelmes, si s'en rit volentiers.
2600 Il tint Joiose al riche brant d'acier ;
Ou veit Guion durement le requiert ;
Grant colp li done sor son helme vergié,

2578 B la moitie — 2580 B v. ai tochie — 2581 B mes espiez
— 2584 A Cuides me tu — 2585 A De penre c.; leçon de C et B —
2586 B¹ Qui est lasus e. c.; B² qui lasus est e. c. — 2587 B Ainz
quil soit v. — 2589 B Il trait le.. — 2590 B¹ vassalment; B² fiere-
ment — 2591 B sus son helme vergie (B² cerclie) — 2593 B del
bon hauberc doblier (B² maillié) — 2594 B neust point deritier
— 2595 A B ne volt; B ajoute Qui les siens garde quant il en est
mestier — 2596 B² A ice cop; A A tel cop na li cuens riens g. —
— 2597 B Delez l. p. l. e. l. b. brisie — 2598 B² targie — 2600 B
al brun coutel dacier — 2601 B¹ fierement; B² asprement —
2602 B¹ lacie; B² sus lhelme de son chief

Desus l'espalle li cols en descendié :
De ci el piz l'a fendu et trenchié,
2605 Estort son colp, si l'a mort tresbuchié ;
Près fu del Teivre, si l'a dedenz lancié.
Al font l'en meine li fers dont fu chargiez,
Que puis par ome ne fu il hors sachiez.
Veit le Guillelmes, si comence a huchier :
2610 « Monjoie ! » escrie, « Deus, sainz Denis, aidiez !
De cestui est reis Looïs vengiez. »
Sor Alion est montez, son destrier,
Prent Clinevent, qu'il ne le volt laissier ;
De ci a l'ost ne se volt atargier.
2615 Encontre vait li cuens Bertrans, ses niés,
Et Looïs, balz et joianz et liez.
Tant ont ploré Guielins et Gualtiers,
Tel paor n'orent a nul jor desoz ciel,
Fors por Corsolt a cui se combatié :
2620 « Oncles Guillelmes, estes sains et haitiez ?
— Oïl, » dist il, « la merci Deu del ciel !
Bels niés Bertrans, a celer ne vos quier,
Ge vos doins or cest buen corant destrier,
Por la bataille que requeïstes ier. »

2603 B^2 le cop est si glacie; A a le cop apoie — 2604 B Que dusquel piz; A De ci el pie — 2605 B jus trebuchie — 2606 A^1 Pres fu de liaue — 2607 A^1 A. f. sen vet; B A. f. lemporte l. f, dont fu (B^2 iert) c. — 2608 B Ne fu traiz ne sachiez — 2609 B^1 si le prent a h. ; B^2 si a pris a h. — 2610 A^1 M. e. s. d. aidiez; A^2 asoiez — 2612 B A cez paroles ne sest plus delaiez ╋ *la leçon*; B^2 par lestrier; A Arion — 2613 B^2 Prist c.; B quil ne volt pas l. — 2615 B^2 Encontre vint — 2617 A^1 guillelmes et g.; B et guibers et g. — 2618 B^1 Car peor orent du vaillant cheualier Que il ne fust ou mors ou mehaigniez Norent mes tele a; *B n'est plus représenté que par B^1 : le dernier feuillet du poème manque dans B^2* — 2619 A^1 corsoble; A^2 le desloial le fier — 2620 B^1 Tuit larraisonnent li baron cheualier Voit le bertrans si len a arresnie — 2623 B^1 Je vous en doing cel auferrant coursier — 2624 B^1 q. demandastes hier

2625 Respont Bertrans : « Cent merciz en aiez! »
En cels de Rome n'en ot que esmaïer;
Dist l'uns a l'altre : « Mal somes engeignié :
Nostre sire est ocis et detrenchiez;
Il nos convient trestoz umeliier :
2630 Alons molt tost por la merci preier. »
Dist l'uns a l'altre : « Bien fait a otreier. »
Les portes uevrent senz point de delaier;
Bel recoillirent lor seignor dreiturier.

LXII

Par dedenz Rome fu Guillelmes li frans ;
2635 Prent son seignor tost et isnelement,
En la chaiere l'assiet de maintenant,
Sel corona del barnage des Frans.
La lui jurerent trestuit le serement.
Tels li jura qui li tint bonement,
2640 Et tels alsi qui ne li tint neient,
Com vos orrez ainz le soleil colchant.

LXIII

Par dedenz Rome fu Guillelmes li ber,
S'a Looïs son seignor coroné :
De tot l'empire li a fait seürté.

2625 B^1 grans m. en a. — 2626 B^t ni ot q. e. — 2627 B^1 nous s. e. — 2628 B^t et mors et d. — 2630 B^1 Alons au roi — 2631 B^t Dient li autre ce fait a o.; A la leçon $+$ A granz croiz dor qui molt font a proisier A (A^2 Et) filatieres et encens et sautier Encontre portent les cors sainz del mostier — 2632 B^1 Euurent les portes — 2635 B^t Prist s. s. — 2636 B^1 manque — 2637 B^1 au barnage — 2638 B^t le lige s. — 2639 A manque — 2640 A Tels l. j. q. — 2641 B^1 manque — 2643 B^t Loeys a s. s. c. — 2644 B^1 li ont f. s.

2645　Lors s'apareille et pense de l'errer.
　　　 Tant ont ensemble erré et cheminé
　　　 Qu'il sont venu en France le regné.
　　　 Vait s'en li reis a Paris la cité,
　　　 Li cuens Guillelmes a Mosteruel sor mer.
2650　Or se cuida Guillelmes reposer,
　　　 Deduire en bois et en riviere aler;
　　　 Mais ce n'iert ja tant com puisse durer,
　　　 Quar li Franceis prirent a reveler,
　　　 Li uns sor l'altre guerreier et foler.
2655　Les viles ardent, le païs font guaster,
　　　 Por Looïs ne se vuelent tenser.
　　　 Uns mès le vait a Guillelme conter;
　　　 Ot le li cuens, le sens cuide desver,
　　　 Bertran apele : « Sire niés, entendez :
2660　Por l'amor Deu, quel conseil me donez ?
　　　 Li reis mes sire est toz deseritez. »
　　　 Respont Bertrans : « Quar le laissiez ester.
　　　 Quar laissons France, comandons l'a malfé,
　　　 Et cestui rei, qui tant est assotez;
2665　Ja ne tendra plein pié de l'erité. »
　　　 Respont Guillelmes : « Tot ce laissiez ester :
　　　 En son service vueil ma jovente user. »
　　　 Il fait ses omes et ses amis mander.
　　　 Tant ont par force chevalchié et erré
2670　Qu'il sont venu a Paris la cité.
　　　 La a Guillelmes rei Looïs trové.

2645 *B¹* Lors sapareillent et pensent d. le. — 2646 *B¹* Tant ont par terre ale et c. — 2650 *manque, ainsi que le suivant, dans B¹* — 2656 *A¹* ne sen v.; *B¹* ne se vuelent cesser — 2658 *B¹* Oit le g. l. s. cuida d. — 2661 *B¹* L. r. nos s. — 2662 *B¹* B. respont — 2663 *B¹* Comandons la a . cᵐ. maufe; *A* Q. l. f. c. a maufe — 2664 *B¹* Et ce fol roi qui ne vaut ne ne fait — 2666 *B¹* la leçon + Mal auez dit si me puist dieus sauuer Mon seigneur vueil et aidier et tensser — 2667 *B¹* vueil je ma vie user — 2668 *B¹* Lors fet

Dès or comencent granz guerres a mener.
Quant veit Guillelmes, li marchis al cort nés,
Qu'en cele terre ne porra demorer,
2675 Quar trop i a des enemis mortels,
Il prent l'enfant que il ot a guarder,
Si l'en porta a Loon la cité ;
A cels dedenz le fait molt bien guarder,
Et cels defors et ardeir et preer ;
2680 Dont s'acuelt il as granz barres colper,
Et as halz murs percier et esfondrer.
Dedenz un an les ot il si menez
Que quinze contes fist a la cort aler,
Et qu'il lor fist tenir les eritez
2685 De Looïs, qui France ot a guarder ;
Et sa seror li fist il esposer.
En grant barnage fu Looïs entrez :
Quant il fu riches Guillelme n'en sot gré.

2672 B¹ commencent; A la guerre a mener — 2673-2688 *Pour la fin du poème j'ai adopté le texte de A; voici de suite les variantes de B¹* : Quant voit g. le marchis au cort nez A lui se claime des barons du regne Qui si li gastent sa terre et serite G. lot forment len a pese Lors fist le roi erraument cheminer Droit a laon len a il fet aler A ceus dedenz a fet sur sainz jurer Quil garderont lor seignor naturel Et il si font volentiers et de gre Adonc ni volt li quens plus demourer Ceus qui guerroient commence a trebouler Leur viles proie leur terres fait gaster Tant les a fet par force demener Et leur haus murs pecoier et quasser Dedenz .I. an les a il tiex menez Que .xv. contes a fet au roy aler Du roi leur fist tenir leur heritez Molt bien serui le roy li bachelers Tant en fu bien du roi et du barne Que sa serour li fist il espouser Tous les barons fist a lui acorder En grant barnage fist loeys entrer Ses riches terres li a fet aquiter Riche le fist li vaillanz bacheler Mes ne len sot rois loeys nul gre Si com orroiz se lauez escoute

APPENDICES

I. — TEXTE DU MANUSCRIT D

    Seignor baron, plairoit vos un esanple,
    Bone chançon, cortoise et avenante?
    Cant Deus prist primes nonante et .ix. reaumes,
    Nonante dus et nonnante duchesmes *(sic)*,
5   Lou premier roi que Deus tramist en France
    Coronés fut par anuntion d'angles ;
    Pour ce dit il toutes terre i apendent,
    Qu'il i apent Baviere et Alemaigne,
    Toute Borgoigne, Loheraine et Tocane,
10   Poitou, Gascogne dec'au marches d'Espaigne.

    Seignor baron, plairoit vos c'on vos chant
    Bone chançon, cortoise et avenant?
    C'est de Loys, lou cortois et lou franc,
    De saint G., lou hardi combatant.
15   Vilain jugleres ne cuit que ja s'en vent
    .I. mot en die, se ge ne li comment.

    Rois qui de France porte corone d'or
    Bien doit mener .c$^\text{m}$. homes en ost,
    Par mi les pors, en Espaigne la fort.
20   S'il en trove home qui l'an face nul tort,
    Tant lou demoine qu'i l'ait ou pris ou mort,
    Que devent lui en fait gesir lou cors.
    Se ce ne fait, France a perdut son los;
    Ce dit la geste : « Coronés est a tort. »

25   Quant la chapelle fut ben[e]ïte a Aix,
    Et li mostiers fut beneïs et fais,

Tel plait i out tel n'i avra ja mais.
Por la justice la povre gent i trait:
Dont fist on droit, mais or no fait on mais;
30 Por les loyiers sont remeis maint bon plait;
Par covoitise l'ont li riche home atrait,
Dont il avront enfer, lou tout punais,
El puis d'anfer dont n'iseront ja mais.

Lou jor i out .XL. et .x. abés,
35 Et si out bien .IIII. rois coronés.
Uns arceyesques en est en piés levés;
Bien fut vestus des armes Damedé(s),
Si faitement com messe dut chanter;
Voit lou barnaige, sel prist a apeler :
40 « Chales mes sires a molt lou tens usé;
Violz est et frailles et chanus et barbés,
Si ne puet mais ses garnement porter,
Ses os conduire, ne an cheval monter.
I lait .I. fil qui la volra doner;
45 Lo(e)ys a nom, s'il vit que molt ert bers. »
François l'entendent, s(i) 'en ont joie mené,
Qu'estrange rois n'iert sus aus alevés.
Cant K. voit que tuit li ont greé,
Son fil Loys a li bers apelé :
50 « Beaus filz, » dist il, « envers moi entendés :
Tu avras, filz, mon realme a garder;
Or te voil ge proier et commender
Que honor gardes sainte crestienté,
De veves dame mesdisant n'achater (sic),
55 Ne orphe enfent ne fai deseriter,
Ne nul povre home ne faire en plait antrer.
Se ce ne faites, ja mar la baillerés. »
Looys l'ot, lou sanc cuide desver;
N'alast avent por les menbres coper.
60 K. lo voit, lo sanc cuide desver :

« Biaus filz Lo(o)ys, voi ici la corone,
Si la t'aporte l'apostoille de Rome.
Paiene gent dois destruire et confondre:
Se ce ne fais, France est tornee a honte.

	LI CORONEMENZ LOOÏS

65 Ce dist la geste, a tort porte(roie)s corone.
    Looys l'ot, ne volt .i. mot respondre.
    K. lo voit, s'en out au cuer grant honte.

    « Biaus filz Lo(o)ys, » ce dist K. li fiers,
    « Se tu dois, filz, prendre les faus lo[i]ers,
70 Fauses mesures, ne faire faus sestiers,
    Ne vaives dames ses cha(s)tés retranchier,
    Ne l'orfe enfent dois faire pladoier,
    Ne lou povre home ne faire cortoier,
    De Damedeu, beaus filz, je vos devié,
75 Lou glorious, la corone baillier. »
    Loys l'entent, lou sanc cuide changier ;
    N'alast avent por les menbres tranchier.
    Cant lo voit K., a poi n'est enragiés :
    « Ha! Deus, » dist K., « com or suis engingniés!
80 Delés ma fème se cocha aversier,
    Ou malvais queus, ou aucuns boutilliers,
    Qui engendra cest malvais iritier.
    Mais, par l'apostre c'on a Rome requiert,
    Je li ferai .ii. des menbres tranchier,
85 An son ma table li donrai a mengier,
    Mais non por tant n'en aiez reprochier ;
    Sonez les cloches, si soiez marlerrier ;
    Car s'il est rois ceu iert deus et pichiés ;
    Ja li reaumes n'iert par lui justiciez. »
90 Et d'autre part fut Herneïs d'Orliens ;
    En toutes cors n'ot peior chevalier,
    Ne plus traïtres por son seignor boisier ;
    Inellement s'est contre mont dreciés,
    Devent lo roi en vint ester en piés :
95 « Drois enpereres, » dist Herneïs d'Orliens,
    « Si m'aïst Deus, mal dites et pechiés :
    Mes sire(s) est jones, n'a que .xv. ans antiers,
    Ja seroit mort qu'en feroit chevalier(s).
    Mais la corone, se vos plaist, me bailliés ;

---

74 *Ms.* nel vos deviez — 75 *Ms.* ne bailliez — 87 *Ms.* Soner —
91 *Ms.* paor — 99 *Ms.* M: s. v. p. l. c. m. b.

100 D'ui en .vii. ens li garderai molt bien ;
Croisserai li ses terres et ses fiés,
Puis li rendrai de grés et volantiers. »
François l'otrient cant oient lou louier.
Il fust jai rois, cant G. i vint.
105 Li gentis cuens repaire de chacier,
En sa compaigne .iiii^{xx}. chevaliers
De prime barbe, de novel afaitiés.
Cors ont d'ivoire, por lou soner ligier.
Isnellement sont descendu a pié,
110 Desous .i. ourme, devent l'uis do mostier.
Ses niés Bertran li corut a l'estrier ;
Plus tost qu'il pot li a dit et nuntié
Si com li glos, li traître, a boisié.
Et dist G. : « Dont venés vos, biau niés ?
115 — Por Deu, [biaus] oncles, ge vien de cest mostier,
Ou j'ai oï maint tort et maint pichié.
Herneïs velt son droit seignor boisier ;
Sempres iert rois, François l'ont otrié ;
[Que] la corone li velt on metre o chief. »
120 Out lou G., lou sanc cuide changier :
« Voir, » dist li cuens, « i lou conperra chier. »
Si faitement est antrés o moustier,
Heuses vesties et esperons chauciés,
Desront la presse des barons chevaliers ;
125 Trove Hernaïs, qui an la chiere siet,
Ke la corone li volt on metre o chief.
Il passe avent, des poinz li a sachié,
Par maltalent desus l'autel l'asiet ;
Por .i. petit qu'il ne l'a peçoié.
130 Isnellement est restornés aiers,
Et mist la main a l'espee d'acier.
Or out en pens qu'il li copast lou chief,
Cant li manbra do glorious do ciel,
D'ome a o(r)cire ce est molt grant pichiés.
135 Hauce lou poing, sor lou col li asiet,
Desor lou marbre lou fait agenoillier :

127 *Ms.* lora s.

« Glos, » dist G., « lichieres pautonnier,
Por coi vels tu ton droit seignor boisier ?
Ja es tu suens et des mains et des piés,
140 Et si te puet et bourre (sic) et engagier.
Droit l'an feras par les iolz de mon chief,
Ou se ce non, par la vertus do ciel,
De ceste espee qui me pent a mon lé
Je t'en fandrai dec'au neu do braier. »
145 Cil lou regarde, si l'a molt resoignié :
« Mercis, » dist il, « por la vertus do chiel !
Droit l'an ferai, s'i lou daigne baillier. »
Et dist li cuens : « Tos est aparailliés. »
Entre ses poinz li a son guant ploié,
150 Droit li a fait, voient maint chevalier :
« Hei ! Looys, » dist G. li fiers,
« En ceste cort te velt on forjugier ;
Mais, par l'apostre c'on a Rome requier[t],
N'i a François tant orguillous et fier,
155 Se de riens nee vos velt contraloier,
C'a mon espee ne li cope lou chief.
Ja serois rois, se Deus vos velt aidier,
Lou glorious, qui lassus maint o ciel. »
Prist sor l'autel la corone d'or mier,
160 Vint a l'anfent, si li a mis ou chief :
« Tenés, beau sire, en l'onor Deu do ciel,
Qui vos laist estre veraies justicier,
Et foi porter vos barons chevaliers. »
B. li a les esperons chauciés,
165 Et dan Garin d'Anseüne li vielz
Li çaint l'espee, com gentis chevalier.
A l'adouber out .vii xx. chevaliers.
A la cort fut li conte Berangier,
Huel de Nantes, Landri li timoniers,
170 N. li dus et li Denois Ogiers,
.LX. conte qui molt font a prisier.
G. sert son seignor droiturier,

138 *Ms.* velt — 141 *Ms.* ferai — 149 *Ms.* grant ploier — 167 *Ms.* Et ladouber

C'o palais fut bien lou dut otrier :
« Bias filz Loys, » ce dist K. li fiers,
175 « Coronés estes, la mercis Deu do ciel.
Bon greis en ait G. li guerriers,
Il et ses freires Guibelin li prisiés.
Li suens lignages a lo mien esaucié.
Or te voil ge proier et chastoier
180 C'a honor gardes tes barons chevaliers,
Et sainte iglise panse de l'essaucier. »
Et il respont : « Biau sire, volantiers. »

« Beas [filz] Loys, » ce dist K. li ber,
« Coronés estes, la merci Damedé.
185 Bons grés en ait G. au cor neis,
Il et ses freires Guiber li alosés.
Or te voil ge proier et commander
Que sainte iglise panses de l'onorer. »
Et respont cil : « Si com vos commandés.
190 — Et de tes homes ne te chalt a blamer;
De lor talant les lai(t) assés errer :
Par aus seras chier tenus et amés,
En toutes cors servis et honorés. »
Et il respont : « Si com vos commandés. »
195 La cort despart, li consail sont finé.
Et chascuns prince repaire an son rené.
Hui mais orés comment il ont finé ;
Tos est honis qui ne seit ou torner.

« Beas filz Loys, » rois K. li a dit,
200 « Ja malvais home ne laissier o païs:
Tant lou demoignes que l'aies mort ou pris,
C'a mal guepir en fai lou cors venir. »
Et il respont : « Tout a vostre plaisir. »

« Beas filz Loys, ne vos celerai mie,
205 Grant mas m'est pris ancontre la poitrine;
Ceu est la mort, n'en eschaperai mie.

178 *Ms.* et l. m. e.

Or ne lairai, baus filz, ne vos chastie :
A honor gardes ta grant chevalerie,
Si com j'ai fait de ma prumiere vie ;
210 Qui me menace je nou poi amer mie,
Qui me gueroie bien sai qu'il me defie ;
Se jou pou prendre, il n'en out garentise,
Fors que de tant ou d'ardoir ou d'ocire,
Lou cuer tranchier par desos la poitrine. »

215 « Beaus fils Loys, a celer ne vos quier,
Ja au povre home ne te chaut de tancier ;
Se il se claime, ne te doit esnoier,
Ansins lou dois maintenir et aidier,
Por l'amor Deu, qui lassus maint o ciel ;
220 Vers l'orguillox te dois foire (sic) si fiers
Comme leupart que gent voille mangier ;
Et s'il te velt de riens contralier,
Si mande en France tes barons chevaliers,
Tant que tu'n aies dec'a .xxx^m.
225 (La) Ou miolx se fie la lou fai(t) assigier,
Toute sa terre gaster et esillier ;
Et se to pues a tes .ii. poins baillier,
Mar en avras manade ne pitié,
Fors que de pandre, d'ardoir ou de noier ;
230 Que se François te voient antrepiés,
Diroient Norment en nom de reprochier :
« De tel seignor n'avriens nos mestier.
« Mal dahait ait par mi la crois do chief
« Qui avoc lui ira mais ostoier,
235 « Ne a sa cort ira por cortoier !
« Do suen meïsmes lou paierons nos bien. »
Mais an G., lou gentil chevalier,
Fil Aymeri de Nerbone lo viel,
Pros est aus armes et corageus et fier,
240 Se il te velt maintenir et aidier,
En sa parole te pues tu bien fier. »
Et dist Loys : « Voir dites, par mon chief. »

217 *Ms*. il t. d. e.

128 LI CORONEMENZ LOOÏS

  Tous les degrés en aval[a] a piet,
  Ains ne fina si en vint au mostier.
245 La a trové G. a vis fier,
  Ou proie Deu, lou glorious do ciel,
  Qu'i li amaint tel terre[s] et tel fiés,
  Dont dolant soient Sarrasin et paien ;
  Es vos l'anfent qui li chaï aus piés ;
250 Voit lou li cuens, molt s'an est mervailliés ;
  I li demande : « Mes damoixias, que quiers ?
  — E non Deu, sire, manades et pitiés.
  Mes sires dit qu'estes bons chevaliers,
  Et pros as armes, et corageus et fiers :
255 Si vos lairai mes terres et mes fiés,
  Ses me(s) gardés, gentis frans chevaliers,
  Por l'amor Deu, lou gloriox do ciel,
  Tant que ge puisse errer et chevalchier :
  Preu i avrés, par les iolx de mon chief. »
260 Et dist li cuens : « De gré et volantiers,
  Tant con porrai errer et chevalchier. »
  P(r)ur ce li vait desor les sains jurer.
  I li jurait, il i entendi bien ;
  Et enbedoui remontent o planchier,
265 En une chanbre, n'ot si belle sos ciel,
  Ancortinee de brun pailles roés.
  K. i gist de la mort angoissiés.
  L'anperere est confès et commeniez.
  Li cors s'estant devent aus o planchier,
270 L'ame s'an vait, que n'i volt plus targier.
  Plorent i dames, pucelles et moilliers,
  Et clerc et lai, sergent et chevaliers ;
  Sonent ces cloches par anples ces mostiers ;
  Tout de lor greit sonoient volantiers.
275 Lou cors en portent, ne l'i volent laissier,
  En la chapelle, ens en mi lou mostier.

  Quant mors fu K. a la chenue teste,
  En l'en porta a Aix en la chapelle ;

244 *Ms.* An n. f. — 271 *Ms.* P. so ames — 276 *Ms.* en ens —
278 *Ms.* En l'enportet a aiez e. l. c.

Teil sepulture n'avra mais rois en terre.
280 Il ne gist mie,ançois i siet a certes....
Sus ses genolz, l'espee an son poin destre :
Ancor menace la pute gent averse.
Son fil Loys, qu'i laissa en grant presse,
Se cil li faillent qui a lui dussent estre,
285 En petit d'ore avroit perdu(e) sa terre,
Cant lou retint et B. et Guillermes.

Quant voit G. ne la pora durer,
Fort lou demoinent li traïtor prové,
C'an nul termine no laissent sejorner,
290 N'a tort, n'a droit, ne au bien, ne au mel,
I vaist l'auberc, si a l'iaume fermé,
Çainte a l'espee an senestre costé,
A son col pent .I. fort escut bouclé,
Et en ses poins .I. roi espiet quarré,
295 A .III. clos d'or lou confanon fermé,
Puis en monta .I. destier sejorné,
Lo[o]ys porte a Loon la cité.
Les plus vaillans a G. apelé :
« Seignor, por Deu, envers moi entendés :
300 Por Deu vos pri cest enfent me gardés,
Que ne l'ocient li traïtor prové ;
Je panseroi de la guerre mener. »
Et il respondent : « Si con vos commendés. »
Aieres torne li vasas adurés ;
305 Sor son destier est aieres armés ;
Or encommencent li fort estor chanpés,
De ponz trenchier, de barres a coper(t),
De maintes gent ocire et afoler ;
En pou de terme les out il si menés
310 Plus de .LX. en fist a cort aler,
Droit a Loys, a Loon la cité(r).
As piés li vont por la mercis crier ;
Trestuit li font homage et s[e]ürté,
No falront mais por nul ami charnel.
315 Loys fut riche, n'en sot G. gré.

315 *Ms.* : La fut riche Loys

II. — TEXTE DU MANUSCRIT C[1]

....

   Vait s'en Guill. au cort nés, li guerriers, (XXXVI)
Il apela son neveu Vivien,
Bertran le conte et le vassal Gautier :
« Seignor baron, pensés de l'esploitier :
1210 A .II. sergans faites par l'ost huchier
Qu'il n'aient cure de ceval espargnier :
Qui pert ronchi il li rendra destrier.
Au malvais plait vel estre a commenchier,
Car, par l'apostle que on requiert a pié,
Tels se fait ore et orguelloz et fier
Dont la cervele li bourra a ses piés. »
Dient Romain : « Com cis hom par est fiers !
Ki li faura trop ara cuer lannier.
Diex le deffenge de mort et d'enconbrier ! »
1220 De lor jornees ne vous sai anonchier :
Desi a Tors ne valrent atargier.
Defors la vile ot .I. bruelle plenier :
Illuec laissa molt de ses chevaliers.
Par molt grant sens li estuet esploitier :
En .IIII. lieus les a fait enbuissier ;
Mais ses nevels ne valt il pas laissier ;
Dusc'a la porte ne fine de brochier,
Isnelement apele(nt) le portier :
« Oevre la porte, Diex garisse ton chief.
1230 Jou vieng ichi roi Loey aidier :
Demain serra coronés au moustier,
Si serra rois, car Francois l'ont jugié. »

---

1. Les 1205 premiers vers du manuscrit C sont donnés dans les variantes des 1500 premiers vers du texte critique. Le nombre en chiffres romains placé à droite du premier vers de chaque laisse est celui de la laisse correspondante du texte critique.— 1213 *Ms.*: ne lestre.

Li portiers l'ot, le sens quide cangier,
Tenrement pleure des biax iex de son cief,
Et dist souef, que il l'entendent bien :
« (E) Loey sire, con povre recouvrier !
Jhesus vous puist et secorre et aidier !
N'en pues aler sans les menbres trenchier !
Sainte Marie, » dist li gentiex portiers,
1240 « Tot sont perdu li vallant chevalier
Et li lignages Aimeri le guerrier,
Qui si soloit son bon seignor aidier. »
Dist a Guill. : « N'i i (sic) metrés les piés,
Trop i a il traïtors renoiés.
Diex les confonde qui tot a a baillier !
Je ne voel pas que plus les cherissiés.
C'est grans mervelle que terre vos soustient ;
Je volroie ore que fondist soz vos piés,
Et Loeys fust a Rains a son fief :
1250 De malvais pule seroit li mons vengiés. »
Ot le Guill., si a crollé le chief ;
Dist a Bertran : « Ascoutés, sire niés,
De cest affaire n'en est cis gaires liés.
Qui son corage li aroit acointié (r),
Il nos poroit avoir molt grant mestier. »

« Amis biax frere, » dist Guill. li ber,   (xxxvii)
« Estroitement m'as ton mostier vaé.
Se tu savoies de quel terre sui né
Et de quels gens et de quel parenté,
1260 A tes essamples, con t'ai oï conter,
Le m'overroies volentiers et de gré. »
Li portiers l'ot, si est en piés levés,
Le guichet oevre tant qu'il l'a esgardé ;
Dont l'en apele par grant nobilité :
« Hé ! jentiex hom, por Dieu de majesté,
Qui estes vos ? Dites moi verités. »
Respont Guill. : « Ja en orrés parler :

1248 Ms. : sor v. p. — 1257 Ms. : mestier. — 1263 Ms. : les a esgardes.

Je suis Guill., li marcis au cort nés,
Fiex Aimeri de Nerbone sor mer.
1270 Chi vieng secorre mon seignor naturé,
Et vieng de Romme, molt ai mon cors pené.
Ne li fauroie por les menbres couper. »
Li portiers l'ot, Dieu en a merchié :
« Sire Guill., a moi en entendés :
En ceste vile est ja .i. dus entrés,
Cil de Ruem, Ricars li viex barbés;
S'a .i. tresor mervelloz asamblé,
Dont il a tant as chevaliers donné,
As dus, as contes, as princes, as casés,
1280 Toz les plus rices a envers lui tornés,
Et tot li ont et plevi et juré
De toute France fera sa volenté.
Il vielt par force .i. sien fil coroner,
Et Loey del tot desireter.
Grant mervelle est que il n'est mors jetés,
Més il est bien el mostier enserrés :
Ne garde l'eure qu'il ait le cief coupé.
Jentiex hom, sire, petit de gent avés
Por lor efforche soffrir ne endurer. »
1290 Et dist li quens : « Nos en avrons assés :
En .iiii. agais sont la defors remés
.M. chevalier garni et apresté.
Quant il m'orront mon maistre cor soner
De grant socors ne sui pas esgarés;
Chi a .ii^c. ou molt me puis fier.
Sous les dras ont les haubers endosés,
Et avoec als les bons brans acherés.
Les autres armes avons faites torser.
Li escuier ont les escus bouclés. »
1300 Dist li portiers : « Diex en soit aourés!
Se mes consaus en estoit demandés,
Toz li agais seroit ja desertés
Et par message coiement amenés.
Li traïtor sont chaiens enserré :
Ou les querras quant chi les as trovés?
Toutes les portes faites molt bien fremer,
Qu'il ne se peussent partir ne desevrer.

Il est matin, encore n'est levés :
Fiex a baron, ne vos asseürés ;
1310 Vengier t'en pues ains que soient armé. »
Olle Guill., si a le chief crollé.
Bertran et Vivien a le quens apelé :
« Diex ! quel conseil on puet en lui trouver ! »

Quant li portiers entendi la novele (xxxviii)
Que ch'est Guill., qui proeche governe,
Fiex Aimeri a la florie teste,
Teil joie en a toz li cuers li sautele :
« Hé ! Diex, » dist il, « vrais glorious celestre,
Qui vous aidiés empiriés ne puet estre.
1320 Ancui orra li dus Ric. noveles
Qui li seront dolerouses et pesmes.
En son service ne valroie mie estre.
Contre Guill. ert ja la porte ouverte,
N'i remanra ne bare ne posterne. »
Isnelement le grant porte defferme,
Et li portiers doucement l'en apele :
« E ! jentiex hom, va le venjanche querre
Des traïtors qui contre toi revelent.
— Voir, » dist li quens, « ensi doit il bien estre. »
1330 Tout coiement .i. messagier apele :
« Va me la fors a Gautiers de Tudele,
Garin de Romme me dites la novele,
Qu'encontre mi sont les portes ouvertes.
Qui velt avoir gaaignier et conquerre
Si viegne tost, n'i ait noise ne feste. »
Vait s'ent li mès, qui gaires n'i areste,
Jusc'as agais ne fine ne ne cesse.
Isnelement lor conte la novele.
Quant cil l'entendent, si monterent es seles,
1340 Jusc'a la porte n'i ot tenue regne.
Voi le Guill., coiement l'en apele :
« Tenés seri les destriers de Castele. »
Dusc'au marchié de noient ne s'arestent ;

1309 *Ms.*: Fuies baron — 1311 *Lisez*: Ot le — 1312 *vers alexandrin.*

Chou quident cil qui furent as fenestres
Chou fust des lor qui lor venist requerre,
Des gens Rikier a la kenue teste,
Més il orront anqui autre novele,
Qui lor seront dolerouses et pesmes.

  Quant voit Guill., li marcis au vis fier, (xxxix)
1350 Dedens la porte sont tot li chevalier,
Il en apele Bertran le bon guerrier :
« En vo conpaigne prendés .c. chevaliers ;
A cele porte irés o le portier.
La m'en irés, jentiex hom, por gaitier,
Que il n'en isse serjant ne chevaliers,
Ne hom el mont tant com face proier. »
Et cil respont : « Biax sire, volentiers. »
Li quens Guill. apele le portier :
« Amis biax frere, .i. conseil vous requier :
Jou ai molt gent, com ert de l'herbergier ?
1360 — Sire, » dist il, « molt en sui esmaié,
Il n'i a croute, ne vaute ne celier
Qui ne soit plaine d'armes et de destriers,
Et par ces loges gisent cil chevalier.
Vostre est la force, gardés que ne targiés :
Isnelement les faites deslogier,
Et les ostex tolir et efforchier ;
Qui se deffent batus soit et froissiés.
D'autre conseil ne vous sai conseillier,
1370 Car li proiers ne vauroit .i. denier.
Li homs qui vielt teil aise commenchier
Doit plus fiers estre de sangler de ramier.
Jou voi bien gens de bien faire haitiés,
Desoz les costes sont li hauberc doublier,
Desoz les capes li branc forbi d'achier :
Faites les toz de ces dras despollier,
L'autre harnas faites metre en lor ciés.
Si gart cascun qu'il ait l'elme lachié
Et dalés lui tiegne son escuier,
1380 C'al grant besoing ait tost son recouvrier
Au bon escu et au trenchant espiel.
Quant vous venés por Loey aidier,

Molt fierement le doit on commenchier,
Que on en face les plus [fiers] esmaier.
— Voir, » dist Guill., « bien m'avés consellié,
Par saint Denis, et jou miex ne requier.
Ne serés més ne gaites ne huissiers. »
Il li donna .I. auferrant destrier.
Molt le vit bel et gent et ensignié,
1390 Si l'adouba a loy de chevalier.
De son service a rechut son loier.

Li bers Guill. fu molt preus et hardis. (XL)
Il en apele et Gerbert et Jerin ;
Si neveu furent et de sa seror fil :
« A cele porte qui oevre vers Paris,
La m'en irés, franc chevalier jentil,
En vo conpaigne de chevaliers .VII. vins,
A cleres armes et as cevals de pris.
Gardés n'en isse nus hom de mere vis.
1400 La felonie est chaiens del païs,
Si sui venus por aidier Loeys,
Sel menterrai se Dieu plaist et jou vif. »
Et cil respondent : « Tot a vostre devis. »
Vait s'en Guill. li droiturier chemin,
Par mi les rues s'en vait vers Saint Martin.
En la cité n'a porte ne postis
Ou il n'eüst de ses chevaliers vint.
Lieve la noise, es les vos estormis ;
Encor ne sevent que chou lor soit rentis.
1410 Vait s'ent Guill. au cort nés, le marcis,
Dusc'al mostier, par dedens le parvis.
A pié descent del bon ceval de pris,
El mostier entre, crois fist devant son vis,
Desor le marbre, devant le crucefis,
Fait s'orison, a genoillons s'est mis,
Dieu reclama qui onques ne menti :
« Glorieüs rois, qui le monde fesis,
Si com c'est voir que Adam beneïs,
Lui et se feme mesis en paradis,
1420 Et qu'il en fu par son pechié partis,
Et por vo cors en convint a soffrir

Le ruiste paine au jor de venredi,
Si com c'est voirs, par la toie merchi,
Si me rendés mon seignor Loey,
Mon droit seignor que j'ai de lonc requis. »
A tant es vos .I. sage clerc ou vint;
Bien reconnut Guill. le marcis,
Desor l'espaule li a le doit asis.
Li quens se dreche, se li mostre le vis.
1430 Il li demande : « Que querés vos, amis? »
Et dist li clers, qui molt bien fu apris :
« Sire Guill., por l'amor Dieu, mercis,
Quant venus estes por aidier Loeys.
La felonie est chaiens del païs;
Des traïtors a chaiens .IIII. vins,
Que clers, que vesques, que moines beneïs.
Frans hom, fremés les huis de Saint Martin,
As traïtors faites les iex tolir :
Tot le pechié del mostier preing sor mi.
1440 — Voir, » dist Guill., « bon conseil m'avés dit.
Bien soit del homme qui si bon clerc norri.
Le fil Karlon, qui je ma foi plevi,
Ou le trouvrai ? car forment le desir. »
Et dist li clers : « Ne vous en quier mentir,
Jou l'amenrai, se Dieu plaist et jou vif. »
Va en la croute ou il estoit fuïs;
La le gardoit .I. abes beneïs :
Ne gardent l'eure c'andoi fussent ocis.
Es vos le clerc, par le puing l'a saisi :
1450 « Damoisiaus sire, plus iés doutés d'amis
Que ne quidoies ier main a l'esclarcir.
Chi te sekeurt Guill. li marcis,
Cil de Nerbone, qui fu fiex Aimeri.
Il vient de Romme, tous lassez et debris,
A grans jornees por ton cors garandir,
A .XIIe. de chevaliers jentis,
A cleres armes et as chevals de pris.
Les pues trouver devant le crucefis,
Si n'i a bare, ne porte, ne postis,
1460 Ne grant destroit que il n'ait fait saisir.
Or soiés preus, baus et seürs et fis.

Mar douterés nul homme qui soit vis;
Garant aras contre tes anemis. »
Loeys l'ot, molt joians en devint.
Li clers s'en torne et li abes jentis;
L'enfant en mainent tous les degrés marbrins,
Desi au conte ne prisent onques fin.
Li jentiex abes l'en a a raison mis :
« Entendés moi, fiex a roi de bon lin :
1470 Vois la le conte qui sa foi te plevi;
Ne te fauroit por homme qui soit vis. »

Li jentiex abes a l'enfant araisnié : (XLI)
« Fiex a baron, va li caoir al pié
Tant que il t'ait plevi et fianchié
Qu'il t'aidera, nel laira por mescief. »
Au pié li va por la merchi proier
Et l'esporon li a estroit baisié.
Li quens Guill. l'en prent a araisnier :
« Lieve toi sus; ne te connois de rien,
1480 Més neporquant ne m'as tant corechié,
Puis c'as tant fait qu'es venus a mon pié,
Que ne te soit pardoné volentiers. »
Et dist li abes, qui fu ses amparliers :
« En non Dieu, sire, tot autre cose quiert :
C'est Loeys, fiex Karlon au vis fier,
Qui vous requiert et manaide et pitié.
Por voir est mors se vos ne li aidiés. »
O le Guill., le sens quide cangier;
Desor le marbre se r'est ajenoilliés,
1490 Par mi les flans a l'enfant enbrachié
Par grant amor, se l'a .III. fois baisié :
« Damoisiaus sire, cil m'a molt engignié
Qui te rova chi venir a mon pié.
N'est hom, s'a tort t'a fait del tien irié,
Nel te desraisne tant que sera jugié. »
Il en apele les jentiex chevaliers :
« .I. jugement voel que vous me faciés :

1468 *Ms.*: les a a r. m. — 1483 *Ms.*: Et dist Guill.

Puis que l'omme est coronés au mostier,
Doit il puis faire traïson por loier?
1500 — Nenil, biau sire, » respondent li guerrier.
— « Et s'il le fait, quels en est li loiers?
— Pendus doit estre comme leres fosiers. »
Et dist li quens : « Et jou miels ne vous quier.
Par saint Denis, bien m'avrés consillié;
Més l'ordre Dieu ne voel mie abaissier,
Et neporquant le comparront il chier. »

En piés s'estut li quens au fier corage. (XLII)
Le jugement a oï del barnage;
El cancel entre, que de rien ne se targe;
1510 Illuec trouva les vesques et les abes
Qui otroierent le duel et le damage
Del fil Ric. de Ruem a la barbe.
A els s'en va Guill. Fierebrache,
Toutes les croces fors des puins lor esrace;
A Loey son droit seignor les baille.
Voi le li enfes, liés fu en son corage.
Li quens Guill. par mi les flans l'enbrache,
Tout en plorant li baisa le visage.
Li quens s'en torne, voiant tot le barnage.
1520 (Tot en plorant li baisa le visage.)
Il fera ja as clers molt grant hontage :
Drois est qu'il ait cil qui le mal porcace
Ordenés sont, si nes vielt toucier d'armes,
Més as bastons les fait deronpre et batre.
N'i a celui tant soit de haut parage,
Ou arcevesques ou vesques ou dans abes,
Ne soit sanglens el col ou el visage.
Fors del mostier les trebucent et cachent;
Saint Piere jure, que on requiert en l'arce,
1530 S'il nel laissoit por Dieu l'esperitable,
Ja les corones ne lor feroient carge.

Li quens Guill. fu molt chevalerous (XLIII)
Et preus et sages et plains de grant honor :
A Loey son seignor vint le jour,
Il l'en apele, dit li a par amors :

« Loey sire, de qui vous plaigniés vous ?
— En non Dieu, sire, del fil Ric. le rous,
Qui tant par est et fiers et orguellous.
Et de son pere me plaing je desor tous ;
1540 Por son avoir me fait si angoissous
Hui m'eüst mort se Diex ne fust et vous. »
Ot le Guill., si froncha le grenon.
Il apela Aliaume son nevou :
« Alés me tost al Normant orguellous,
Mais n'i parlés ne de pais ne d'amor,
Més dites li qu'il viegne a nostre court,
Por faire droit Loey son seignor,
Isnelement, car de lui se plaint molt.
Et s'il demande quel effort nos avons,
1550 Et vos li dites .XL. conpaignons. »
Et dit Aliaumes : « Irai jou dont tous sous ?
— O vos, biaus niés, en vo main .I. baston. »
Cil ne respont nule riens se bien non :
« Niés, » dist Guill., « entendés ma raison :
Trés bien le dites, oiant tous les barons,
Ains qu'il soit vespres estera si hontous
N'i volroit estre por tot l'or saint Simon. »
Et dist Aliaumes : « A Dieu beneïchon.
Bien li dirai, qui qu'en poïst ne qui non,
1560 Ja n'i larai [un] point de la raison. »
Il est montés sor .I. mul aragon ;
Par mi l'estree s'en va a esporon.
Vint a l'ostel au Normant orguellous ;
Levés estoit, molt ot de compaignons ;
Vestus estoit a loy d'empereor,
Car coronés devoit estre cel jor.
En poi de terme cangera sa raison.
Encor ne seit noveles del baron
Par qui il ot le jor si grant dolor.
1570 Il le tua, qu'il n'ot confession.
Es vous Aliaume qui descent au perron,
Il est montés les degrés contre mont,
Voit le Normant qui tant est orguellous,

1537 *Ms.* : del fel Ric.

Il n'i parole ne de pais ne d'amor :
« Sire, » dist il, « entendés ma raison :
Ne vous salu, deffendu le m'a on.
Seis que te mande Guill. li frans hom,
C'est Fierebrace, qui cuer a de baron ?
Vien faire droit Loeys ton seignor,
1580 Isnelement, car de toi se plaint molt. »
Li Normans l'ot, a poi d'ire ne font.
Il le regarde, si li dist par irour :
« Seis tu conbien il a de conpaignons ?
— En non Dieu, sire, .xxx. chevalier sont.
— Amis biax frere, » li Normans li respont,
« Di moi ton oncle, le nobile baron,
Que il otroit chou que li autre font. (bis)
.IIII. sommiers li donrai a bandon,
Cargiés de pailes et de molt chiglaton ;
1590 Une chité esgart tot a son bon,
Si li donrai, s'il otroie le don
De le corone, si que nos le querons ;
Encor n'a il ne terre ne honor,
Je l'en donrai a sa devision.
Ja Loeys ne valra .i. bouton,
Bien seroit France perdue a cel garchon.
— Voir, » dist Aliaumes, « chi a fole raison,
Il nel feroit por tot l'or de Valon.
Encor vos mande Guill. li frans hom
1600 Plus cruel cose que chi nommé n'avon :
Se vous cest plait refusés a estrous,
Encor anqui en serés vous hontous,
N'i vauriés estre por Rains ne por Soisons. »
Li Normans l'ot, a poi d'ire ne font.
Grant honte en ot por cels qui oï l'ont ;
Dist au message : « Je te tieng por bricon ;
Toi ne ton oncle ne pris jou .i. bouton ;
Puis que n'i puis trover pais ne amor
Bien le deffi, ce sache il de par vous ;
1610 Tost i perdra le cief sor le menton. »
Et dist Aliaumes : « Entendu vous avon ;

1579 *Ms.* : Veut fraire — 1582 *Ms.* : Il se r.

Tot autre teil vous redi de par nos. »

 Li Normans fu et orguellous et fiers ; (XLIV
Bien le regarde et al chief et as piés,
Et bien conut que il ert escuiers :
« Di va, vallet, tu m'as molt manechié ;
Ne fust por chou que tu es messagiers,
Jou te feïsse toz les menbres trenchier.
De cel tien oncle ne donroie .i. denier.
1620 Quant par amors ne m'i puis apoier,
S'il vielt bataille, je sui aparelliés.
Encor ai jou tex .xxx. chevaliers
N'i a celi ne tiegne de moi fief,
Que dus, que contes .xxv., par mon chief,
Qui trestot m'ont juré et fianchiét
Ne me fauront por les menbres trenchier. »
Et dist Aliaumes : « Chou m'estuet renonchier. »
A perron est au mulet repairiés,
Isnelement i monta par l'estrier.
1630 Li Normans fait sa gent aparellier,
Et li messages s'en reva eslaissiés.
Encontre va Guill. li guerriers :
« Biax niés Aliaumes, com avés esploitié?
— En non Dieu, sire, n'i a point d'amistié.
Assés vous offre et argent et or mier,
Et se li dis ja nel rouvriés baillier,
Et se li dis nonbre des chevaliers,
Lues maintenant i fustes manechiés.
Ne Loey a son seignor ne tient,
1640 Ne le coronne ne velt il pas laissier.
Par vive force le vaura avanchier,
Car li baron li ont tot otroiét. »
Ot le Guill., le sens quide cangier ;
Par mautalent monta sor son destrier,
A vois escrie : « Que faites, chevalier?
Vous devés bien vo droit seignor aidier. »
Il fait soner .i. graille menuier.
Qui dont veïst la gent Guill. aidier!
As osteus prendre fu mains nus brans saciés :
1650 Qui se deffent tost est a mort jugiés ;

Ne met escange fort de teste trenchier.
Quant cil dedens ont oï le buscier,
Li escuier, li armé chevalier
En fuies tornent par mons et par braiers,
Nes puet garir ne vaute ne celiers;
Et les borgois ont il pris et loiés.
Li traïtor, qui orent commenchié
Le malvais plait por le Normant aidier,
En fuies tornent par effors de destriers;
1660 Par mi la porte s'en quident repairier,
Més a cascune truevent felon portier.
Tel treüage lor i couvint laissier,
Onques n'i orent a preudomme mestier.
Li quens Guill. s'en retorna arrier,
En le maison au franc borgois Hungier;
Le Normant truevent ou n'ot que corechier.
Molt de ses gens l'avoient ja laissié
Por le baron Guill. le guerrier,
Més tant se fist et orguellous et fiers
1670 Qu'il ne daigna onques merchi proier.
Voi le Guill., le sens quide cangier.
Por chou que (il) est seus et peu i a des siens,
Par vertu sone .i. graille menuier.
Qui dont veïst ces agais desbuissier,
Que li quens ot as portes envoiés!
Més bien les font garder et veroillier,
Et a cascune laissent .c. chevaliers.
Et li Normans monte entr'els el destrier.
A tant es vous Bertran poignant premier,
1680 Et Guielin, et son frere le fier,
Et lor cousins, li hardis Viviiens;
En lor effort orent .m. chevaliers.
La veïssiés .i. estor commenchier.
Sor les Normans est tornés li mesciés.
Quant il chou virent ne se porent aidier,
Ne lor effors ne lor aroit mestier,
Trestot lor bra[n]s jeterent a lor piés;
A jointes mains vont la merchi proier.
Li quens les fait retenir et loier,
1690 Et plus de .v. en furent prisonier;

Et li Normans s'en fuit le col baissié;
Li quens Guill. le suit au dos derier;
A sa vois clere li commenche a hucier :
« Sire Asselin, li fiex Ric. le viel,
Estés .I. poi, je voel a vous plaidier.
Car vous venés coroner au mostier! »

 Li quens Guill. a le fiere persone   (XLV)
Par les grenons le saisist, sel retorne :
« Fiex a putain, li cors Dieu te confonde !
1700   Por coi pensas teil duel et si grant honte?
Ton droit signor por coi volsis confondre?
Rich. tes peres ne porta ainc corone. »
Bertran apele, qui tint l'espee longhe :
« Biaus niés, » dist il, « conseil vous requeromes
De cest glouton, se nos le destruisommes. »
Et dist Bertrans : « Que pensés vous, sire oncles?
Son gueredon li rendés a .c. doubles
De chou qu'il volt son droit seignor confondre.
Or li fermés el cief cele corone
1710   Dont la cervele desrouge jusc'a l'ongle. »
Il pase avant, vers Asselin se torne,
Ja le veïst se le ferist .c. hommes *(sic)*
Ens en son chief de s'espee le longhe,
Quant li escrie quens Guill. ses oncles :
« Ne place Dieu, qui forma tot le monde,
Que il ja muire par arme de preudomme!
Jou l'ocirai a molt plus grant vergoigne,
Si que li oir en aront après honte. »

 Li quens Guill. fu orguelloz et fier,   (XLVI)
1720   D'arme qu'il porte ne li daigna touchier;
En .I. soif vit .I. pel enfichier,
Il passe avant, si l'en a esrachié;
Fiert le Normant par mi le crois du cief,
Sanc et cervele en abat a ses piés;
Mort le trebuce. Diex li doinst enconbrier!
Issi doit on traïtor essillier,

1708 *Ms.* : De chou quil voit.

Qui son seignor vielt traïr et boissier
Il s'en retorne arriere, li guerrier,
Voit Loey, sel corut enbrachier.
1730 Dont li demande li quens par amistié :
« Loeys sire, gardés ne me noiés,
Et car me dites de qui vous vous plaigniés :
Le fil Ric. ai mis corone el cief,
Més il n'ira en cest an ostoier,
Por homme en terre qui l'en sache proier. »
Dist Loeys : « Grans mercis en aiés.
Del traïtor m'avés molt bien vengié,
Més de Rich., le kenu et le viel,
Hé ! Diex, quel joie se il ert essilliés ! »
1740 O le Guill., le sens quide cangier ;
Il le demande, on li a ensignié :
En une crote ert fuïs el mostier.
Li quens i va après toz eslaissiés ;
Au dos le sieuvent .L. chevalier ;
As flans ont chaint les brans forbis d'achier.
Rich. trouva sor .i. marbre couchié
De son juïse qui doit estre aprochié.
Li quens Guill. nel daigna ains touchier
D'arme qu'il porte, de lance ne d'espiel ;
1750 Lieve le puing, ens el col li asiet,
Que tot pasmé le laissa a ses piés ;
Forces demande, si li tondra le chief.
A .i. coutel a coupé les chevex.
Toz cois estoit sor le marbre entailliés.
Si doit on bien traïtor essillier,
Qui son seignor vielt traïr et boissier.
Tant ont li conte a Guill. proié
Qu'il nel vielt mie ocire et detrenchier ;
Ains fu Rich. a Guill. apaisiés.
1760 Le mort son fil clama quite premiers,
Si s'entrebaisent, voiant maint chevalier,
Mais cele pais ne valut .ii. deniers,
Car puis le valt ochire et detrenchier.
Mais Diex nel valt soffrir ne otroier.

1758 *Ms.* : o. ne d.

Il en apele le bon abé Gautier :
« Je m'en irai el regne de Poitiers,
Por aquiter mon signor droiturier
Ses grans contrees as glotons losengiers,
Qui li voloient tolir et enforchier ;
1770 Mon droit seignor vous valdroie laissier :
Le nuit le faites a candoile gaitier,
Que il ne soit enherbés ne touchiés ;
Et quant c'est cose qu'il va esbanoier,
En sa conpaigne en maint .c. chevaliers,
Car, par l'apostle c'on a Romme requiert,
Se jou ooie novele(s) au repairier
Que Loeys i eüst enconbrier,
Toute vostre ordene ne vous aroit mestier
Ne vous fesisse toz les menbres trenchier. »
1780 Et dist li abes : « En pardom en plaidiés.
Miels ert gardés que li sains el mostier. »
A tant s'en part, si demande congiét.
O lui amaine dusc'a .m. chevaliers,
Et ses neveus que il aime et tient chier.
De ses jornees ne vous sai anonchier :
Ainc ne finerent, si vinrent a Poitiers.
Puis i esturent .iiii. jors tous entiers.

 Li quens Guill., li marcis au cort nés, (XLVII-XLIX)
Puis que il fu dedens Poitiers entrés,
1790 Ainc ne li lut el regne a sejorner ;
Des traïtors i trueve a grant plenté.
Desor Bordiaus a .i. jour denommé :
Rois Marimondes i fu enprisonés ;
Puis se fist il baptisier et lever.
Quant li quens a icel camp acuité,
A Piereplate s'en est au gieu alés ;
Guires d'Auborc i fu enprisonés,
Qui de Marcois estoit sires clamés :
Li quens le prist, qui molt fist a loer,
1800 En prison l'ot tant com li vint a gré,
Tant com li ot bons ostages livré,

1781 *Ms.* : Bien e. g.

Ch'a Loeys feroit sa volenté,
De lui tenroit toutes ses yretés.
Por chou fu il a Guill. acordés.

Tant fu Guill. en icele contree (L)
Qu'il [l']ot par forche Loeys acuitee.
Devers Gironde a sa voie atornee ;
Li baronnie est avoec lui alee,
Puis prist sa terre, mais forment fu gastee.
1810 Saint Gille assalent a .i. matinee ;
Le porte assalent, n'ot gaires de duree.
Li frans Guill. a la chiere menbree
Fist .i. cose qui Damedieu agree :
L'eglise garde qu'ele ne fust gastee,
Ainc n'i perdirent .i. pume paree.
Juliien prisent, qui gardoit la contree.
Si faitement ont le pais creantee
Par celi est li grans guerre afinee.
Vait s'en li quens o sa gent honoree ;
1820 Jusqu'en Hainau n'i ot resne tiree,
Tant que il l'ot molt bien tote aquitee,
Et Juliens a ostages livree (sic).
Li quens Guill. a sa gent apelee :
« Or as harnas, france gent honoree,
Si gart cascuns que sa male ait torsee :
Nous en irons en Franche la loee,
Puis que j'arai ceste terre acuitee. »
Ceste parole as plusors gens agree.

Li quens Guill. o le corage fier, (LI)
1830 Dels qu'il estoit el regne de Poitiers,
Ne fu nul jor ne montast sor destrier,
Ne qu'il n'eüst vestu l'auberc doublier.
Es forterechès laissa .M. chevaliers ;
Part de la terre, si demande congié.
Il s'en repaire par le mont Saint Richier.
Li jentiex hom vait orer au mostier ;
.ii. jors sejorne, puis s'en parti au tierch.
Par Constentin s'est li quens repairiés.
En Normendie s'est avant adrechiés.

1840 De ses jornees ne vous sai anonchier.
En sa conpaigne avoit .c. chevaliers,
As cleres armes et as courans destriers;
Les autres ont en garnison laissié.
Dusc'a Ruem ne se volrent targier.
Au mestre borc s'est la nuit herbergiés,
Més d'une cose fait li quens que legiers,
Que par les terres au duc Rich. le viel
Osa ainc puis aler ne chevalchier
Son fil ot mort d'un grant pel aguisié;
1850 La s'en afie Guill. li guerriers
Que il estoit acordés et paisiés,
Si se baisierent, voiant .c. chevaliers;
Mais cele acorde ne valut .ii. deniers,
Se Diex n'en pense, qui tot a a jugier :
En teil lieu s'est li frans hom herbergiés
Ou on le heit de la teste a trenchier.
Ains le quart jor aconpli et entier
N'i volroit estre por l'or de Monpellier,
Com vous orrés ains le soleil couchier.
1860 Li viex Ric. fu dolans et iriés;
Il en apele son maistre conseillier :
« Baron, » dist il, « bien me puis esragier
Quant par ma terre voi celui chevalchier
Qui m'a tolu le millor justichier
Qui onques fust en terre ne soz ciel;
Més, par l'apostle que requierent paumier,
Jou nel lairoie por les menbres trenchier,
Que ne l'en rende molt dolerous loier. »
Dient si home : « Tort dites et pechié :
1870 Ja fustes vos acordés et paisiés;
De traïson esteriés ensigniés.
En ceste vile n'ert il de vous touchiés,
Car li borgois li volroient aidier,
Que tot li ont plevi et fianchié.
— Voir, » dist Rich., « tant sui je plus iriés.
Més, par l'apostle c'on a Romme requiert,
Jou nel lairoie por les menbres trenchier

1862 *Ms.* : ostagier. — 1869 *Ms.* : t. dient e. p.

Que nel porsuie armés sor mon destrier;
Se jou par force ne le puis justichier,
1880 Jel manderai anchois par amistié
C'avoec li vuol en France cevauchier;
Se de ses hommes le puis defors sachier,
Cascun ara .i. bon coutel d'achier :
Miex voel morir que ne soit essilliés. »
Dont l'en afient teil .xv. chevalier,
Se cil n'en pense qui tot a a jugier,
Par traïson ert li quens depechiés.
A .i. matin, que jors fu esclairiés,
Monta li quens, qui ne se sot gaitier,
1890 Jusc'a midi a li quens chevalchié;
En une lande est descendus a pié,
Il est si homme, li jentil chevalier;
Li païsant li portent a mangier.
Quant ont disné li noble chevalier,
Au quart s'en dorment, car il sont travillié.
Li bers Guill. ne s'i volt atargier :
Trestous armé, le bon elme lacié,
Sor Arondel son ceval le proisié,
A son col pent .i. escu de quartier,
1900 Entre ses puins son fort trenchant espiel;
O li en maine ne mais .ii. chevaliers,
Cascuns fu d'armes molt bien aparelliés.
De sa gent part por lui esbanoier,
Descent d'un tertre contre val .i. gravier,
A une rive est venus eslaissiés;
Il i cuida venir esbanoier :
Por la riviere qui molt fist a proisier
S'en va li quens deporter el gravier,
Més d'autre cose li couvenra plaidier :
1910 A tant es vos le duc Rich. le viel,
En sa conpaigne sont .xv. chevalier.
Bien sont armés sor les courans destriers.
Li dus Rich. l'aperchut tous premiers,
Dist a ses hommes : « Se vous m'avés riens chier,
Dont vous penés de ma honte vengier.
De raenchon n'i ert onques plaidié.
Vés la Guill. au cort nés le guerrier,

Qui me toli chou que (j)avoie tant chier,
Més, par l'apostle c'on a Romme requiert,
1920 S'il vous escape ne vous arai més chier :
Mon fil m'a mort, bien le doi empirier. »
Et cil respondent : « Ja n'en estuet plaidier. »
Les chevals brochent, cascuns a enbrachié
Le fort escu et brandi son espiel ;
Les gonphanons ont avant desploiés.
Guill. ot la noise des destriers,
As garnimens conut Rich. le viel.
Voi le li quens, molt en fu esmaiés.

  Li quens Guill. chevalce leis .i. mont, (LII)
1930 Leis la riviere, qui bele est contre mont ;
La encontra le duc Rich. le rous,
Ensamble o lui ot .xv. conpaignons ;
Bien fu armés cascun de ses adous.
Voille Guill., s'en ot molt grant paor ;
Il en apele ses chevaliers barons :
« Seignor, » dist il, « por Dieu quel le ferons ?
Chi voi venir le duc Rich. le rous,
Il est .xv.^{simes}, que conter les puet on ;
Nous sommes .iii., molt forment les doton,
1940 Car il me heit de molt grand raenchon :
Son fil ocis, que molt bien le seit on ;
Més neporquant acordé nous en son.
G'irai avant, au passage del pont,
Vous remanrés desor cest riu qui cort,
Et s'il me dist nule riens se bien non,
Dont n'i voi je se del bien faire non,
Car li fuïrs n'i vauroit .i. bouton. »
Et cil respondent : « Vous parlés de folor.
Alés i tost, brochant a esporons,
1950 Sel salués par bien et par raison :
S'il vous deffent de rien vostre raison,
Ne vous faurons por tout l'or de cest mont. »

  Li quens Guill. vint au pont toz premiers, (LIII)

1934 *Ms. : lisez* Voit le — 1950 *Ms. :* p. mi e. p. a.

U voit le duc, sel prist a araisnier :
« Dus, » dit li quens, « Diex te gart d'enconbrier !
Me convient il de nule rien gaitier ?
Li pais fu faite a Tors ens el mostier :
La nous baisames, voiant maint chevalier.
— Voir, » dist li dus, « bien savés pre[e]chier ;
1960 Tu me tolis le mellor iretier
Qui onques fust por terre justichier ;
Més, par l'apostle que requierent palmier,
Ains que departes seras molt courechiés :
Ne Dieus ne hom ne t'en porroit garder
Que ne te fache cele teste trenchier
Et tous les menbres de ton cors esragier.
— Gloz, » dist Guill., « Diex te doinst enconbrier !
Jou ne te pris nes c'un chien esragié. »
Alion broce des esporons d'or mier
1970 Et fiert Rich. en l'escu de quartier :
Desoz la boucle li a frait et perchié,
Le blanc hauberc desrout et desmallié ;
El flanc senestre li a colé l'espiel,
Que d'ambes pars li fait le sanc raier.
Li bons chevals s'est du fais descargiés.
Li esporon tornerent vers le chiel,
L'agus de l'elme est en terre fichiés
Par si grant [force] .ii. des las li ronpié.
Sor li s'areste et tint le branc d'achier.
1980 Mien ensiant, ja en presist le cief :
E vous les .xv., qui Diex doinst enconbrier,
Seure corurent Guill. le guerrier.
Qui donc veïst sor toz le conte aidier,
As brans d'achier les rens aclaroier,
De gentil homme li presist grant pitiés.
Tot maintenant abat cascun le sien.
Tant lor aida li peres droituriers
Que .x. en ont ocis et detrenchiés ;
Li .v. s'en fuient et navré et plaié.
1990 Li quens Guill. les suit au dos derier,
Si lor a dit .i. vilain reprovier :

1958 *Ms.* : La vous b. — 1963 *Ms.* : depart.

« Tot i morrés, traïtor losengier. »

  Li .v. s'en fuient courant par mi un tertre.   (LIV)
Li quens Guill. les encauce et enpresse ;
A vois escrie une ramprosne laide :
« Seignor baron, por Dieu le roi celestre,
Comment sera li grant honte sofferte ?
Vo droit seignor en menrons nous en destre ?
Diex ! quel bernage se rescous peüst estre ! »
2000 Et cil respondent : « Merchi, por Dieu, Guill. !
Frans chevaliers, que rois deüssiez estre,
U amirans d'une grant rice terre.
Sor nos arçons nos gisent nos boucles,
Li plus haligres n'a soing d'aler en destre. »
O le Guill., si a torné sa resne.

  Quant voit Guill. qu'il ont merchi proié,   (LV)
N'en touchast .i. por l'or de Monpellier.
Isnelement est retornés arrier.
Le duc Rich. i ont pris et loié.
2010 Tout en travers, comme cofre a sommier,
L'en ont mené sor .i. courant destrier.
Desi a l'ost ne se volrent targier.
Quant il i vindrent, si furent esvellié :
« Oncles Guill., » ce dist Bertrans ses niés,
« De vostre branc voi sanglenté l'achier,
Et vos escus n'est mie toz entiers. »
Respont Guill. : « Merchi, por Dieu, biaus niés !
Jou vous vi molt pené et travellié,
Si vous laissai dormir et soumellier,
2020 O moi n'och jou ne més .ii. chevaliers.
Jou encontrai le duc Ric. le viel,
Qui toute jor m'avoit fait espiier ;
O lui .xv.sime de hardis chevaliers.
La mort son fil me fist en reprovier
Et si me volt toz les menbres trenchier.
Tant nous aida li perés droituriers
.x. en avons ocis et detrenchiés,
Et .v. s'en fuient et navré et plaié.
Veés ent chi et armes et destriers.

2030   Le duc Ric. en amenons loié,
S'en amenons .xv. de lor destriers.

    Gautiers de Termes a fierement parlé :   (LVI)
« Sire Guill., molt grant tort en avés ;
Estes vous dont anuios et lassés,
Et de conquerre travilliés et penés ?
Le samblant faites n'i poés plus aler. »
Adont s'en tornent le grant cemin feré ;
Dusc' a Orliens n'i volrent demorer.
La a Guill. roi Loey trové.
2040   Comme prison li a Ric. livré,
Et il l'a fait en sa prison jeter.
Puis i fu tant, si com j'oï conter,
Que il fu mors de duel et de lasté.
Or se cuida Guill. reposer,
Vivre de bos et en riviere aler ;
Més chou n'ert més tant com il puist durer.
Oï ai dire, et si est verités,
Après grant bien revient de mals asés :
« Sire, » dist il, « molt vos estes penés :
2050   .i. riche pan de ma terre esgardés,
Si le prendés tot a vo volenté,
Ou le païs Ric. le viel barbé ;
Ja n'a il oir qui le voelle tenser. »
Et dist Guill. : « En pardon en parlés :
Puis c'a bataille l'ai conquis et matés,
Ja ne sera par moi desiretés. »
Or se quida Guill. reposer,
Vivre de bos et en riviere aler ;
Mais maint preudomme convient molt endurer
2060   Es .ii. messages poignans tous abrievés ;
De Romme vienent, durement sont lassé,
Et ont Guill. et le roi salué.
Cil diront ja unes noveles tés
Dont maint preudons fu durement penés.
L'uns des mesages fu molt bien enparlés ;
En haut parole quant il fu escoutés :
« Sire Guill., jentiex quens honerés,
Bien nos avés le païs acuité :

Toute Rommaigne et Romme la chité
2070 Est delivree del pooir as Esclers,
Més durement est li païs troblés :
Mors est Galafres, li gentiex au vis cler,
Que vous fesistes baptisier et lever,
Et l'apostoles est a sa fin alés.
Mors est Galafres (sic) d'Espolise li bers;
Briés et seaus vous avons aportés;
Toz li païs en sera delivrés :
Rois poés estre, se faire le volés.....
Assés le cuerent et demaine et casé,
2080 Més tot en vont de lui bien refusé :
Autrui que vous ne valt s'amor doner.
Por autre essoigne sommes meü assés,
Car cil de Romme se voelent reveler;
.I. autre roi voelent il coroner.
Il a non Guis et d'Alemaigne est nés.
Emperere(s) ert par sa force clamés,
Et cil de Romme l'ont dit et creanté,
Et Loeys est del tout oubliés.
Par force vielt saisir ses iretés,
2090 Et la pucele, qui molt a de biautés,
Vielt il par force en fin desireter.
Toz li païs est a dolor troublés,
A duel destruis, se vous nel secourés. »
O le Guill., a poi n'est forsenés;
Vint a Bertran, dit li a et conté :
« Biax sire niés, quel conseil me donrés ?
— Oncles, » dist il, « quel conseil demandés ?
Ja, se Dieu plaist, par vo cors n'ert pensés,
Ne vo lignage ne sera reprové;
2100 Tant com puissiés vos garnimens porter,
N'ert Loeys nos rois desiretés.
— Niés, » dist Guill., « de vostre grant bonté !
Malvais conseil n'i porroit on trouver.
Or s'aparellent li legier bacéler,
Qui bien porront les paines endurer.
Ainc nos lignages n'ot pais en son aé,
En nos mainsnie n'avons point sejorné.

2107 *Ms.* : Et n. m.

Et encor est niens del demorer. »
Quant Loey oï le mès parler,
2110 Que il pert Romme et le grand ireté,
Molt tenrement commencha a plorer.
Voit le Guill., si a pris a parler :
« Sire, » dist il, « molt estes effreés,
Més, par l'apostle que on doit aourer,
En vo service m'estuet ains devier
Que ne vous renge toutes vos iretés.
Faites vos chartres et vos briés seeler,
Et vos serjans et vos corlieus aler;
Les chevaliers faites par tot mander,
2120 Toz cheus qui puent lor garnimens porter,
Et les serjans, que bien font a loer,
Qui ceval puent et garnimens porter.
Si grans tresors li soit abandonés
Ne sera povres en trestot son aé.
Més la pietaille n'i caut il amener :
Longe est la voie, trop seroient lassé.
Encor avons le tresor amassé
Que jou conquis a Romme la chité ;
Et en portant (*sic*) en pris a grant plenté.
2130 Tant ai argent et fin or esmeré
Que bien en puis .xxx. sommier torser :
Onques frans hom ne m'en tiegne a aver,
Car contre vous n'ert il ja enseré,
Ains en donrai as povres bacelers. »
Dist Loeys : « Diex vos en sache gré ! »
Ne sai que doie en l'estoire conter :
Onques Guill. ne Loeys li bers
Ne laissa terre de la lor poesté
De coi il n'aient les barons asamblé ;
2140 Et il i vien[en]t volentiers et de gré,
Quant il oïrent des rices dons parler.
Quant sont ensamble ses a on aesmés
A .c^m. homes, si com l'oï conter.
Passent les terres a molt grant salveté ;
Que il n'i ont ne tolu ne emblé
Nule viande que frans hom doit user.
Par cel païs orent si grant plenté,
Li païsant ont assés conquesté.

Par tote l'ost en furent asamblé.
2150 Ne sai que doie lor jornees conter :
Mongieu trespassent, qui molt les a penés ;
Quant furent outre, .iii. jors ont sejorné,
Adont s'esmurent, a Romme en sont alé.
Quant il i vinrent ne porent ens entrer,
Car l'Alemans les avoit destorbés.
Cil par dedens se sont asseüré,
Car bien i furent .m. chevalier armé.
Guis les apele, ses a araisonés :
« Vous m'avés tout et plevi et juré
2160 Ne me faurés por homme qui soit nés :
Cis rois de France est molt desmesurés,
Chi vient a ost por ma terre gaster.
Dus d'Osteuse, vous i couvient aler,
A tot l'effort que vous ichi veés ;
Et jou ferai molt bien ma gent armer,
Si remanrai en la bone chité.
Anchois qu'il aient par estendi lor trés
Vuel jou qu'il soient bien par vous revidé.
S'il vous encauchent par lor grant poesté,
2170 Jou serai près, ja mar en douterés. »
Et dist li dus : « Si com vous commandés. »

Par dedens l'ost s'arment li chevalier. (LVII)
Francois se logent, li nobile guerrier ;
De ceus de Romme ne se sorent gaitier.
Molt fait souef et une plueve chiet.
Roumain s'en issent armé sor lor destrier.
Guill. ert ens en .i. val arrier,
En sa compaigne .iiii^c. chevaliers,
Por l'ost garder qu'il ot a justichier.
2180 Anchois qu'il puist mais au roi repairier
Avera il de son secors mestier ;
Car cil de Romme pensent de l'esploitier,
Et cil de l'ost ne se porent gaitier,
Ne mot ne sorent, si sont a els plonchiet.
Une bruïne lor vint devers le ciel,
Que il nes porent veïr n'escargaitier,
Espees traites, ens escus enbuissiés ;

Desarmé furent, molt i ot grant mescief.
Le jor i furent maint baron detrenchiét,
2190 Le mestre treif ont a val trebuchiét,
Les cordes trenchent as brans forbis d'achier,
Et Loeys s'en va fuiant a pié.
A la quisine sont venu li furier;
Illuec ocissent le maistre boutellier;
De la cuisine en portent le mangier,
Et Loeys s'en fuit tous eslaissiés,
Qui paor ot de la teste trenchier.
Francois sonerent .I. grant cor menuier :
L'ost s'estormist et devant et derrier,
2200 Et Loeys commencha a hucier :
« Sire Guill., e Bertrans, c'or m'aidiés. »
O le Bertrans, si l'en prist grant pitiés.
Encore estoient ens el val tot couchié...
« En cele ost oi a molt grant cris hucier
Et reclamer Guill. le guerrier. »
Et dist li quens : « Ja m'aront sans dangier. »
L'ost trespasserent a .I. castelet viés,
Et cels de Romme enclosent par derier :
La veïssiés .I. estor commenchier,
2210 Tant hanste fraindre et tant escu perchier,
Et tant hauberc desronpre et desmaillier,
Et tant baron a terre trebuchier !
Trop i peüst Guill. atargier,
Car Loeys ert ja si justiciés
Qu'il n'i avoit fors del prendre et loier.
Quant cil de Romme se virent enginier,
Cascuns se paine de sa vie alongier.
Le grant eschet lor i convint laissier :
Ainc n'en menerent valissant .I. denier.
2220 Et cil de l'ost pensent del raloier ;
Et cil de Romme sont tot a mort jugié.
Des .M. qui vinrent a l'ost por gaaignier
Onques a Romme n'en retorna .I. piés.
Fuiss'ent li sires ques ot a justichier :
Tant com chevals puet corre et esploitier

2224 *lisez* : Fuit s'ent.

S'en vait fuiant lés .i. mont col baissié;
A le grant porte quide avoir recovrier.
Li quens Guill. nel volt mie laissier,
Arondel broche, son auferrant destrier,
2230 Qui plus tost court que ne vole espervier :
En .i. vaucel les a aconsuis (sic).
Li bers Guill. par grant aïr le fiert,
Par grant aïr, sor son hauberc doublier,
Ens el costé li fist le fer baignier :
Tot l'embroncha sor le col du destrier.
L'espee ot chainte, s'en volt prendre le cief,
Quant il li crie et manaide [et] pitié...
« Mais vif me pren, si m'en remain arrier
A Loeys ton seignor droiturier :
2240 Jou te donrai .i. grant mont de deniers,
Dont tu porras louer tes soudoiers.
Guis d'Alemaigne, trop estes atargiés,
Vostre secors ne nous ara mestier.
Le vostre orguel avons conparé chier. »
Guill. rent le branc forbi d'achier.
De si a l'ost est retornés arier.
Le duc en mainent ou n'ot que courechier;
A Loeys en rendent prisonier.
Par defors Romme ot .i. gaste mostier :
2250 Les mors i portent, n'en orent nul gaitier;
Messe i canta li bons abes Reniers.
Au matinet, quant il fu esclariés,
Par dedens Romme fist faire .i. grant carnier :
Les mor[s] i getent, plus n'i vaurent targier.
Dont commenchierent la terre a essillier.
Li quens Guill. a conduit les forriers.
En cels de Romme n'en ot que courechier.....
« Seignor, » dist il, « mal sommes engigniés :
Pris est li dus, retenus et loiés.
2260 Mort sont et prins tot mi .m. chevalier,
Ne vos effors n'i vauroit .i. denier :
Se par bataille m'i pooie acointier
Tot cors a cors envers .i. chevalier,

2243 *Ms.* : n. vous a. m. — 2263 *Ms.* : T. jors a c.

Par chou porroie bien Romme justichier;
Et se jou sui retenus ne loiés,
Toute la terre li demorra en fief. »

Guis d'Alemaigne fu molt cortois et sages, (LVIII)
Et coragous et hardis par ses armes.
Isnelement apela .I. message :
2270 « Va me la fors, el maistre treif de paile,
Si me diras Loey le fil Karle :
Por coi moront tant chevalier a armes,
Ne por coi ert tante contree arse?
S'el cors de lui a tant de vasselage
Que cors a cors se voelle a moi conbatre,
Dont avra Romme cuite et tot l'iretage,
S'il me conquiert (et) en icele bataille ;
Et se jou lui puis conquerre par armes,
Ou campion qui por li se conbate,
2280 Dont s'en revois ariere ens es ses marces :
Soie soit Franche qui bien est grande et large,
Et jou arai Romme, Puille et Calabre ;
Jusc'a Mongieu avra tot l'iretage. »
Li mès s'en torne, qui de riens ne se targe.
Il est montés sor .I. mulet d'Arage.
Ist de la porte, qui fu et grans et large,
Et vint as tentes por furnir son mesage.
Ne salua le roi ne le barnage.
Chevaliers ert preus et cortois et sage,
2290 Ja parlera com hom de bon corage :
« Drois empereres, entendés mon langage :
Dans Guis vous mande, o le fier vaselage,
Par vos .II. cors .I. fiere bataille.
Se tant avés en vo cuer vasselage
Que le puissiés conquerre par ses armes,
U campion qui por vous se conbate...
Tot sans calenge velt avoir l'iretage. »
O le li rois, a poi de duel n'esrage,
Tous cheux de France .I. et .I. en regarde,

2265 *Ms.* : vevois n. l. (Vencus *ne peut convenir; il faut un mot de 3 syllabes. Voyez vers* 2259). — 2274 *Ms.* : Se cors.

2300 Les dus, les contes qui sont es trés de paile ;
Il en apele maintenant le barnage :
« Franc chevalier, por Dieu l'esperitable,
Jou sui trop jovenes por furnir tel batalle.
A il celui qui por mon cors le face ?
Jou li donrai Rains et Paris et Cartres. »
Tot s'en embronchent, n'i a cel quil regarde.
Voit le li rois, or ne seit il qu'il face ;
Tenrement pleure dosous ses piaus de martre.
Or ne seit il que respondre as messages.
2310 Et cil respont, qui le semont et haste :
« E ! couars rois, li cors Dieu mal te face !
Comment quidés tenir teil yretage,
Qui vers .i. homme ne t'oseras conbatre ? »
A tant es vo Guill. Fierebrace,
Bertrans o lui, qui fu cortois et sages,
Et Guielins a l'aduré corage.
De fuerre vienent et gastee ont le marce.
En sa conpaigne ot .c. Francois as armes,
Et les serjans qui lor proie lor cacent.
2320 Molt en amainent et pors et bues et vaces.
A pié descent Guill. Fierebrace ;
Il est entrés dedens le tref de paile,
Environ lui asamble le barnage.
Voit Loeys qui tient le chiere basse,
Les larmes courent tot a val le visage ;
Voit le Guill., si li dit par contraire :
« Sire empereres, molt estes amiables :
Vous samblés feme qui ploure par usage. »
Et dist li rois : « Jou ne sai que jou face,
2330 Que au besoing me faut tous mes barnages.
Guis d'Alemaigne m'a mandé par message,
Que cors a cors me requiert de bataille ;
Et jou sui jovenes, chou savés vous sans faille,
Si ne truis hom qui por moi se combate.
— Drois empereres, » dist Guill. li sages,
« Por vous en ai fait plus de .xxxiiii. :
Cuidiés vous dont que por cestui vous faille ? »
O le li rois, par mi les flans l'enbrace,
Voille ou ne voelle, le baisa el viaire :

2340 « Hé ! jentiex hom, Dieu te soit secourable !
Toz mes cors est en vostre grans barnages. »
Dist Bertrans : « Oncles, por Dieu l'esperitable,
Laissié me faire por vos ceste batalle. »
Et dist li quens : « Ja Damediex ne place
Qu'en lieu de moi .I. autres se conbate ! »
Li quens apele hautement le message.

Li quens Guill. fu droit en son estant, (LIX)
Le messagier apela fierement :
« Amis biax freres, » dist Guill. li frans,
2350 « Che me dirés dant Guion l'Alemant
Que por bataille mar en ira avant....
.I. chevalier, qui son seignor deffent.
Par vos li mant les trieves fermement.
Ostages voel et asseürement;
Jes liverrai vers lui tot ensement.
Li quels qui soit vencus ou recreant
Del autre avra trestot le couvenant,
Q'il n'ara garde, por nul homme vivant;
So jel puis vaintre ne conquerre ens el camp,
2360 Que li rois ait tote Romme le grant,
Et la contree et Puille la devant;
Et se jou sui vencus ne recreans,
A iretage l'avra a remanant,
Et Loeys a son barnage grant,
Outre Mongiu, s'en voist mus et taisans;
Ja mais cha outre ne clamera plain gant. »
Et dist li mès : « Jou l'otroi et creant. »
Il ist del tré sor le mulet amblant,
Desi a Romme s'en vint esperonant,
2370 Par mi la porte i est venus brochant.
Encontre va dans Guis li Alemans;
Il li escrie, par son fier maltalent :
« Que dist li rois qui justice les Frans?
— En non Dieu, sire, tous fu mus et taisans.
De soie part fust bien finés li cans,
Car il n'eüst de conbatre talent;

2365 *Ms.* : nus e. t.

Il ne pooit avoir nul de ses Frans
Qui por conbatre vousist prendre le gant,
Quant i survint uns chevalliers vallant :
2380 Guill. dient Franchois, mon ensiant,
Gros a le neis et le viaire grant,
Et .i. sien niés, c'on apele Bertran.
Cil dui plaidierent entr'els molt longement
De la bataille dont vos di le samblant ;
Li uns voloit del roi prendre le gant,
Més cil Guill. jura son sairement
Que nus por lui n'en est[e]roit en camp. »
Et respont Guis : « Bien i venra a tans.
Quant j'avrai mort cestui et recreant,
2390 Après i viegne chieus que tu dis, Bertrans. »
Dist li messages : « Il veut par couvenant
Que li livrés ostages a talant
Qu'il n'ara garde, por nul homme vivant,
Fors de vo cors et de vos garnimans. »
Et respont Guis : « Couars soit qui deffant ! »
.XX. chevaliers i envoie esraument.
De si au tref vinrent tot maintenant,
Guill. jurent trestot .xx. sairement
Que couvenant li tenront loiaument.
2400 Li quens Guill. lor relivre ensement :
Guis d'Alemaigne, a qui la terre apent,
N'i ara garde de trestoute sa gent,
Ne mais de lui et de ses garnimens.
Li quens s'adoube par son grant hardement ;
Il vest l'auberc, lace l'elme ensement.
Li quens Bertrans ot molt le cuer dolent
Por la bataille dont n'ot l'otroiement.
Guill. chainst l'espee au poing d'argent ;
Sor Arondel mont[a] apertement.
2410 Il prent la targe et a son col le pent,
Prent .i. espiel afilé et trenchant,
A .v. claus d'or .i. gonphanon pendant.
Le destrier broce, qui les grans saus porprent.

2392 *Ms.* : o. a tillant — 2402 *Ms.* : N'i a regarde

11

Desi au lieu en vint esperonant
Ou conbati a Corsaut l'amirant.
Et Guis s'adoube dedens Romme le grant :
Il vest l'auberc, lace l'elme luisant,
Et chainst l'espee que fist Magnificant.
On li amaine .I. bon destrier courant,
2420 Noirs comme meure, mais les .III. piés ot blans;
Prinsaut l'apelent li petit et li grant.
En nule [terre] n'avoit plus remuant :
Fors Arondel, on ne seit plus vaillant.
Celui conquist Guill. au cuer franc,
Si le dona au palasin Bertrant.
Quant fu montés dans Guis li Alemans,
A son col mist .I. fort escu pesant,
Entre ses puins .I. fort espiel trenchant,
A .III. claus d'or l'enseigne ventelant.
2430 Par mi la porte s'en ist esperonant;
Desi au lieu s'en est venus brochant
Ou il trouva Guill. le vaillant.
Descendus est sor .I. pui verdoiant,
Arondel ot aresné de devant ;
A une brance pendent si garnimant,
[Et] son espiel a fichié ens el camp;
La bone enseigne va au vent ventelant.
Guis li vins près, sel va contraliant :
« Certes, Francois, jou te tieg por enfant,
2440 Qui contre moi as pris tes garnimans.
Tul(e) conparras ains le soleil couchant. »
Et dist Guill. : « Tais toi, fel souduiant,
Jou ne te pris le quartier d'un besant. »
Sor Arondel est montés erraument.
A l'acointier feront autre samblant.

En l'Alemant ot chevalier hardi, (LX)
Preu et cortois por ses armes tenir ;
S'il eüst droit, assés estoit partis.
Ou voit Guill., si l'a a raison mis :
2450 « Sire Guill., trop par estes hardis,

2414 *Ms.*: D. a lui

Qui contre moi osastes cha venir;
De vo corage estes seürs et fis;
Bien le sot cil qui a moi te tramist.
Desor mon droit est venus Loeys :
Combatrai moi, se Dieu plaist et jou vif.
Par droit est moie Romme et (tres)toz li païs,
Puille, Calabre et Toscane autresi,
Toute la terre dusc'as mons de Mongi.
— Voir, » dist Guill., « vous i avés menti.
2460 Par droit est Romme mon seignor Loey,
Et la contree et trestous li païs,
Et jou meïsmes [la] bataille en ai pris,
En icest camp, a Corsaut l'Arrabi. »
Quant Guis l'entent, tous li sans li fremi,
N'i valsist estre por tot l'or Saint Denis.
Il l'en apele, si l'a a raison mis :
« Estes vous chou Guill. li marcis,
Cil de Nerbone, fiex au conte Aimeri ?
Par dedens Romme m'a on maintes fois dit
2470 Que vous par armes estes preus et hardis.
Cel roi de France, sel voliés guerpir,
Et jou et vous partomines le païs. »
Et dist Guill. : « Tais toi, Dieu anemis,
Que ja par moi n'ert mes sires traïs.
De Damedieu le pere te deffi. »
Par maltalent li a respondu Guis :
« De moi te garde, jou de toi autresi.
Quant jou n'i truis manaide ne merchi,
Ne jou ne toi ne poons estre ami. »
2480 Il se departent, les cevals ont guenchi,
Plus s'entrelongent que .I. ars ne traisist,
Les cevals brochent, les frains a bandon mis,
Grans cols se donent es escus qui sont bis,
Desoz les boucles les ont frais et mal mis,
Trencent les ais, le taint et le vernis.
Tant furent fort li bon haubert treilis
Maille n'en ront, ne clavains n'en parti ;
Mais as grans forces des bons cevals de pris,

2481 *Ms.*: Puis — 2484 *Ms.*: D. l. coucles

Et a la force des chevaliers jentis,
2490 Et as grans lances, as bons fers poitevins,
Si fierement se sont andoi requis
Sele ne chaingle nes pot onques tenir,
Ne li poitral ne valent .II. espis,
Cascun n'estuece le sien archon guerpir.
Il s'ent[r]abatent des bons cevals de pris;
Par terre jurent li hauberc doublentin.
Isnelement sont en piés resailli;
Espees traites, les escus avant mis,
Par grant iror se sont andoi requis.

2500 Quant li baron sont revenus en piés (LXI)
A lor chevals prendent a repairier :
« Diex, » dist Guill., « par la toie pitiés,
Ja ai jou fait itant estor plenier,
Ainc mais par homme ne perdi mon estrier,
Ne desoz moi ne caï mes destriers. »
Guis d'Alemaigne commencha a huchier :
« Sire Guill., or t'ai bien assaié,
C'ainc mais par homme ne perdi mon estrier.
Comment qu'il prenge, vous le comparrés chier. »
2510 Par grant iror va l'escu enbrachier,
Et trait l'espee, dont li brans fu d'achier.
Voit le Guill., si l'a molt resoignié.
Il le connut a molt bon chevalier.
De l'escremir s'est bien aparelliés,
Car en s'enfance detercies en fu bien;
Il traist l'espee, en l'escu s'est plongiés.
Guis d'Alemaigne par teil vertu i fiert
Desor son elme, qui a or fu vergiés,
Pierres et flors en a jus trebuchiés,
2520 Le maistre cercle devant li a trenchié.
Le bone coiffe ne pot il damagier :
Encontre val coula li brans d'achier,
De la grant targe li trencha .I. quartier.
Voit le li quens, molt en fu aïriés;
Dieu reclama, le pere droiturier :
« Secor moi, sire, por la toie pitié,
Que mes lignages n'en ait lait reprovier,

Ne Loeys n'en resoit avilliés. »
Il tint l'espee, dont li brans fu d'achier,
2530 Vint a Guion, qui le vaut damagier,
Par mi son elme .i. [molt] grant cop le fiert
Desor l'escu, qui fu a or vergiét,
Le blanc hauberc li a molt damagiét.
Desoz la hanste coula li brans d'achier;
Desous les os li fist la car perchier,
Après l'auberc la char blance li chiet;
Reis a reis l'os li est li brans glaciés.
Li Alemans fu del cop si iriés :
« Gloz, » dist Guill., « or iés tu engingniés.
2540 De vostre char ai esté(i) machecliers ;
Se fust de porc, bien vausist .ii. deniers. »
Cil li respont, qui molt ot le cuer fier :
« De ceste part sui jou or(e) plus legiers.
De povre char se puet on trop cargier;
Més de la toie me vaurai or(e) vengier;
Et [a] .i. mire ai oï blasteng[i]er
Qui chevalier fiert autre sor braier. »
Et dist Guill. : « On doit bien empirier
Son anemi et en toz lieus blechier. »
2550 Puis s'en requierent ambedoi li guerrier,
Ne li uns l'autre n'a cure d'espargnier.
N'i a celui ne se paint d'enpirier
Son conpaignon au brant forbi d'achier.
Lor grans escus, que porterent entiers,
Ont il si près a lor brans detailliés
Cascuns n'en a dont (il) puist covrir son chief.
Tot nu a nu, sor les haubers doubliers,
Les estuet més as brans nus acointier.
Bertrans le voit; a poi n'est esragiés,
2560 Et Guielins en rest molt courechiés,
Et Loeys se rest en crois couchiés
Devant l'image ens el maistre mostier;
La proie Dieu, le pere droiturier,
Qu'il li ramaint Guill. le guerrier,
Le jentil conte, sain et sauf et entier :
« Diex, » dist li rois, « par la toie pitié,
Se jou le pert, tot sui a mort jugiés,

Car c'est ma force et toz mes recovriers.
En ceste ost a maint felon chevalier,
2570 Qui de moi tienent lor terres et lor fiés,
Se jou perdoie Guill. le guerrier,
Qui molt seroient baut et joiant et lié ;
Ja de lor terre n'averoie plain pié,
Tot me valroient par force guerroier. »
Pleure Bertrans et Guielins ses niés ;
Dist Guielins : « Par le vertu du chiel,
Jou nel lairoie por les menbres trenchier
Que ne li voise tot maintenant aidier. »
Respont Bertrans : « Que dis tu, esragiés ?
2580 Ja vo lignages n'en ara reprovier :
Nos li avons plevi et fianchié. »
As .II. barons devommes repairier,
Qui se conbatent as brans forbis d'achier.

Li quens Guill. fu grains et irascus ; (LXI)
Dieu reclama, qui el ciel fait vertus.
Ainc mais ne fu par homme confondus,
S'or(e) ne se venge, ne se prise .I. festu ;
Il tint l'espee, dont li brans fu molu,
Grant cop li donne en tant com ot d'escu :
2590 Li quens le trait a li par teil vertu
Le brant d'achier, qui estoit esmolus,
A icel cop li est mal avenu,
Devant le heut li est li brans rompus.
Voi le li quens, ainc tant dolans ne fu,
A l'espiel vient corant par grant vertu ;
Tot son eslais est arriere venus,
Et fiert Guion sor l'auberc c'ot vestu,
Par molt grant force li a tot derompu,
Ens en son elme li a .I. cop feru
2600 Par si grant force que il l'a abatu
A jenoillons, dolans et irascus ;
Par mi sa cuisse ot molt de sanc perdu :
Crevés estoit del cop qu'il ot eü.
Li oel li troublent, s'ot le viaire oscur,
Et neporquant tint il le brant tot nu ;
.I. si grant cop a le conte feru,

S'a icel cop l'eüst (bien) aconseü,
Mien escient, ja mais n'eüst vescu.
Li quens trestorne, ne l'a mie atendu :
2610 De tel randon est li cols descendus
Qu'en terre fiert ou .iiii. piés ou plus.
A icel cop a il le branc perdu.
Li jentiex quens ne se fist mie mu,
L'espee prent, car grant mestier l'en fu :
« Gloz », dist Guill., « com ore iés deceüs!
Mar fu tes cors et la toie vertus;
Dedens ton elme ai jou mon branc perdu :
Escange en ai del tien qui autés fu;
Del tien meïsme te donrai ja salu.
2620 Par ton outrage t'est enconbriers venus.
Quides tu ore ouvrer contre Jhesu,
Tolir au fil chou que le pere fu ?
Tot chou conquist Karles par sa vertu,
A Loeys est par droit revenu. »

Li quens Guill. fu jentiex chevaliers, (LXI-LXII)
Courtois et sages, se n'i ot qu'ensignier :
Se il vausist a lui merchi proier,
Il le rendist (a) Loey prisonier.
Guis resaut sus a loi d'omme guerrier,
2630 Car il cuida a l'espiel repairier.
Et dist Guill. : « Or me puis trop targier! »
Grant cop li donne par mi l'elme vergié,
Pieres et flors en a jus trebuchié.
Desor l'espaule descent li cols pleniers,
Li blans haubers ne li valt .i. denier :
Desi a l'os li fist le branc baignier,
Que devant lui l'a fait ajenoillier.
D'un autre cop ot li quens reprovier :
Tel cop li done sor son elme vergié
2640 Par mi les las a son cop emploié.
La teste en vole et li Alemans chiet
En .i. fossé, dont parfont sont li lié.
Li fers pesans l'affondra el gravier......

2620 *Ms.* : tost e. v.

Poisson en l'aigue, qui puis n'en fu sachiés.
Li quens Guill. ne s'est mie atargiés :
Isnelement est venus au destrier.
Andoi estoient par desoz l'olivier.
Sor Arondel est montés tot premiers,
Qui miex valoit que nus cevals soz ciel ;
2650 Pri[n]saut en maine, qu'il ne le valt laissier.
Desi a lost ne fina de brochier.
Encontre vienent li baron chevalier,
Encontre va Loeys li guerriers.
Teil l'a joï qui ne l'a gaires chier.
Et Guielins et Bertrans li legiers :
« Comment vous est, » font il, « biax oncles chiers ?
— Cousin, » dist il, « tous sui sains et haitiés.
Més d'orbes cols ai si mon cors cargié.
Tot mon gaaing vous donrai volentiers,
2660 Cest bon ceval, qui molt fait a proisier.
Il est molt bons por .i. prodomme aidier :
Fors Arondel, il n'a mellor soz ciel. »
Et dist Bertrans : « Grans mercis en aiés ;
Por vostre amor le tenra on molt chier. »
Li quens Guill. a fait par l'ost huchier
Que trestot s'arment, serjant et chevalier ;
S'iront a Romme assalir et lanchier :
« S'on ne nous ouevre les portes sans dangier,
Toz les ostages que on me livra ier
2670 Ferai ancui et pendre et essillier. »
Li baron s'arment, qui ne l'osent laissier,
De si a Romme ne se valrent targier.
Cil dedens Romme se sont aparellié,
D'eus a deffendre ne sont preu consillié :
Les portes oevrent, s'ont le pont abaissié.
Encontre vait tous li sages clergiés ;
Tot revestu issirent del mostier.
Conte Guill. vont tot caoir as piés,
Et Loey, le bon roi droiturier.
2680 Au jentil conte en prist si grant pitiés
Que le chité ne laissa essillier.
Son seignor fait erraument, sans targier,
En la caiere assir ens el mostier ;

Corone d'or li a fermé el cief.
Le jor le fist Guill. roi(s) princhier.
Dont fait mander les jentiex chevaliers
Qui par Rommaigne pueent plus justichier ;
Toz les a fait plevir et fianchier
Foi porteront Loey le guerrier
2690 Et a seignor le tenront volentiers.

Tot li jurerent et foi et sairement. (LXIII)
Tels li jura qui molt bien li atent,
Et tels li jure qui ains li puet li ment,
Si se parjurent vers lui a enssient :
« Loeys sire, » dist Guill., « entent :
Ore avés Romme en vostre casement,
Faire en poés vostre commandement,
Si comme cil a qui l'onors apent ;
Or savons nos trés bien a ensient
2700 Que d'apostole n'a a Romme noient.
Cil qui mors est le tint molt longement.
Més sires estes : s'il vous vient a talent,
Metés i, sire, apostoile briefment,
A eslichon en sommes plus de cent. »
Illuec estoit li fiex Milon d'Aiglent,
Plus sage clerc n'ot dusqu'en Bonivent ;
En la caiere l'asissent hautement.
Nostre empereres par son avisement
L'avoit eslit a son avisement.....
2710 Par le conseil dant Guill. et sa gent :
La terre en fu gardee sauvement.
Quant trestot furent doné li casement,
Li rois apele, si parla belement
A l'apostole, a qui la lois apent.
De ses prisons le grant raenchon prent :
Tot departi et l'or fin et l'argent,
Si le donna a Guill. et sa gent.
Onques blasmé n'en fu, mon ensient.

Rois Loeys quant ot de chou finé, (LXIII)

2715 *Ms.* : possons

2720　Tot li baron li ont fait feüté.
　　　Dont s'en tornerent le grant cemin feré.
　　　Quant de la terre fu bien asseürés,
　　　Vers douce France velt li rois retorner.
　　　Ne sai que doie lor jornees conter :
　　　Vers Lombardie se sont acheminé,
　　　Desi en France ne se sont aresté.
　　　A Paris vindrent, la mirable cité.
　　　Guill. va a Most[e]ruel sor mer,
　　　Et avoec lui Bertrans li adurés.
2730　A Loeys recroist la paine teis,
　　　Cil qui li orent plevi et afié
　　　Trestot li fallent, si s'estoient fausé.
　　　Li .I. velt l'autre guerroier et fouler.

III. — FRAGMENTS DU MANUSCRIT E

M. L. Delisle a bien voulu m'envoyer le morceau de parchemin dont j'ai parlé plus haut (p. cxl), et m'apprendre en même temps que « la reliure dans laquelle s'est trouvé ce morceau ne renfermait pas d'autres parchemins, mais seulement des débris d'impressions de livres de droit en caractères gothiques, d'origine italienne et lyonnaise. »

Ce fragment [1] contient, d'un côté, 14 vers, et, de l'autre, 14 vers et demi. Ces vers sont à peu près identiques aux vers 2385-2398, 2504-2518 du manuscrit C, et suffisent à prouver que les deux manuscrits sont de la même famille. Cette comparaison avec le manuscrit C permet encore de constater qu'entre le dernier vers du recto et le dernier du verso du fragment, la distance est de 119 vers, ce qui montre que le manuscrit perdu, que j'appelle E, était écrit sur 2 colonnes de 40 vers chacune, et qu'il nous reste les derniers vers des colonnes *a* et *d*. De plus, on peut reconnaître les initiales A, E, A, P*ar*, D, O, D, A, A des 9 vers de la colonne *b*, correspondant aux vers 2427-2435 du manuscrit C. Le manuscrit E a été écrit par un Picard.

« . . . .
Li uns voloit del roi prendre le gant,
Més cil G. jura son sairement
Que nus por li n'en enterroit en camp. »
Et respont Guis : « Bien i venra a tans.
Quant j'avrai mort cestui et recreant,
*A*près i viegne chieus qui tu dis, B. »

---

1. Il a été rattaché au ms. Fr. 5094, nouv. acq., volume où l'on a réuni des fragments de divers manuscrits français.

Dist *li m*essages : « Il veut par couvenant
Que li *li*vrés ostages a talant
*Qu'*il n'avra garde, por nul homme vivant,
*F*ors de vo cors et de vo garnimans. »
Et respont Guis : « Couars soit qui deffant! »
*V*int chevaliers i envoie erraument.
De si au tré vinrent tot maintenant,
*G*uill. jurent trestot .xx. sairement
. . . .
. . . .
« *Ainc* mais par *homme ne* per[*di mon e*s*trier*,]
Ne desoz moi ne *caï* mes *d*estriers. »
Guis d'Alemaigne commencha a huchier :
« Sire Guill., or sui jou bien .... ié,
C'ainc mais par homme ne perdi mon *es*trier.
Comment que pregne, vos le comparrés chier. »
Par grant irour a l'escu enbrachié,
Et trait l'espee, dont li brans fu d'acier.
Voi le Guill., si l'a molt resoignié.
Il le connut a molt bon chevalier.
Del escermir s'est bien aparelliés,
Car en s'enfance dotrinés en fu bien;
Il traist l'espee, en l'escus s'est plongiés.
Guis d'Alemaigne par teil vertu i fiert
Desor son elme, qui a or fu vergiés
. . . .

VOCABULAIRE [1]

1 a 14, 23, à.
2 a *voy*. aveir.
aaisier 1175, aaisiez 503, *rendre heureux, mettre à l'aise.*
aaisiez *voy*. aaisier.
abaissa *voy*. abaissier.
abaisse *voy*. abaissier.
abaissier 583, 1313, abaisse (s') 953, abaissa (s') 1109, *abaisser.*
abandonez (abandoner) 700, *abandonner.*
abat *voy*. abatre.
abati *voy*. abatre.
abatis *voy*. abatre.
abatre 180, 467, abat 668, 1041, 1046, abatis 1019, abati 1939, 1962, *abattre.*
abé *voy*. abes.
abes 446, 546, abé 1982, abes 1763, 1771 *(forme irrégulière du rég. pl.)*; abez 45, 1694, *abbé.*
abez *voy*. abes.
abrivez (abriver) 292, 323, 1384, 2225, *rapide, impétueux.*
acesmeement 867, 2503, *élégamment, avec grâce.*
acheminé (s'acheminer) 281, *se mettre en route.*
acier *voy*. aciers.
aciers 639, 2581, acier 582, 2147, *acier, épée.*
acoilli *voy*. acuelt.
acointier 204, 1555, *faire connaître*; 1374, *fréquenter, connaître*; 1509, *connaître.*
acompliz (acomplir) 739, *accomplir.*
aconter 279, *conter, raconter.*

---

(1) J'ai fait entrer dans ce vocabulaire tous les mots du texte critique, même les plus connus, parce que mon intention n'est pas seulement de faciliter la lecture de ce texte, mais encore et surtout de contribuer à l'histoire des mots. Sauf pour les mots rares, ou ayant différentes acceptions, je n'ai indiqué que deux exemples de chaque forme.

acorcié (acorcier) 1159, *raccourcir.*
acorde 1977, 2062, *accord.*
acordé (acorder) 2061, 2117, *accorder.*
acordement 877, *accord.*
acreissiez *voy.* acréistrai.
acreistrai (acreistre) 109, acreissiez 1546, *accroître.*
acuelt (s') (s'acoillir) 2680, acoilli 1485, *se mettre à, commencer.*
adesez (adeser) 1926, 71, *toucher.*
adoba (adober) 1651, adobez 1647, adobé 493, *armer, armer chevalier.*
adobé *voy.* adoba.
adobez *voy.* adoba.
adonc 708, 876, *alors.*
adoriques 2472, *alors.*
adrecier 185, *faire droit.*
aduré (adurer) 1760, 2025, *rendre dur, solide.*
aé 1416, *âge.*
afaitiez (afaitier) 643, *préparer.*
aferment (afermer) 1292, *confirmer.*
aficha (s') (s'aficher) 1262, *s'établir, se consolider.*
afient (afier) 2081, afiez 2233, *assurer, donner sa parole.*
afolez (afoler) 784, *blesser.*
afubler 763, *revêtir.*
agenoille (s') *voy.* agenoillier (s').
agenoillier (s') 229, 1729, agenoille (s') 1681, *s'agenouiller.*
agree (agreer) 2034, 2037, *plaire.*
aguaiz 1588, 1624, 1520, 1579, *embuscade.*
aguisié (aguisier) 1935, *aiguiser.*

aguz 1208, 1229, 1242, 2151, *pointu.*
ahi 550, 589, *ah!*
ai *voy.* aveir.
aida *voy.* aidier.
aidanz *voy.* aidier.
1 aïde 2319, *aide, secours.*
2 aïde *voy.* aidier.
aidié *voy.* aidier.
aidier 212, 346, aida 1235, 2203, aïde 354, 382, aidiez 2560, 2610, aït 2177, 2314, aidanz 1, aidié 1325, *aider.*
aidiez *voy.* aidier.
aie *voy.* aveir.
aient *voy.* aveir.
aies *voy.* aveir.
aiez *voy.* aveir.
ailles *voy.* aler.
aime *voy.* amer.
ainceis 184, 195 *(adv.), mais, au contraire;* 2568, 2587 *(prép.), avant.*
ainz 173, 180 *(adv.), mais, au contraire;* 2641 *(prép.), avant.*
aire 461, *race, naturel.*
aise 1113, *aise.*
ait *voy.* aveir.
aït *voy.* aidier.
ajorner *voy.* ajornez.
ajornez (ajorner) 1593, ajorner 315, *séjourner.*
al 7, 182 = a le, *au.*
ala *voy.* aler.
alas *voy.* aler.
alasse *voy.* aler.
alberc 943, 1053, *haubert. Voy.* halbers.
alcubes 2282, *sorte de tente.*
alcun 2192, *à quelqu'un.*

alé *voy.* aler.
alegre 2179, *sain.*
aleit *voy.* aler.
aler 300, 742, vait 31, 162, vont 1188, 2167, aleit 2448, alas 737, 738, ala 240, 1938, alerent 2001, irai 437, 2295, ira 201, 2473, irez 1661, iriez 665, va 1613, 2435, alons 2630, alez 403, 2366, voise 402, 1182, voist 2378, 2454, ailles 592, alasse 2451, alez 2240, alé 287, 1393, *aller.*
alerent *voy.* aler.
alerions 968, *aigle.*
aleva *voy.* alever.
alever 82, 138, 177, aleva 15, alevez 47, *élever, accroître.*
alevez *voy.* alever.
alez *voy.* aler.
alferant 603, *cheval de bataille.*
alignié (alignier) 1841, *aligner.*
alongiez (alongier) 1160, *alonger.*
alons *voy.* aler.
alosez (aloser) 273, *renommé.*
alquant 2090, 2339, *quelques-uns.*
alsi 1073, 2464, *autant, aussi.*
altel 48, 63, *autel.*
altre *voy.* altres.
altres 404, 736, 293, 332, altre 1077, 2334, 204, 731, 1816, *autre.*
altresi 2185, 2536, *aussi.*
alumer 2283, *allumer.*
ama *voy.* amer.
ambesdous 489, *tous deux.*
ameine (amener) 409, 504, amenons 2207, amenai 2262,

amerrai 1705, amenez 1589, amené 384, *amener.*
amenai *voy.* ameine.
amené *voy.* ameine.
amenez *voy.* ameine.
amenons *voy.* ameine.
amer 137, 830, aime 170, ama 308, amez 159, *aimer.*
amerrai *voy.* ameine.
amez *voy.* amer.
ami *voy.* amis.
amiralz 2176, *chef sarrasin.*
amirant *voy.* amiranz.
amiranz 1107, amirant 437, 472, *chef sarrasin.*
amirez 302, 1419, 2238, *chef sarrasin.*
amis 2434, 2459, ami 1495, 2526, amis 396, 429, *ami.*
amistié 1846, 1862, *amitié.*
amor 185, 1834, amors 2121, *amour.*
amors *voy.* amor.
ancestre 464, *ancêtre.*
anché 505. *Le sens précis de ce mot m'échappe. Est-ce trapu (m. à m. qui a des hanches)? est-ce boiteux (mha. hinken, boiter. Voy. Rom., III, 152)? Dans le roman de Meraugis de Portlesguez on lit : Son duel menant par le palais Quant ele voit Belchis l'anches (Ms. de Vienne, d'après le Dict. de Godefroi, au mot anches); l'ancais (Ms. de Turin, d'après M. Michelant, Mer. de P., p. 266, variantes). M. Michelant a imprimé dans son texte Belchis Lanchais*

(p. 164). *Le portrait de Belchis, Qui a le front plus noir que pois, C'est li plus lais qu'onques nature Feïst* (p. 160), *ressemble à celui de Corsolt.*

ancor 1821, 1828, *encore.*
ancore 474, 1098, *même sens.*
ancui 611, *aujourd'hui.*
anel 1392, *anneau.*
angevin 154, *angevin (petit denier de l'Anjou).*
angoisse 930, *souffrance.*
angoissier 2275, *presser.*
anme 874, anmes 388, 453, *âme.*
anoncier 2053, *conter.*
ansdous 487, 2111, 1239, *même sens qu'ambesdous.*
anste 1146, 1896, 2332, *bois de la lance.* Voy. hanste.
anz 103, 106, *an, année.*
aorer 807, aorez 1406, 1563, *adorer.*
aorez *voy.* aorer.
apaié (apaier) 1973, *accorder.*
apareille *voy.* apareillier.
apareillent *voy.* apareillier.
apareillié *voy.* apareillier.
apareillier 521, 1188, 2569, apareille (s') 2645, apareillent (s') 2214, 2540, apareillié 124, 655, apareilliez 1285, *apprêter, préparer, arranger.*
apareilliez *voy.* apareillier.
apela *voy.* apele.
apele (apeler) 255, 2659, apelent 1163, apela 835, 2386, apelez 284, apelé 61, apelee 2039, *apeler.*
apelé *voy.* apele.
apelee *voy.* apele.
apelent *voy.* apele.
apelez *voy.* apele.
apende *voy.* apent.
apent (apendre) 17, 874, apende 16, *appendre, dépendre.*
aperceü *voy.* aperceüz.
aperceüz (aperceivre) 1222, aperceü 1224, 1196, *apercevoir.*
apoié *voy.* apoiez.
apoiez (apoier) 2577, apoié 1145, 1957, *appuyer.*
aporte (aporter) 406, 594, aportent 329, 632, aportez 2474, 2495, *apporter.*
aportent *voy.* aporte.
aportez *voy.* aporte.
apostoile *voy.* apostoiles.
apostoiles 41, 327, apostoile 511, 888, *pape.*
apostre 262, 580, 2533, *S.Pierre;* apostres 1013, *apôtre.*
apostres *voy.* apostre.
après 168, 287, *après.*
apresté (aprester) 478, *apprêter.*
aprochier 573, 647, aprochiez 2351, *approcher.*
aprochiez *voy.* aprochier.
aquitee (aquiter) 1083, *délivrer.*
aragon 1035, 1800, *aragonais.*
araisne *voy.* araisnier.
araisnié *voy.* araisnier.
araisnier 101, 344, 356, araisne 451, 2433, 474, araisone 1912, araisnié 2290, araisoné 792, *entretenir, adresser la parole.*
araisone *voy.* araisnier.
araisoné *voy.* araisnier.
arbaleste 1026, 642, *arbalète.*

VOCABULAIRE

arbalestee 1070, *portée d'une arbalète*.

arbre 294, 489, arbres 700, *arbre*.

arc *voy*. ars.

arcevesques 50, 566, 40, *archevêque*.

arche 887, 262, 441, 457, 493, *niche*; 717, *arche (de Noë)*.

arçon 650, arçons 2178, *arçon*.

ardeir 196, 533, 2679, ardent, 2655, ardeit 1021, ars 526, *brûler*.

ardeit *voy*. ardeir.

ardenz 2478, *ardent*.

ardent *voy*. ardeir.

arestage 1347, *arrêt*.

arestant *voy*. areste.

areste (s') (s'arester) 1623, 2153, arestent 1449, arestant 2508, aresté 282, 2278, arestuz 1244, *s'arrêter*.

aresté *voy*. areste (s').

aresteison 1802, *arrêt*.

arestement 2457, 2476, 2497, *arrêt*.

arestent *voy*. areste (s').

arestuz *voy*. areste (s').

argent 238, 252, *argent*.

arme 1928, 1934, armes 251, 258, *arme*.

armé *voy*. armer.

armer 420, armerent 636, armez 2415, 2273, armé 1111, 424, armer 2498, *armer*.

armerent *voy*. armer.

armes *voy*. arme.

armez *voy*. armer.

armeüre 954, *armure*.

arote (s') (s'aroter) 423, *se mettre en troupe*.

arpent 665, 839, *arpent*.

arrier 1272, 1907, 2183, *arrière*.

arriere 1550, 2354, *arrière*.

1 ars *voy*. ardeir.

2 ars 2537, arc 641, *arc*.

1 as 215, 374, 741, *aux*.

2 as *voy*. aveir.

asegier 191, *assiéger*.

asnesse 989, *ânesse*.

aspres 392, 401, 329, 1435, *cruel, pénible*.

assailles *voy*. assalt.

assalt (assalir) 2032, assailles 891, *assaillir*.

assasé 2287, *rassasier*.

assembla (assembler) 2000, assemblerons 1007, assemblez 2241, 2271, *assembler*.

assemblerons *voy*. assembla.

assemblez *voy*. assembla.

assez 878, 1294, 2235, *assez, beaucoup*.

assieent *voy*. assiet.

assiet (asseeir) 131, 144, 1353, 2636, assieent (s') 1293, assis 1686, *appliquer, placer, asseoir*.

assis *voy*. assiet.

assotez (assoter) 2248, 2664, *rendre sot*.

aste 2364, *M. Godefroy* (Dict., *sous* enhaste) *lit* enhaste. En-haster *signifie* embrocher *et ne peut guère aller ici; je préfère* en aste = en guise de lance, tenu comme une lance.

atachiez (atachier) 649, *attacher*.

atarge (s') *voy*. atargier.

atargier 1981, 2187, atargier (s')
606, 2614, atarge (s') 447, 908,
2382, atargiez 1151, 2598,
atargier 143, 375, *attarder,
s'attarder.*

atargiez *voy.* atargier.

ateint (ateindre) 1216, *atteindre.*

atendereie *voy.* atent.

atendié *voy.* atent.

atendrions *voy.* atent.

atendu *voy.* atent.

atent (atendre) 962, 1107, atendié 1939, atendereie 630, atendrions 1195, atendu 629, 1202, *attendre.*

atochier 666, *toucher. (On peut lire aussi* a tochier).

atorner 662, 1595, atornez 1581, *armer, préparer, attirer.*

atornez *voy.* atorner.

aval *voy.* val (a).

avancier 661, avanciez 1297, 93, *avancer.*

avanciez *voy.* avancier.

avant 87, 129, *avant;* 2491, *d'abord.*

avantage 892, 928, *avantage.*

aveient *voy.* aveir.

1 aveir 172, 890, ai 260, 2314, as 794, 800, a 130, 149, avons 374, 536, avez 415, 558, ont 34, 57, aveit 247, 688, avions 199, oi 963, 2197, ot 14, 29, orent 274, 703, avrai 664, 247, avras 151, 167, averas 139, avra 98, 205, avrons 902, 1578, avrez 1363, avront 1930, avreient 1992, aiez 1950, 2625, aie 1089, aies 194, 2253, ait 24, 32, aiez

190, aient 2293, eüsse 1228, 1476, eüst 610, 634, eüssent 307, 1477, eü 1356, *avoir.*

2 aveir 285, 438, *fortune.*

aveit *voy.* aveir.

avenant 3, avenante 11, *agréable.*

avenist (avenir) 1052, avenu 1226, *advenir.*

avenu *voy.* avenist.

aver 2265, *avare.*

averas *voy.* aveir.

averez (averer) 299, *confirmer, réaliser.*

aversier *voy.* aversiers.

aversiers 563, 1357, aversier 498, 505, 559, 347, 607, *ennemi, diable.*

aves 464, *aïeul.*

avespré (avesprer) 313, 1383, *se faire tard.*

avesprer 1795, *tard, soir.*

avez *voy.* aveir.

avions *voy.* aveir.

avons *voy.* aveir.

avra *voy.* aveir.

avrai *voy.* aveir.

avras *voy.* aveir.

avreient *voy.* aveir.

avrez *voy.* aveir.

avril 1456, *avril.*

avrons *voy.* aveir.

avront *voy.* aveir.

avuec 201, 568, *avec.*

bacheler *voy.* bachelers.

bachelers 1369, 2018, bacheler 2255, *jeune homme.*

baee (baer) 1072, *être béant.*

baille *voy.* baillier.
baillie 167, *possession.*
baillier 79, 193, 223, 654, 1362, 1638, baille 252, 410, 473, 488, 868, 1766, *prendre, posséder, porter, donner.*
baisa *voy.* baisier.
baisames *voy.* baisier.
baisant *voy.* baisier.
baise *voy.* baisier.
baisié *voy.* baisier.
baisier 239, 596, baise 1413, baisa 1153, 1768, baisames 2132, baisierent (se) 1976, baisant 757, baisié 1730, *baiser.*
baisierent *voy.* baisier.
baissa *voy.* baisse.
baisse (baissier) 1240, baissa 1082, *baisser.*
balcent 409, *cheval pie, tacheté.*
balz 1952, 2616, *plein d'entrain.*
ban 1503, *ban.*
bandon (a) 995, 1002, *entièrement.*
baptisié *voy.* baptisier.
baptisier 2239, baptisiez 1161, 1281, baptisié 1286, 531, *baptiser.*
baptisiez *voy.* baptisier.
barbe 1439, 1456, *barbe.*
barbé 819, *barbu.*
barges 439, 455, *barques.*
barnages, 404, 423, 2444, barnage 267, 338, 384, 482, 895, *assemblage de barons, acte digne d'un baron, courage.*
baron *voy.* ber.
barons *voy.* ber.
barre 1675, 1716, barres 421, 466, *clôture.*

barres *voy.* barre.
bas 873 (*adv.*) *bas.*
basse 434 (*adj.*), *bas.*
basti *voy.* bastiz.
bastiz (bastir) 1482, basti 1695, *créer.*
baston 341, 1790, bastons 1773, *bâton.*
bastonet 2364, *petit bâton.*
bataille 427, 573, batailles 2443, *bataille.*
batailles *voy.* bataille.
batailler 610, *se battre.*
batent (batre) 1773, bati 773, batu 626, batuz 1329, batre 1317, *battre.*
bati *voy.* batre.
batre *voy.* batent.
batu *voy.* batent.
batuz *voy.* batent.
1 bel 2633 (*adv.*), *bien.*
2 bel (*adj.*) *voy.* bels.
bele *voy.* bels.
beles *voy.* bels.
bels 62, 80, bel 608, 892, bele 419, 42, 43, beles 684, *beau.*
belté 1378, *beauté.*
beneeite *voy.* beneïr.
beneïçon 1814, 1833, *bénédiction.*
beneïr 1466, beneïz 2533, beneeite 27, *bénir.*
beneïz *voy.* beneïr.
ber 320, 1254, 2209, baron 220, 1322, 10, 52, barons 2254, *brave, guerrier.*
besant 2570, *besant.*
besoing 1527, 2285, *besoin.*
beste 1073, *bête.*

1 bien 39, 45, 74 (*adv.*), *bien, au moins.*
2 bien 2121 (*subst.*), *bien.*
blanc 638, 913, blans 1233, 2545, blanche 1456, blanches 741, 991, *blanc.*
blanche *voy.* blanc.
blanches *voy.* blanc.
blans *voy.* blanc.
blasme *voy.* blasmer.
blasmer 698, blasme 923, *blâmer.*
boche 1922, *bouche.*
bocle 1078, 2145, bocles 1232, 2544, *renflement central de l'écu.*
bocles *voy.* bocle.
boele 2178, *intestins.*
bois 1596, 1979, 2223, *bois, forêt.*
boisereient *voy.* boisier.
boisier 119, 136, 1971, boisereient 208, *trahir.*
bonté 689, *bonté.*
borc 2033, 2055, *bourg.*
borgeis 1886, 1875, 2072, *bourgeois.*
bos 23, *bois.*
bota *voy.* boter.
boter 1398, bota 1687, botez 765, *pousser, heurter.*
botez *voy.* boter.
boton 1008, 1819, *bouton.*
brahanz 2282, *tente.*
braier 509, 1331, *ceinture.*
braire 708, *crier.*
brandist (brandir) 870, 910, *brandir.*
brant 1132, 1215, branz 274, 1524, *épées.*

branz *voy.* brant.
brasier 506, 543, *brasier.*
braz 594, 1125, 624, *bras.*
bricon 964, 1033, *fou.*
briés 1997, 2268, *lettre.*
brisent (brisier) 2546, brisié 132, *briser.*
brisié *voy.* brisent.
brochant *voy.* brochier.
broche *voy.* brochier.
brochent *voy.* brochier.
brochier 671, 1942, broche 909, 941, brochent 2541, brochant 2456, *éperonner.*
broigne 971, 637, 638, *cuirasse.*
broïne 2303, 2327, *brouillard.*
brueil 1310, *petit bois.*
bruire (bruire) 952, 968, *faire du bruit.*
brun *voy.* bruns.
bruns 959, 1489, brun 2016, *bruns.*
1 bu (beivre) 851, *boire.*
2 bu 1213, 1246, bus 307, *tronc du corps.*
1 buen 1316, *ce qui plaît.*
2 buen *voy.* buens.
buene *voy.* buens.
buens 107, 146, 429, 2273, buen 32, 677, 35, 2526, buene 3, 29, *bon.*
buisson 1020, *buisson.*
bus *voy.* bu 2.
busche 1021, *bois de chauffage.*

c' *pour* ce.
1 ça 521, 528 (*adv.*), *ici.*
2 ça 2580 (*pron.*), *cela.*

calice 442, 458, *calice*.
ce 94, 110, 70, 79, *ce*.
ceignent *voy*. ceindre.
ceindre 1139, ceint 408, 639, ceignent 2299, ceinsis 978, ceint 1524, ceinte 122, 2481, *ceindre*.
ceinsis *voy*. ceindre.
ceint *voy*. ceindre.
ceinte *voy*. ceindre.
cel *voy*. cil.
celasse *voy*. celer.
cele *voy*. cil.
celé *voy*. celer.
celebrer 2015, *célébrer*.
celer 174, 233, 703, 2622, celerai 166, 2460, celerions 1828, celasse 2390, 2422, celez 817, celé 793, 749, *cacher*.
celerai *voy*. celer.
celerions *voy*. celer.
celestre 2170, *céleste*.
celez *voy*. celer.
celier 1634, *cellier*.
cels *voy*. cil.
celui *voy*. cil.
cent 74, 373, 377, cenz 1046, 1054, *cent*.
cenz *voy*. cent.
cerchier 1871, *parcourir, fouiller*.
cervele 1514, 1910, *cervelle*.
cesse (cesser) 1414, *cesser*.
cest *voy*. cist.
ceste *voy*. cist.
cestui *voy*. cist.
cez *voy*. cist.
chacent *voy*. chacier.
chacié *voy*. chacier.
chacier 114, chacent 1074, 1774, chacié 1330, *chasser*.
chaiere 2636, *siège*.
chaitis 1248, 306, 332, *prisonnier*; 620, *faible*.
chalcié *voy*. chalciez.
chalciez 615, 1190, chalcié 1731, *chausser*.
chaleng *voy*. chalengier.
chalengier 502, chaleng 2564, *réclamer*.
chalt (chaleir) 182, *importer, falloir*.
champ 799, 802, 1172, 2471, 2443, *combat particulier*.
champion *voy*. champions.
champions 1236, 480, champion 501, 1062, *champion*.
chancel 1762, 1770, *grille, chancel*.
chancele (chanceler) 1136, *chanceler*.
chançon 3, 11, *chanson*.
changié *voy*. changier.
changier 1112, 1165, 1870, changié 1291, *changer*.
chanoines 1693, *chanoines*.
chant *voy*. chanter.
chanta *voy*. chanter.
chantee *voy*. chanter.
chantent *voy*. chanter.
chanter 314, 321, chantent 540, chanta 41, chant 6, 9, chantee 1088, 327, *chanter*.
chape 220, 442, 458, 916, chapes 274, *manteau, chappe*.
chapele 27, *chapelle*.
chapelier 1117, *capuchon de mailles de fer*.
chaperon 475, *chapeau*.
chapes *voy*. chape.

char 390, 721, *chair*.
charbon 506, 542, *charbon*.
charge *voy.* chargier.
chargié *voy.* chargier.
chargier 2585, charge 251, 1443, charja 237, chargiez 1091, 2607, 1824, chargié 674, *charger*.
chargiez *voy.* chargier.
charité 1394, *charité*.
charja *voy.* chargier.
charnal 2578, *chair*.
charnels 736, *de chair*.
chartre 2219, *prison*.
chartres 264, 2268, *lettres*.
chascune *voy.* chascuns.
chascuns 162, 2161, chascune 1881, *chacun*.
chasement 857, *domaine*.
chasteier 134, 140, 656, *réprimander, corriger*.
chastels 2047, *château*.
cheeir 1727, cheïr 2553, chiet 936, 1136, cheï 215, 1241, cherra 543, cheüz 1355, *tomber*.
cheï *voy.* cheeir.
cheïr *voy.* cheeir.
chemin *voy.* chemins.
cheminé (cheminer) 2646, *cheminer*.
chemins 780, chemin 1485, 1487, *chemin*.
chenu 819, *blanc*.
cheriz 159, *chéri*.
cherra *voy.* cheeir.
cheüz *voy.* cheeir.
cheval *voy.* chevals.
chevalchas *voy.* chevalchier.
chevalche *voy.* chevalchier.

chevalchié *voy.* chevalchier.
chevalchier 231, 365, chevalche 2107, chevalchas 989, chevalchiez 2120, chevalchié 2669, *chevaucher*.
chevalchiez *voy.* chevalchier.
chevaleros 1778, *chevalereux*.
chevalier *voy.* chevaliers.
chevaliers 222, 123, 189, 1127, chevalier 88, 2330, 104, 608, *chevalier*.
chevals 645, 656, 2226, 2256, cheval 883, 898, *cheval*.
chevels 95, 752, *cheveux*.
chevroné (chevroner) 827, *garnir de chevrons*.
chief *voy.* chiés.
chien *voy.* chiens.
chiens 1074, chien 2142, *chien*.
chier *voy.* chiers.
chiere 1066, 2030, *visage*.
chiers 576, 2474, chier 767, 137, 157, *cher*.
1 chiés 348, 515, 307, chief 125, 1077, *tête, bout*.
2 chiés 747, 993, *chez*.
chiet *voy.* cheeir.
choisi (choisir) 772, 2491, 907, *voir*.
chose 486, 204, 964, *chose*.
ci 343, 452, *ici;* ci (de) 24, 282; ci (vei) 388.
ciel *voy.* ciels.
ciels 537, ciel 126, 145, *ciel*.
cil 15, 170, 57, 212, cel 39, 42, cele 43, 286, cels 376, 531, celui 285, 616, 2596, *ce, celui, celui-là*.
cinc 163, 413, *cinq*.

cinquante 2272, *cinquante.*
cist 1024, 2213, cest 92, 256, ceste 54, 85, cez 466, 467, 315, 466, cestui 235, 1941, 2611, *ce, celui, celui-ci.*
cité 331, 477, *ville.*
claime *voy.* claimes.
claimes (clamer) 881, claime (se), 32, 183, clama 1974, clamez 722, *appeler, proclamer, se plaindre.*
clama *voy.* claime.
clamez *voy.* claime.
clarté 772, 1733, *clarté.*
clerc *voy.* clers.
clerçon 1009, 992, *petit clerc.*
cleres *voy.* clers.
clergié *voy.* clergiez.
clergiez 575, clergié 1764, *ensemble de clercs.*
1 clers 399, 469, 540, clerc 735, *clerc.*
2 clers 771, cleres 751, 1491, *brillant, limpide.*
cliné *voy.* cliner.
cliner 297, clinez 1597, 2245, cliné 1403, *incliner.*
clinez *voy.* cliner.
clore 2322, closis 697, *enfermer.*
1 clos 413, 945, *clou.*
2 clos 2256, *éclopé.*
closis *voy.* clore.
coardise 788, *lâcheté, poltronnerie.*
coart *voy.* coarz.
coarz 682, 1185, coart 92, *lâche, couart.*
cofre 2185, *coffre.*
coife 2575, 2593, 1039, 1118, coifes 1523, *coiffe.*

coifes *voy.* coife.
coilli (coillir) 2251, *prendre.*
coilvert *voy.* coilverz.
coilverz 833, 1101, 1966, coilvert 1899, *de condition servile (terme de mépris).*
col 131, 411, *cou.*
cola *voy.* coler.
colcha *voy.* colchier.
colchant *voy.* colchier.
colchié *voy.* colchier.
colchier 1377, colcha 91, colchié 778, 2568, 2587, colchant (soleil colchant) 2641, *coucher.*
colé *voy.* coler.
coler 2147, cola 771, colé 2344, *couler.*
colp *voy.* cols.
colpa *voy.* colper.
colpast *voy.* colper.
colpe 773, *coulpe.*
colpé *voy.* colper.
colpee *voy.* colper.
colper 2346, 2680, colpa 2520, colpast 125, colpé 1213, colpee 1078, *couper.*
cols 1043, 1045, 1231, 2158, colp 1059, 1091, 1113, *coup.*
coltel 1979, 2079, colteis 540, *couteau.*
com 90, 313, *comme. Voy.* come.
comande (se) *voy.* comander.
comandé *voy.* comander.
comandement 840, 855, *commandement.*
comander 1408, comande (se) 298, comandez 1411, comanderent 1775, comandons 2663, comant 5, comandé 285, 672,

commander, se recommander.
comanderent *voy.* comander.
comandez *voy.* comander.
comandons *voy.* comander.
1 comant *voy.* comander.
2 comant 4239, 2446, *commandement.*
combatanz 2501, *combattant.*
combatié *voy.* combatre.
combatre 386, 619, combatié 2619, combatreie 582, *combattre.*
combatreie *voy.* combatre.
combien 391, 505, *combien.*
come 391, 433, *comme, lorsque.* *Voy.* com.
comença *voy.* comencier.
començaille 419, *commencement.*
comence *voy.* comencier.
comencement 865, *commencement.*
comencent *voy.* comencier.
comencié *voy.* comencier.
comencier 1508, 1895, comence 355, 511, comencent 2672, comença 671, 1885, comenciez 1129, comencié 1878, 2192, comencier 611, *commencer.*
comenciez *voy.* comencier.
coment 106, 1226, *comment.*
compaigne 1611, 1894, *compagnie.*
compaignon 1015, 2160, compaignons 1792, 1794, *compagnons.*
compaignons *voy.* compaignon.
comparront (comparer) 1759, *payer.*

conduient *voy.* conduit.
1 conduit (conduire) 1489, conduient 555, conduit 2288, 2315, conduiz 2414, *conduire.*
2 conduit 472, 473, 553, *sauf-conduit.*
conduiz *voy.* conduit.
confession 1013, *confession.*
confonde *voy.* confondre.
confondre 76, confonde 1913, confonduz 367, 628, 1192, 1386, 2227, *détruire.*
confonduz *voy.* confondre.
congié 230, 250, *congé.*
conoistre 372, conut 1732, *connaître.*
conquerre 1621, 2177, conquist 2022, 2027, conquerront 37, conquis 482, 1029, 1428, *conquérir.*
conquerront *voy.* conquerre.
conquesté *voy.* conquester.
conquester 2012, conquesté 2263, *acquérir à la guerre.*
conquis *voy.* conquerre.
conquist *voy.* conquerre.
conreé *voy.* conreez.
conreez (conreer) 286, 684, conreé 1580, *soigner, orner, équiper.*
conseil *voy.* conseilz.
conseillié *voy.* conseillier 1.
1 conseillier 184, 546, 1300, conselt 797, conseillié 1641, 1756, *conseiller, se consulter.*
2 conseillier *voy.* conseilliers.
conseilliers 1644, conseillier 206, *conseiller.*
conseilz 1198, 1412, conseil 461, 1338, *conseil.*

conselt *voy.* conseillier.
conseü (consivre) 1211, *poursuivre.*
contasse *voy.* conter.
1 conte 1451, *énumération, récit.*
2 conte *voy.* cuens.
contençon 1057, *querelle, dispute.*
conter 1561, 2220, 2657, conteront, 324, contasse 269, 1448, *raconter, énumérer.*
conteront *voy.* conter.
contraires 1179, *action de contrarier.*
contraleié (contraleier) 1100, contraleier 1178, *contrarier.*
contraleier *voy.* contraleié.
contre 360, 688, *contre, vers.*
contree 1823, 2036, *contrée.*
conut *voy.* conoistre.
conveie (conveier) 254, *accompagner.*
conveitise 34, *convoitise.*
convenant *voy.* convient.
convendra *voy.* convient.
convent 64, 152, 486, convenz 2233, *convention, condition.*
convenz *voy.* convent.
convers 1315, *convers.*
convertis (convertir) 1015, *convertir.*
conviegne *voy.* convient.
convient (convenir) 361, 362, convint 1118, 1882, convendra 500, 2371, conviegne 710, convenant 2440, *convenir, falloir.*
convint *voy.* convient.
corage *voy.* corages.
corages 746, corage 391, 904, 920, 1555, 2025, *cœur, désir, volonté, courage.*
corant *voy.* cort.
cordes 97, *cordes.*
corocié *voy.* corociez.
corociez (corocier) 2069, 2137, corocié 1735, *courroucer.*
coroços 236, *courroucé.*
corona *voy.* coroner.
corone 48, 20, 55, *couronne.*
coroner 1399, 1909, corona 2637, coronez 26, 69, 46, *couronner.*
coronez *voy.* coroner.
cors 721, 766, 21, 720, 2548, *corps.*
corsage 1336, 1340, *buste.*
1 cort (corir) 657, corut 115, 1743, corurent 239, 631, corant 292, 2186, 2482, 2502, 2623, *courir.*
2 cort 161, 29, 202, *cour.*
3 cort 7, 2044, *court.*
corteier 202, *fréquenter la cour.*
corteis 379, 567, 609, corteise 3, *courtois, distingué.*
corteise *voy.* corteis.
corurent *voy.* cort 1.
corut *voy.* cort 1.
costé 770, 972, costez 1234, *côté.*
costeier 2049, *côtoier.*
costumiers 648, *habitué.*
cotes 1582, *cotte.*
cravent *voy.* craventer.
craventer 76, cravent 845, 864, *détruire.*
creables 265, *croyable, digne de foi.*
creant 2465, *désir.*

creantee (creanter) 2038, *assurer, garantir*.
creient *voy.* creire.
creire 856, 1004, creiz 837, creit 853, creient 1193, creüz 1193, *croire*.
creistre 138, *augmenter*.
creit *voy.* creire.
creiz *voy.* creire.
cremu *voy.* crient.
cremuz *voy.* crient.
crestienté *voy.* crestientez.
crestientez 844, crestienté 51, 2250, *chrétienté*.
crestiien 1292, *chrétien*.
creüz *voy.* creire.
crie *voy.* crier.
crient (creindre) 1855, cremuz 1221, cremu 1235, *craindre*.
crier 708, crie 1253, 2347, 1723, *crier*.
croces 1765, *crosse*.
crois 200, 762, *croix*.
croissir 2551, *grincer*.
crote 1634, *crypte*.
crucefis 1680, *crucifix*.
cruel *voy.* cruels.
cruels 709, cruel 985, 1829, *cruel*.
cruelté 732, *cruauté*.
cuens 143, 216, conte 30, 215, 596, *comte*.
cuer 399, 598, *cœur*.
cui *voy.* qui.
cuida *voy.* cuit.
cuide *voy.* cuit.
cuideie *voy.* cuit.
cuident *voy.* cuit.
cuides *voy.* cuit.
cuidiez *voy.* cuit.

cuisine 2308, cuisines 2283, *cuisine*.
cuit (cuidier) 9, 633, cuides 801, 2584, cuide 1050, 1112, cuidiez 2430, 2451, cuident 1627, cuideie 140, 2249, cuideies 1712, cuida 1870, 2222, *croire*.
cure 1477, 1506, *cure, souci*.

dahé 200, 1855, *malédiction, malheur*.
damage *voy.* damages.
damages 861, damage 260, 468, *perte, dommage*.
dame 1374, 1380, *dame*.
damedeu 68, *seigneur Dieu*.
dameisels 217, 1946, *damoiseau*.
dan 1618, *seigneur*.
dart 966, darz 643, 649, *dard*.
darz *voy.* dart.
d' *pour* de.
de 20, 85, *de, par*.
Dé *voy.* Deus.
deable *voy.* deables.
deables 156, 693, 1775, deable 740, *diable*.
decolé 734, *décoler, couper le cou*.
dedenz 2606, 2678 (*adv.*), 2634, 2642 (*prép.*), *dedans, dans*.
dediiez (dediier) 28, *faire la dédicace*.
deduire 2651, *se récréer*.
defendons *voy.* defent.
defent (defendre) 71, 2122, 2436, 784, 957, defendons 375, *deffendre*.
definez (definer) 322, *terminer*.
defors 2322, 2679, *dehors*.

dei (deveir) 785, 883, deis 77, 80, deit 21, 23, devons 1174, deveit 1389, dut 1432, devreie 2064, deie 1933, deüsses 137, deüst 610, 2006, deüssiez 2175, *devoir*.

deie *voy*. dei.

deigna (deigner) 654, 1889, *daigner*.

deis *voy*. dei.

1 deit 1686, *doigt*.

2 deit *voy*. dei.

del *pour* de le.

delaier 228, 248, 374, 2632, *tarder*.

delez 91, 99, *à côté de*.

delivrai (delivrer) 965, delivrez 1817, delivré 309, *délivrer*.

delivré *voy*. delivrai.

delivrez *voy*. delivrai.

deluge 713, *déluge*.

demain 1169, *lendemain*.

demaine 2235, *seigneur*.

demandant *voy*. demant.

demandasse *voy*. demant.

demande *voy*. demant.

demandé *voy*. demant.

demandent *voy*. demant.

demandomes *voy*. demant.

demant (demander) 230, 2445, demande 116, 217, demandomes 1918, demandent 1293, demandasse 1566, demandé 1387, demandant 335, *demander*.

dementant (se) (se dementer) 2448, *se désoler*.

demi 508, 640, *demi*.

demorables 456, *en repos, stationnaires*.

demoree *voy*. demorer.

demorer 1187, 2674, demorra 442, 458, demoree 1080, 2033, *demeurer, rester*.

demorra *voy*. demorer.

denier 1304, 443, deniers 84, 179, *denier*.

deniers *voy*. denier.

depart 161, departir 239, 1445, *séparer, se séparer*.

departir *voy*. depart.

depuis 2325, *depuis*.

derrier 598, 650, *derrière*.

dès 1162, 1186, *dès*.

desarment (desarmer) 1273, *désarmer*.

desbuchier 1892, *débusquer*.

descendi *voy*. descent.

descendié *voy*. descent.

descendu *voy*. descent.

descent (descendre) 687, 1053, descendi 1678, 2383, descendié 2603, descendu 2087, *descendre*.

deschargiez (deschargier) 2149, *décharger*.

desclot (desclore) 944, *ouvrir*.

desconfit (desconfire) 1330, *mettre en déroute*.

deseritez (deseriter) 1410, 1696, 2661, *deshériter*.

desert 738, *désert*.

desertez (deserter) 1588, *abandonner*.

desevrez (desevrer) 293, 1415, *séparer*.

desfermer 744, desferme 1610, *ouvrir*.

desferrez (desferrer) 2256, *déferrer*.

desfi *voy*. desfier.
desfie *voy*. desfier.
desfier 808, desfi 1605, 2535, desfie 169, desfiez 812, 1866, *deffier*.
desfiez *voy*. desfier.
desiranz (desirer) 2437, 2463, *désireux*.
desirier 593, *désir*.
deslacié (deslacié) 1153, *délacer*.
desmaille *voy*. desmaillier.
desmaillié *voy*. desmaillier.
desmaillier 1897, 2333, desmaille 913, 944, desmailliez 370, 1233, desmaillié 2146, *briser les mailles*.
desmailliez *voy*. desmaillier.
desmembrer 733, *couper les membres*.
desmentir 2545, *fausser*.
desmesure 81, *arrogance*.
desnichier 1985, *dénicher*.
desor 838, *sur*.
desoz 274, 2145, *sous*.
despanez (despaner) 2257, *déchirer*.
despecier 1848, *mettre en pièces*.
despensier 2309, *dépensier*.
despoillier 1305, *dépouiller*.
desraisnier 497, 560, 659, *disputer*.
desreez *voy*. desrei(se).
desrëie (se) (se desreer) 1209, desreez 646, *être fougueux, s'emporter*.
desrompent *voy*. desrompre.
desrompi *voy*. desrompre.
desrompre 1897, 2333, desront 123, 913, desrompent 1773, desrompi 935, desroz 370, 2257, desrot 2146, *rompre*.
desront *voy*. desrompre.
desrot *voy*. desrompre.
desroz *voy*. desrompre.
desserre (desserrer) 941, 1610, 1624, *être lancé, partir, ouvrir*.
destenduz (destendre) 1194, *détendre*.
destesee (desteser) 1071, *abaisser, décharger*.
destinee 1087, *sort*.
destorbez (destorber) 2280, *gêner, entraver*.
destorner 1499, *écarter*.
destort (destordre) 942, 952, *dérouler, déployer*.
1 destre 131, *droit*.
2 destre 2172, 2179, *destrier*.
3 destre 1961, *main droite*.
destreiz 349, *en détresse*.
destrier *voy*. destriers.
destriers 657, 2256, destrier 603, 2186, *cheval de bataille*.
destrosserent (destrosser) 1348, *déballer*.
destrucion 963, *destruction*.
destruire 532, 1854, destruiromes 1919, *détruire*.
destruiromes *voy*. destruire.
desus 48, 63, *sur*.
desver 2247, 2658, desvez 831, *devenir fou*.
desvez *voy*. desver.
detrencha *voy*. detrenchier.
detrenche *voy*. detrenchier.
detrenchié *voy*. detrenchier.
detrenchier 173, detrenche 829, detrencha 312, detrenchiez,

584, 2628, 2163, 2204, detrenchié 664, 569, 2338, *couper en morceaux*.
detrenchiez *voy*. detrenchier.
Deus 1, 12, Deu 58, 117, Dé 818, *Dieu*.
deüsses *voy*. dei.
deüssiez *voy*. dei.
deüst *voy*. dei.
devale (devaler) 1043, devalez 60, *descendre*.
devalez *voy*. devale.
devant 123, 229, *devant*.
deveit *voy*. dei.
devers 290, 2321, *du côté de*.
devis 1674, 1677, *souhait*.
deviser 2276, *parler*.
devision 1037, *manière*.
devons *voy*. dei.
devreie *voy*. dei.
di *voy*. dire.
die *voy*. dire.
diemenche 1430, *dimanche*.
dient *voy*. dire.
dirai *voy*. dire.
diras *voy*. dire.
dire 454, dis 1864, 1844, dit 589, 961, dites 214, dient 111, 1753, diseit 691, dis 1864, dist 26, 52, dirai 416, diras 1619, direz 2367, diront 198, di 793, 862, dites 346, 476, die 5, 1782, diz 322, dit 689, 2166, dite 328, 1065, *dire*.
direz *voy*. dire.
diront *voy*. dire.
1 dis 1500, *jour*.
2 dis 1483, 1824, *dix* (dis et uit 39, 40, *dix-huit*).
3 dis *voy*. dire.

diseit *voy*. dire.
disme 2264, *dixième partie*.
disné (disner) 2089, *dîner*.
dist *voy*. dire.
dit *voy*. dire.
dite *voy*. dire.
dites *voy*. dire.
diz *voy*. dire.
dobles 655, *doubles*.
doblier 638, 2575, dobliers 1522, *double (épithète du haubert qui a deux rangs de mailles)*.
dobliers *voy*. doblier.
doctriner 737, *instruire*.
doins *voy*. doner.
doinse *voy*. doner.
doint *voy*. doner.
dolce 13, 15, *doux*.
dolcement 1612, *doucement*.
dolenz 1248, *triste*.
doleroses 1629, *douloureux*.
dolor 1401, 2243, *douleur*.
don *voy*. dons.
dona *voy*. doner.
donai *voy*. doner.
donas *voy*. doner.
donc 2430, *donc*.
done *voy*. doner.
doné *voy*. doner.
donent *voy*. doner.
doner 56, 64, doins 78, 1361, done 236, 2573, donez 314, 2660, donent 1231, 1483, donai 928, donas 1013, dona 296, 1656, donerent 1349, dorrai 441, 518, dorreie 141, 809, dorreit 613, donons 1341, donez 2446, doinse 2266, doint 135, 146, donez 709, doné 49, *doner*.

donerent *voy.* doner.
donez *voy.* doner.
donons *voy.* doner.
donques 801, *donc.*
dons 709, 1817, don 965, 981, *don.*
dont 25, 38, 116, 289, 483, 492, *dont, d'où, de là, alors.*
dorez (dorer) 276, *dorer.*
dormir 2196, dort (se) 288, *dormir.*
dorrai *voy.* doner.
dorreie *voy.* doner.
dorreit *voy.* doner.
dort (se) *voy.* dormir.
dos 634, 637, *dos.*
dota *voy.* dotez.
dotez (doter) 2119, dota 969, *craindre.*
dous *voy.* dui.
doze 569, 748, *douze* (doze cent 1502, doze cenz 1714).
dras 1305, 1349, *drap.*
dreça (se) *voy.* drecier (se).
drece (se) *voy.* drecier (se).
drecier (se) 1889, drece (se) 342, 1688, dreça (se) 343, dreciez 551, 590, 2293, *se lever.*
dreciez *voy.* drecier (se).
1 dreit 232, 780 (*adv.*), *droit.*
2 dreit *voy.* dreiz.
dreiturier *voy.* dreituriers.
dreituriers 2162, dreiturier 345, 366, *juste.*
1 dreiz 422, 445, dreit 32, 33 (*subst.*), *droit.*
2 dreiz 102, 230, dreit 119, 136 (*adj.*), *juste, droit.*
dormont 1327, *sorte de bâteau.*
duc *voy.* dus.

dueil 469, 2221, *douleur.*
dui 328, dous 323, 500, 909, 2148, *deux* (dous cenz 1521, *deux cents*).
duré *voy.* durer.
duree 1089, *durée.*
durement 1091, 1094, *durement, rudement.*
durer 2210, 2652, duré 833, 1093, *durer.*
dus 2128, duc 631, 1011, 1531, *duc.*
dut *voy.* dei.

eage 259, 390, *âge.*
eglise 155, 2035, *église.*
eir 83, 153, 178, 1930, *héritier.*
el 50, 122, *pour en le.*
ele *voy.* il.
elme 1038, 2151, 2499, *heaume.* *Voy.* helme.
els *voy.* il.
embatié (embatre) 128, *enfoncer.*
embrace *voy.* embracier.
embracier 1743, 1945, embrace 1767, *embrasser.*
embrasez (embraser) 290, *allumer.*
embronc 974, *baissé.*
embroncha *voy.* embronche.
embronche, 1615, 2402, embronchent 2410, embroncha 1810, 2345, embronchié 1251, 1960, *baisser, renverser.*
embronchent *voy.* embronche.
embronchié *voy.* embronche.
emparliers 1738, *celui qui parle pour un autre.*

empereor *voy*. emperere.
emperere 61, 73, empereor 250, 885, *empereur*.
empira *voy*. empirier.
empire 2644, *empire*.
empirier 586, 600, empira 1056, *empirer*.
empleier 667, 1113, *appliquer*.
emprès 1078, 1081, *près de*.
empresse (empresser) 2168, *presser*.
emprisonez (emprisoner) 304, *emprisonner*.
1 en 33, 262, *on*.
2 en 43, 74, *en, dans (in)*.
3 en 37, 44, *en (inde)*.
enarmes 1125, *enarmes (courroies de l'écu dans lesquelles on passait le bras pour se mettre en défense)*.
encens 730, *encens*.
encensier 519, *encensoir*.
enchalce *voy*. enchalcier.
enchalcier 529, enchalce 2168, *poursuivre*.
enchargier 1110, *mettre sur*.
enclina (encliner) 1960, *incliner*.
encloent (encloer) 2336, *enfermer*.
encombrer 693, encombrez 306, *faire dommage*.
encombrez *voy*. encombrer.
encombrier 135, 241, *embarras, difficulté*.
1 encontre 624, 785, *au devant, contre, vers* (encontre mont 2547, *en haut*; encontre val 181, *en bas*).
2 encontre (encontrer) 1453, 1860, encontré 2198, *rencontrer*.

encontré *voy*. encontre 2.
encontree 1082, *rencontre*.
encrisme 1003, *méchant*.
endorment (s') (s'endormir) 2090, *s'endormir*.
endreit 436 (ici endreit, *ici même*).
endurer 706, 1577, *endurer*.
enemi 2493, enemis 2675, *ennemi*.
enfançon 990, *petits enfants*.
enfant *voy*. enfes.
enfer 37, 549, *enfer*.
enfes 87, 214, enfant 83, 144, *enfant, jeune homme*.
engeignié *voy*. engeignier.
engeignier 2322, engeigniez 90, 1101, engeignié 1745, 2627, *tromper*.
engendra (engendrer) 92, *engendrer*.
enivrement 851, *ivrognerie*.
ennoier 183, *ennuyer*.
ensanglentent (ensanglanter) 1318, *ensanglanter*.
1 enseigne *voy*. enseignier.
2 enseigne 413, 871, *banderolle (de la lance)*.
enseignié *voy*. enseignier.
enseignier 1953, enseigne 336, 1954, enseigniez 495, 522, enseignié 609, 1650, *instruire*.
enseigniez *voy*. enseignier.
ensemble 775, 1468, *ensemble*.
enserré *voy*. enserrez.
enserrez (enserrer) 246, enserré 1590, *enfermer*.
entaillié (entaillier) 2095, *ciseler*.
entencion 996, *intention*.
entendent *voy*. entendre.

entendez *voy*. entendre.
entendi *voy*. entendre.
entendre 184, entent 1811, 490, 873, entendent 57, entendi 961, 1600, entendez 52, 62, entendu 940, 1201, *entendre*.
entendu *voy*. entendre.
entent *voy*. entendre.
entiers 1128, 2191, 103, *entier*.
entor 900, *autour de*.
entra *voy*. entrer.
1 entre *voy*. entrer.
2 entre 412 *entre*; 1824, *l'un et l'autre*.
entré *voy*. entrer.
entrebaisent (s') (s'entrebaisier) 1495, *se baiser réciproquement*.
entrefierent (s') (s'entreférir) 2548, *se frapper réciproquement*.
entrencontrent (s') (s'entrencontrer) 1494, *se rencontrer réciproquement*.
entrepiez 197, *foulé aux pieds*.
entrer 924, 2279, entre 827, 1611, entra 2384, entrerent 1271, entrez 122, 2687, entré 2493, *entrer*.
entrerent *voy*. entrer.
entresait 165, *aussitôt*.
entresguardent (s') (s'entresguarder) 2538, *se regarder réciproquement*.
entresloignent (s') (s'entresloigner) 2537, *s'éloigner réciproquement*.
entrez *voy*. entrer.
entrobliee (entroblier) 1433, *oublier*.

enveie *voy*. enveier.
enveié *voy*. enveier.
enveier 362, enveie 1264, 2389, enveions 1781, enveit 1683, enveié 1627, enveiez 1997, *envoyer*.
enveiez *voy*. enveier.
enveions *voy*. enveier.
enveit *voy*. enveier.
envers 16, 62, 297, 310, 432, 951, *à, vers, envers, contre*.
environ 697, 978, *autour, à l'entour*.
enz 96, 117, 131, *en, dedans*.
erbage 925, *herbage, prairie*.
eritage *voy*. eritages.
eritages 2379, eritage 463, 483, *héritage*.
erité 2665, eritez 1397, 2684, *héritage, domaine*.
eritez *voy*. erité.
eritier *voy*. eritiers.
eritiers 243, 2565, eritier 92, 2134, *héritier*.
errament 862, *immédiatement*.
errant *voy*. errer.
erré *voy*. errer.
errer 231, 1373, 2214, 2645, erré 2215, 2646, errant 2490, *cheminer, voyager*.
erent *voy*. estre.
ert *voy*. estre.
1 es 1625, 2047, *pour en les*.
2 es 323, 1415, 2155, *voici*.
esalcié *voy*. esalcier.
esalcier 81, esalcié 149, *élever*.
esbaïz (esbaïr) 1710, *ébahir*.
esbaneier 1987, s'esbaneier 2102, *se divertir, prendre ses ébats*.
escarbocle 2480, *escarboucle*.

eschalfee (eschalfer) 1073, *échauffer*.
eschapa (eschaper) 714, eschapera 1197, *échapper*.
eschapera *voy*. eschapa.
escharpe 1454, *besace*.
eschiec 2324, *butin*.
eschiet (escheir) 2443, *écheoir*.
eschinee 1069, *échine*.
escient 836, 2154, *escient*.
esclairiez (esclairier) 1169, *éclairer, éclaircir*.
esclis 2547, *éclat (de bois)*.
escolter 317, *écouter*.
esconser 720, *cacher*.
escorchier 540, 1303, *écorcher*.
escremir 1033, *faire de l'escrime*.
escria *voy*. escrier.
escrie (escrier) 512, s'escrie 660, escrient 670, s'escrient 937, escria 1969, escrierent 1085, escriez 2294, *crier, s'écrier*.
escrient *voy*. escrie.
escrierent *voy*. escrie.
escriez *voy*. escrie.
escu *voy*. escuz.
escuier *voy*. escuiers.
escuiers 1842, 2307, escuier 1654, 277, 283, *écuyer*.
escume (escumer) 1073, *écumer*.
escuz 369, 618, 278, 2300, escu 604, 2123, *écu, bouclier*.
esemple 10, 1561, *exemple*.
esfondrer 2681, *effondrer*.
esforcier (s') 1311, *faire effort*.
esforz 2360, 937, 1791, 1879, *force*.
esfreé *voy*. esfreez.
esfreez (esfreer) 289, 295, esfreé 685, *agiter, effrayer*.

esguarde (esguarder) 616, 872, 1840, esguardé 1564, *regarder*.
esguardé *voy*. esguarder.
eslaissié *voy*. eslaissiez.
eslaissiez (eslaissier) 1099, 1904, 2341, eslaissié 2302, *lancé (à cheval)*.
esleccion (a) 1822, *à choisir, à discrétion*.
eslegier 2570, *payer*.
eslit (eslire) 12, *élire*.
esloignent (esloignier) 1271, *s'éloigner de*.
eslongier 1118, *écarter*.
esmaiables 334, 470, *effrayé*.
esmaier 358, 376, 1726, 2584, 2626, esmaiez 545, 2106, *décourager*.
esmaiez *voy*. esmaier.
esmer 2272, *estimer*.
esmeré (esmerer) 730, *purifier*.
esmoluz (esmoldre) 643, *émoudre*.
esmut (s') (s'esmoveir) 446, *se mouvoir*.
espalle 341, 509, espalles 1332, *épaule*.
espalles *voy*. espalle.
espande (espandre) 1922, *se répandre*.
espargne *voy*. espargnier.
espargnié *voy*. espargnier.
espargnier 679, 1114, 1133, 1506, espargne 1096, espargnié 1317, *épargner*.
espee 122, 128, espees 2299, *épée*.
esperduz 1230, *éperdu*.
esperitable 256, 337, 380, *spirituel*.

esperon 960, 1056, 2150, esperons 1208, 1229, *éperon.*
esperonant (esperoner) 2489, 2507, *éperonner.*
esperons *voy.* éperon.
esperviers 1080, *épervier.*
espès 601, *épaisseur.*
espessier 2303, 2327, *s'épaissir, augmenter.*
espié *voy.* espiez.
espiez 959, espié 371, 412, 605, espiez 278, 2301, *lance.*
espiié *voy.* espiier.
espiier 2104, espiié 2199, *épier.*
espleitié *voy.* espleitier.
espleitier 234, 244, 1519, 2317, espleitierent 300, espleitié 558, 561, *agir.*
espleitierent *voy.* espleitier.
esposee *voy.* esposer.
esposemenz 842, *mariage.*
esposer 1389, 1392, esposee 2043, *épouser.*
espreneit (esprendre) 291, *embraser.*
esrache *voy.* esrachier.
esrachié *voy.* esrachier.
esrachier 595, 2140, esrache 919, 1765, esrachié 1936, *arracher.*
esrage *voy.* esragier.
esragié *voy.* esragier.
esragier 2064, esrage 2521, 2411, esragiez 357, 367, 547, esragié 2142, *enrager.*
esragiez *voy.* esragier.
essaier (s') 1174, *s'éprouver.*
essillier 192, 539, 1854, 1978, essilliez 2080, *dévaster, détruire.*
essilliez *voy.* essillier.

essoigne 1376, 1382, *empêchement.*
essuiez (essuier) 752, *essuyer.*
est *voy.* estre.
estache 758, *poteau.*
estage (en son) 431, *debout.*
esté *voy.* estre.
esteie *voy.* estre.
esteient *voy.* estre.
esteit *voy.* estre.
estenduz (estendre) 624, *étendre.*
ester 70, 699, *se tenir, se tenir tranquille.*
estes *voy.* estre.
estions *voy.* estre.
estoire 2, 26, *histoire.*
estoltement 1558, *témérairement.*
estolteiez (estolteier) 1090, *étourdir.*
estor *voy.* estors.
estora *voy.* estorer.
estordi (estordir) 1962, *étourdir.*
estorer 716, estora 464, *bâtir, créer.*
estormi (s'estormir) 1200, *se mettre en mouvement.*
estors 611, estor 1212, 1895, *combat, assaut.*
estort (estordre) 2605, estorz 949, *retirer l'arme après avoir frappé.*
estorz *voy.* estort.
estraier 1126, *désert.*
estranges 60, *étranger.*
estre 21, 107, sui 90, 259, iés 73, 141, est 36, 37, somes 417, 2130, estes 219, 357,

VOCABULAIRE

sont 161, 281, esteie 1867, 1951, esteit 295, 1051, estions 2117, esteient 564, ert 294, 1173, erent 112, fustes 729, 757, fu 27, 28, furent 277, 309, serai 894, seras 69, 148, sera 97, 397, serons 2077, serez 1643, 1644, iert 93, 106, sereie 1952, sereit 94, 104, seions 2626, seiez 261, 1313, seie 784, 1281, seies 59, 394, seit 1, 265, seient 1469, fusse 1475, fust 242, 2325, fussiez 765, fussent 2270, esté 782, *estre*.

estreint (estreindre) 1277, 1299, *serrer*.

estreitement 1730, *étroitement*.

estrier 115, 557, 1141, estriers 1239, 2561, *étriers*.

estriers *voy*. estrier.

estuet (estoveir) 231, 663, *falloir*.

estuier 1883, *enfermer (mettre dans l'étui)*.

esveille (s') (s'esveiller) 298, esveillé 2188, *se réveiller*.

eü *voy*. aveir.

eürez 768, *heureux*.

eüsse *voy*. aveir.

eüssent *voy*. aveir.

eüst *voy*. aveir.

eve 771, 196, 533, eves 75, *eau*.

eves *voy*. eve.

evesques 39, 1763, 1771, *évêque*.

1 face *voy*. faire.

2 face 1768, *face*.

faces *voy*. faire.

faciez *voy*. faire.

fai *voy*. faire.

1 faille *voy*. faldra.

2 faille 486 *faute*.

failli *voy*. faldra.

faire 78, 82, fais 68, 389, fait 25, 33, font 330, 596, feseit 297, 1021, fis 2517, feïs 696, 731, fist 16, 33, feïstes 695, 713, firent 744, 762, ferai 173, 539, feras 392, ferons 1797, ferez 66, fereie 2452, 2531, fereit 94, 104, fai 191, 195, fesons 95, 2526, faites 102, 420, face 476, 788, faces 206, face 22, 422, faciez 1749, feïsse 1853, 1993, feïst 2013, feïssiez 517, faiz 28, 599, fait 160, 199, faite 2118, 2131, *faire*.

1 fais *voy*. faire.

2 fais 1595, 2149, *fardeau, poids*.

fait *voy*. faire.

faite *voy*. faire.

faites *voy*. faire.

faiz *voy*. faire.

faldra (faillir) 1516, faldrons 2124, faldront 1851, faille 486, 2430, failli 1700, *faillir, manquer*.

faldrons *voy*. faldra.

faldront *voy*. faldra.

fals 35, 80, false 176, *faux*.

false *voy*. fals.

falsent (falser) 1764, falsez 575, *fausser, tromper*.

falsez *voy*. falsent.

faon 989, *petit (d'un animal)*.

fei 224, 1722, *foi.*
feibles 1174, *faible.*
feies 543, *foie.*
feintié 1177, *feinte, semblant.*
feïs *voy.* faire.
feïsse *voy.* faire.
feïssiez *voy.* faire.
feïst *voy.* faire.
feïstes *voy.* faire.
fel 401, felon 1001, 1024. *(sj. sg.)*, 969, 1019, 1003, 1186, *déloyal.*
felon *voy.* fel.
feme 84, 91, *femme.*
femele 717, *femelle.*
fendu (fendre) 1216; 2604, fenduz 1232, *fendre.*
fenduz *voy.* fendu.
fenestres 1626, *fenêtre.*
fer *voy.* fers.
ferai *voy.* faire.
feras *voy.* faire.
fereie *voy.* faire.
fereit *voy.* faire.
1 ferez *voy.* faire.
2 ferez *voy.* ferir.
feri *voy.* ferir.
ferir 896, 2540, fiert 911, 943, feri 770, 954, ferrai 1183, fier 894, ferez 2330, ferist 1924, feruz 371, 765, feru 933, 1219, *frapper, blesser.*
ferist *voy.* ferir.
fermé *voy.* fermez.
fermee *voy.* fermez.
fermetez 303, 2242, *défense, forteresse.*
fermez (fermer) 1692, fermé 2016, fermee 871, *fixer, fermer.*

ferons *voy.* faire.
ferrai *voy.* ferir.
fers 947, 2607, 1234, fer 557, 582, *fer.*
feru *voy.* ferir.
feruz *voy.* ferir.
feseit *voy.* faire.
fesons *voy.* faire.
1 feste 44, 1622, *fête.*
2 feste 827, *faîte.*
festu 1217, *fétu.*
feu *voy.* feus.
feus 290, 2478, 2283, feu 196, 533, *feu.*
fichié *voy.* fichiez.
fichiez (fichier) 2151, 2306, fichié 2100, *fixer, mettre.*
fie (se) *voy.* fiier (se).
fié 67, 83, 2564, fiez 109, 138, *fief.*
1 fier *voy.* fiers.
2 fier *voy.* ferir.
fiere *voy.* fiers.
fierement 835, 872, 2433, 2562, 2582, *fièrement.*
fiers 100, 121, fier 186, 210, fiere 1911, *fier, fort, terrible.*
fiert *voy.* ferir.
fierté 450, 813, *fierté, orgueil.*
fiez *voy.* fié.
fiier (se) 213, fie (se) 191, *se fier.*
fill *voy.* filz.
fille 305, 351, *fille.*
filluelz 1297, *filleul.*
filz 62, 70, 487, fill 715, 2313, 56, 61, *fils.*
1 fin 1452, 1706, 2240, *fin, mort.*
2 fin 1824, *fin, pur.*

fina *voy*. finer.
finé *voy*. finer.
finent *voy*. finer.
finer 713, finent 1880, fina 1943, 2050, finerent 1166, finé 2471, *terminer, finir*.
finerent *voy*. finer.
firent *voy*. faire.
firmament 838, *firmament*.
fis *voy*. faire.
fist *voy*. faire.
flame 1020, *flamme*.
flanc 2147, flans 1767, 1945, *flanc*.
flans *voy*. flanc.
flor 1456, flors 1116, 2574, *fleur*.
flori (florir) 1464, *blanchir*.
flors *voy*. flor.
foi *voy*. foïr.
foier 542, *foyer*.
foïr 705, foi 1468, *creuser, cacher, enfouir*.
fois 1768, *fois*.
fol *voy*. fols.
folage 927, *folie*.
foldre 525, 952, *foudre*.
foleiemenz 844, *folie*.
folement 2447, *follement*.
foler 181, 2654, *fouler (aux pieds)*.
foletez 702, 755, *folie*.
folie 1129, 1278, *folie*.
fols 897, 908, fol 800, 806, 903, *fou*.
fondist 1549, *fondre*.
1 font *voy*. faire.
2 font 2607, *fond*.
fonz 1285, *fonts*.
forbi (forbir) 2352, 2515, forbiz 1524, 2541, *fourbir*.

forbiz *voy*. forbi.
force 75, 146, *force*.
forces 1967, *ciseaux*.
forest 114, *forêt*.
foriers 2284, 2288, *fourrier*.
forma *voy*. formas.
formas (former) 698, 976, forma 1927, formastes 956, formez 721, *former*.
formastes *voy*. former.
forment 277, 1912, *fortement*.
formez *voy*. former.
fors 247, 648, *excepté*.
1 fort *voy*. forz.
2 fort 951, 2327, *fortement*.
forteresses 2047, *forteresse*.
forz 932, 278, 2321, fort 311, 418, 1173, *fort*.
fosse 1018, *fosse*.
fossiers 1755, *qui habite dans une caverne*.
frailes 258, 365, *caduc*.
fraindre 1896, 2332, frait 2145, fraiz 1232, 2544, *briser*.
fraisnin 1454, *de fraîne*.
frait *voy*. fraindre.
fraiz *voy*. fraindre.
franc *voy*. frans.
franche *voy*. frans.
frans 325, 602, franc 1168, 1886, franche 351, 1257, *libre, franc*.
fremillon 1039, 1053, *épithète fréquente du haubert (bruissant)*.
freor 2110, *frayeur*.
frere 826, 2434, 211, 572, *frère*.
friçon 1061, *frisson (de frayeur)*.
froissiez (froissier) 2597, *mettre en morceaux*.
fromage 485, *fromage*.

front 1040, *front.*
fruiz 700, *fruit.*
fu *voy.* estre.
fuere 128, *fourreau.*
fuiant *voy.* fuit.
fuie 1268, 1875, *fuite.*
fuient *voy.* fuit.
fuions *voy.* fuit.
fuison 1029, *grande quantité.*
fuit (fuir) 1904, 2340, fuient 1203, 2164, fuions 1195, fuiant 2167, 2310, *fuir.*
furent *voy.* estre.
fusse *voy.* estre.
fussent *voy.* estre.
fussiez *voy.* estre.
1 fust *voy.* estre.
2 fust *voy.* fuz.
fustes *voy.* estre.
fuz 912, fust 1454, *fût de lance.*

g' *pour* ge.
gaillart 1455, *dispos.*
ge 64, 71, mei 62, 93, mi 1699, me 169, 222, nos 1792, 2130, 36, 349, *je, me, moi, nous.*
gel 171, 416, *pour* ge le.
gemé (gemer) 1583, *orner de pierres.*
1 gent 31, 8, 76, 859, 1560, 1567, 1576, 847, *nation, peuple, gens, famille.*
2 gent 1650, gente 1360, *beau, gentil.*
gente *voy.* gent.
gentil *voy.* gentilz.
gentilz 272, 460, 444, genti 2159, *noble.*
ges 1985, *pour* ge les.

geta *voy.* geter.
geté *voy.* geter.
getent *voy.* geter.
geter 781, 1323, 2219, getent 1334, geta 1126, geterent 1901, geté 1478, *jeter.*
geüner 738, *jeuner.*
giron 1026, 1036, *côté.*
gisent *voy.* gist.
gist (gesir) 959, gisent 1636, 2178, *être placé, être étendu.*
glaciez (glacier) 1146, *figer.*
glaive (a) 333, *par le fer.*
gloire 59, 796, *gloire.*
glorios 695, 976, 126, 1548, *glorieux.*
gloton *voy.* gloz.
glotons *voy.* gloz.
gloz 135, 803, gloton 1047, glotons 402, *glouton (appellation injurieuse).*
gole 132, 1072, *bouche, gueule.*
gonfanon 942, 2488, *gonfanon.*
governe (governer) 36, *gouverner.*
graciier 1147, graciiez 1283, 2208, *rendre grâces, remercier.*
graciiez *voy.* graciier.
graile *voy.* grailes.
grailes 1199, graile 1891, *espèce de trompette.*
grains 89, *fâché.*
grant *voy.* granz.
granz 94, 148, 2261, 101, 111, grant 118, 205, 1006, 2171, 44, 57, *grand.*
gravier 1271, *gravier.*
gré 108, 227, 2267, 2688, *gré.*
guaaignié *voy.* guaaignier.

VOCABULAIRE

guaaignier 1097, 2324, 2349, guaaignié 1148, 1172, *gagner.*
guage 1874, *gage.*
guaite 1643, *guetteur.*
guaitier(se) 2129, 2305, 2328, *se garder.*
gualt 2086, *bois.*
guant 2450, *gant.*
guarantir 1498, 1697, *préserver.*
guarçon 1010, 1818, guarçons 2269, *valet.*
1 guarde *voy.* guarder.
2 guarde 917, 1497, *garde.*
3 guardes 388, 453, *gardien.*
guardeit *voy.* guarder.
guardent *voy.* guarder.
guarder 804, guarde 396, 429, guardes 222, 393, guardent 1469, guarderent 30, guarderez 436, guarde 1689, 2511, guardeit 2036, guardez 1194, 1663, guart 2128, guardent 1186, guardez 1995, *garder, protéger, préserver, prendre garde, faire attention.*
guarderent *voy.* guarder.
guarderez *voy.* guarder.
guardes *voy.* guarder.
guardez *voy.* guarder.
guari *voy.* guarir.
guarir 23, guaris 1016, guari 955, guarisse 551, 590, 680, *sauver, se sauver.*
guaris *voy.* guarir.
guarison 971, 1012, 1821, *défense, protection.*
guarisse *voy.* guarir.
guarnemenz 223, 2257, *armure.*
guarni (guarnir) 1580, *équiper.*
guart *voy.* guarder.

guaste 1306, *hors de service.*
guastee *voy.* guaster.
guaster 192, 2285, guastee 2035, *dévaster.*
guenchi (guenchir) 969, *se détourner.*
guerpir 808, guerpis 745, *abandonner.*
guerpis *voy.* guerpir.
guerredon 985, *récompense.*
guerreie *voy.* guerreier.
guerreier 188, 534, guerreie 169, *guerroyer.*
guerres 2672, *guerre.*
guerrier *voy.* guerriers.
guerriers 570, 2189, guerrier 209, 2156, *guerrier.*
guiche 935, *courroie par laquelle l'écu se suspendait au cou.*
guichet 1564, *guichet.*
guionages 397, 439, *conduite, escorte.*

haitiez (haitier) 1157, 2620, *mettre en bonne santé.*
halberc *voy.* halbers.
halbergié *voy.* halbergiez.
halbergiez (halbergier) 2008, halbergié 2323, 2335, *revêtir du haubert.*
halbers 370, 276, 2298, halberc 407, 1039, *haubert.* Voy. alberc.
halce (halcier) 131, 1961, *hausser.*
1 halt 513, *haut, hautement.*
2 halt 1060, halte 859, 1504, halz 2003, 2681, *haut.*

halte *voy*. halt.
haltement 1085, *hautement*.
halz *voy*. halt.
hanche 2577, *hanche*.
haneton 1059, *hanneton*.
hanste 942, hanstes 2546, *bois de la lance, lance*.
hardement 591, 875, 2512, *hardiesse*.
hardi 2449, hardiz 2200, 2015, *hardi*.
hardiz *voy*. hardi.
1 haste 1762, 1770, *hâte*.
2 haste *voy*. haster.
haster 2275, haste 931, *hâter*.
hautement 1804, *hautement*.
1 hé 2251 (coillir en hé, *prendre en haine*).
2 hé 135, 150, *exclamation*.
helme 407, 597, 276, 2298, *heaume. Voy*. elmes.
herbergier 1632, herberjas 993, herbegiez 1984, *loger, se loger*.
herberjage 395, 428, *logement*.
herberjas *voy*. herbergier.
herneis 1638, 1872, 2041, *armure*.
herupé (heruper) 507, *hérisser*.
het (haïr) 170, 2115, *haïr*.
hisdos 510, 505, 674, *hideux*.
honir 156, 578, honi 2083, *honir*.
hontage 469, *honte*.
honte 2171, 703, *honte*.
hontos 1795, 1831, *honteux*.
hors 521, 919, *hors*.
hu 1205, *cri*.
huchier 1308, 1503, *crier, appeler*.

humilité 694, *humilité*.
hurte (hurter) 341, hurtent 433, *heurter*.
hurtent *voy*. hurte.

i 17, 29, 31, *y, là*.
icele *voy*. icil.
icest 263, 1346, *ce, cet*.
ici 72, 436, *ici*.
icil 648, 701, icele 1082, *ce cet*.
ier 2624, *hier*.
iert *voy*. estre.
iés *voy*. estre.
il 116, 125, 313, 391, 208, 275, ele 1414, le 44, 56, li 1507, 1517, lui 1414, 1490, lor 1505, els 1496, 1525, se 4, 91, sei 2092, *il, ils, elle, le, lui, leur, se soi*.
iluec 448, 753, *là*.
innocent 734, *innocent*.
ira *voy*. aler.
irai *voy*. aler.
irascuz *voy*. irier.
ire 934, *colère*.
irez *voy*. aler.
irier 524, iriez 89, 236, irascuz 1248, *se fâcher*.
1 iriez *voy*. irier.
2 iriez *voy*. aler.
isnelement 1616, 2183, *vite, rapidement*.
isse *voy*. ist.
issent *voy*. ist.
issi *voy*. issir.
issuz *voy*. ist.
ist (issir) 1856, 2489, issent 1205, 2302, issi 719, istrai 1324,

istra 710, isse 1663, 1672, issuz 614, 1189, *sortir.*
istra *voy.* ist.
istrai *voy.* ist.
itant 601, *autant que.*
itel 1261, *tel.*

j' *pour* ge.
ja 29, 93, 104, 107, 139, 153, *déjà, jamais (avec une négation).*
jaserenc 2477, *épithète du haubert, signifiant en mailles de fer.*
javelot 950, *javelot.*
joianz 1552, 1718, 2616, *joyeux.*
joie 57, 1167, *joie.*
joiels 599, *joyau.*
joignent *voy.* joindre.
joindre 77, joignent 2549, jointes 1902, *joindre.*
jointe 596, *articulation.*
jointes *voy.* joindre.
jor 39, 42, 2270, jorz 390, 739, *jour.*
jornees 269, 279, *journées.*
jorz *voy.* jor.
jovenes 103, 259, *jeune.*
jovente 2212, 2252, *jeunesse.*
jugement 1007, 1749, *jugement.*
jugié *voy.* jugier.
jugier 176, 364, jugié 120, *juger, décider.*
juglere 4, *jongleur.*
juïs 757, *juif.*
jura *voy.* jure.
jure (jurer) 2533, jura 225, 2639, jurerent 2638, *jurer.*
jurerent *voy.* jure.

jus 535, 1116, 2574, *en bas.*
justicier 175, 2135, 2340, *rendre justice, gouverner.*
justiciers 146, 1510, *celui qui rend la justice.*

1 l' 33, *euphonique.*
2 l' *pour* le, la, *pronom.*
3 l' *pour* li, le, la, *art.*
1 la 96, 117, *là.*
2 la *voy.* il.
3 la *voy.* li.
laborer 705, *travailler.*
lace (lacier) 407, 2499, lacent 2479, laciez 641, 1523, 2004, *lacer.*
lacent *voy.* lace.
laciez *voy.* lace.
laidiz (laidir) 1476, *maltraiter.*
lairai *voy.* laissier.
laireie *voy.* laissier.
laireient *voy.* laissier.
lairmes 751, 2416, *larmes.*
laissa *voy.* laissier.
laissai *voy.* laissier.
laissastes *voy.* laissier.
laisse *voy.* laissier.
laissié *voy.* laissier.
laissier 235, 535, 2337, laisse 2046, laissai 2196, laissastes 740, laissa 1958, lairai 6, 266, laireie 400, 1181, laireient 1303, laissons 2663, laissiez 70, 2401, laisse 2379, laissié 2082, *laisser.*
laissiez *voy.* laissier.
laissons *voy.* laissier.
lait 505, 674, *laid.*
lança *voy.* lancier.

lance 654, 770, *lance*.
lancié *voy.* lancier.
lancier 643, lança 967, lancié 951, 2606, *lancer*.
lande 2087, *lande*.
language 2387, 2404, *langage*.
large *voy.* larges.
larges 1345, 2384, large 399, 475, 899, 906, 2381, *large, vaste, généreux*.
laron *voy.* lere.
las 90, *hélas*.
lasche (laschier) 909, *lâcher*.
lasches 2248, *lâche*.
lascheté 788, 1573, *lâcheté*.
lasse (lasser) 1447, lassez 288, 1207, 280, 1385, 2226, lassé 277, 767, *fatiguer*.
lassé *voy.* lasse.
lassez *voy.* lasse.
lasté 2221, *lassitude*.
lavez (laver) 751, *laver*.
laz 1134, 1243, 2152, *lacets*.
1 le *voy.* li.
2 le *voy.* il.
lé 508, 640, *largeur*.
leçon 1065, *leçon*.
lee 508, 1067, *large*.
legierement 878, *facilement*.
legiers 1185, 1210, *léger, agile*.
lei 176, 583, 615, 1190, *loi, manière*.
leié *voy.* leier.
leier 1876, leiez 758, leié 1358, 2207, 1277, 1299, *lier*.
leiez *voy.* leier.
lepros 747, 993, *lépreux*.
lere 1755, 1913, laron 776, *voleur*.
1 les *voy.* li.

2 les *voy.* il.
letré 735, letrez 274, *lettré, qui a une inscription*.
letrez *voy.* letré.
letrin 50, *lutrin*.
leu 946, *lieu*.
leva *voy.* lever.
levas *voy.* lever.
levé *voy.* lever.
levee *voy.* lever.
lever 81, 726, lieve 1744, levas 997, leva 431, 2289, 2355, lieve 1734, levez 316, 692, 832, levé 1286, 531, levee 1075, lever 1712, *lever, élever (au moral), tenir sur les fonts*.
levez *voy.* lever.
levrier *voy.* levriers.
levriers 658, levrier 1318, 2059, *levrier*.
1 lez 291, *côté*.
2 lez 972, 2344, 2383, *à côté*.
1 li 28, 34, 3, 734, 887 (*sj. fm. sg.*), le 30, 38, la 48, 51, les 95, 97, *le, la, les*.
2 li *voy.* il.
lieement 1484, *joyeusement*.
liepart *voy.* lieparz.
lieparz 1933, liepart 187, *léopard*.
lieve *voy.* lever.
lievre 658, *lièvre*.
liez 147, 491, *joyeux*.
lignage *voy.* lignages.
lignages 149, lignage 479, 789, *famille*.
limon 979, *limon*.
lin 1496, *race*.
lion 970, 1807, *lion*.

lire 1751, *lire.*
livré *voy.* livrez.
livrez (livrer) 757, livré 2218, *livrer.*
loer 823, 2013, lorai 68, *louer.*
loge 827, loges 1636, 2507, *baraque.*
loier, 139, 208, loiers 1754, 35, 80, *salaire, récompense.*
loiers *voy.* loier.
lonc *voy.* lons.
longe *voy.* lons.
longement 782, 794, *longuement.*
longes *voy.* lons.
lons 1051, lonc 640, 1141, longe 1139, 1916, longes 2024, *long, grand.*
1 lor *voy.* il.
2 lor *voy.* ses.
lorai *voy.* loer.
lors 33, 228, *alors.*
los 25, *gloire.*
losenges 101, 139, *flatterie, tromperie.*
losengier 111, 1186, losengier 1545, *flatteur, trompeur.*
lui *voy.* il.
luisant 2479, 2499, *luire.*
luxure 17, 65, 82, *luxure.*

m' *voy.* ge.
ma *voy.* mes.
mace 1081, 650, 667, *masse.*
magesté 783, 796, *majesté.*
magnes 53, *grand (Charles li magnes).*
maille 2478, mailles 1046, 1054, *maille.*

mailles *voy.* maille.
1 main 925, *matin.*
2 main 1709, mains 58, 193, *main.*
mains *voy.* main 2.
1 maint *voy.* mainz.
2 maint (maindre) 1988, *rester.*
maintenant 2636, *maintenant.*
maintenir 212, 585, 2249, maintenu 1212, *maintenir.*
maintenu *voy.* maintenir.
mainz 325, 1248, 1340, maint 1042, 1218, 88, *maint.*
mais 33, 141, 139, 29, 38, 163, 201, *mais, plus* (ja... mais).
maisnie 1503, *compagnie.*
maistre *voy.* maistres.
maistres 1644, 303, 2242, maistre 1117, 1166, 2309, 596, *principal.*
1 mal 2627, *mal.*
2 mal *voy.* mals.
3 mal 803, 811, *mal, malheur.*
malaise 261, *souci.*
male *voy.* mals.
maleïr 1463, 2528, *maudire.*
malement 854, 2442, *mal.*
males 1348, *malle.*
malfé 785, 2663, *diable.*
malice 2192, *malice.*
malmis (malmettre) 2445, *mettre en mauvais état.*
mals 1574, mal 200, male 1063, 1087, 432, *méchant, mauvais.*
maltalent 870, *colère.*
malvais 34, 1482, 38, *mauvais, méchant.*
manaide 194, 218, *miséricorde.*
mande *voy.* mander.
mandé *voy.* mander.

mander 2254, 2668, mant 1835, mande 623, 2390, mande 2264, 189, mandé 2423, *envoyer chercher, faire venir, faire savoir.*

mandez *voy.* mander.

mangier 390, 510, mangierent 702, mangier 287, 662, *manger.*

mangierent *voy.* mangier.

mangons 1824, *pièce de monnaie.*

mant *voy.* mander.

mantel 763, mantels 1341, *manteau.*

mantels *voy.* mantel.

mar 121, *pour son malheur;* 2377, 2399, *négation énergique.*

marbre 336, 1680, *marbre.*

marbrin 977, *de marbre.*

marche 415, 2368, marches 1437, 1343, 1351, *contrée.*

marches *voy.* marche.

marchis 550, 2509, 818, *marquis.*

mariage 1432, mariages 842, *mariage.*

mariages *voy.* mariage.

marregliers 97, *marguillier.*

martir 722, *martyr.*

martre 2363, 2412, *martre.*

masle 717, *mâle.*

masse 254, *masse.*

matez (mater) 799, 805, 1386, 2227, *dompter, vaincre.*

matin *voy.* matins.

matinee 2032, *matinée.*

matinet 692, *point du jour.*

matins 1593, matin 316, 759, *matin.*

me *voy.* ge.

meaille 914, 2377, *maille (nom d'une petite monnaie).*

mei *voy.* ge.

1 meie *voy.* mes.

2 meie *voy.* miens.

meillor *voy.* mieldre.

meindre 948, *moindre.*

meine *voy.* mener.

meinent *voy.* mener.

meinz 865, *moins.*

meinzné 825, *le plus jeune.*

meïs *voy.* metre.

meïsme *voy.* meïsmes.

meïsmes 371, 1161, meïsme 541, 203, *même.*

meitié 1102, 1363, *moitié.*

membre 767, 195, 247, *membres.*

1 membré (se membrer) 1395, 2232, *se souvenir.*

2 membré *voy.* membrez.

membree *voy.* membrez.

membres *voy.* membre.

membrez 786, membré 308, membree 1066, 2030, *membru.*

membru 619, *membru.*

menaciez 1865, menacier 866, *menacer.*

menas *voy.* mener.

menassent *voy.* mener.

mendiier 98, *mendier.*

mené *voy.* mener.

mener 54, 74, 65, 2672, meine 2607, meinent 2307, menas 699, menromes 2172, menrez 1426, menassent 1358, mené 57, 2186, menez 2284, 2682, *mener.*

menez *voy*. mener.
menrez *voy*. mener.
menromes *voy*. mener.
mentez (mentir) 854, menti 1689, 2511, *mentir*.
menti *voy*. mentez.
menton 997, 1810, *menton*.
menuier 1891, *aigu*.
menuz 620, *petit*.
mer 697, 978, *mer, océan* (roge mer 310, *Mer rouge*).
merci 359, 1158, 2125, 2621, merciz 111, 148, 2625, *grâce*.
mercier 1429, merciez 59, *remercier*.
merciez *voy*. mercier.
merciz *voy*. merci.
mere 690, *mère*.
1 merveille 545, 548, 645, *merveille*.
2 merveille (se) *voy*. merveillier.
merveilles 1820, 1825, *merveilleusement*.
merveillier 675, merveille (se) 1108, merveilliez 1092, *s'étonner*.
merveilliez *voy*. merveillier.
mes 103, 219, 221, 1359, mon 151, 167, mi 235, ma 666, 991, mien 2154, meie 874, *mon, ma, mes*.
mès 2657, 2433, *messager*.
mescreü 1203, *mécréant*.
mesié (mesler) 130, 1959, *entortiller (dans les cheveux)*.
message *voy*. messages.
messages 452, 323, 1384, message 368, 454, 328, 1434, *messager, message*.
messagier *voy*. messagiers.

messagiers 1852, 2453, messagier 361, 372, *messager*.
messe 1088, 41, 321, messe 841, *messe*.
messes *voy*. messe.
mestier 199, 205, 360, 552, *besoin, profit*.
met *voy*. metre.
mete *voy*. metre.
metez *voy*. metre.
metons *voy*. metre.
metrai *voy*. metre.
metre 221, 318, met 2444, meïs 1014, mist 87, 2201, metrai 1513, metrons 480, 1909, metrez 1544, metons 96, 1921, metez 1306, mete 1640, mis 1095, 2510, 2556, mise 48, *mettre*.
metrez *voy*. metre.
metrons *voy*. metre.
meü *voy*. mut.
1 mi 200, 132, 2507, *milieu* (par mi = *parmi*).
2 mi *voy*. mes.
3 mi *voy*. ge.
mie (ne) 170, 434, *ne pas*.
mieldre 14, 494, meillor 9, 13, 858, *meilleur*.
mielz 191, 1757, *mieux*.
1 mien (*adj*.) *voy*. mes.
2 mien (le) *voy*. miens.
miens (li) 482, mien (le) 149, meie 537, *mien, mienne*.
mier 652, 2143, *pur*.
mil 74, 1426, 1443, mile 306, 332, 417, *mille*.
mile *voy*. mil.
milier 373, 377, 735, miliers 190, 532, *millier*.

miliers *voy.* milier.
mirable 723, 743, *admirable.*
miracles 1247, *miracle.*
mire 730, *myrrhe.*
mis *voy.* metre.
mise *voy.* metre.
mist *voy.* metre.
moillier 351, 554, 1257, *épouse.*
molt 42, 44, *très, beaucoup.*
molu *voy.* moluz.
moluz (moldre) 1245, 1234, molu 966, 1215, *émoudre.*
mon *voy.* mes.
monde 1927, *monde.*
moneez 2260, *monnayé.*
1 mont *voy.* monz.
2 mont 761 *mont;* a mont 997, 1050, 1231, contre mont 1048, encontre mont 2547, *en haut, en l'air.*
monta *voy.* monter.
montaigne 899, 1067, *montagne.*
montas *voy.* monter.
1 monte *voy.* monter.
2 monte 1217, *valeur.*
montent *voy.* monter.
monter 2362, monte 410, 468, 539, montent 2299, montas 1005, monta 164, 528, montez 50, 683, *monter.*
montez *voy.* monter.
monz 1551, 2251, mont 524, 849, *monde.*
morra *voy.* muir.
morras *voy.* muir.
morront *voy.* muir.
1 mort *voy.* muir.
2 mort 168, 953, *mort.*
mortel *voy.* mortels.

mortels 127, 2675, mortel 706, *mortel.*
morz *voy.* muir.
mostier *voy.* mostiers.
mostiers 28, mostier 96, 117, 518, *église, couvent.*
mostra *voy.* mostre.
mostre (mostrer) 342, mostrent 2538, mostra 1688, mostreront 2557, *montrer.*
mostrent *voy.* mostre.
mostreront *voy.* mostre.
moz 940, 1030, *parole.*
muables 894, *qui bouge.*
mucier 2311, muciez 246, *cacher.*
muciez *voy.* mucier.
muers *voy.* muir.
muert *voy.* muir.
mui 2350, *muid.*
muir (morir) 1259, muers 861, muert 1063, morras 863, 2343, morra 427, morront 333, muire 957, 444, morz 104, 141, mort 24, 133, 527, 2357, *mourir, tuer.*
muire *voy.* muirir.
mul *voy.* muls.
mulet 1655, *mulet.*
muls 2261, mul 1800, *mulet.*
mur 1310, murs 466, 1626, *mur.*
murdrir 1978, 2063, murdri 1469, murdriz 2080, *tuer.*
murs *voy.* mur.
mut (moveir) 901, meü 2237, *mouvoir.*

nasel 1038, 2480, *partie du heaume qui protégeait le nez.*

navré (navrer) 958, 2164, 2205, blesser.
ne 23, 65, ni; 193, 245, 107, et; 196, ou; 65, 66, ne pas; ne que 843, pas plus que.
né voy. nez.
neient 188, 253, 2444, 2460, 2639, rien, néant, pas.
neier 196, 533, noyer.
nel 25, 33, pour ne le.
nelui 66, personne.
nenil 1753, 2431, non.
neporquant 275, 657, 2117, néanmoins.
nes 635, 2266, 2546, pour ne les.
1 nés 439, 455, vaisseau.
2 nés 7, 312, nez.
nevot voy. niés.
nez (naistre) 690, 724, né 695, 711, 718, naître.
niés 115, 356, nevot 1492, 1495, neveu.
no voy. nostre.
nobile voy. nobiles.
nobiles 222, 1501, 1805, nobile 209, noble 2089, nobles 189, noble.
noble voy. nobile.
noise 1622, tapage.
nom voy. nons.
nome voy. nomer.
nomer 761, nomé 1829, nommer.
nonante 12, quatre-vingt-dix.
noncier 368, 1517, annoncer.
nons 1160, 1569, 1864, nom 117, 145, nom.
noriz (norir) 1702, élever.
nos voy. ge.

1 nostre voy. mes.
2 nostre voy. mien.
novele 1517, 1600, 1619, noveles 324, 329, nouvelle.
nu voy. nuz.
nuef 12, neuf.
nuit 285, 725, nuit.
nuitel 776, nocturne.
nul voy. nuls.
nules voy. nuls.
nuls 9, 32, nul 5, 22, nule 1799, nules 1459, nul, aucun.
nuz 2579, 1968, nu 1340, nu.

1 o 267, 446, avec.
2 o 24, 70, ou.
oci voy. ocire.
ocie voy. ocire.
ocient voy. ocire.
ocirai voy. ocire.
ocire 127, 173, ocient 2307, 2309, ocis 2116, ocist 525, 707, ocirai 1929, oci 1254, 2348, ocie 1024, ocis 1673, 1741, 584, 664, 2338, 2357, 2163, 2204, tuer.
ocis voy. ocire.
ocist voy. ocire.
oeie voy. oïr.
1 oi voy. oïr.
2 oi voy. aveir.
oï voy. oïr.
oiant voy. oïr.
oiez voy. oïr.
oïl 562, 1158, oui.
oïr 2, oi 2318, ocie 1990, ot 87, 2180, oï 646, 761, 544, 588, oïrent 1184, 2410, orras 795, 816, orrez 313, 2641, oiez 1,

102, oïst 311, oïant 1794, oï 118, 1760, *entendre*.
oïrent *voy*. oïr.
oïst *voy*. oïr.
olivier 1273, 1310, *olivier*.
oltre 310, 1966, *outre*.
om 22, 345, ome 9, 127, omes 74, 251, *homme, on*.
omage 922, *hommage*.
ome *voy*. om.
omes *voy*. om.
omnipotent 848, *tout-puissant*.
onc 635, 1165, 2197, *jamais*.
onces 1483, *once*.
oncles 357, 1172, oncle 1812, 1845, *oncle*.
onor 338, 857, 2452, 2522, onors 1359, 2024, *honneur, biens*.
onorables 1344, *glorieux*.
onoree *voy*. onorer.
onorer 712, onorez 158, onoree 1084, 2041, *honorer*.
onorez *voy*. onorer.
onors *voy*. onor.
onques 79, 194, *jamais*.
ont *voy*. aveir.
1 or 33, 54, *maintenant*.
2 or 238, 252, *or*.
ordene *voy*. ordenes.
ordenes 513, 1992, ordene 1758, *ordre (religieux)*.
1 ore 2451, *comme or 1*.
2 ore 43, 1469, *heure*.
oré 828, *tempête, orage*.
orent *voy*. aveir.
orfelin 67, *orphelin*.
orgoillos 100, 186, 1786, 1932, orgoillose 432, *orgueilleux*.
orgoillose *voy*. orgoillos.

orguelz 805, *orgueil*.
orras *voy*. oïr.
orrez *voy*. oïr.
os 2579, 132, 721, *os*.
osa *voy*. oses.
osas *voy*. oses.
osast *voy*. oses.
osasse *voy*. oses.
osereient *voy*. oses.
oses (oser) 523, osas 2513, osa 750, 2058, osereient 573, osasse 1565, osast 2450, *oser*.
ost 1200, 74, 671, oz 440, 456, *armée*.
ostage 487, ostages 2037, 2438, *otage*.
osteier 201, 1948, *guerroyer*.
ostel 1558, 1802, ostels 283, 1871, *maison*.
ostelez (osteler) 747, *loger*.
ostels *voy*. ostel.
ostes 284, *hôte*.
1 ot *voy*. aveir.
2 ot *voy*. oïr.
oltrage 433, 2370, *témérité, violence*.
otreier 110, 1316, otreions 1784, otreiez 105, otreit 1816, *accorder*.
otreiez *voy*. otreier.
otreions *voy*. otreier.
otreit *voy*. otreier.
ou 118, 337, *où*.
overreies *voy*. uevre.
overte *voy*. uevre.
overtes *voy*. uevre.
oz *voy*. ost.

VOCABULAIRE

paié *voy.* paier.
paien *voy.* paiens.
paiene *voy.* paiens.
paiens 800, 831, paien 401, 685, 347, 373, paiene 76, *payen.*
paier 203, 2158, *payer;* paié 2061, 2130, *faire la paix.*
paile 408, 413, *étoffe précieuse.*
pain 510, *pain.*
pais 2118, 2131, 102, 660, *paix.*
païs 1462, 2243, 1401, 2285, *pays.*
païsant 2088, *paysan.*
paist (paistre) 36, *nourrir.*
palais 30, 164, *palais, grande salle du palais.*
palazins 2441, *palatin.*
palefrei 1655, *palefroi.*
palme 1119, *paume (mesure de dimension);* palmes 741, *palme.*
palmier *voy.* palmiers.
palmiers 1372, palmier 1180, 2136, *pèlerin.*
paltonier *voy.* paltoniers.
paltoniers 91, paltonier 2343, *homme méprisable, truand, coquin.*
paor 953, 1156, *peur.*
1 par 64, 75, *par.*
2 par 44, 100 *(particule augmentative).*
paradis 428, 699, *paradis.*
parcreüz 786, 1051, *de grande dimension.*
pardoinse (pardoner) 1737, pardoné 753, 774, *pardonner.*
pardon (en) 1826, 1994, *inutilement.*
parent 112, 858, *parent.*
parenté *voy.* parentez.

parentez 810, parenté 834, 1560, 1567, *parenté.*
parevis 1678, *parvis.*
parfont 958, *profondement.*
parins 1287, *parrain.*
parla *voy.* parler.
parlé *voy.* parler.
parler 311, 437, parlez 1826, 2447, parla 2316, parlez 475, parlé 794, *parler.*
parlez *voy.* parler.
parole 682, paroles 315, *parole.*
paroles *voy.* parole.
part 454, 516, parz 2148, *part.*
partes *voy.* partir.
parti *voy.* partir.
partir 1484, parti 2051, 2194, partes 2137, parte 2069, partiz 293, *partir, diviser.*
partiz *voy.* partir.
paru (pareir) 947, *paraître.*
parz *voy.* part.
pas 764, *pas.*
pasme (pasmer) 930, *tomber en pamoison.*
pasques 741, 988, 991, *pâques.*
passa *voy.* passer.
passast *voy.* passer.
passastes *voy.* passer.
passe *voy.* passer.
passé *voy.* passer.
passee *voy.* passer.
passer 75, 129, 915, passe 1923, passa 1936, past 1500, passastes 764, passast 1079, 1999, passé 2270, passez 739, *passer.*
passez *voy.* passer.
past *voy.* passer.
paveillons 2293, *tente.*

14

pechié *voy.* pechiez.
pechiez 94, 127, pechié 82, 118, 753, *péché.*
peisson 1016, *poisson.*
peine (a) 1209, *peine (à).*
1 pel 2363, pels 1341, 1349, *peau.*
2 pel 1935, *pieu.*
pelerin *voy.* pelerins.
pelerinage 263, 383, *pèlerinage.*
pelerins 1372, pelerin 1453, 1455, *pèlerin.*
pels *voy.* pel.
pendant *voy.* pendre.
pendent *voy.* pendre.
pendez *voy.* pendre.
pendié *voy.* pendre.
pendre 917, pent 411, 604, pendent 2300, pendié 1140, pendez 489, pendant 2506, penduz 1755, *pendre.*
penduz *voy.* pendre.
pené *voy.* penez.
peneance 1408, 2009, *pénitence.*
penez (pener) 766, 1176, pené 2195, 2277, *souffrir.*
pensa *voy.* pense.
pense (penser) 1028, 1097, pensez 1920, pensent 2214, 2326, pensa 121, pense 155, 157, pensez 2317, *penser.*
pensé 800, 806, *pensée.*
1 pensee 593, *pensée.*
2 pensee *voy.* pensé.
pensent *voy.* pense.
pensez *voy.* pense.
pent *voy.* pendre.
per 698, 715, 569, 2235, *pair.*
percié *voy.* percier.
percier 2332, 2681, perciez 369, percié 2145, *percer.*

perdes *voy.* pert.
perdi *voy.* pert.
perdrons *voy.* pert.
perdront *voy.* pert.
perdu *voy.* pert.
perdue *voy.* pert.
perduz *voy.* pert.
pere 49, 147, 257, 337, *père.*
perron 977, 1353, *perron.*
persone 1911, *prestance.*
pert (perdre) 25, 1507, perdi 2561, 920, perdrons 1799, perdront 353, 1259, perdes 1507, perdu 1068, perdue 1818, perduz 1239, *perdre.*
pertuis 1079, *trou.*
pesant 2486, *lourd.*
pesmes 1629, *très-fâcheux.*
1 petit *voy.* petiz.
2 petit 140, 384, 2232, *peu.*
petiz 512, 896, petit 259, 923, 990, *petit, jeune.*
peüst *voy.* puis 2.
pié 87, 640, 1141, 2578, piez 133, 180, *pied (membre et mesure).*
pierres 1116, 2574, *pierre.*
pietaille 420, *gens de pied.*
piez *voy.* pié.
pilers 467, *pilier.*
pitié 194, 218, *pitié.*
piz 1216, 2539, 2548, *poitrine.*
1 place 406, 409, *place.*
2 place *voy.* plaist.
plaidier 1170, plaidiez 1278, 1994, *discuter.*
plaidiez *voy.* plaidier.
plaie 948, *blessure.*
plaié (plaier) 2164, 2205, *blesser.*

plaigniez *voy.* plaint.
plain 23, *plaine.*
plaint (se) (se plaindre) 1788, 1809, plaigniez 1946, *se plaindre.*
plaisir 1724, *plaisir.*
plaireit *voy.* plaist.
plaist (plaire) 2, 105, plot 724, 742, plaireit 10, place 1927, pleüst 1548, *plaire.*
plait *voy.* plaiz.
plaiz 1129, 1482, plait 1508, 35, 161, *convention, combat, querelle, procès, plaid.*
plein *voy.* pleins.
pleine *voy.* pleins.
pleins 875, 2011, plein 2665, pleine 1635, 1119, *plein.*
pleissier 181, 1267, *plier, briser.*
pleniers *voy.* plenier.
plenier 2086, pleniers 2047, *épais.*
plenté 1486, *grande quantité.*
pleüst *voy.* plaist.
plevit (plevir) 1722, *garantir.*
plora *voy.* plore.
plore (plorer) 1333, 1337, plorez 2420, plora 995, plorgrent 88, ploré 1154, 2617, plorant 255, *pleurer.*
ploré *voy.* plore.
plorerent *voy.* plore.
plorez *voy.* plore.
plot *voy.* plaist.
plus 43, 54, 1829, *plus.*
plusor 847, plusors 2040, *plusieurs.*
poe 296, *patte.*
poeie *voy.* puis 2.
poeir *voy.* puis 2.

poeit *voy.* puis 2.
poesté 801, *pouvoir.*
poez *voy.* puis 2.
poi *voy.* puis 2.
poignant *voy.* point.
poignez *voy.* point.
poing 130, 605, poinz 412, 1132, *poing.*
1 point 143, 375, *point (négation).*
2 point (poindre) 898, 1223, poignez 2120, poignant 1071, 2225, point 1504, *éperonner, charger.*
poinz *voy.* point.
poïst *voy.* puis 2.
polmon 959, *poumon.*
pomier 701, *pommier.*
1 pont 2120, 2126, ponz 466, *pont.*
2 pont 2095, *pommeau.*
poons *voy.* puis 2.
por 4, 31, *pour.*
porcel 852, *pourceau.*
porent *voy.* puis 2.
porprenent (porprendre) 283, *occuper.*
porquant 970, *néanmoins.*
porquerre 361, 1607, *chercher.*
porra *voy.* puis 2.
porreie *voy.* puis 2.
porreit *voy.* puis 2.
porrez *voy.* puis 2.
port *voy.* porter.
porta *voy.* porter.
1 porté *voy.* porter.
2 porte 434, 1530, portes 1620, 421, 1528, *porte.*
portent *voy.* porter.
porter 55, 278, porte 20, 650,

portent 2088, 2308, porta 1915, portera 258, port 1934, *porter*.
portera *voy*. porter.
portes *voy*. porte.
portier *voy*. portiers.
portiers 1534, 1536, portier 1529, 1554, *portier*.
porz 887, *port*.
posé *voy*. poser.
poser 717, 2264, posé 778, *poser*.
postiz 1675, 1716, *poterne*.
pot *voy*. puis 2.
povre *voy*. povres.
povres 1537, 2248, 746, 2258, povre 2255, 31, 2585, *pauvre*.
pré 1014, *prairie*.
preechant *voy*. preechier.
preer 2679, *piller*.
preechier 2133, preechant 849, *prêcher*.
preié *voy*. preier.
preier 232, 516, pri 1698, prie 337, prient 908, prit 904, preié 1972, 2181, *prier*.
preiere 689, *prière*.
preigne *voy*. prendre.
preignes *voy*. prendre.
preisier 571, 1850, pris 843, 865, preisai 926, preisiez 1734, *estimer*.
preïst *voy*. prendre.
premier *voy*. premiers.
premierement 850, *premierement*.
premiers 556, 1182, premier 1264, 2294, *premier*.
prendra *voy*. prendre.
prendrai *voy*. prendre.

prendre 80, 171, prent 1699, prenz 73, prent 128, 134, prenent 546, prist 101, 341, pristrent 2653, prendrai 1367, prendra 2377, prendrez 2399, prent 69, 893, prenez 461, 478, preigne 2439, preignes 2464, preïst 917, 1375, pris 350, 2184, 303, 331, *prendre, commencer*.
prendrez *voy*. prendre.
prenent *voy*. prendre.
prenez *voy*. prendre.
prent *voy*. prendre.
prenz *voy*. prendre.
presse 123, *foule*.
prest 1313, *prêt*.
prestre 1009, 1664, 992, *prêtre*.
prevost 207, *prévôt*.
prie *voy*. preier.
prient *voy*. preier.
pri *voy*. preier.
1 pris *voy*. preisier.
2 pris 1491, 2550, *prix*.
3 pris *voy*. prendre.
preisai *voy*. preisier.
prison 309, 1023, prison 2218, *prisonnier*.
prisonier 2353, prisoniers 352, 1258, *prisonnier*.
prist *voy*. prendre.
pristrent *voy*. prendre.
prit *voy*. preier.
pro *voy*. proz.
procession 609, 1472, *procession*.
prodom 21, 36, prodome 678, 1928, *homme de bien*.
prodome *voy*. prodom.

prōece 1501, proeces 860, *vaillance*.
proeces *voy*. proece.
profetes 847, *prophète*.
prometre 438, promis 234, *promettre*.
promis *voy*. prometre.
provende 98, *prébende*.
provendiers 1103, 1123, *prébendier*.
proz 1085, 1490, pro 609, 1472, *vaillant*.
pulcele 2560, 2232, *jeune fille*.
pueent *voy*. puis 2.
pueple 711, 737, pueples 175, *peuple*.
puet *voy*. puis 2.
puez *voy*. puis 2.
1 puis 43, 163, 244, *depuis, ensuite*.
2 puis 171, 467, puez 74, 193, puet 54, 55, poons 203, 2322, poez 2177, pueent 1187, poeie 529, poeit 2173, 2304, poi 234, pot 526, 647, porent 703, 1351, porra 578, 2674, porrez 346, porreie 386, porreit 693, 1098, puisse 223, 681, puisses 152, puist 98, 803, puisse 156, 372, puissent 1343, peûst 244, 245, poïst 1475, 1481, poeir 481, *pouvoir*.
puissant 2449, *puissant*.
puisse *voy*. puis 2.
puissent *voy*. puis 2.
puisses *voy*. puis 2.
puist *voy*. puis 2.
puiz 38, 986, *puits*.
punais 37, *qui sent mauvais*.

qu' 60, 98, *pour que*; 477, 2533, *pour qui*.
quanqu' 1096, *pour quanque, tout ce que*.
1 quant 12, 27, *quand*.
2 quant 468, *tout ce que*
quar 197, 231, *car*; 381, 559, *donc (formule impérative)*.
quarante 739, 1792, *quarante*.
quarels 642, *flèche*.
quart 1307, *quatrième*.
quartier (escu de) 604, 653, *écu écartelé*.
quassee (quasser) 1077, *briser*.
quatorze 30, 613, *quatorze*.
quatre 46, 84 (quatre vinz 1693, 1775; vint et quatre 2429), *quatre*.
1 que 9, 32, *que*; 120, 262 *car*; (que... que 332, *tant... que*; n'avons que 374, *nous n'avons pas à*).
2 que *voy*. qui.
quei 4, 136, *quoi*.
queiement 749, 1589, *sans bruit*.
quel *voy*. quels.
quels 656, 1754, 1791, quel 1559, 1560, *quel*.
querez *voy*. querre.
querras *voy*. querre.
querre 1613, 1627, quier 174, 233, quiers 512, quiert 1407, 1798, querez 1572, quierent 373, 2235, querras 1591, quis 1387, 2228, *chercher*.
ques 2340, *pour qui les*.
1 qui (*relat.*) 36, 63, 112, cui 56, 794, que 262, 267, *qui, que*.

2 qui 2511 (*inter.*), que 217, *qui, que.*
quier *voy*. querre.
quierent *voy*. querre.
quiers *voy*. querre.
quiert *voy*. querre.
quil 469, 600, *pour qui le.*
quin 94, 104, *pour qui en.*
quinzaine 2200, *quinzaine.*
quinze 103, 233, *quinze.*
quite *voy*. quites.
quites 394, quite 483, 2374, *absous, quitte.*

ra (raveir) 2315, ravrons 1276, 1298, *ravoir.*
rachater 319, *racheter.*
raie *voy*. raier.
raier 2148, raie 960, *couler.*
raison 891, 490, 1457, 2122, *raison, justice, discours, langage.*
ramé 294, ramee 1074, *branchu, touffu.*
ramee *voy*. ramé.
rameint (ramener) 905, *ramener.*
ramposne 2169, *insulte.*
ramu 632, *branchu, touffu.*
randon 967, 972, *élan.*
randonee 1076, *élan.*
ravrons *voy*. ra.
rebraciez (se rebracier) 129, *relever ses manches.*
reclaime (reclamer) 1225, reclama 676, 694, *réclamer.*
recoillirent (recoillir) 2633, *recevoir.*
recreant (recreire) 24, recreüz 1386, 2227, *céder, se rendre.*

reconut (reconaistre) 1685, *reconnaître.*
recovriers 1537, *secours.*
recovrer 1585, *s'aider.*
recreüz *voy*. recreant.
reçui (receivre) 929, reçut 44, 1001, *recevoir.*
reculant (reculer) 2451, *reculer.*
reçut *voy*. reçui.
redempcion 1006, *rédemption.*
redi (redire) 1837, *répondre.*
redote (redoter) 675, 686, redoté 824, *craindre.*
redreça *voy*. redrecier.
redrecier 216, 1121, redrece 2403, *relever.*
reençon 172, 488, *rançon.*
referir 931, refier 638, *frapper de nouveau.*
refuse 1793, refusez 1830, 1412, *refuser.*
refusez *voy*. refuse.
refussent *voy*. resont.
regné 2647, *royaume.*
reguarde (reguarder) 450, reguardent 607, *regarder.*
rei *voy*. reis.
reiame 151, 167, reiames 12, *royaume.*
reiames *voy*. reiame.
reis 14, 20, 46, 729, rei 94, 99, 631, 636, *roi.*
reit 412, 605, reiz 2301, *raide, fort.*
remaigne *voy*. remainent.
remainent (remaneir) 35, remest 243, 2579, remandra 519, 1419, remaigne 364, remés 161, 1579, *rester.*

remembre (remembrer) 126, 492, *souvenir*.
remés *voy*. remainent.
remest *voy*. remainent.
remuast *voy*. remut.
remué *voy*. remut.
remut (remuer) 627, remuast 635, 1964, remué 777, *remuer*.
renc 1182, 1206, *rang*.
rendent *voy*. rent.
rendissent *voy*. rent.
rendistes *voy*. rent.
rendra *voy*. rent.
rendrai *voy*. rent.
rendu *voy*. rent.
renges 408, *ceinture*.
rent (rendre) 1263, 2352, rendent 2343, rendistes 728, rendrai 108, 1256, rendra 1507, rendissent 1304, rendu 1218, 1238, *rendre*.
rentrer 710, *rentrer*.
reoigniez (reoignier) 513, *tonsurer*.
reoille *voy*. reoillier.
reoillier 511, reoille 832, *rouler les yeux*.
repaire *voy*. repairier.
repairié *voy*. repairier.
repairier 245, 2052, repaire 114, repairiez 242, repairié 1352, repairier 1990, *retourner, revenir*.
repairiez *voy*. repairier.
reposer 287, 2222, *reposer*.
reproche 1830, *reproche*.
reprové (reprover) 789, *reprocher*.
reprovier 198, 602, *reproche*.
requeïstes *voy*. requiers.

requiere *voy*. requiers.
requierent *voy*. requiers.
requiers (requerre) 217, requiert 262, 498, requierent 347, 2136, requis 2534, requeïstes 2624, requiere 627, requis 1715, *demander*.
requiert *voy*. requiers.
requis *voy*. requiers.
resailliz (resaillir) 1295, *se relever*.
rescos (rescorre) 2173, 1357, *délivrer*.
resembles (resembler) 1033, *ressembler*.
resne 2180, resnes 909, *rêne*.
resnes *voy*. resne.
resoigniez (resoignier) 1173, *redouter*.
resont (restre) 1525, 1584, refussent 2323, *être de nouveau, à son tour*.
resordront (resordre) 38, *ressortir*.
respitier 1376, respitiez 1261, 1326, *différer, épargner*.
respondent *voy*. respont.
respondi *voy*. respont.
respondié *voy*. respont.
respont (respondre) 214, 224, respondent 445, 1198, respondi 1704, 2421, respondié 2562, 2582, *répondre*.
ressuscitez (ressusciter) 779, *ressusciter*.
restreing (restreindre) 893, restreintes 900, *resserrer*.
restreintes *voy*. restreing.
retenez *voy*. retenir.
retenir 152, 1876, retieng 964,

retenez 487, retenu 1228, 2339, retenir.
retenu voy. retenir.
retez (reter) 1422, accuser.
retieng voy. retenir.
retolir 83, 178, prendre.
retorna voy. retorner.
retorne voy. retorner.
retorner 439, 517, 1343, retorne 2354, 2342, retorna 2026, retornez 1455, 1907, 272, 2183, retourner.
retornez voy. retorner.
retraçon 1063, 1030, reproche.
retrait (retraire) 1144, 2598, retirer.
revele voy. reveler.
revelent voy. reveler.
reveler 2653, revele 1601, revelent 1614, se révolter, se manifester.
revest (se) (revestir) 321, revestuz 1391, se revêtir.
revestuz voy. revest.
revint (revenir) 241, revenir.
ri voy. rire.
riche voy. riches.
riches 350, 450, 745, 2158, riche 267, 448, 2176, 2287, riche, puissant.
richeté 809, richesse.
rien voy. riens.
riens 710, 2122, 2129, rien 1799, quelque chose, rien.
ris 1478, 1701, rire (subst.).
rit (rire) 1177, 2599, rire (verbe).
rivage 440, rivage.
rive 1327, rive.
riviere 2223, 2651, bord de l'eau.
rober 2286, piller.

roge 2478, 310, roges 506, rouge.
rompié (rompre) 2152, rompuz 1233, 1243, rompre.
rompuz voy. rompié.
roncin 1507, 1654, cheval de service.
ros 2114, 2108, roux.
rostir 542, rôtir.
rova voy. rover.
rover 2211, rova 1746, demander.
rues 1801, 1859, rues.
ruié (se ruier) 1872, se ruer.
ruistes 2540, violent.

1 s', pour sa.
2 s', pour se.
3 s', pour si.
sa voy. ses.
sablon 973, 1046, sable.
sache voy. saveir.
sachié voy. sachier.
sachier 1327, 2078, sachiez 2608, sachié 1125, 1366, tirer, retirer.
1 sachiez voy. saveir.
2 sachiez voy. sachier.
sacremenz 841, sacrement.
safré (safrer) 1582, garnir d'une panne.
sage voy. sages.
sages 327, 379, 444, sage 609, 490, 903, sage.
sai voy. saveir.
saignié (saignier) 1094, 2580, saigner.
sailli voy. salt.
sailliz voy. salt.
sain voy. sains.

sains 1128, 1157, sain 906, sain.
saint voy. sainz.
sainte voy. sainz.
saintisme 975, très saint.
sainz 397, 225, saint 232, 388, sainte 677, 155, 726, saint.
saisi voy. saisir.
saisir 1638, saisist 557, 1132, saisi 1709, saisir.
saisist voy. saisir.
salee (saler) 978, saler.
salf voy. sals.
sals 1128, salf 473, sauf.
salt (saillir) 1048, sailli 2441, 2467, 2555, sailliz 2484, 2558, sauter.
saltier 1751, psautier.
salu (saluer) 2388, salue 449, saluez 2121, saluer.
salue voy. salu.
saluez voy. salu.
salvage voy. salvages.
salvages 879, salvage 381, sauvage.
sanc voy. sans.
sanglent 1331, 1335, sanglant.
sans 771, 960, sanc 722, 2148, sang.
sarrazine 8, sarrasine.
saveient voy. saveir.
saveies voy. saveir.
saveir 1509, sai 4, 169, sés 1459, 2581, set 494, 2084, savons 980, savez 1806, 2133, sevent 847, saveies 1559, saveient 1301, sot 2688, sorent 2305, 2328, sachiez 1324, sache 266, 400, 445, 2267, seüst 876, 1373, savoir, connaître.

savez voy. saveir.
savons voy. saveir.
se voy. il.
2. se 73, 168, si (se... non 70, 79, sinon, si ce n'est).
secor voy. secorre.
secore voy. secorre.
secorez voy. secorre.
secorre 363, 1493, secorez 1402, 2244, secor 381, 1062, secorez 787, secore 267, secourir.
secors 260, 333, secours.
seeler 2268, sceller.
seels 264, sceaux.
sei voy. il.
seie voy. estre.
seient voy. estre.
seies voy. estre.
seiez voy. estre.
seignacle 425, signe.
seigne (seignier) 790, faire le signe de la croix sur.
seignor voy. sire.
seignorage 1776, seigneurie.
seignorez 2258, seigneur.
seions voy. estre.
seit voy. estre.
seize 2077, seize.
sejorne (sejorner) 2051, séjourner.
sejorné 687, sejornez 2261, dispos, vigoureux.
sejornez voy. sejorné.
sel, pour si le et se le.
sele 649, selle.
selve 1074, forêt.
semblant 2210, semblant.
semble (sembler) 1210, sembles 1032, ressembler.

sembles *voy*. semble.
sempres 113, 120, *aussitôt*.
seneschals 661, *sénéchal*.
senestre 130, 2147, *gauche*.
senglers 1596, *sanglier*.
sens 1112, 2247, *sens*.
sent (sentir) 958, sentent 1234, senti 1687, sentu 1240, *sentir*.
sentent *voy*. sent.
senti *voy*. sent.
sentiers 1268, *sentier*.
sentu *voy*. sent.
senz 143, 375, *sans*.
sepulcre 778, *sépulcre*.
sera *voy*. estre.
serai *voy*. estre.
seras *voy*. estre.
sereie *voy*. estre.
sereit *voy*. estre.
serement 2638, *serment*.
serez *voy*. estre.
serf *voy*. servir.
sergenz 2269, 2273, *servant*.
sermona (sermoner) 51, *sermoner*.
serons *voy*. estre.
seror *voy*. suer.
serveit *voy*. servir.
servent *voy*. servir.
service 213, 317, 322, *service*.
servir 155, 712, serf 514, servent 469, 2258, serveient 987, serviz 158, *servir*.
serviz *voy*. servir.
1 ses, *pour* si les *et* se les.
2 ses 49, 133, 109, 115, sa 192, 698, soe 454, 516, siens 537, 2472, sien 83, son 21, 25, si 753, 774, lor 77, 279, *son, sa, ses, leur*.

sés *voy*. saveir.
1 set *voy*. saveir.
2 set 631, *sept* (set vinz 1488, *cent quarante ;* set cenz 1575, 1849, *sept cents*, etc.).
seürté 2644, *assurance*.
seüst *voy*. saveir.
sevent *voy*. saveir.
sevrez (sevrer) 307, *séparer*.
1 si *voy*. ses.
2 si 40, 186, 424, etc., *si, ainsi, alors*.
siecle 257, 716, *monde*.
sien *voy*. ses.
siens *voy*. ses.
siet (sedeir) 142, 618, sist 99, *être assis, être placé*.
sil, *pour* se le.
simpleté 745, *simplicité*.
sire 103, 396, seignor 1, 10, 119, 136, *sire, seigneur*.
sis 45, *six*.
sist *voy*. siet.
sivirent *voy*. sivre.
sivre 529, suit 2165, 2341, sivirent 990, *suivre*.
soc *voy*. sa.
soef 921, 961, *doucement*.
soferte *voy*. sofrir.
sofri *voy*. sofrir.
sofrir 706, 1577, sofri 8, 2009, soferte 2171, *souffrir, supporter*.
soing 1114, 1133, *souci*.
sol *voy*. sols.
sols 1789, sol 459, 1280, *seul*.
soleient *voy*. soleit.
soleil 1377, 2568, *soleil*.
soleit (soleir) 349, soleient 1473, 1543, *avoir coutume*.

solement 714, *seulement.*
soler 1731, *soulier.*
som 2518, *sommet.*
someillier 2196, *dormir.*
someron 1041, *extrémité.*
somes *voy.* estre.
somier 1306, 1655, somiers 238, 252, *bête de somme.*
son *voy.* ses.
soner 750, sonerent 1199, *sonner.*
sonerent *voy.* soner.
songe 289, *songe.*
sonja (songier) 289, *rêver.*
sont *voy.* estre.
sor 8, 60, *sur.*
sorcilz 832, *sourcils.*
sore 2156, *sur.*
sorent *voy.* saveir.
sorhalcier 2007, *célébrer.*
sospire (sospirer) 2416, *soupirer.*
sostiegne *voy.* sostient.
sostient (sostenir) 1547, sostiegne 938, *soutenir, supporter.*
sot *voy.* saveir.
sovent 860, *souvent.*
soz 180, 220, *sous.*
suer 1659 *(rg. sg.),* seror 2686, *sœur.*
sui *voy.* estre.
suit *voy.* sivre.
suor 2552, *sueur.*
surreccion 1004, *résurrection.*
sus 534, 616, *en haut.*

t', *pour* te.
ta *voy.* tes.
table 750, tables 662, *table.*
taille (taillier) 412, 418, *tailler.*

talent 125, 627, *désir.*
1 tant *(adv.)* 190, 223, *tant;* a tant 446, 790, *alors.*
2 tant *voy.* tanz.
tanz 460, 386, 444, tant 1213, 1896, tante 1213, 1896, *tant.*
1 targe 411, 911, *targe (bouclier).*
2 targe *voy.* targier.
targent *voy.* targier.
targier 1108, 1187, targe 897, 2494, 253, 268, targent 1449, targiez 1284, *tarder.*
targiez *voy.* targier.
te *voy.* tu.
tei *voy.* tu.
teinz 912, *couleur.*
teise 640, 647, teises 581, *toise.*
tel *voy.* tels.
tels 2639, 324, tel 64, 152, 29, 682, *tel.*
temulte 1201, *tumulte.*
tencier 182, *quereller.*
tendirent *voy.* tendre.
tendra *voy.* tenir.
tendre 2281, 2450, tendirent 58, *tendre.*
tendrement 2412, *tendrement.*
tendront *voy.* tenir.
tenez *voy.* tenir.
tenir 137, 151, tieng 927, 2534, tient 974, tienent 2539, tint 1167, 2589, tendra 2265, tendront 421, tenez 145, 2123, tenist 658, tenuz 1198, 1206, tenu 1209, *tenir.*
tenist *voy.* tenir.
tens 53, 756, 1509, *temps.*
tenser 802, 814, 2019, *soutenir, défendre.*
tente 2383, tentes 2366, *tente.*

220 VOCABULAIRE

tenu *voy*. tenir.
tenuz *voy*. tenir.
terre 133, 297, terres, 109, 138, *terre*,
terst (terdre) 772, *essuyer*.
terrier 538, *territoire*.
tertre 606, 616, *tertre*.
tes 513, 721, 157, ta 696, toe 552, 846, 2588, tien 808, 880, ton 136, 390, ti 838, 1059, vo 481, 571, 482, 501, 572, 767, voz 780, 777, 403, 455, vostre 149, 415, *ton, ta, tes, votre, vos*.
tesmoignier 646, *témoigner*.
teste 507, 2139, testes 1698, *tête*.
ti *voy*. tes.
tien *voy*. tes.
tienent *voy*. tenir.
tieng *voy*. tenir.
tient *voy*. tenir.
tierz 1500, 779, *troisième*.
tint *voy*. tenir.
tirra (tirer) 97, *tirer*.
tochast *voy*. tocher.
tochié *voy*. tochier.
tochier 1772, 1934, tochot 955, tochast 2182, tochiez 2071, tochié 1875, *toucher*.
tochiez *voy*. tochier.
tochot *voy*. tochier.
toe *voy*. tes.
toille *voy*. tolir.
toldrez *voy*. tolir.
tolir 84, 153, tolis 2134, toldrez 67, toille 485, tolu 2066, *prendre*.
tolis *voy*. tolir.
tolu *voy*. tolir.

ton *voy*. tes.
tondi (tondre) 1967, *tondre*.
torment 863, *supplice*.
torna *voy*. torne.
torne 846, 2381, tornent 1879, torna 13, tornerent 2150, tornerai 468, tornez 746, 780, torné 34, 688, tornee 2031, *tourner*.
torné *voy*. torne.
tornee *voy*. torne.
tornent *voy*. torne.
tornerai *voy*. torne.
tornerent *voy*. torne.
tornez *voy*. torne.
tort 22, 65, torz 180, *tort*.
tost 374, 622, *tôt*.
tot *voy*. toz.
tote *voy*. toz.
totes *voy*. toz.
toz 2360, 95, 713, tot 13, 167, 260, 232, 293, tote 192, 420, totes 58, 159, tuit 307, 333, *tout, tous*.
traînent (trainer) 1774, *traîner*.
traïr 1477, 2530, *trahir*.
traisist *voy*. trait.
traïson 66, 393, *trahison*.
trait (se) (traire) 1036, 315, traisist 2537, trait 934, traite 2346, traites 2556, *tirer, aller*.
traite *voy*. trait.
traites *voy*. trait.
traïtor *voy*. traître.
traïtors *voy*. traître.
traître 1012, 1913, 1919 (*rg. sg.*), traïtor 1438, 1463, traïtors 1984, *traître*.
travaillié *voy*. travailliez.

travailliez 1176, travaillié 2195, 767, *travailler.*
tref *voy.* trés.
trei 417, 715, treis 106, 473, *trois.*
treille 1935, *treillis.*
treis *voy.* trei.
trenchant *voy.* trenchier.
trenchanz *voy.* trenchier.
trenchast *voy.* trenchier.
trenche *voy.* trenchier.
trenchié *voy.* trenchier.
trenchier 95, 195, trenche 639, 970, trenchast 1246, 1252, trenchant 605, trenchanz 2301, trenchié 1069, 2604, *trancher.*
trente 190, 238, *trente.*
1 trés 32, 951, *très;* 671, 946, *à travers, de part en part.*
2 trés 1194, 2306, 2382, tref 447, 614, *tente.*
tresbuche *voy.* tresbuchier.
tresbuchié *voy.* tresbuchier.
tresbuchier 2334, tresbuche 133, tresbuchié 1116, 2574, *renverser, trébucher.*
tresor 441, 457, *trésor.*
trespas 843, *souffle.*
trespasse (trespasser) 257, 898, trespassent 280, 2277, *passer outre, franchir, trépasser.*
trespassent *voy.* trespasse.
tresqu' 106, 1762, *pour tresque.*
tresque 5, *jusque.*
trestorna (trestorner) 1035, *tourner.*
trestot *voy.* trestoz.
trestoz 810, 291, 2353, trestot 394, 484, 850, trestuit 2638, *tout.*
trestuit *voy.* trestoz.
treüage 882, *tribut.*
triers 954, *à travers.*
troez (troer) 369, *trouer.*
tronçons 1044, *tronçons.*
trop 127, 248, *trop.*
trossé (trosser) 275, trossez 238, 1427, *charger.*
trossez *voy.* trossé.
troton 1011, *celui qui fait les courses.*
trova *voy.* trover.
trovast *voy.* trover.
trové *voy.* trover.
trover 1834, truis 1846, trueve 124, 1803, truevent 735, 1529, trova 448, 2385, troverent 1270, troverai 1703, troveras 2397, trovera 2375, troverez 484, trovast 878, trové 1388, 2217, trovez 1591, *trouver.*
trovera *voy.* trover.
troveras *voy.* trover.
troverent *voy.* trover.
troverez *voy.* trover.
trovez *voy.* trover.
truevent *voy.* trover.
truis *voy.* trover.
tu 59, 137, te 64, 78, 156, 169, tei 541, vos 71, 116, 1, 2, tu, te, toi, vous.
tua (tuer) 2059, *tuer.*
tuit *voy.* toz.
turqueis 641, *turc.*

uelz 506, *œil.*
uevre (ovrir) 1564, 1669, ue-

vrent 2632, óverreïes 1562,
uevre 1530, overte 1609, over-
tes 1617, 1620, *ouvrir*.
uevrent *voy.* uevre.
ui 389, 925, *aujourd'hui*.
uis 1692, *porte*.
uissiers 1643, *huissier*.
uit 39, 40, *huit*.
umeliier 2629, *humilier*.
umilité 773, *humilité*.
un *voy*. uns.
une *voy*. uns.
unes *voy*. uns.
uns 50, 290, 332, un 56, 141,
  une 525, 114, 411, unes 324,
  329, *un*.
usé *voy*. user.
user 2212, 2252, 266, usé 53,
  user, employer.

va *voy*. aler.
vaillant *voy*. valt.
vaillanz *voy*. valt.
vaille *voy*. valt.
vaillissant *voy*. valt.
vait *voy*. aler.
val 336, 2552, *bas* (a val, *en bas*).
valdra *voy*. valt.
valent *voy*. valt.
valt (valeir) 837, 2563, valent
  1059, 2432, valu 914, 945,
  valdra 621, 1008, vaille 443,
  459, vaillanz 21, 2498, vaillant
  7, 154, 226, 2, 88, vailli-
  sant 485, valu 1977, *valoir*.
valu *voy*. valt.
vant (se) (se vanter) 4, *se vanter*.
vassal 2555, *vassal, guerrier*.
vasselage 389, *prouesse*.

veé *voy*. vié.

veeir 895, 1371, vei 575, 2190,
  veiz 63, 72, veit 142, 147,
  veient 197, 1267, vi 358, 925,
  769, 1020, veïstes 559, virent
  1416, 1898, verrons 106,
  verrez 29, verreie 501, vei
  388, veez 257, 2206, veïsse
  1359, veïst 1892, 2157, veïs-
  siez 1212, 2331, veïssent
  1924, veiant 2132, 2386, *voir*.
1 veez *voy*. veeir.
2 veez *voy*. vié.
vei *voy*. veeir.
veiage 235, *voyage*.
veiant *voy*. veeir.
veie 731, 2031, veies 1268, *voie*.
veient *voy*. veeir.
veier 207, *voyer (fonctionnaire
  d'humble condition)*.
veies *voy*. veie.
veinc (veintre) 2376, veint 2398,
  veintra 2440, 2465, vencuz,
  622, 2373, *vaincre*.
veint *voy*. veinc.
veintra *voy*. veinc.
veir 783, 1022, 214, 795,
  vrai, voire.
veirement 725, *vraiment*.
veïsse *voy*. veeir.
veïssent *voy*. veeir.
veïssiez *voy*. veeir.
veïst *voy*. veeir.
veïstes *voy*. veeir.
veit *voy*. veeir.
veiz *voy*. veeir.
veltres 292, *grand chien, le-
  vrier*.
venant *voy*. venir.
vencuz *voy*. veintre.

vendi (vendre) 755, 1000, vendu
1214, *vendre.*
vendra *voy.* venir.
venez *voy.* venir.
vengeance 1613, *vengeance.*
vengié *voy.* vengier.
vengier 2588, vengiez 530, 1551,
vengié 1122, *venger.*
vengiez *voy.* vengier.
venir 673, 2513, vient 113, 144,
venons 1531, venez 116,
vienent 328, 1385, vin 2529,
vint 215, 228, vindrent 424,
433, vendra 1514, 1910, venez
1808, 2313, viegne 363, 1622,
viegnent 2255, 2259, venant
323, 1384, venuz 383, 463,
2271, venu 1434, 2160, *venir.*
venist *voy.* venir.
venons *voy.* venir.
vent 828, 843, *vent.*
ventaille 417, *partie du haubert
qui se relevait sur la face.*
ventre 1016, *ventre.*
venu *voy.* venir.
venuz *voy.* venir.
veraiement 856, *vraiment.*
verais 742, *vrai.*
vergié *voy.* vergiez.
vergiez (vergier) 1115, vergié
1134, 2573, *rayé.*
vergoignié *vo.* vergoignier.
vergoignier 578, vergoigné 2083,
déshonorer.
verité 795, 816, *vérité.*
vermeille 411, 911, *rouge.*
verniz 912, *verni.*
verrai *voy.* veeir.
verreie *voy.* veeir.
verrons *voy.* veeir.

vers 58, 66, 619, *vers, envers,
contre.*
verser 2334, *renverser.*
vert 407, 2479, 1583, verz 1523,
vert.
vertu 918, vertuz 1227, 1247,
force, miracle.
vertuos 932, *valeureux.*
vertuz *voy.* vertu.
verz *voy.* vert.
vespre 2568, 2587, *soir.*
vesques 1694, *évêque. Voy.*
evesques.
vesqui *voy.* vivre.
vest 407, 2499, vestent 637,
2298, vestuz 615, 684, vestu
634, *vêtir.*
vestent *voy.* vest.
vestu *voy.* vest.
vestuz *voy.* vest.
veve 84, *veuve.*
vi *voy.* veeir.
vie 54, 93, *vie.*
vié (veer) 85, veez 701, veé
1558, *interdire.*
viegne *voy.* venir.
vieil *voy.* vielz.
vieille *voy.* vielz.
vielz 258, 365, vieil 819, 2198,
vieille 971, 914, *vieil.*
vienent *voy.* venir.
vient *voy.* venir.
vierge 719, 1084, *vierge.*
1 vif *voy.* vivre.
2 vif *voy.* vis.
vil 2534, *vil.*
vilain *voy.* vilains.
vilainement 852, *laidement.*
vilains 4, vilain 1906, 2166, *vilain.*
viles 2655, *ville.*

vilment 861, *vilement*.
vin *voy*. venir.
vindrent *voy*. venir.
1 vint *voy*. venir.
2 vint 581, *vingt* (vint et quatre 2429, vint et sis 45).
virent *voy*. veeir.
1 vis 1672, 2519, vif 1255, 1303, 564, *vivant*.
2 vis *voy*. vivre.
3 vis 354, 550, 2538, *mine, visage*.
visage 342, 378, 2551, *même sens*.
visages *voy*. visage.
visitez (visiter) 729, *visiter*.
vit *voy*. veeir.
vivons *voy*. vivre.
vivre 1751, 2223, vif 1089, 1705, vis 205, vivons 1064, vesqui 163, *vivre*.
vo *voy*. tes.
voillent *voy*. vueil.
vois 512, 2169, *voix*.
voise *voy*. aler.
voist *voy*. aler.
voldreie *voy*. vueil.
voldrent *voy*. vueil.
voldront *voy*. vueil.
vole *voy*. voler.
volee 1079, *volée*.
voleies *voy*. vueil.

voleit *voy*. vueil.
volent *voy*. voler.
volenté 691, 696, volentez 1594, 2253, *volonté*.
volentiers 15, 108, *volontiers*.
voler 1135, vole 1047, volent 2547, *voler*.
volez *voy*. vueil.
voisist *voy*. vueil.
volt *voy*. vueil.
volte 1467, 1634, *salle voûtée*.
voltiz 2543, 2549, *bombé*.
vont *voy*. aler.
1 vos *voy*. tu.
vostre *voy*. tes.
voz. *voy*. tes.
vrais 724, *vrai*.
vueil (voleir) 64, 172, vuels 78, vuelt 56, 107, volez 1362, 1697, vuelent 212, 2656, voleies 136, 807, voleit 733, voldrai 1986, voldront 1170, volt 319, 528, voldrent 2187, 2237, voldreie 516, voldreit 1796, voldriez 1832, vueille 314, 187, vueillent 1312, volsist 471, 877, *vouloir*.
vueille *voy*. vueil.
vuelent *voy*. vueil.
vuels *voy*. vueil.
vuelt *voy*. vueil.

TABLE DES NOMS[1]

Abel 707, tué par Caïn.
Abilant (l'onor d') 2452.
Acelin 1782, 1786, 1803, 1805, 1810, 1814, 1833, 1839, 1857, 1887, 1904, 1907, 1912, 1937, Ancelin *man*. B¹, B², fils de Richard de Normandie; il veut s'emparer de la couronne de France au détriment de Louis; il est tué par Guillaume (*voy*. Romania, I, 185).
Adam 698, 979, mangea du fruit défendu et fut chassé du paradis.
Aiglent *voy*. Milon d'A.
Aïmer 826, frère de Guillaume.
Aimeri 570, 819, 1472, 1542, 2525, 2594, Aimeri de Narbonne 210, père de Guillaume.
Ais 27, Aix-la-Chapelle.
Alelme 1785, 1789, 1797, 1826, 1836, 1840, 1855, 1858, Aliaume C 1543, 1551, 1558, 1571, etc., écuyer, neveu de Guillaume.
Alemaigne 17, dépend de Charlemagne. Gui d'A. *voy*. Gui.
Alemans (Gui li) *voy*. Gui.
Aliaume *voy*. Alelme.
Alion 644, 1208, 2096, 2143, 2502, 2612, Arion *var*. 1208, 2612, cheval de Corsolt, puis de Guillaume, après la mort de Corsolt.

---

1. On ne trouvera dans cette table, sur les personnages ou les lieux qui y figurent, que les renseignements fournis par le poème. Aux noms du texte critique j'ai ajouté ceux des variantes lorsqu'ils pouvaient être intéressants. C, D = appendice C, D; *var*. = variante.

Dans *C* le même cheval est appelé une fois Alion (1969), et ailleurs Arondel (1898, 2229, 2409, 2423, 2434, 2444, 2648, 2662).

Alori 1499, chef du lignage des traîtres.

Amarmonde 2022, Amaronde *var.* 2022, Marimonde *C* 1793, roi du Bordelais, conquis par Guillaume, se fait baptiser.

Amaronde *voy*. Amarmonde.

Ancelin *voy*. Acelin.

Andernas *voy*. Guibert d'A.

Anestase (sainte) 726, manchote, recouvra ses mains en accouchant la Vierge.

Anjou 18, dépend de Charlemagne.

Annadore 2031, Envéudure *var.* 2031, ville située sur la route de Pierrelate à Saint-Gile.

Anseüne *voy*. Guarin.

Arabe (or d') 319, (destrier d') 2362, Arabie.

Arage (mulet d') *C* 2285, Arabie.

Arion *voy*. Alion.

Arneïs 119, 124, Arneïs d'Orliens 99, 112, Hernaïs *D* 125, Herneïs d'Orliens *D* 90, 95, 117, Ernaul *var.* 119, Hernaulz *var.* 119. (Cf. p. xxvii et suiv.)

Arondel *voy*. Alion.

Arabi (l') *voy*. Corsolt.

Ascencion 1005.

Auborc *voy*. Guires.

Avauterre *var.* 19.

Avalon (l'or d') 1796, 1827, Valon (l'or de) *C* 1598 (île d'Avalon, séjour du roi Artur).

Baratron (puiz de) 986, enfer.

Baviere 17, dépend de Charlemagne.

Berengiers 565, pair de Charlemagne.

Bernart de Brebant 211, Bernart de Brebant la cité 821, frère de Guillaume.

Berriier *voy*. Berruier.

Berruier 1163, *var.* 1260, Berriier *var.* 19, hommes du Berry.

Bertran 115, 273, 356, 366, 403, 1171, 1479, 1553, 1598, 1645, 1648, 1893, 1916, 1920, 2189, 2208, 2209, 2312, 2467, 2472, 2492, 2622, 2625, 2659, 2662, comte Bertran 1154, 1214, 2316, 2615, paladin Bertran 2441. Neveu de Guillaume.

Berzebut 987, est en enfer.

Besençon *var.* 1832.

Bethleem 723, où naquit Jésus.

Bonivent *C* 2706, Bénévent.

Bordels sor Gironde 2021, Bordeaux.

Borgoigne *D* 9, dépend de Charlemagne.

Brachefier *voy*. Fierebrace.

TABLE DES NOMS

Brebant *voy*. Bernart.
Bretaigne 18, dépend de Charlemaigne; 2049, Guillaume la côtoie.
Brie 1449, 1452, sur la route de Rome à Tours.
Buevon de Commarchis 824, frère de Guillaume.

Cahu 621, 1225, dieu des Sarrasins.
Caïn 707, tue Abel.
Calabre 886, *C* 2282, 2457.
Carpes *voy*. Chapre.
Cartage (l'or de) 471, 491, (cité de) *var*. 2027.
Cartage *voy*. Dagobert de C.
Castele (destrier de) *C* 1342, Castille.
Cesaires *voy*. Julius.
Champion 1321, 1325, neveu du roi Galafre.
Chapre 303, 331, Carpes *var*. 331, Crapes *var*. 441, Capoue. (Cf. p. xxxix, note 1.)
Charlemagne *voy*. Charles.
Charles 150, 163, 164, 228, 242, 250, 339, 364, 885, 1396, 1436, 1461, 2385, 2501, Charlemagne 14, Charles li magnes 53, Charlemagne le grant *var*. 1.
Chartres 2378, 2400, *var*. 331.
Ciquaires 284, Cirtaiges *var*. 284, hôte de Guillaume à Rome.
Cirtaiges *voy*. Ciquaires.
Clinevent 2613, Prinsaut *C* 2421, 2650, cheval de Gui d'Alemaigne, conquis par Guillaume, qui le donne à Bertran.
Commarchis *voy*. Buevon de C.
Constentin *voy*. Costentin.
Cornoaille (l'onor de) *var*. 491.
Corsolt 612, 619, 628, 1030, 1192, 2619, Corsolt l'Arabi 2518, d'oltre la roge mer 310, li salvages 879, l'amirez 302, rei Corsolt 504, 622, 651. (Cf. p. xxxiv et suiv.)
Costentin 2052, Constentin *C* 1838, Cotentin.
Crapes *voy*. Chapre.

Dagobert de Cartage 2027, roi vaincu par Guillaume.
Daniel 1018, dans la fosse aux lions.
Denis (roi de Saint) 1461, 2516, saint Denis (cri de guerre) 2610, par saint Denis 547, 1260, 1642, 1757.

Engeliers 568, Englehiers *var*. 568, pair de Charlemagne.
Enveudure *voy*. Annadore.
Ermengart *voy*. Hermenjart.
Ernaut *voy*. Arneïs.
Escalvaire (mont) 761, Calvaire.

Esclers 829, Slaves.
Espaigne 2263 ; (destrier d')
 2261.
Espolise *voy*. Police.
Estolz de Langres 567, pair de Charlemagne.
Evain 698, 980, mangea la pomme défendue.

Fierebrace 271, 382, 398, 492, 882; *voy*. Guillelme F.; Brachefier *var*. 1260. (Cf. p. xlviii et suiv.)
Floire du Plesseïs *voy*. Sohier.
France 20, 25, 43, 189, 245, 1385, 1434, 1465, 1493, 1510, 1818, 2378, 2400, 2647, 2663, 2685, France la dolce 13, 15, 1418, 1425, 2045, 2076.
Franceis 120, 162, 197, 1163, 1533, 2305, 2409, 2425, 2432, 2653 ; épithète de Guillaume 617, 626, 663, 793, 833, 879, 1101.
Frans 2459, 2461, 2637, synonyme de Franceis.

Gabriel (saint) 397, 430.
Galafre 553, Galafre l'amirant 437, 472, l'amiré 1419, 2238, le rei 301, 348, 448, 474, 614, 1189, 1222, 1224, 1320.
Garsile *var*. 301, 1222, 1419, pour Galafre.
Gascogne *D* 10, dépend de Charlemagne.

Gerbert. *C* 1393, fils d'une sœur de Guillaume (peut-être faut-il lire Guibert : le signe d'abréviation n'est pas net).
Gerin 568, Guerin *var*. 568, pair de Charlemagne.
Gile (Saint) 2032, ville prise par Guillaume.
Gironde 75, fleuve. *Voy*. Bordels sor G.
Gironde sor mer *voy*. Hernalt de G.
Gontier de Rome *var*. 1619, pour Guarin de Rome.
Guaifier 2325, de Police 2234 (cf. p. xxxviii, note 1), le rei 304, 350, 1256, 1354. (Cf. p. xxxv et suiv.)
Gualdin le brun 1489, neveu de Guillaume.
Gualtier 567, pair de Charlemagne.
Gualtier 1155, 1288, 1893, 2617, probablement le même que Gualtier de Tolose.
Gualtier de Tolose 1220, Gualtier le Tolosain 1658, fils d'une sœur de Guillaume.
Gualtier de Tudele 1618, probablement encore le même que le précédent.
Gualtier 1684, clerc de Tours.
Gualtier 1982, abbé de Tours.
Guarin 823, G. d'Anseüne *var*. 823, *D* 165, frère de Guillaume.
Guarin de Rome 1619, peut-

TABLE DES NOMS

être le même que le précédent.

Guautier de Termes *C* 2032, peut-être le même que Galtier de Tudele.

Guerin *voy.* Gerin.

Gui 2521, 2532, 2596, Gui d'Alemaigne 2241, 2289, 2355, 2361, 2365, 2389, 2405, 2423, 2510, 2562, 2582, Gui li Alemans 2458, 2470, Guion 2572, 2601, Guion l'Alemant 2435, 2453. (Cf. p. LIX et suiv.)

Guibelin *D* 177, frère de Guillaume, le même que Guibert.

Guiber *D* 186, *var.* 2617.

Guibert d'Andernas le meinzné 825, frère de Guillaume.

Guielin 273, 404, 1155, 1219, 1288, 2492, 2617, compagnon de Guillaume, peut-être son neveu; *C* 1680, cousin de Vivien.

Guillelme 113, 121, 148, 209, 244, 248, 272, 294, 308, 312, 357, 359, 414, 574, 683, 792, 795, 803, 811, 816, 836, 845, 864, 867, 876, 897, 932, 951, 967, 974, 1031, 1037, 1058, 1072, 1100, 1112, 1122, 1147, 1175, 1177, 1201, 1206, 1221, 1223, 1228, 1235, 1254, 1283, 1287, 1314, 1333, 1375, 1387, 1394, 1403, 1413, 1417, 1424, 1450, 1457, 1478, 1485, 1487, 1501, 1544, 1552, 1557, 1568, 1572, 1578, 1597, 1601, 1609, 1611, 1615, 1641, 1701, 1722, 1727, 1732, 1743, 1756, 1815, 1860, 1870, 1890, 1917, 1925, 1953, 1965, 1973, 2002, 2011, 2091, 2106, 2110, 2125, 2141, 2156, 2174, 2180, 2181, 2189, 2193, 2209, 2211, 2217, 2222, 2229, 2245, 2247, 2312, 2315, 2317, 2320, 2329, 2348, 2428, 2434, 2466, 2471, 2514, 2523, 2528, 2536, 2563, 2566, 2580, 2583, 2590, 2599, 2609, 2620, 2634, 2642, 2649, 2650, 2657, 2666, 2671, 2688, comte Guillelme, 216, 316, 343, 556, 673, 918, 931, 940, 1048, 1066, 1090, 1131, 1137, 1143, 1164, 1230, 1244, 1250, 1262, 1272, 1295, 1353, 1630, 1657, 1760, 1769, 1778, 1820, 1885, 1905, 1911, 1931, 1942, 1981, 1996, 2020, 2025, 2030, 2039, 2044, 2107, 2126, 2165, 2168, 2284, 2288, 2341, 2351, 2455, 2491, 2558, G. le marchis 550, 818, 1492, 1681, 1685, 1713, 2509, 2524, G. al cort nés 7, 1381, 2673, G. Fierebrace 249, 255, 326, 335, 405, 905, 1337, 1431, 1441, 1806, 1807, 2413, G. de

Narbonne 2524, G. de Narbonne sor mer 1570, cuens G. al cort nés 2044, cuens G. al cort nés li marchis 1667. (Cf. Introduction, *l'Élément historique.*)

Guion *voy.* Gui.

Guires d'Auborc *C* 1797, sire de Marcois, enfermé à Pierreplate, soumis par Guillaume.

Hainau *C* 1820, soumis par Guillaume.

Hardrez *voy.* Hates.

Hates 565, Hardrez *var.* 565, pair de Charlemagne.

Hermenjart 820, Ermengart *var.* 1, femme d'Aimeri de Narbonne, mère de Guillaume.

Hernaïs *voy.* Arneïs.

Herneïs d'Orliens *voy.* Arneïs.

Hernalt de Gironde sor mer 822, frère de Guillaume.

Hernaulz *voy.* Ernaïs.

Herode 732, fit massacrer les Innocents.

Hiere *voy.* Yve.

Huel de Nantes *D* 169, est à la cour de Charlemagne.

Hungier 1886, bourgeois de Tours.

Jerin *C* 1393, fils d'une sœur de Charlemagne.

Jersalem 743, Jérusalem.

Jesu 85, 592, 848, 1204, 2034.

Joiose 1049, 2500, 2571, 2600, épée de Guillaume.

Jonas 1016, sauvé du ventre de la baleine.

José 775, Joseph *var.* 775, Josoé *var.* 775 (Joseph d'Arimathie), ensevelit Jésus.

Joseph *voy.* José.

Josoé *voy.* José.

Judas 754, 999, vendit Jésus.

Juif 1003, ne crurent pas Jésus.

Juliien 2036, seigneur de Saint-Gile, soumis par Guillaume.

Julius Cesaires 465, bâtit Rome.

Landri le timonier *D* 169, est à la cour de Charlemagne.

Langres *voy.* Estolz de L.

Lion 2086, forêt en Normandie. (Cette forêt est mentionnée dans Wace, *Roman de Rou*, I, 1548, II, 512, éd. Andresen; et dans Benoit de Ste More, *Chronique des ducs de Normandie*, I, 9816, 9844, II, 335, éd. F. Michel. Lions-la-Forêt est aujourd'hui un bourg du département de l'Eure. La lande voisine est appelée *Corcers* (*Cour-*

celles ?) par Wace, *ibid.* II,
511, 529).

Loheraine *D* 9, dépend de
Charlemagne.

Lombardie 19, dépend de
Charlemagne.

Longis 768, 1028, perça le
côté de Jésus en croix.
(*voy.* les Bollandistes,
15 Mars.)

Looys 6, 47, 72, 86, 150,
160, 166, 174, 243, 254,
339, 362, 1103, 1123, 1395,
1397, 1409, 1437, 1460,
1493, 1497, 1537, 1550,
1683, 1691, 1696, 1703,
1708, 1718, 1740, 1766,
1779, 1783, 1784, 1787,
1808, 1819, 1863, 1941,
1944, 1991, 2023, 2028,
2217, 2229, 2246, 2281,
2310, 2353, 2367, 2385,
2421, 2448, 2498, 2565,
2611, 2616, 2643, 2656,
2671, 2685, 2687.

Loon 2677, *D* 297, 311,
Laon, résidence de Louis.

Loth (saint) 956, formé par
Dieu.

Madeleine 749, 994, essuie
les pieds de Jésus avec ses
cheveux.

Magnificant *C* 2418, a forgé
l'épée de Gui d'Allemagne.

Mahom 670, 840, 1325, Mahomet 621, 672, 807, 847,
856, 874, 922, 962, 1225,
1226, 1282, prophète de
Jésus, vint prêcher sur
terre, d'abord à La Mecque ; s'étant enivré, il fut
dévoré par des porcs.

Mahomet *voy.* Mahom.

Manessiers (l'enfes) 566, pair
de Charlemagne.

Marcois *voy.* Guires.

Marie 171, sainte Marie 677,
787, 2560.

Marimonde *voy.* Amarmonde.

Martin (mostier Saint) 1467,
1692, Tors de Saint Martin 1458.

Masçons (por lamor [*l.* l'onor] de) *var.* 1796.

Matusalé (del tens) 756, Mathusalem.

Mesques 850, La Mecque.

Michiel (mont Saint) 2050,
en Normandie.

Milon d'Aiglent *C* 2705, père
du pape.

Monjoie 1940, 2330, 2610,
cri de guerre des Français.

Montgeu 270, 280, 1447,
2277.

Montmartre (Paris soz) *var.*
2400.

Montpelier (or de) 1149, 1181,
2182.

Mosteruel sor mer 2649. (Cf.
p. XLVIII et suiv.)

Moyses 1020, vit le buisson
ardent.

N. *voy.* Naymes.

Narbone *voy.* Aimeri, Guillaume.

Nativité (jour de) 2014.
Navare 19, dépend de Charlemagne.
Naymes *var.* 566, N. li dus *var.* 170, pair de Charlemagne.
Neiron 987, est en enfer; pré Neiron 1014, 1798, 2490 (*pratum Neronis*, aux environs du Vatican).
Nicodemus 775, Nicodème, ensevelit Jésus.
Noé 714, s'est échappé du déluge.
Noel (nuit de) 725, (jour de) 2007.
Normandie 18, dépend de Charlemagne; Normendie *C* 1839, traversée par Guillaume.
Normant 198, *C* 1684, les Normands; *C* 1544, 1563, etc., dénominatif de Richard.
Normendie *voy.* Normandie.

Ogier (le Danois) *var.* 567, *D* 170, pair de Charlemagne.
Oires *voy.* Portes Oires.
Oliviers 564, pair de Charlemagne.
Orable 1433, fiancée de Guillaume.
Orient 688, Guillaume se tourne vers l'Orient pour prier.
Orliens 2216, Orléans; *voy.* Arneïs d'O.

Osteüse (duc d') *C* 2163, chevalier de Gui d'Allemagne, pris par Guillaume (duc d'Osterice?).
Otes (rois) *var.* 2234.

Paris 1669, 2378, 2400, 2522, 2648, 2670, Paris soz Montmartre 2400.
Pasques 1430, 2014.
Peitiers 1660, 2001, Poitiers; regne de Peitier 1983.
Peitou 2012, 2046, Poitou *D* 10, dépend de Charlemagne.
Pentecoste *var.* 2015.
Pere (saint) 232, 388, 453, 515, 594, 887, 939, 1014, 1062, 1086, 1236, saint Pierre.
Piereplate *voy.* Pierrelate.
Pierrelarge *voy.* Pierrelate.
Pierrelate 2026, Piereplate *C* 1796, Pierrelarge *var.* 2026, ville conquise par Guillaume.
Pilate *var.* 776, rendit le corps de Jésus.
Plesseïs *voy.* Sohier del P.
Poitou *voy.* Peitou.
Pol (saint) 1015, converti par Jésus.
Police 2234, Ypolite *var.* 2234, Espolise *C* 2075. (Cf. p. xxxviii, note 1.)
Portes Oires 744, porte de Jérusalem (*Portae aureae*).
Prinsaut *voy.* Clinevent.

TABLE DES NOMS

Puille *C* 2282, 2361, 2457, Pouille.

Rains *C* 1249, Reims, fief de Louis; *C* 1603, 2305.
Renier *C* 2251, abbé de Rome.
Richart 1574, 1605, 1915, 1947, 1957, 1973, 2064, 2074, 2133, 2144, 2184, 2207, 2218, R. de Roen 1400, 1439, 1464, R. le ros 2108, 2114, R. le vieil 2057, 2103, 2198.
Richier (mont Saint) *C* 1835, pour mont Saint Michel.
Roen 2054, Rouen. *Voy*. Richart de R.
Rolanz 564, pair de Charlemagne.
Romagne 886, appartient à Charlemagne.
Romain 1515, 2306, 2328.
Rome 41, 73, 232, 271, 282, 291, 376, 423, 483, 502, 555, 560, 580, 885, 906, 937, 1060, 1083, 1085, 1151, 1184, 1188, 1196, 1205, 1347, 1352, 1420, 1431, 2226, 2242, 2262, 2278, 2290, 2321, 2326, 2337, 2369, 2374, 2391, 2396, 2401, 2457, 2516, 2527, 2533, 2564, 2626, 2634, 2642.
Romenie 281, entre Montgeu et Rome.
Romulus 465, fondateur de Rome.

Rossie 290, Russie.

Sarrazin 300, 330, 473, 829, 1266, 1301, 1311, les Sarrasins; 791, 835, 872, 901, 949, 958, 1024, 1099, 1136, 1144, qualificatif de Corsolt.
Savari 1490, neveu de Guillaume.
Simeon 1017, est préservé de la faim. (Probablement Siméon le stylite.)
Simomague 1019, Simon le magicien.
Simon 747, 993, le lépreux, hôte de Jésus.
Simon (or saint) *C* 1557.
Sohier del Plesseïs 1668, Floire du P. *var*. 1668, Soihier du P. *var*. 1668, chevalier de l'armée de Guillaume.
Soihier du Plessis *voy*. Sohier.
Soisons *C* 1603, Soissons.

Teivre 1269, 1308, 1319, 2606, Tibre.
Tenebrez 301, roi païen.
Termes *voy*. Guautier de Termes.
Tolosain *voy*. Gualtier li T.
Tolose *voy*. Gualtier de T.
Tors 1518, (mostier de) 2118, 2131, T. de Saint Martin 1458, Tours.
Toscane 19, 886, dépend de Charlemagne.

Toz Sainz 2015, Toussaint.
Trinité (jor de) *var*. 2015.
Tudele *voy*. Gualtier de T.
Turc 547, 806, 813, 1055, 1070, 1076, 1093, 1128, dénominatif de Corsolt.

Valon *voy*. Avalon.
Vivien *C* 1207, 1312, neveu de Guillaume, Viviien *C* 1681, cousin de Guielin.
Viviien *voy*. Vivien.

Ypolite *voy*. Police.
Yve 565, Hiere *var*. 565, pair de Charlemagne.
Yvoires 565, pair de Charlemagne.

ERRATA

Vers 25 einsi *lisez* ensi.
29 verez *l.* verrez.
60 sur *l.* sor.
68, 78 einsi *l.* ensi.
84, 91 fame *l.* feme.
100 orgueillos *l.* orgoillos.
104 mors *l.* morz.
106 verons *l.* verrons.
107 preuz *l.* proz; heritiers *l.* eritiers.
125 copast *l.* colpast.
154, 179 fame *l.* feme.
181 encontreval *l.* encontre val.
187 comme *l.* come.
200 croiz *l.* crois.
225 seur *l.* sor.
256, 172 gentils *l.* gentilz.
276 halberz *l.* halbers.
291 esprenoit *l.* espreneit.
296 cop *l.* colp.
305 fame *l.* feme.
336 aval *l.* a val.
342 monstre *l.* mostre.
354 Deus aïde *l.* Deus, aïde.
359 bel *l.* bels.
370 halberz *l.* halbers.

382 Deus aïde *l.* Deus, aïde.
388 guarde *l.* guardes.
401 fels *l.* fel.
433 ils *l.* il; otrage *l.* oltrage.
446 s'esmu *l.* s'esmut.
453 guarde *l.* guardes.
461 bon *l.* buen.
508 ueilz *l.* uelz.
512 voiz *l.* vois.
516 vorreie *l.* voldreie.
548 grant *l.* granz.
551, 590, 597, croiz *l.* crois.
660 voiz *l.* vois.
712 vorent *l.* voldrent.
745 simpletez *l.* simpleté.
817 noms *l.* nons.
832 ueilz *l.* uelz.
833 culverz *l.* coilverz.
865 meins *l.* meinz.
874 ame *l.* anme.
899 larges *l.* large.
919 bon *l.* buen.
926 prisai *l.* preisai.
936 bons *l.* buens.
948 hom *l.* om.
952 cos *l.* cols.

960 sanz *l.* sans.
968 cos *l.* cols.
980 fi *l.* fei.
986 puis *l.* puiz.
1004 vorent *l.* voldrent.
1006 viendra *l.* vendra.
1017 au lieu de *fame*, il faut probablement lire *faim :* Siméon le stylite mangeait une fois tous les quarante jours.
Ce vers et les 4 suivants troublent l'ordre historique de la prière ; le mot *abatis* du v. 1019 devrait être *abateïs;* enfin les cinq vers manquent dans *C;* pour toutes ces raisons je regrette de les avoir laissés dans le texte. En général je crains de n'avoir pas assez tenu compte de la famille représentée par *C.*
1078 copee *l.* colpee.
1090 estoltoiez *l.* estolteiez.
1101 culverz *l.* coilverz.
1118 bone *l.* buene.
1145 corps *l.* cors.
1146 sanz *l.* sans.
1159 poi *l.* pou.
1233 blanz *l.* blans.
1279 croiz *l.* crois.
1312 voillent *l.* vueillent.
1321 voiz *l.* vois.
1329 batus *l.* batuz.
1396 mors *l.* morz.
1419 remaindra *l.* remandra.
1426 merrez *l.* menrez.
1432 fame *l.* feme.
1440 voiant *l.* veiant.

1450 le *l.* li.
1485 acueille *l.* acoilli.
1524 brans *l.* branz.
1526 fors *l.* forz.
1570 Narbonne *l.* Narbone.
1579 aguez *l.* aguaiz.
1643 guaites *l.* guaite.
1653 bone *l.* buene.
1684 Atant *l.* A tant.
1685 reconnut *l.* reconut.
1688 monstra *l.* mostra.
1694 abés *l.* abez.
1705 amerrai *l.* amenrai.
1710 bon *l.* buen.
1721 bon *l.* buen.
1740 fils *l.* filz.
1744 flanz *l.* flans.
1899 culvert *l.* coilvert.
1966 culverz *l.* coilverz.
1988 meins *l.* meinz.
2133 preeschier *l.* preechier.
2232 pucele *l.* pulcele.
2241 Alemagne *l.* Alemaigne.
2251 cueilli *l.* coilli.
2370 otrage *l.* oltrage.
2375 trouvera *l.* trovera.
2377 maaille *l.* meaille.
2411 poi *l.* pou.
2432 maaille *l.* meaille.
2467 saillist *l.* sailli.
2477 jaserent *l.* jaserenc.
2493 anemi *l.* enemi.
2518 Arrabi *l.* Arabi.

VOCABULAIRE, amerrai *l.* amenrai.

TABLE DES MATIÈRES

	Pages
INTRODUCTION..	I
I L'Élément historique du Coronement Looïs........	IV
1 *Première branche*.............................	V
2 *Seconde branche*...............................	XXXII
3 *Troisième branche*............................	LII
4 *Quatrième branche*............................	LIX
5 *Cinquième branche*...........................	LXVII
6 *Assemblage des branches*.....................	LXXI
II Témoignages pour le Coronement Looïs.............	LXXV
1 *Témoignages tirés des poèmes*................	LXXV
2 *Témoignages tirés des textes en prose*........	LXXXV
III Remaniements en prose............................	XC
IV Le Coronement Looïs a l'étranger.................	CXIII
V Manuscrits......................................	CXXII
1 *Description des manuscrits*..................	CXXII
2 *Classification des manuscrits*...............	CXXVII
VI Dialecte et age du Coronement Looïs..............	CXLI
1 *Étude des assonances*........................	CXLIII
2 *Mesure des mots*.............................	CLXIII
VII Valeur littéraire du Coronement Looïs............	CLXXI
TEXTE CRITIQUE...	I
APPENDICES...	121
I Texte du manuscrit D...........................	121
II Texte du manuscrit C..........................	130
III Fragment du manuscrit E......................	171
VOCABULAIRE..	173
TABLE DES NOMS...	225
ERRATA...	235

Publications de la Société des anciens textes français.
(En vente à la librairie Firmin Didot et Cie, *56, rue Jacob, à Paris.)*

Bulletin de la Société des anciens textes français (années 1875 à 1888). N'est vendu qu'aux membres de la Société au prix de 3 fr. par année, en papier de Hollande, et de 6 fr. en papier Whatman.

Chansons françaises du xve *siècle* publiées d'après le manuscrit de la Bibliothèque nationale de Paris par Gaston Paris, et accompagnées de la musique transcrite en notation moderne par Auguste Gevaert (1875). *Epuisé.*
   Il reste quelques exemplaires sur papier Whatman, au prix de.... 37 fr.

Les plus anciens Monuments de la langue française (ixe, xe siècles) publiés par Gaston Paris. *Album* de neuf planches exécutées par la photogravure (1875).. 30 fr.

Brun de la Montaigne, roman d'aventure publié pour la première fois, d'après le manuscrit unique de Paris, par Paul Meyer (1875)................. 5 fr.

Miracles de Nostre Dame par personnages publiés d'après le manuscrit de la Bibliothèque nationale par Gaston Paris et Ulysse Robert, t. I à VII (1876, 1877, 1878, 1879, 1880, 1881, 1882), le vol................... 10 fr.
   Texte complet. Le t. VIII, qui est sous presse, contiendra le vocabulaire.

Guillaume de Palerne publié d'après le manuscrit de la bibliothèque de l'Arsenal à Paris par Henri Michelant (1876).......................... 10 fr.

Deux Rédactions du roman des Sept Sages de Rome publiées par Gaston Paris (1876)... 8 fr.

Aiol, chanson de geste publiée d'après le manuscrit unique de Paris par Jacques Normand et Gaston Raynaud (1877)....................... 12 fr.

Le Débat des Hérauts de France et d'Angleterre, suivi de *The Debate between the Heralds of England and France*, by John Coke, édition commencée par L. Pannier et achevée par Paul Meyer (1877)........... 10 fr.

Œuvres complètes d'Eustache Deschamps publiées d'après le manuscrit de la Bibliothèque nationale par le marquis de Queux de Saint-Hilaire, t. I, II, III, IV et V (1878, 1880, 1882, 1884, 1887), le vol............ 12 fr.

Le Saint Voyage de Jherusalem du seigneur d'Anglure publié par François Bonnardot et Auguste Longnon (1878)............................ 10 fr.

Chronique du Mont-Saint-Michel (1343-1468) publiée avec notes et pièces diverses par Siméon Luce, t. I et II (1879, 1883), le vol........... 12 fr.

Élie de Saint-Gille, chanson de geste publiée avec introduction, glossaire et index, par Gaston Raynaud, accompagnée de la rédaction norvégienne traduite par Eugène Koelbing (1879)................................ 8 fr.

Daurel et Beton, chanson de geste provençale publiée pour la première fois d'après le manuscrit unique appartenant à M. A. F. Didot par Paul Meyer (1880)... 8 fr.

La Vie de saint Gilles, par Guillaume de Berneville, poème du xiie siècle publié d'après le manuscrit unique de Florence par Gaston Paris et Alphonse Bos (1881)... 10 fr.

L'Amant rendu cordelier à l'observance d'amours, poème attribué à Martial d'Auvergne, publié d'après les mss. et les anciennes éditions par A. de Montaiglon (1881).. 10 fr.

Raoul de Cambrai, chanson de geste publiée par Paul MEYER et Auguste LONGNON (1882).. 15 fr.
Le dit de la Panthère d'Amours, par Nicole DE MARGIVAL, poème du XIIIe siècle publié par Henry A. TODD (1883)............................... 6 fr.
Les œuvres poétiques de Philippe de Remi, sire de Beaumanoir publiées par H. SUCHIER, t. I-II (1884-85) .... 25 fr.
Le premier volume ne se vend pas séparément; le second volume seul 15 fr.
La Mort Aymeri de Narbonne, chanson de geste publiée par J. COURAYE DU PARC (1884)... 10 fr.
Trois versions rimées de l'Evangile de Nicodème publiées par G. PARIS et A. BOS (1885).. 8 fr.
Fragments d'une vie de saint Thomas de Cantorbery publiés pour la première fois d'après les feuillets appartenant à la collection Goethals Vercruysse, avec fac-similé en héliogravure de l'original, par Paul MEYER (1885).. 10 fr.
Œuvres poétiques de Christine de Pisan publiées par Maurice ROY, t. I (1886)... 10 fr.
Merlin, roman en prose du XIIIe siècle, publié d'après le ms. appartenant à M. A. Huth, par G. PARIS et J. ULRICH, t. I et II (1886)............ 20 fr.
Aymeri de Narbonne, chanson de geste publiée par Louis DEMAISON, t. I et II (1887)... 20 fr.
Le Mystère de saint Bernard de Menthon, publié d'après le ms. unique appartenant à M. le comte de Menthon, par A. LECOY DE LA MARCHE (1888). 8 fr.
Les quatre âges de l'homme, traité moral de Philippe DE NAVARRE, publié par Marcel DE FRÉVILLE (1888)... 7 fr.

Le Mistère du Viel Testament, publié avec introduction, notes et glossaire, par le baron James DE ROTHSCHILD, t. I, II, III, IV et V (1878, 1879, 1881, 1882, 1885), le vol... 10 fr.
(Ouvrage imprimé aux frais du baron James de Rothschild et offert aux membres de la Société.)

Tous ces ouvrages sont in-8°, excepté *Les plus anciens Monuments de la langue française*, album grand in-folio.
Il a été fait de chaque ouvrage un tirage sur papier Whatman. Le prix des exemplaires sur ce papier est double de celui des exemplaires en papier ordinaire.
Les membres de la Société ont droit à une remise de 25 p. 100 sur tous les prix indiqués ci-dessus.

La Société des Anciens Textes français a obtenu pour ses publications le prix Archon-Despérouse, à l'Académie française, en 1882, et le prix La Grange, à l'Académie des Inscriptions et Belles-Lettres, en 1883.

Le Puy. — Imprimerie de Marchessou fils, boulevard Saint-Laurent, 23.

Anonyme
Le couronnement de

www.ingramcontent.com/pod-product-compliance
Lightning Source LLC
Chambersburg PA
CBHW050920230426

43666CB00010B/2259